Geschichte und Geschehen

Berufliche Gymnasien

1. Auflage 1 5 4 3 2 1 | 2011 2010 2009 2008 2007

Alle Drucke dieser Auflage sind unverändert und können im Unterricht nebeneinander verwendet werden. Die letzten Zahlen bezeichnen jeweils die Auflage und das Jahr des Druckes.

Internetadresse: www.klett.de

Redaktion: Carsten Loth
Herstellung: Krystyna Müller

Herausgeber: Dr. Jürgen Kochendörfer
Autoren: Dr. Jürgen Kochendörfer, Dr. Silke Seemann, Martin Thunich

Umschlagbild: „The Nineteenth Century – Iron and Coal" („Das 19. Jahrhundert – Eisen und Kohle"), Gemälde von William Bell Scott, 1811–1890
Reproduktion: Meyle + Müller, Medien-Management, Pforzheim
Satz: Type-Design, Berlin
Kartografien: Kartografisches Büro Borleis & Weis, Leipzig
Druck: OAN – Offizin Andersen Nexö, Leipzig

Printed in Germany

ISBN: 978-3-12-416800-9

9 783124 168009

Geschichte und Geschehen

Berufliche Gymnasien

Herausgegeben und bearbeitet von:
Dr. Jürgen Kochendörfer

Autoren:
Dr. Jürgen Kochendörfer
Dr. Silke Seemann
Martin Thunich

Ernst Klett Verlag
Stuttgart · Leipzig

Inhalt

Wirtschaft und Gesellschaft im Industriezeitalter 116

So arbeiten Sie mit dem Buch

Dieses Buch gliedert sich in zwei Themeneinheiten, die wiederum in mehrere Kapitel unterteilt sind. Auftaktdoppelseiten leiten die Themeneinheiten ein.

Jedes Kapitel beginnt mit einem einführenden Text, der das Thema kurz vorstellt, Bezüge zur Gegenwart aufzeigt oder Fragen formuliert. Der anschließende Datenkasten nennt die wichtigsten Ereignisse der Epoche. Glossarbegriffe erläutern Fachbegriffe aus dem Verfassertext.
Der vom Verfassertext abgetrennte Materialteil umfasst Karten, Schaubilder, Statistiken und verschiedene Gattungen von Text- und Bildquellen.

Auf den Werkstattseiten können Sie das selbstständige Erschließen von historisch-politischen Materialien einüben. Methodische Arbeitsschritte erklären den Umgang mit der jeweils vorgestellten Materialgattung.

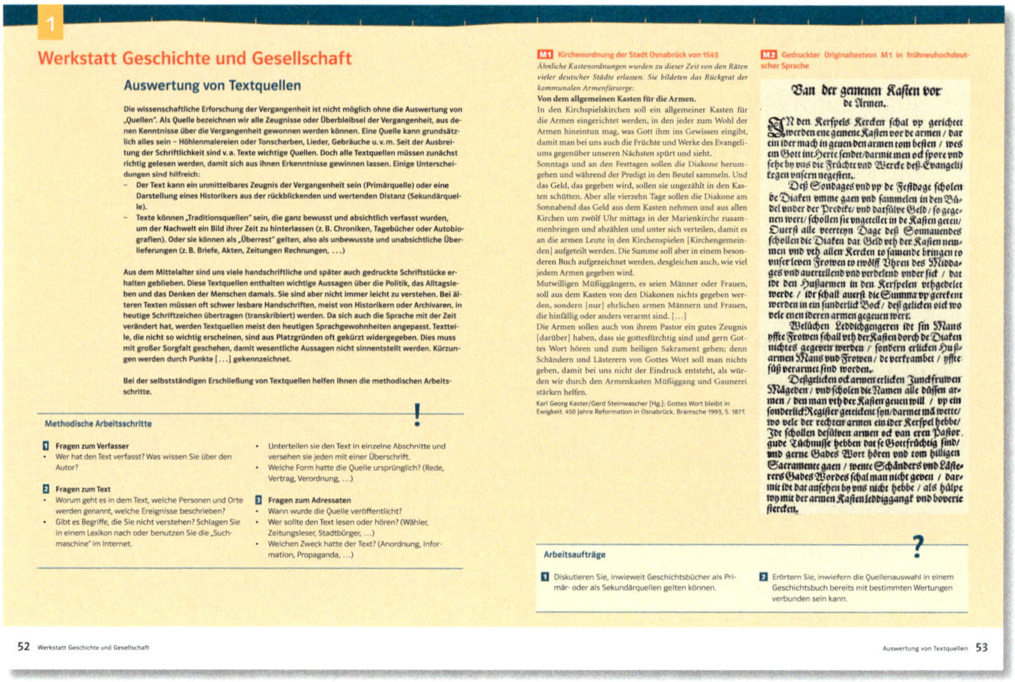

EXTRA-Link

416800-0002

Auf den Auftaktdoppelseiten finden Sie jeweils Hinweise auf einen EXTRA-Link. Mit Hilfe dieser Links gelangen Sie zu zusätzlichen, kapitelbezogenen Informationen im Internet. Einfach auf **www.klett.de/extra** gehen und in das EXTRA-Link-Feld die angegebene Nummer eingeben.

Arbeitsaufträge bearbeiten

Die Arbeitsaufträge am Ende der Kapitel werden von so genannten **Operatoren** eingeleitet. Diese **Operatoren** stellen bestimmte Anforderungen, wie Sie die betreffende Aufgabe bearbeiten sollen. Dabei wird zwischen drei verschiedenen Anforderungsstufen unterschieden, die auch im Abitur verwendet werden. In der folgenden Liste finden Sie eine Übersicht über die wichtigsten **Operatoren**:

Arbeitsaufträge ?

1 Erörtern Sie, inwieweit die Ergebnisse, die Sie aus Ihrer Sozialstudie gewonnen haben, mit den in M 4 und M 8 genannten Resultaten übereinstimmen.
2 Nennen Sie Unterschiede zwischen dem heutigen Schulsystem und dem des ausgehenden 19. Jahrhunderts (VT). Vergleichen Sie auch den Berufsschulunterricht. Stellen Sie die Argumente einander gegenüber, die 1892 für und gegen eine Vorverlegung der Unterrichtszeit genannt wurden (M 7a, b).
3 Unterscheiden Sie die heutige Altersvorsorge von der des 19. Jahrhunderts (VT). Begründen Sie in diesem Zusammenhang, warum die „Generationengerechtigkeit" heute nicht mehr gewährleistet zu sein scheint.
4 Nennen Sie Auswirkungen auf Wirtschaft, Gesellschaft, Politik und Kultur, die sich aus dem veränderten Bevölkerungsaufbau (M 6a, b, c) ergeben. Stellen Sie diese Auswirkungen in Form einer Mindmap dar.
5 Analysieren Sie, wie Gewerbe und Handel heute auf die veränderte Bevölkerungsentwicklung reagieren. Fertigen Sie aus Werbeaussagen, die auf die Kaufkraft der älteren Generation abzielen, eine Wandzeitung.
6 Nennen Sie Ursachen für die heutige Kinderarmut (VT, M 11a, b). Informieren Sie sich darüber, welche finanziellen Leistungen (u. a. Kindergeld, Elterngeld) der Staat zurzeit leistet und in Zukunft plant, um Anreize für mehr Kinder zu schaffen.
7 Charakterisieren Sie, wie sich das Zusammenleben von Jung und Alt in den letzten einhundert Jahren verändert hat (VT, M 10). Erläutern Sie, warum Großeltern, Eltern und Enkel heute nur selten im selben Haus wohnen.
8 Erörtern Sie Möglichkeiten älterer Menschen, auch nach dem Ausscheiden aus dem Berufsleben ihre Fähigkeiten und Erfahrungen zugunsten jüngerer Menschen einzubringen (VT, M 10).
9 Nehmen Sie Stellung zu der Forderung, eine Pflegezeit für pflegende Angehörige einzuführen (M 12).
10 Beschreiben Sie, wie sich vor 100 Jahren die Lebensverhältnisse von Handwerkerfamilien und Familien aus dem Großbürgertum (VT, M 5a, b) unterschieden haben. Vergleichen Sie dazu auch die Fotografien M 1b und M 3.

A Wiederholen des Gelernten:

- Nennen, Aufzählen: Zielgerichtet Informationen zusammentragen, ohne diese zu kommentieren.
- Schildern, Skizzieren: Sachverhalte, Probleme oder Aussagen erkennen und zutreffend formulieren.
- Zusammenfassen, Wiedergeben: Sachverhalte unter Beibehaltung des Sinns auf Wesentliches reduzieren.
- Beschreiben: Wesentliche Informationen zusammenhängend und schlüssig wiedergeben.
- Charakterisieren: Sachverhalte mit ihren typischen Merkmalen beschreiben und diese dann unter einem bestimmten Gesichtspunkt zusammenfassen.

B Das neu Gelernte mit bereits vorhandenem Wissen in einen Zusammenhang bringen:

- Analysieren: Materialien oder Sachverhalte systematisch untersuchen und auswerten.
- Begründen, Nachweisen: Aussagen durch Argumente stützen, die auf anderen Belegen gründen.
- Erklären: Sachverhalte durch eigenes Wissen und eigene Einsichten in einen Zusammenhang einordnen und begründen.
- Erläutern: Wie „erklären", aber durch zusätzliche Informationen und Beispiele verdeutlichen.
- Vergleichen: Sachverhalte problembezogen gegenüberstellen, um Gemeinsamkeiten, Unterschiede, Ähnlichkeiten oder Gegensätze zu beurteilen.
- Erstellen: Sachverhalte inhaltlich und methodisch angemessen graphisch darstellen.

C Das Gelernte beurteilen und bewerten:

- Interpretieren: Sinnzusammenhänge aus Quellen erschließen und eine begründete Stellungnahme dazu abgeben.
- Beurteilen: Aussagen, Behauptungen oder Vorschläge im Zusammenhang auf ihre Stichhaltigkeit bzw. Angemessenheit prüfen und die dabei angewandten Kriterien nennen.
- Bewerten: Aussagen, Behauptungen oder Vorschläge beurteilen, persönlich Stellung nehmen und dabei die eigenen Wertmaßstäbe darlegen.
- Diskutieren: Zu einer historischen oder politischen Problemstellung eine Argumentation entwickeln, die zu einer begründeten Bewertung führt.
- Prüfen, Überprüfen: Aussagen an historischen Sachverhalten auf ihre Angemessenheit hin untersuchen.
- Erörtern: Eine Problemstellung durch mehrere Für- und Wider- bzw. Sowohl-als-Auch-Argumente auf ihre Sinnhaftigkeit hin abwägen.

Individuum und Gesellschaft

M1 Die Ablieferung des Zehnten
Gemälde von Pieter Breughel dem Jüngeren, um 1618

„Ein Tier oder ein Gott können von der Gesellschaft getrennt leben, nicht aber ein Mensch", schrieb der griechische Philosoph Aristoteles bereits im vierten Jahrhundert vor Christus. Er erkannte, dass der Mensch ein Gemeinschaftswesen ist, das in vielerlei Beziehungen zu seinen Mitmenschen steht. Der Einzelne wird hineingeboren in eine durch das Herrschaftssystem und durch religiöse Traditionen geprägte gesellschaftliche Ordnung, die seine Lebensmöglichkeiten bestimmt, auf deren Gestaltung er aber dennoch entschieden Einfluss nehmen kann. Auch das Menschenbild des Grundgesetzes geht von einem Individuum aus, das als Bürger, Konsument, Wähler und Arbeitnehmer auftritt, aber dennoch innerhalb einer Gesellschaft lebt und von ihr abhängig ist. Der Einzelne muss sich diejenigen Grenzen seiner Handlungsfreiheit gefallen lassen, die der Gesetzgeber zur Pflege und Förderung des sozialen Zusammenlebens im Rahmen des allgemein Zumutbaren setzt. „Jeder hat das Recht auf die freie Entfaltung seiner Persönlichkeit, soweit er nicht die Rechte anderer verletzt", heißt es etwa in Artikel 2 des Grundgesetzes.

EXTRA-Link
416800-0001

Über die längste Zeit der Geschichte lebten die meisten Menschen in Unfreiheit und Unterdrückung. Es gab nahezu keine Rechtsordnung und keine Gesetze, die sie davor schützten. Trost suchten viele im Glauben, der ihnen die Hoffnung auf Erlösung gab und der ihnen half, die Leiden und Nöte des harten und rechtlosen irdischen Daseins zu ertragen. Seit der Frühen Neuzeit veränderte sich das Denken vieler Menschen. Sie verstanden sich zunehmend als freie und selbstbewusste Wesen, die mit Hilfe ihres Verstandes die Welt und die Natur erforschten und zunehmend daran zweifelten, dass es eine gottgegebene soziale Ungleichheit gäbe. Sie dachten auch darüber nach, inwieweit sich Glaube und Vernunft miteinander vereinbaren ließen.

Aber erst 1789 verkündete die französische Nationalversammlung: „Die Menschen werden frei und gleich an Rechten geboren und bleiben es." Diese Erklärung der Menschenrechte war ein herausragendes Ergebnis der Französischen Revolution, der wohl bedeutendsten Revolution der Menschheitsgeschichte. Auch viele andere Staaten nahmen bald danach Grundrechte in ihre Verfassungen auf, die elementare Rechte des Einzelnen gegenüber der Gesellschaft festschrieben.

Kaum ein Thema innerhalb der Geschichte ist von so großer Bedeutung wie die Frage nach der Gleichheit des Individuums innerhalb der Gemeinschaft, die Frage nach der Erringung und der Wahrnehmung von Menschenrechten.

Die folgenden Kapitel behandeln die tief verwurzelte rechtliche, soziale und politische Ungleichheit der Menschen im Mittelalter und deren allmähliche Befreiung aus diesen festgefügten Weltbildern. Darüber hinaus wird hinterfragt, wie sich die im Laufe der Geschichte jeweils gültigen Menschenbilder, also die Vorstellungen über das, was das Menschsein ausmacht, wandelten.

M2 Demonstration für Menschenrechte
Protestmarsch der Menschenrechtsorganisation „Amnesty International"

Werkstatt Geschichte und Gesellschaft

Lebenswelt und Zukunftspläne – eine Sozialstudie

„Null-Bock-Generation" – so wurden in den 1980er-Jahren Jugendliche bezeichnet, die keine beruflichen, sozialen und wirtschaftlichen Perspektiven sahen und deren Haltung vom Rebellieren gegen bestehende Abhängigkeitsverhältnisse in Schule, Elternhaus oder Beruf geprägt war. Rund zwanzig Jahre später hatte sich das Lebensgefühl der Jugendlichen offenbar völlig gewandelt. Die Shell-Jugendstudie aus dem Jahr 2002 bescheinigte der von ihr untersuchten Jugendgeneration, überaus zielorientiert zu sein.

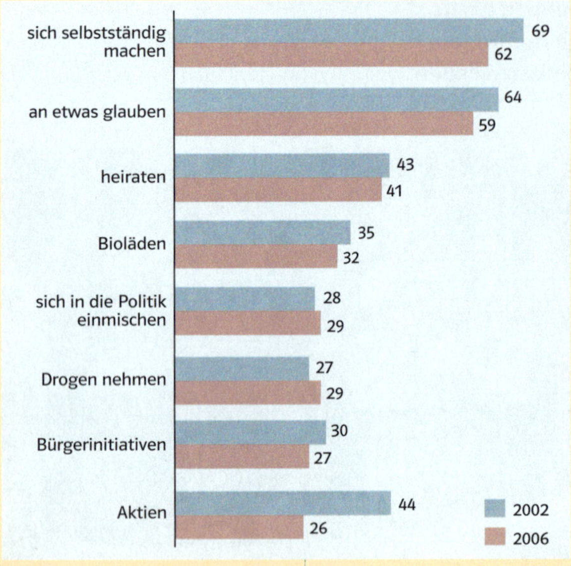

M1 Was bei Jugendlichen „in" ist
Vergleich zwischen 2002 und 2006; Auszug aus der Shell-Jugendstudie 2006

Die Einstellung von Jugendlichen zu Lebenswelt und Zukunftsaussichten verändert sich regelmäßig. Wie ist das bei Ihnen und Ihren Mitschülern? Wie sehen Sie Ihr gegenwärtiges Lebensumfeld? Haben Sie sich schon Gedanken über Ihre persönlichen und beruflichen Perspektiven gemacht? Gehen Sie mit Hoffnung und Optimismus in die Zukunft oder eher mit Ängsten? Haben Sie schon einmal darüber nachgedacht, ob Sie später so leben wollen wie Ihre Eltern oder Ihre Großeltern?
Eine anonym durchgeführte Sozialstudie kann Ihnen über die Lebenseinstellung Ihrer Jugendgeneration Aufschluss geben. Bei der Methode der Sozialstudie geht es darum, gesellschaftliche Fragen unter Verwendung von empirischen (d. h. auf der Erfahrungen beruhenden) Daten auszuwerten. Dies erfolgt zumeist über Befragungen und Interviews der zu untersuchenden Zielgruppe.
Arbeiten Sie für Ihre Sozialstudie für alle Schülerinnen und Schüler Ihrer Klasse einen Fragebogen aus. Der nebenstehende Fragenkatalog kann Ihnen dazu Anregungen geben. Werten Sie die Antworten aus und übertragen Sie einzelne Ergebnisse in statistische Darstellungen. Sie können die Fragebögen zusätzlich auch in anderen Klassen Ihrer Schule bearbeiten lassen.

Methodische Arbeitsschritte

1 Fragebögen erstellen
- Erstellen Sie die Fragebögen, z. B. über Ihre Gegenwartssituation, Ihr familiäres Umfeld und Ihre Zukunftspläne in Gruppenarbeit.
- Wählen Sie die Form der Fragen:
  Geschlossene Fragen nach Tatsachen mit Lösungsalternativen (z. B. Nr. 1, Nr. 9) lassen sich am schnellsten auswerten.
  Skalierte Fragen (z. B. Nr. 5, Nr. 8) sind dort ratsam, wo nach Meinungen gefragt wird.
  Offene Fragen (z. B. Nr. 4, Nr. 11) lassen dem Befragten mehr Raum für eigene Beiträge, sind aber schwer auszuwerten.
- Einigen Sie sich im Klassenverband, welche der Fragen Sie für die Fragebögen übernehmen.

2 Auswerten der Fragebögen
- Zählen Sie die Ergebnisse der einzelnen Fragen aus und berechnen Sie die jeweiligen Prozentanteile.
- Wählen Sie eine angemessene Darstellungsform der jeweiligen Ergebnisse (vgl. S. 22).
- Beurteilen Sie die Ergebnisse z. B. danach, ob optimistische oder pessimistische Zukunftseinschätzungen überwiegen, oder welcher Stellenwert Schule, späterem Beruf und Familie jeweils zukommt.
- Vergleichen Sie Ihre Ergebnisse mit denen überregionaler Statistiken.
- Werfen Ihre Ergebnisse möglicherweise neue Fragen auf, die nun untersucht werden müssten?

Fragebogen

1. Hattest du vor dem Besuch des Beruflichen Gymnasiums versucht, eine Lehrstelle zu bekommen?
   - ☐ Nein, wollte ich nicht
   - ☐ Ja, ich habe mich einige Male beworben (bis zu 5 Mal)
   - ☐ Ja, ich habe mich mehr als 5 Mal beworben
   - ☐ Ja, ich habe mich mehr als 10 Mal beworben

2. Während meiner Schulzeit am Beruflichen Gymnasium möchte ich
   - ☐ mich voll auf die Schule konzentrieren
   - ☐ für die Schule zuverlässig arbeiten, aber meine Freizeitaktivitäten nicht vernachlässigen
   - ☐ für die Schule nur das Nötigste tun

3. Ich treffe mich außerhalb der Schule mit Freunden
   - ☐ fast täglich
   - ☐ mindestens zweimal in der Woche
   - ☐ höchstens einmal in der Woche
   - ☐ selten

4. In welchen Vereinen, Verbänden oder Bürgerinitiativen bist du tätig? Was machst du in deiner Freizeit?

   ....

   ....

5. Meine Berufschancen nach dem Abitur und der sich anschließenden Ausbildung beurteile ich als

   ☐ 1 ☐ 2 ☐ 3 ☐ 4 ☐ 5

   (1: sehr gut; 2: recht gut; 3: zufriedenstellend; 4: eher unbefriedigend; 5: schlecht)

6. Aus heutiger Sicht möchte ich nach dem Abitur
   - ☐ studieren
   - ☐ eine Lehrzeit absolvieren
   - ☐ erst mal jobben
   - ☐ ins Ausland gehen
   - ☐ Wehrdienst/Zivildienst/ein freiwilliges Soziales Jahr ableisten

7. Ich könnte mir vorstellen, später einmal zu heiraten und Kinder zu bekommen
   - ☐ überhaupt nicht
   - ☐ doch, durchaus
   - ☐ schon, aber nicht vor dem 30. Lebensjahr
   - ☐ vielleicht

8. Später einmal in einem Haus mit Garten in ruhiger Lage auf dem Land zu leben ist für mich

   ☐ 1 ☐ 2 ☐ 3 ☐ 4 ☐ 5

   (1: sehr erstrebenswert; 2: erstrebenswert; 3: möglich; 4: eher nicht wichtig; 5 undenkbar)

9. Wie viele Geschwister hast du?

   ☐ 1 ☐ 2 ☐ 3 ☐ mehr als 3

10. Wie viele Geschwister haben oder hatten deine Großeltern zusammen?

    ☐ weniger als 4 ☐ 5 ☐ 6 ☐ 7 ☐ 8 ☐ mehr als 8

11. Beschreibe dein Verhältnis zu deinen Eltern und Großeltern. Gefällt dir deren Lebensstil?

    ....

    ....

Arbeitsaufträge

1 Fassen Sie die wichtigsten Ergebnisse der Sozialstudie zusammen.

2 Haben Sie den Eindruck, dass die von Ihnen durchgeführte Untersuchung zu repräsentativen Ergebnissen geführt hat? Was könnten Sie bei zukünftigen Befragungen möglicherweise anders machen?

3 Überlegen Sie sich weitere Themen, bei denen eine Befragung von Mitschülern oder anderen Bevölkerungsgruppen aufschlussreiche Erkenntnisse liefern könnte.

4 Welche Erkenntnisse haben Sie aus der Auswertung der Fragen 9 und 10 gewonnen? Welche Folgen ergeben sich aus diesen Ergebnissen?

1 Jugend und Alter – heute und vor 100 Jahren

M1a Familie heute, Foto 2007

M1b Foto der Familie Czapski, um 1904

Sie sind seit wenigen Wochen an einem Beruflichen Gymnasium. In einer Sozialstudie haben Sie mittlerweile Ihre Lebenswelt mit der Ihrer Mitschüler verglichen und wohl auch Fragen über Ihre Eltern und Großeltern beantwortet. Sicher ist Ihnen aufgefallen, dass die meisten Großeltern viel mehr Geschwister hatten. Vielleicht war für Sie die Sozialstudie sogar Anlass zu Gesprächen mit älteren Familienangehörigen über deren Jugend, Ausbildung und deren damalige Zukunftshoffnungen. Wie waren früher die Bildungschancen, wie sah die Freizeitgestaltung junger Menschen damals aus? Wie lebten die älteren Menschen? Konnten sie sich eine eigene Wohnung und jährliche Urlaubsreisen leisten? Wie funktionierte das Miteinander von Jung und Alt früher? Wie ist das heute?
Dieses Kapitel möchte Antworten auf die Fragen geben. Es vergleicht Schule und Freizeit junger Menschen, die materielle Versorgung älterer Menschen und schließlich das Zusammenleben von Jung und Alt heute jeweils mit der Situation am Ende des 19. Jahrhunderts.

1850–1880	Das Wohnen und Arbeiten im selben Haus ist die übliche Lebensweise. Großeltern wohnen häufig mit Kindern und Enkeln zusammen.
1889	Einführung der gesetzlichen Rentenversicherung
1907/09	Einführung des Tagesunterrichts und der Berufsschulpflicht für männliche Lehrlinge in Baden und Württemberg
nach 1945	Fast überall Trennung von Arbeitsplatz und Wohnung; immer längere Schul- und Berufsausbildung junger Menschen. Alte Menschen werden oft nicht mehr in der Familie, sondern von Pflegediensten oder in Seniorenheimen betreut.
1957	Rentenreform: Generationenvertrag, dynamische Rente

1.1 Jugend: Schule und Freizeit – heute und früher

Wer heute studieren will, kann dieses Ziel auch dann erreichen, wenn er nicht schon nach der Grundschule ein Gymnasium besucht hat. Im Jahr 2005 wechselten in Baden-Württemberg 27,6 Prozent aller Realschulabsolventen auf ein Berufliches Gymnasium und weitere 47 Prozent in ein Berufskolleg, das zur Fachhochschulreife führen kann. Auch bei den Hauptschülern erreichten später 45 Prozent den mittleren Bildungsabschluss, einige davon das Abitur.

Gymnasien und Bürgerschulen

Dies war nicht immer so. Vor dem Ersten Weltkrieg (1914–1918) gab es keine gemeinsame Grundschule für alle Kinder. Eine von Standesinteressen geprägte Ungleichheit beeinflusste das Bildungswesen. Kinder aus niederen Sozialschichten waren von höherer Bildung ausgeschlossen, damit – wie es ein preußischer Beamter ausdrückte – diejenigen, „welche den einzelnen Volksklassen und Ständen angehören, auch von früher Jugend auf ihre künftige Bestimmung vorbereitet werden". In der zweiten Hälfte des 19. Jahrhunderts besuchten weniger als 10 Prozent aller Kinder ein Gymnasium oder eine Bürgerschule. Landkinder hatten meist keine Möglichkeit, diese Stadtschulen zu erreichen. Während Gymnasien mit viel Lateinunterricht vor allem auf Studiengänge wie Pfarrer, Arzt, Gymnasiallehrer oder Rechtsanwalt abzielten, bereiteten die Bürgerschulen auf einen mittleren Bildungsabschluss vor. Ein Schwerpunkt war dort die Vermittlung naturwissenschaftlicher und kaufmännischer Kenntnisse. Gymnasien und Bürgerschulen verlangten Schulgeld. Sie richteten eigene gut ausgestattete kostenpflichtige Vorschulen mit kleinen Klassen ein, wo die Kinder gezielt auf den Besuch der jeweiligen weiterführenden Schulart vorbereitet wurden. Besonders wohlhabende Eltern hielten sich für die Vorbereitung ihrer Kinder auf das Gymnasium eigene Hauslehrer.

Volks- und Berufsschulen

In den Schulklassen der kostenlosen Volksschulen saßen dagegen oft bis zu 60 Schüler, manchmal waren es vier Jahrgangsstufen in einer Klasse. Von dort aus war der Übertritt in eine weiterführende Schule nur selten möglich. Mit 13 oder 14 Jahren verließen die Jugendlichen die Volksschule, um in Fabriken oder in der Landwirtschaft zu arbeiten. Wenn es sich ihre Eltern leisten konnten, absolvierten die männlichen Jugendlichen bei einem Handwerksmeister oder – auch das war vereinzelt möglich – in einem Industriebetrieb eine Lehre. Lehrverträge für junge Frauen wurden allerdings erst nach dem Ersten Weltkrieg üblich. Der Berufsschulunterricht (damals Fortbildungsschulunterricht), an dem auch junge Gesellen und Arbeiter teilnehmen konnten, war bis zur Einführung des Tagesunterrichts (in Baden 1907, in Württemberg 1909) freiwillig. Er fand vor allem in den Wintermonaten mehrmals pro Woche abends und sonntags nach dem Gottesdienst statt. Das Schulgeld war hoch und konnte nicht von allen Lehrlingen aufgebracht werden. Ausbildungsvergütungen gab es in den meisten Betrieben noch nicht, oft mussten die Eltern der bei den Meistern wohnenden Lehrlinge sogar Kostgeld bezahlen. Die Teilnahme am Unterricht bot die Chance des beruflichen Aufstiegs.
Freizeitmöglichkeiten gab es früher viel weniger als heute und bei einer Sechzigstundenwoche fehlte oft auch die Zeit dafür. Turn-, Gesangs- oder kirchliche Vereine, Gewerkschaften und öffentliche Tanzveranstaltungen boten aber doch einige Alternativen. Viele Vereine standen nur einzelnen gesellschaftlichen Klassen, etwa dem Bürgertum, offen.

1.2 Alter: Finanzielle Absicherung – heute und früher

Im letzten Jahrhundert verlängerte sich die Lebenserwartung der Menschen in den westlichen Industriestaaten durchschnittlich um drei Monate pro Jahr. Wer heute im Schulalter ist, hat gute Chancen, 100 Jahre alt zu werden. Aufgrund der weiter steigenden Lebenserwartung nimmt die Anzahl der Rentenempfänger drastisch zu. Welche Konsequenzen ergeben sich aus dieser Entwicklung für die zukünftige Lebensplanung und die Altersvorsorge? Und: War vor 100 Jahren auch schon eine finanzielle Absicherung des Alters gewährleistet?

Rente heute – Generationenvertrag

Das momentane Rentensystem ist nach dem Prinzip des so genannten Generationenvertrags aufgebaut. Die Beiträge zur gesetzlichen Rentenversicherung werden von Arbeitgebern und Arbeitnehmern je zur Hälfte bezahlt. Derzeitige Rentner erzielen für ihre Beitragszahlungen einen Zinssatz von annähernd vier Prozent pro Jahr, wenn man von einer durchschnittlichen Lebenserwartung ausgeht. Junge Menschen bekommen nach heutigen Modellrechnungen dagegen möglicherweise weniger Rente ausbezahlt als sie und ihr Arbeitgeber an Beiträgen in die Rentenkasse entrichtet haben. Die Ursachen dafür liegen in der gestiegenen Lebenserwartung einerseits und den niedrigen Geburtenzahlen andererseits: Immer weniger Arbeitnehmer müssen in Zukunft die Rente für immer mehr Rentner finanzieren. Der jahrzehntelang funktionierende Generationenvertrag ist damit in Frage gestellt. Viele junge Menschen beklagen eine aus ihrer Sicht mangelnde Generationengerechtigkeit. Wer heute erwerbstätig ist, muss zusätzlich zur gesetzlichen Rentenversicherung eine private Altersvorsorge treffen, um später nicht in Armut leben zu müssen.

Altersvorsorge früher

Im längerfristigen Vergleich ist die heutige Situation aber überaus zufriedenstellend. Bis Ende des 19. Jahrhunderts hatten viele Menschen überhaupt keine Alterssicherung. Da es im Kaiserreich kein altersbedingtes Ausscheiden aus dem Beruf gab, arbeitete jeder, der dazu gesundheitlich in der Lage war, bis zu seinem Tod. Erst 1889 verabschiedete der Reichstag nach zweijähriger intensiver öffentlicher Diskussion das Gesetz über die staatliche Invaliditäts- und Altersversicherung. Die Finanzierung geschah durch gleich hohe Beiträge von Arbeitnehmern und Arbeitgebern und durch Zuschüsse aus dem Reichshaushalt. Versicherungspflichtig waren alle Beschäftigte mit geringen und mittleren Einkommen ab dem 16. Lebensjahr. Die Beiträge waren Festbeträge, die vom Einkommen unabhängig waren. Rentenzahlungen erhielt jeder Versicherte, der das 70. Lebensjahr vollendet hatte. Nur 17 Prozent der Männer und 21 Prozent der Frauen erreichten in jener Zeit das Rentenalter. Die Rentenhöhe lag nur bei etwa einem Drittel des Durchschnittslohns, bei Invalidität – damals bei den Arbeitern durchaus die Regel – war es noch weniger. Wer keine Kinder hatte und nur auf Invaliditäts- oder Altersrente angewiesen war, führte ein ärmliches Dasein.
Im Jahr 1957 wurde die „lohnbezogene, dynamische" Rente eingeführt, die sich nicht nur nach der Einkommenshöhe des Versicherten richtet, sondern auch regelmäßig der allgemeinen Einkommensentwicklung angepasst wird. Die Rentenbeiträge werden dabei nicht angespart, sondern für die laufenden Auszahlungen verwendet.

Familie als Altersvorsorge

Über Jahrhunderte war die Absicherung des Lebensabends und der Lebensrisiken wie Invalidität und Krankheit Aufgabe der unmittelbaren Lebensgemeinschaft, vor allem also der Familie. Die Verantwortung füreinander definierte ein ungeschriebener Familienvertrag: Der Starke sorgte für den Schwachen, der Gesunde für den Kranken und die Eltern für die Kinder in der selbstverständlichen Erwartung, dafür später von ihnen mitversorgt zu werden. Bis ins beginnende 19. Jahrhundert, als über 80 Prozent der Menschen in der Landwirtschaft arbeiteten, gab es keine für unsere Zeit charakteristische Abschottung der einzelnen Lebensphasen voneinander. Kinder wuchsen in die Arbeit hinein, indem sie den Eltern halfen, sobald sie dazu in der Lage waren, und die Älteren zogen sich nicht abrupt, sondern langsam und in Etappen aus dem Arbeitsleben zurück.

Generationenvertrag

Er bezeichnet einen angenommenen gesellschaftlichen Konsens, der die Finanzierung der gesetzlichen Rentenversicherung sichern soll. Die Arbeitnehmer zahlen mit ihren Beiträgen die Renten der aus dem Erwerbsleben ausgeschiedenen Generation und erwerben dabei Ansprüche auf ähnliche Leistungen der nachfolgenden Generationen für sich selbst.
Das ursprüngliche System der gesetzlichen Rentenversicherung vor 1957 baute auf einer Ansparung der Rentenbeiträge auf, in der Weise also, wie dies bei privaten Versicherungen der Fall ist.

1.3 Jugend und Alter: Lebensbilder im Wandel

Immer mehr ältere Menschen, immer weniger Jugendliche – so lässt sich der demographische Wandel in der Bundesrepublik kurz und knapp zusammenfassen. Warum aber schrumpft der Anteil von Kindern und Jugendlichen an der Gesamtbevölkerung? Oder anders gefragt: Warum sinkt die für diese Zahl verantwortliche Geburtenrate? Hat diese Entwicklung etwas mit sich verändernden Lebensbildern zu tun? Und: Welche Auswirkungen bringt diese Entwicklung mit sich?

Sinkende Geburtenrate

Das „Ja" zum Kind fällt vielen jüngeren Frauen und Männern heute schwerer als früher – nicht nur in Deutschland: Die meisten Industrienationen leiden unter niedrigen Geburtenraten. Hier wirken viele Gründe zusammen: In Umfragen beschweren sich viele Männer und Frauen in Deutschland über die fehlende Familien- und Kinderfreundlichkeit. Beklagt werden die zu hohen Mieten für kinderfreundliche Wohnungen sowie der Mangel an Ganztagesschulen und Kindergartenplätzen. Auch die unsichere soziale Situation und die Sorge um den Arbeitsplatz wirken sich auf die Zahl der Geburten aus: Finanzielle Sicherheit und soziale Stabilität scheinen bei vielen jungen Erwachsenen ein wichtiges Entscheidungskriterium für Kinder zu sein. Ebenso beeinflusst ein Wertewandel in der Gesellschaft den Geburtenrückgang: In den Augen vieler Erwachsener gehören Kinder nicht mehr unbedingt zum Lebensentwurf, sondern sind vielmehr eine Option. Dabei ist auffällig, dass gerade gut ausgebildete Frauen weniger Kinder bekommen. Offenbar ist die Vereinbarkeit von Familie und Beruf nach wie vor schwierig. Für gering verdienende Eltern und für die wachsende Zahl der Alleinerziehenden stellen Kinder zudem häufig ein Armutsrisiko dar.

M2 Großmutter, warum lebst du so lange?
Karikatur von Horst Haitzinger, 2000

Verschobene Lebensphasen

Die zunehmende Langlebigkeit der Älteren einerseits und die abnehmende Geburtenrate bei den Jüngeren andererseits werden vielfach für die Lücken in unserem Sozialversicherungssystem verantwortlich gemacht Es sind aber auch andere Faktoren mitzuberücksichtigen. Die Ausdehnung der Schulzeit und die Vorverlegung des Seniorenalters führen zu einer Schrumpfung des eigentlichen aktiven mittleren Erwachsenenalters. Nicht wie zur Zeit unserer Großeltern tritt man mit 14 Jahren in das Berufsleben ein, sondern erst viele Jahre später. Die Auszubildenden werden aufgrund des Ausbildungsplatzmangels im Durchschnitt immer älter. Nur knapp ein Viertel der Realschüler konnte 2005 in Baden-Württemberg direkt nach der Schule eine Lehre beginnen. Bei der immer größer werdenden Gruppe der Studierenden ist ein Berufsbeginn an der Schwelle des 30. Geburtstages keine Seltenheit. Erst dann zahlen die Berufsanfänger voll in die Renten- und Krankenkassen ein.
Umgekehrt sieht es mit dem Ausscheiden aus dem Beruf aus; hier ist das reguläre Rentenalter von zurzeit noch 65 Jahren die große Aus-

Demographischer Wandel	Der Begriff steht einerseits für die Überalterung der Gesellschaft durch die Zunahme der allgemeinen Lebenserwartung, andererseits für die niedrige Geburtenrate und den Mangel an Kindern. Vom demographischen Wandel sind die meisten Industrienationen betroffen. Einigen Ländern, wie Frankreich, Schweden oder Finnland, ist es aufgrund einer zielgerichteten Familienpolitik jedoch gelungen, die Geburtenrate zu stabilisieren bzw. zu steigern.

nahme. Manche Betriebe kennen keinen über 55-jährigen Mitarbeiter mehr. Nur 13 Prozent der Älteren zwischen 65 und 74 Jahren sind noch berufstätig, meistens als Selbstständige oder in einem Teilzeitjob. Den aus dem Beruf ausscheidenden älteren Menschen bieten sich heute völlig neue Möglichkeiten. Meist gesund und mobil engagieren sich viele ehrenamtlich, unternehmen weite Reisen oder bilden sich weiter.

1.4 Das Zusammenleben von Jung und Alt – heute und früher

In früheren Jahrhunderten hatten Kinder auch eine ökonomische Bedeutung für ihre Eltern. Sie waren zusätzliche Arbeitskraft und auch Garant für die persönliche Alterssicherung. Obwohl in der zweiten Hälfte des 19. Jahrhunderts die meisten Menschen nicht mehr in der Landwirtschaft arbeiteten, sondern in Industrie, Handel und dem Dienstleistungssektor, überwog immer noch die Mehr-Generationen-Familie. Großeltern wohnten mit ihren Kindern und Enkeln in Städten oder Dörfern gemeinsam unter einem Dach. Bei den oft unter Auftragsmangel leidenden Handwerkern lebten und arbeiteten alle Familienmitglieder im selben Haus, zumeist in beengten Wohn- und Arbeitsräumen. Die meisten von ihnen mussten ständig mit Existenznot kämpfen.

M3 Kellerwohnung einer Berliner Arbeiterfamilie, 1905
Oft mussten ganze Familien in einem Zimmer hausen.

Arbeiterfamilien

Kein eindeutiges Bild ergibt sich bei den Industriearbeitern. Deren Arbeitsplätze in Fabriken bedingten eine Trennung von Wohn- und Arbeitsbereich. Auch bei ihnen gab es durchaus recht gut verdienende qualifizierte Meister und Vorarbeiter, die kleinere Einfamilienhäuser in städtischen Arbeitersiedlungen besaßen. Anders war es bei den schlecht bezahlten ungelernten Arbeitskräften, die in beengten Mietwohnungen lebten. Da bei ihnen meist beide Eltern gezwungen waren zu arbeiten, waren die Kinder außerhalb der Schulzeit meist sich selbst überlassen. Viele Arbeiterkinder wurden selbst zur Fabrikarbeit angehalten, um den geringen Lohn aufzubessern. Anders als in vielen preußischen Industriestädten wohnten in Baden und Württemberg viele Arbeiter auf dem Land im Umkreis der Industriestädte. In den Dörfern lebten sie in unmittelbarer Nähe zu Verwandten und Eltern, die bei der Beaufsichtigung der Kinder helfen konnten.

Familien des Bürgertums

Ein ganz anderes Bild ergab sich beim Bürgertum. In den Haushalten der wohlhabenden Fabrikbesitzer, Kaufleute, Ärzte oder Rechtsanwälte gab es Bedienstete, die für die Hausarbeit zuständig waren. Die Hausfrauen übten meist keinen Beruf aus. Sie beaufsichtigten das Dienstpersonal, erzogen die Kinder und pflegten gesellschaftliche Kontakte. „Kinder, Küche und Kirche" waren die „Drei K" bürgerlicher Frauen. Das ausgeprägte Autoritätsdenken der Männer ließ den von ihnen finanziell abhängigen Frauen keine Möglichkeit, eigene berufliche Wünsche zu realisieren.

Familien heute

In den vergangenen Jahrzehnten hat sich die Familienstruktur in den Industrienationen stark verändert. Familien sind heute häufig recht klein, umfassen nur noch drei, manchmal auch nur zwei Personen. Die Zahl allein erziehender Elternteile ist gewachsen. Familien sind stärker als früher von Trennungen der Eltern betroffen. Nach wie vor aber bilden Familien – laut Familienbericht der Bundesregierung von 2006 – für die weitaus meisten der heutigen Jugendlichen den wichtigsten sozialen „Heimathafen", von dem aus sie sich andere Lebenswelten erschließen.

M4 Schule und Freizeit heute

Aus einem Forschungsbericht von 2002 über die Lebenswelt heutiger Jugendlicher:

Der Schulbesuch mit anschließendem Besuch allgemein bildender und berufsbildender Ausbildungsstätten ist zum beherrschenden Strukturmerkmal des Jugendalters geworden und verzögert gleichzeitig durch seine stetige Ausdehnung den Eintritt ins Berufsleben. [...]. Hochgerechnet und etwas allgemeiner betrachtet bedeutet dies, dass heute die Hälfte der Jugendgeneration schon etwa ein Viertel ihrer Lebenszeit in Bildungseinrichtungen verbringt. Profitiert haben von der Verlängerung der Ausbildungszeit und der Ausweitung des Bildungssystems vor allem die Mädchen, denn sie erwerben heute im Durchschnitt höhere Bildungsabschlüsse als ihre männlichen Altersgenossen und können somit zu Recht als Gewinner der Bildungsexpansion bezeichnet werden. Nach wie vor große Bildungsunterschiede bestehen zwischen den einzelnen gesellschaftlichen Schichten. Zwar präferiert [bevorzugt] die Mehrzahl der Eltern in Deutschland einen hohen Abschluss für ihre Kinder, aber die vorhandenen Unterschiede zwischen den Herkunftsmilieus lösen sich dadurch nicht auf. Denn nur 28 Prozent der Jugendlichen, deren Vater einen niedrigen Bildungsabschluss hatte, erzielten selbst einen hohen (Abitur, Studium), im Vergleich zu 43 Prozent ihrer Altersgenossen, deren Vater einen mittleren, oder 75 Prozent, deren Vater selbst einen hohen hatte. Bildung wird nach wie vor vererbt, und dies trotz einer deutlich gestiegenen Bildungsmobilität innerhalb der Generationen. [...]

Es zeigt sich, dass die höchste Priorität im Freizeitverhalten ganz eindeutig gesellige Aktivitäten im Kontext [Zusammenhang] von Gleichaltrigen haben. Das Treffen von Freunden, das gemeinsame Ausgehen in Kneipen und Diskotheken oder Kinobesuche – für alle diese Unternehmungen, die Jugendliche gern unter dem Oberbegriff „weggehen" zusammenfassen, gilt: Man will mit Altersgleichen zusammenkommen, um Bekanntschaften zu machen, Freundschaften zu pflegen, gemeinsam Spaß zu haben. [...] Auch wenn Fun- und Vereinssport bisweilen in eine harte Konkurrenzsituation geraten können, die Mehrzahl der Jugendlichen (63 Prozent) verbringt immer noch einen nicht unerheblichen Teil ihrer Freizeit in Sportvereinen, Hilfsorganisationen oder anderen vereinsähnlichen Institutionen, wobei fast ein Viertel (23 Prozent) gleichzeitig Mitglied in mehreren Einrichtungen ist. Der bei weitem beliebteste Typus ist aber zweifelsohne der Sportverein. Mit deutlichem Abstand folgen Mitgliedschaften in freiwilligen Hilfsorganisationen, Musikvereinen oder kirchlichen Gruppen. Die geringste Resonanz finden Jugendverbände, Fanclubs und politische Jugendorganisationen.

Iris Eisenbürger/Waldemar Vogelgesang: „Ich muss mein Leben selber meistern!". Jugend im Stadt-Land-Vergleich. In: Aus Politik und Zeitgeschichte, B 5/2002, S. 30 ff.

M5 Jugend vor 100 Jahren

a) Elisabeth Czapski, geboren 1894, berichtet über ihre Kindheit in einem bürgerlichen Elternhaus:

Kindheit und Jugend habe ich als fünftes von acht Geschwistern in meinem Elternhaus in Jena verbracht [...]. Das Haus hatte große helle Räume und nach dem modernsten Stand damaliger Technik Zentralheizung, Gas für Herd, Badeofen und Beleuchtung, fließend Kaltwasser in Küche, Bad und Flur, im Winter Doppelfenster mit zauberhaften Eisblumen und einen handbetriebenen Aufzug von der Küche zu den Schlafzimmern [...].

Wir Kinder hatten keine Einzelzimmer, sondern schliefen zu zweit oder zu dritt miteinander, die jeweils Jüngsten im großen Kinderzimmer. An dessen Decke war ein blauer Himmel gemalt mit Schwalben, Rotkehlchen und Zaunkönigen, unter denen jeder von uns seinen Liebling hatte [...].

Unser Vater Siegfried Czapski [...] hatte Mathematik und Physik studiert. Unsere Mutter war in der Großstadt Paris groß geworden, in christlicher Tradition erzogen und schon sehr früh am Konservatorium im Klavierspiel unterrichtet worden [...].

Eine Person war immer da: Aenne, die Kinderfrau. Sie zog uns an und brachte uns zu Bett. Sie bürstete geduldig unser verwirrtes Haar und übergoss uns abends mit kaltem Wasser, was ich fröstelnd und zitternd, meine robustere jüngere Schwester prustend und lachend hinnahm. Sie verband unser blutendes Knie, drückte einen Löffel gegen unsere Stirn, wenn wir gefallen waren, um Beulen zu verhindern und erzählte uns unermüdlich Geschichten von armen Mädchen und verlaufenen Prinzessinnen. Sie betete mit uns und schlief bei uns. Aenne war bei meiner Geburt zu uns gekommen und blieb bis zu meinem Eintritt in die Schule.

Schwierig aber war es für mich, Abitur machen zu können, da es keine Mädchengymnasien gab und keine Möglichkeit, am Unterricht eines Knabengymnasiums teilzunehmen. Man musste sich durch Privatstunden vorbereiten und dann an einer unbekannten Schule in Anwesenheit eines Schulrats prüfen lassen.

R. Pörtner (Hg.): Kindheit im Kaiserreich. Düsseldorf u. a. 1987, S. 45 ff. Zit. nach: Geschichte lernen, Heft 54 (1996)

b) Der Feilenhauer Alwin Hussels (1879–1909) erinnert sich in einem 1909 veröffentlichten Lebensrückblick an seine Kindheit:

Als Sohn der Eheleute Karl und Emma Hussels, geb. Conrads, wurde ich am 7. Februar 1879 zu Tattscheid, Kreis Solingen geboren. Meine Mutter war bis dahin Fabrikarbeiterin, mein Vater Plüschweber und Witwer mit einem Kind. Als ich ein Jahr, drei Monate alt geworden, starb mein Vater an Tuberkulose. Nun stand meine Mutter mit zwei Kindern allein da. [...] Sie vermietete sich zuerst bei einem Butterhändler und von da ab bei Kleinbauern. Das machte sie acht Jahre lang, während dieser Zeit wurde ich bei Bekannten und Verwand-

M6 Bevölkerungspyramiden

a) Deutsches Reich, 1910 *b) Bundesrepublik, 2005* *c) Bundesrepublik, 2050 (Prognose)*

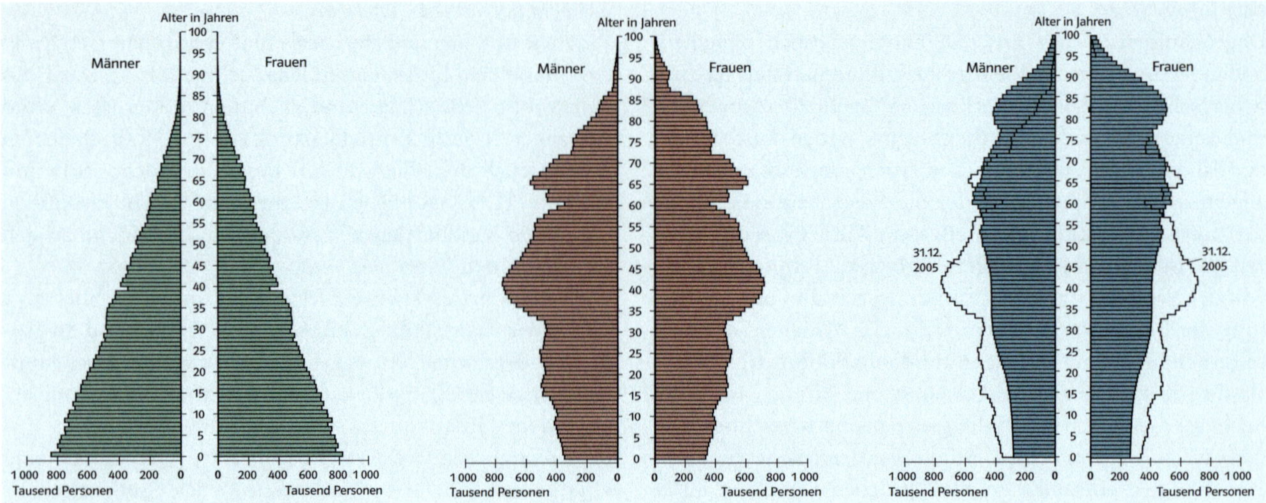

Nach: Statistisches Bundesamt 2006 - 15 - 1302

ten untergebracht, dagegen kam mein Halbbruder in fremde Hände, er war nun ganz verlassen, ist aber auch frühzeitig an Schwindsucht gestorben.

Vom sechsten bis zum neunten Jahr besuchte ich vier der verschiedensten Volksschulen, ich war auf mich selbst angewiesen und musst mich so gut durcharbeiten wie eben möglich. Meine Verwandten waren auch froh, dass sie von einem Tag an den anderen kamen. Im Jahr 1888 trat eine Änderung ein. Meine Mutter war das Schuften bei dem Kleinbauern satt geworden und hatte wieder Sehnsucht nach einem eigenen Heim bekommen. Sie heiratete den Feilenhauer G. H. Dieser hatte ein kleines altes Häuschen, war Witwer und hatte drei Kinder. Außerdem war er noch verwachsen, aber ein sehr fleißiger Mann [...]. So gern ich auch nun bei meiner Mutter war, aber im neuen Heim traten mir die Bilder des Elends in verschärftem Maße entgegen. Es war auf einmal eine sechsköpfige Familie geworden, ein Jahr später kam noch einmal ein kleines Brüderchen hinzu. Da waren es sieben an der Zahl. Unsere Familie war in drei kleinen Räumen untergebracht: Kochküche, Arbeitsraum, ein kleines Schlafzimmer, wo nur zwei Betten stehen konnten. In einem Bett schliefen vier, im anderen drei.

Aber das war noch das wenigste. Mein Stiefvater war durch das Unglück, das ihn getroffen hatte, in Schulden geraten, etwa zwei- bis dreihundert Mark. Nun brach auch 1890 ein Feilenhauerstreik aus, überhaupt eine schlechte Zeit trat ein, keine Arbeit und die Schulden wurden immer größer. Schwermut und Bedrücktheit griffen nun Platz. Die Ehe war nicht mehr wie zu Anfang, als elfjähriger Junge musste ich sehen, wie sich meine Mutter und Stiefvater schlugen und schimpften. Aber diese Zeit änderte sich auch noch mal, Arbeit gab es wieder. Nun wurde aber auch von früh bis spät gearbeitet. Ich und mein Stiefbruder wurden auch zur gewerblichen Arbeit herangezogen, morgens vor der Schule mussten wir Feilen kippen, mittags und abends und sonntags Kegel aufsetzen, um aus der bedrückten Lage wieder herauszukommen. Aus der Schule entlassen, kam ich auch in die Haustube. Feilenhauen war zu dieser Zeit meist Heimarbeit, von morgens sechs Uhr bis abends 9 Uhr wurde gearbeitet. Sonntags beschäftigte ich mich mit Kegel- und Kartenspiel. Mein Stiefbruder beschäftigte sich hauptsächlich mit Lesen. Er bekam die Elberfelder Freie Presse, er holte sich Bücher aus der Bibliothek des Sozialdemokratischen Volksvereins [...].

Klaus Saul u. a. (Hg.): Arbeiterfamilien im Kaiserreich. Königstein/Ts. 1982, S. 38 ff.

M7 Die Arbeitszeit von Lehrlingen Ende des 19. Jahrhunderts in Esslingen

a) Bericht in der Tagespresse (ähnliche Diskussionen gab es an fast allen Schulorten):

28. Oktober 1892: Der Beschluss [des Gemeinderats und Bürgerausschusses], den Abendunterricht der hiesigen Fortbildungsschule auf die Zeit von 7 bis 9 Uhr (seither 7 3/4 bis 9 3/4) zu verlegen, ist gewiss von vielen Seiten mit Freuden aufgenommen worden. Die Tatsache, dass ein großer Teil der Fortbildungsschüler schon abends 6 Uhr die Werkstätte verlässt, dass diese jungen Leute, wenn sie ihren Wohnsitz nicht in Esslingen haben, häufig nicht wussten, wie und wo sie die Zeit bis zum Beginn der Schule zubringen sollten, was im Winter bei kalter rauer Witterung doppelt hart erscheinen musste, dass durch diesen Umstand manchen Unfug und

mancher Verwirrung Vorschub geleistet wurde [gemeint sind vor allem Wirtshausbesuche], dass ein sehr spät erteilter Unterricht weniger fruchtbringend wirkt, als ein in früher Stunde genossener Unterricht, dass die späte Heimkehr aus der Schule seither als ein Misstand empfunden wurde, dass die vielen Schüler aus den Filialen [Vororten] und den benachbarten Dörfern, wenn sie bei der seitherigen Einrichtung erst um 10 Uhr die Stadt verlassen konnten, viel zu spät nach Hause und zur Ruhe kamen, zumal sie sich in frühen Morgenstunden wieder auf den Weg zu begeben hatten, um rechtzeitig wieder im Geschäft zu sein – all diese Tatsachen sprachen so gewaltig für die Änderung, dass man es nur mit Freuden begrüßen muss, dass das seitherige System nun verlassen wird.

Schwäbische Rundschau, 30.10.1892

b) Bericht vom 2. November 1892:

In der gestern Abend im Traubensaal abgehaltenen Versammlung hiesiger Gewerbetreibender, welcher auch der verehrte Herr Stadtvorstand in anerkennenswerter Weise anwohnte, wurde hervorgehoben, dass die Verlegung des Unterrichts an der Fortbildungsschule wohl nicht möglich sei; solange die Arbeitszeit noch bis 7 Uhr daure, können Lehrlinge und Arbeiter nicht schon um 7 Uhr in der Schule sein. Nach längerer Debatte wurde beinahe einstimmig beschlossen, bei dem Wohllöblichen Gemeinderat vorstellig zu werden, er möge den Begin des Unterrichts der Fortbildungsschule auf präzis 1/2 8 Uhr festsetzen. [Der Gemeinderat kam diesem Wunsch nicht nach und hielt an der Änderung fest.]

Esslinger Zeitung, 3.11.1892

M8 Positive Zukunftsaussicht

In der Shell-Jugendstudie 2006 heißt es über die heutige Generation der Jugendlichen bilanzierend:

Die heutige junge Generation stellt sich mit einem ausgesprochen pragmatischen Zugang den Herausforderungen in unserer Gesellschaft. [...] Leistungsbereitschaft, Engagement und eine Orientierung an den konkreten und nahe liegenden Problemen prägen die Grundhaltung dieser Generation. Damit verbunden ist der Wunsch nach befriedigenden persönlichen Beziehungen. Die Bedeutung von Familie und privatem Freundeskreis, die den Jugendlichen als Rückhalt dienen und Sicherheit vermitteln, hat sogar noch weiter zugenommen. Der zuletzt (2002) festgestellte große persönliche Optimismus hat allerdings einer etwas gemischteren Sichtweise Platz gemacht. Vor dem Hintergrund einer sensibleren Wahrnehmung von gesellschaftlichen Problemen, die bei der großen Mehrheit der Jugendlichen mit spürbaren Ängsten vor allem in Bezug auf die Chancen am Arbeitsmarkt verbunden sind, überwiegt jedoch auch weiterhin eine positive persönliche Zukunftssicht. Von Resignation und Ausstieg in vermeintliche jugendliche Ersatzwelten kann nach wie vor keine Rede sein. [...] Der demographische Wandel stellt eine Herausforderung dar, die den Alltag der heutigen jungen Generation in Zukunft ebenfalls nachhaltig mitprägen wird. Die heutigen Jugendlichen verfügen diesbezüglich bereits über ein ausgeprägtes Problembewusstsein. Prägend ist auf der einen Seite ein Altersbild, das mit Hochachtung vor allem vor der Leistung der Älteren verbunden ist. Das positive Verhältnis zu den eigenen Eltern bestimmt hierbei die Sichtweise auf die ältere Generation. Auf der anderen Seite werden aber auch Sorgen bezüglich der zukünftigen Entwicklung artikuliert. 70 % der Jugendlichen halten das Altern der Gesellschaft für ein großes, oder sogar sehr großes Problem.

Shell Deutschland (Hg.): Jugend 2006. Eine pragmatische Generation unter Druck. Frankfurt/Main 2006, S. 15 u. 22 f.

M9 Sozialstudien zum Thema Alt und Jung

a) Auszug aus der Shell Jugendstudie 2006. Antworten auf die Fragestellung „Ab wann gehört man nicht mehr zur Jugend/ Ab wann gehört man zu den alten Menschen?“ Befragt wurden junge Menschen zwischen 12 und 25 Jahren:

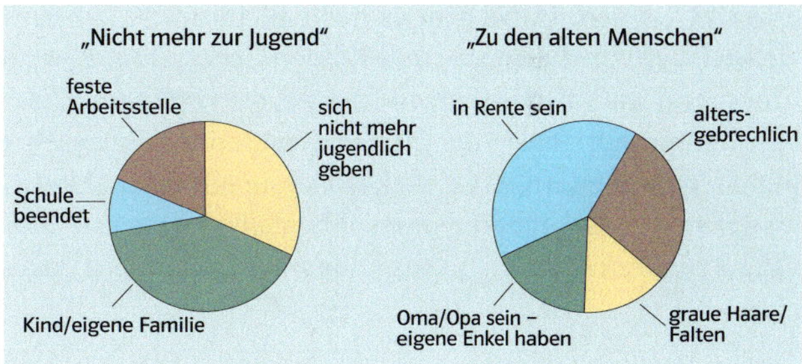

Nach: Shell Jugendstudie 2006

b) Ergebnis einer Umfrage des Alterssurveys über die Wohnentfernung von 70- bis 85-jährigen Senioren zum nächstwohnenden Kind:

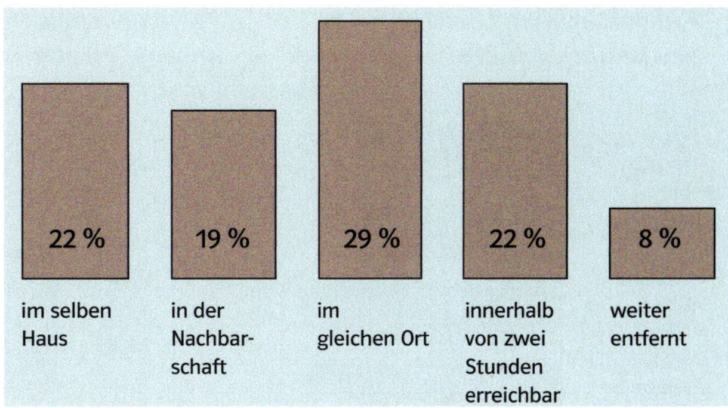

Der Alterssurvey des Deutschen Zentrums für Altenfragen (DZA) ist eine umfassende Untersuchung der „zweiten Lebenshälfte“. Ziel ist es, Informationsgrundlagen für politische Entscheidungen zu bekommen.

www.dza.de/forschung/forsch-alterssurvey.html (Zugriff: 20.1.2007)

M10 Dialog der Generationen

Zwei Berliner Wissenschaftler berichten über die Beziehungen zwischen Enkel- und Großelterngeneration:

Gesund wie nie zuvor, mit reichlich Kompetenzen und einem guten finanziellen Einkommen ausgestattet, gerät diese Gruppe [der Älteren] besonders ins Blickfeld, wenn neue Verantwortungsträger gesucht werden. Das Rentenalter soll und kann nicht länger nur in Freizeit münden. Hier entdeckt man neue Chancen der Zivilgesellschaft, in der generationsübergreifende Freiwilligendienste so selbstverständlich werden könnten, wie es der dann abgeschaffte Zivildienst einmal war. Aufgaben, die Jung und Alt gemeinsam angehen können, gibt es genug: Betreuung und Begleitung leisten, Bildung unterstützen, wertvolles Erfahrungswissen weitergeben und nutzen etc.

Um die These eines Krieges der Generationen zu widerlegen, wird gewöhnlich auf die ganz anders gelagerte Art des Miteinanders in den familiären Generationenbeziehungen verwiesen. Ein Teil der inzwischen umfangreichen Sozialforschung kommt zum Ergebnis eines weitgehend solidarischen Umgangs zwischen Großeltern, Eltern und Kindern, besonders in Notlagen. Abgeleitet wird dies von einer Vielzahl von Unterstützungsleistungen, die innerhalb der Familien erbracht werden: Dabei geht es nicht allein um […] finanzielle Gaben für die Eltern- und Kinder-Generation. Ebenso umfassend sind die vielseitigen Dienste, die Hilfen im Haushalt bis hin zur Pflege der älteren Generation. Umgekehrt betreuen Großeltern ihre Enkel, wobei sie mitunter „Elternersatzfunktionen" übernehmen. Ebenfalls belegt ist, dass Eltern zu ihren Kindern bis ins hohe Alter ein zumeist enges Verhältnis pflegen. Das gilt vor allem in Bezug auf räumliche Nähe: Beinahe jeder Zweite hat Kinder oder Eltern im gleichen Ort wohnen. Bei der überwiegenden Mehrheit findet zudem regelmäßige unterstützende Kommunikation statt. Allerdings werden diese solidarischen Beziehungsgeflechte teilweise durch verschiedene Faktoren belastet. Da ist zunächst die berufliche und räumliche Mobilität. Je weiter sich Kinder vom Wohnort ihrer Eltern entfernen, so belegen Studien, desto eher leben sie sich auseinander. Die Wohndistanz ist dabei auch eine entscheidende Größe dafür, wie regelmäßig der Kontakt der Enkel zu den Großeltern ausfällt. Mindestens jede vierte Großelternschaft wird offenbar nur formell oder gar nicht ausgeübt. […]

Wie auch immer – es bleiben Wünsche und Bedürfnisse nach Umgang mit Älteren oder Jüngeren bestehen. Gegenwärtig erleben dies etwa die mobilen Eltern(teile) in größeren Städten, denen, fern der Verwandtschaft, zur Versorgung ihrer Kinder und zur Vereinbarkeit ihrer Familienpflichten mit der Erwerbsarbeit ein verlässliches Netzwerk fehlt. […]

Weil Kinder heute weniger Geschwister haben als früher, schrumpft nach und nach die Verwandtschaftsstruktur. Der Kinder- und Jugendbericht der Bundesregierung sieht deshalb eine zunehmend „onkel- und tantenlose Gesellschaft". heraufziehen. Für Hilfen jeder Art werden immer weniger Angehörige zur Verfügung stehen. Damit verringert sich der Umfang an möglicher Unterstützung, und Kinder verlieren dabei etwa die entwicklungsfördernden Lernumfelder in der Verwandtschaft.

Volker Amrhein/Bernd Schüler: Dialog der Generationen. In: Aus Politik und Zeitgeschichte, 8/2005, S. 9 ff.

M11 Demographischer Wandel in Baden-Württemberg

a) Kinderlosigkeit bei Akademikerinnen deutlich gestiegen)*

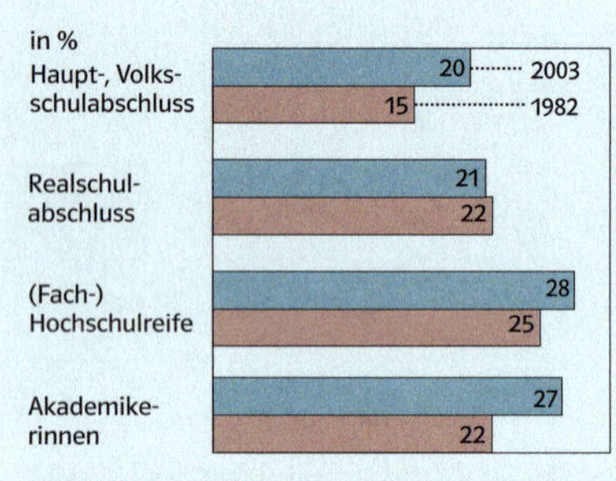

*) Anteil der Frauen in Baden-Württemberg ohne im Haushalt lebende Kinder in der Altersgruppe von 35 bis unter 45 Jahren
Quelle: Mikrozensus

b) Familien mit zwei Kindern heute am häufigsten)*

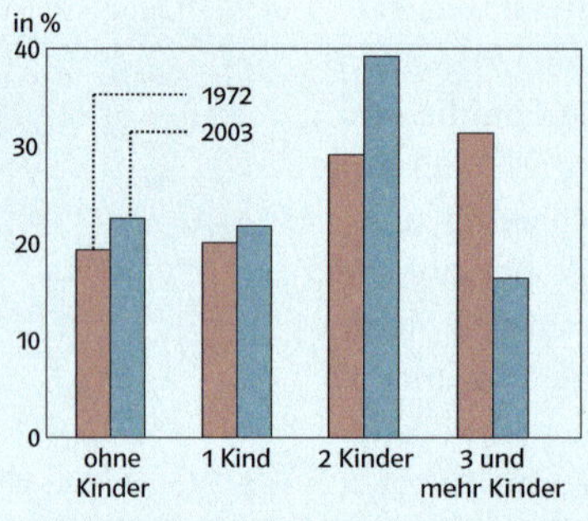

*) Frauen im Alter von 35 bis unter 45 Jahren nach der Anzahl der Kinder in Baden-Württemberg

c) Baden-Württemberger leben länger)*

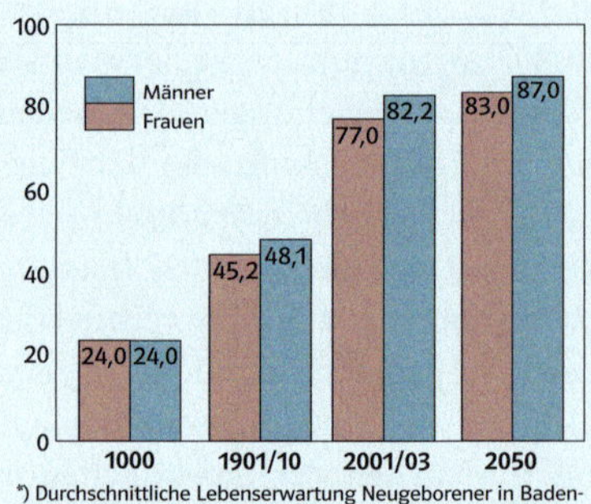

*) Durchschnittliche Lebenserwartung Neugeborener in Baden-Württemberg. Quelle: 1000: Schätzung, 1901/10: Sterbetafel für Württemberg, danach: Sterbetafel für Baden-Württemberg und Bevölkerungsvorausrechnung, Basis 2001.

Statistisches Landesamt Baden-Württemberg (Hg.): Die Bevölkerungsentwicklung in Baden-Württemberg. Stuttgart 2005, S. 18, 19 u. 22.

M12 Einführung einer Pflegezeit?

Die Grünen sprachen sich im Juli 2006 für die Einführung einer „Pflegezeit" nach dem Vorbild der Elternzeit aus. Damit soll es Angehörigen ermöglicht werden, sich von der Berufstätigkeit freistellen zu lassen, um die Pflege hilfsbedürftiger Menschen zu organisieren. In einem Kommentar der Stuttgarter Zeitung heißt es dazu:

Die Arbeitswelt nimmt die Menschen immer mehr in Beschlag. [...] Das hat Folgen – für den eigenen Lebensentwurf und für den familiären Zusammenhalt. Inzwischen hat die Politik immerhin verstanden, dass mehr Kinder geboren werden können, wenn junge Leute, vor allem Frauen, Beruf und Familie vernünftig kombinieren können. Für die Pflege stehen diese Erkenntnisse noch aus. Unbestritten ist, dass die meisten Menschen, wenn sie pflegebedürftig werden, am liebsten zu Hause im Kreise ihrer Familien bleiben wollen. Doch dies können die berufstätigen Angehörigen kaum noch leisten. Die Folgen sind Vereinsamung und Verbitterung auf der einen, Schuldgefühle und Überforderung auf der anderen Seite. Die Grünen haben mit ihrer Forderung, eine Pflegezeit nach dem Vorbild der Elternzeit einzuführen, einen Stein ins Wasser geworfen, der hoffentlich Kreise ziehen wird. Denn das alte Deutschland braucht neue Wege auch hier. Es kann dabei nicht in erster Linie darum gehen, mehr sozialstaatliche Leistungen zu propagieren. Für Berufstätige wäre es schon eine große Hilfe, sicher zu sein, dass man das menschliche Engagement für einen Angehörigen mit einer Jobgarantie belohnt.

Barbara Thurner-Fromm. In: Stuttgarter Zeitung, 1.8.2006, S. 3.

Arbeitsaufträge

1 Erörtern Sie, inwieweit die Ergebnisse, die Sie aus Ihrer Sozialstudie gewonnen haben, mit den in M 4 und M 8 genannten Resultaten übereinstimmen.

2 Nennen Sie Unterschiede zwischen dem heutigen Schulsystem und dem des ausgehenden 19. Jahrhunderts (VT). Vergleichen Sie auch den Berufsschulunterricht. Stellen Sie die Argumente einander gegenüber, die 1892 für und gegen eine Vorverlegung der Unterrichtszeit genannt wurden (M 7a, b).

3 Unterscheiden Sie die heutige Altersvorsorge von der des 19. Jahrhunderts (VT). Begründen Sie in diesem Zusammenhang, warum die „Generationengerechtigkeit" heute nicht mehr gewährleistet zu sein scheint.

4 Nennen Sie Auswirkungen auf Wirtschaft, Gesellschaft, Politik und Kultur, die sich aus dem veränderten Bevölkerungsaufbau (M 6a, b, c) ergeben. Stellen Sie diese Auswirkungen in Form einer Mindmap dar.

5 Analysieren Sie, wie Gewerbe und Handel heute auf die veränderte Bevölkerungsentwicklung reagieren. Fertigen Sie aus Werbeaussagen, die auf die Kaufkraft der älteren Generation abzielen, eine Wandzeitung.

6 Nennen Sie Ursachen für die heutige Kinderarmut (VT, M 11a, b). Informieren Sie sich darüber, welche finanziellen Leistungen (u.a. Kindergeld, Elterngeld) der Staat zurzeit leistet und in Zukunft plant, um Anreize für mehr Kinder zu schaffen.

7 Charakterisieren Sie, wie sich das Zusammenleben von Jung und Alt in den letzten einhundert Jahren verändert hat (VT, M 10). Erläutern Sie, warum Großeltern, Eltern und Enkel heute nur selten im selben Haus wohnen.

8 Erörtern Sie Möglichkeiten älterer Menschen, auch nach dem Ausscheiden aus dem Berufsleben ihre Fähigkeiten und Erfahrungen zugunsten jüngerer Menschen einzubringen (VT, M 10).

9 Nehmen Sie Stellung zu der Forderung, eine Pflegezeit für pflegende Angehörige einzuführen (M 12).

10 Beschreiben Sie, wie sich vor 100 Jahren die Lebensverhältnisse von Handwerkerfamilien und Familien aus dem Großbürgertum (VT, M 5a, b) unterschieden haben. Vergleichen Sie dazu auch die Fotografien M 1b und M 3.

Werkstatt Geschichte und Gesellschaft

Statistiken darstellen und interpretieren

In Diagramme übertragene statistische Zahlen sind nicht immer objektiv. Sie beruhen stets auf der Interpretation des Verfassers. Schon die Wahl der Farben z. B. bei der Darstellung politischer Parteien, etwa schwarz, rot oder grün, kann eine ganz bestimmte Perspektive erkennen lassen. Durch die Wahl der Maßeinheiten wird in Kurvendiagrammen der Winkel ansteigender oder abfallender Kurven bestimmt, bei Säulendiagrammen die Höhe der Säulen und deren Abstand zueinander. Durch den visuellen Eindruck, wie stark eine Kurve nach oben oder unten ausschlägt, kann diese Art der Übersteigerung dazu führen, dass ein Diagramm nicht nur interpretiert, sondern darüber hinaus sogar verfälscht, indem es etwa die Übermächtigkeit einer Erscheinung suggeriert. Auch inhaltliche Vereinfachungen oder die Abkoppelung vom thematischen Umfeld kann im Bemühen um eine besonders pointierte Darstellung zur Verkürzung, Verzerrung oder Verfälschung führen.

Stärken und Schwächen unterschiedlicher Darstellungsformen:

	⊕	⊖
Zahlentabellen 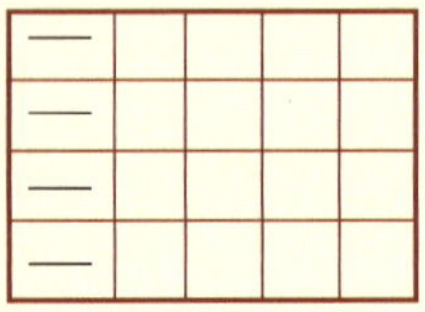	Bieten die größte Genauigkeit, da sie exakte Zahlenangaben liefern.	Sind nicht so übersichtlich und einprägsam wie Schaubilder.
Säulendiagramme 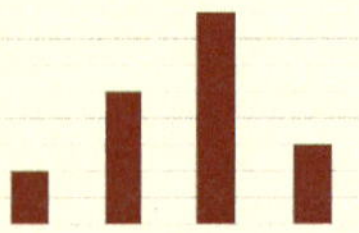	Eignen sich besonders zum Vergleich von Mengenangaben zu einem ganz bestimmten Zeitpunkt.	Die Wahl der Maßeinheiten beeinflusst, wie die Zahlen und Größenunterschiede wirken.
Balkendiagramme 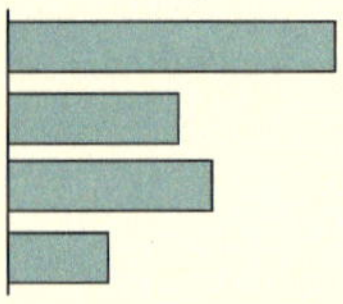	Eignen sich zum Vergleich von Prozentangaben.	Lassen sich oft ausführlicher beschriften als Säulendiagramme.
Kurvendiagramme 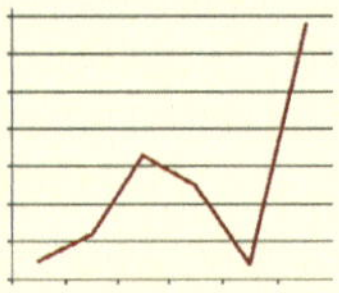	Verschaffen einen raschen Überblick; Entwicklungen lassen sich gut und schnell ablesen.	Der Maßstab kann über die wirkliche Größe der Änderungen täuschen.
Kreisdiagramme („Tortendiagramme") 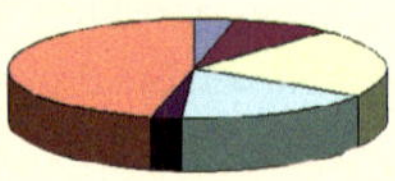	Eignen sich besonders gut, um Prozentwerte darzustellen.	Der Maßstab kann nicht zu Täuschungen führen.

M1 Einwohnerzahlen Baden-Württembergs 1900 bis 2050 (in Mio.)

Alter	1900	1925	1950	1975	2000	2025	2050
unter 20	1,760	1,868	2,024	2,745	2,336	1,987	1,731
20 bis unter 60	1,987	2,646	3,560	4,725	5,824	5,757	5,097
60 bis unter 85	0,352	0,444	0,880	1,625	2,162	3,046	3,222
85 und älter	0,005	0,007	0,015	0,058	0,202	0,403	0,723
Insgesamt	**4,104**	**4,965**	**6,479**	**9,153**	**10,524**	**11,193**	**10,773**

Vom Verfasser nach Angaben des Statistischen Landesamtes Baden-Württemberg zusammengestellt

Wie könnte die demographische Zukunft in Baden-Württemberg aussehen? Die Zahlen des Statistischen Landesamtes (M1) geben einen Überblick über die frühere und die erwartete Bevölkerungsentwicklung.

Seit der Landesgründung 1952 hatte Baden-Württemberg einen durchschnittlichen Zuwanderungsgewinn von jährlich 52 000 Menschen. Dies war auf die Flüchtlings- und Vertriebenenströme nach dem Zweiten Weltkrieg, die Gastarbeiterzuwanderung sowie Arbeitskräftezuwanderung aus anderen Teilen Deutschlands zurückzuführen. Es ist zu erwarten, dass infolge der Osterweiterung der Europäischen Union in den nächsten Jahren weitere Zuwanderer nach Baden-Württemberg kommen. Das Statistische Landesamt hat die Bevölkerungs- und Altersentwicklung bei einem erwarteten Zuwanderungsgewinn von 38 000 Personen pro Jahr errechnet.

Methodische Arbeitsschritte

1 Fragen zum Verfasser
- Wer hat die statistischen Zahlen für das Schaubild ermittelt (z. B. Statistisches Bundesamt)?
- Wer hat aus den Zahlen Kurven oder ein Schaubild gezeichnet (z. B. Nachrichtenagentur, neutraler Bilderdienst, Partei, Verband, Interessengruppe)?
- Wann wurden die Daten erhoben?

2 Fragen zu Inhalt und Darstellungsform
- Wie werden die statistischen Daten dargestellt: als Tabelle oder Schaubild, in absoluten Zahlen oder Prozentangaben?
- Ist die Darstellung übersichtlich, sind die Achsen sorgfältig mit korrekten Maßeinheiten beschriftet?

3 Fragen zu den Erkenntnissen
- Was sagen die Daten genau? Lassen sich Entwicklungen ablesen?
- Gibt es Zusammenhänge zu anderen Entwicklungen und Materialien?
- Ist der Maßstab so gewählt, dass die Daten den Intentionen des Auftraggebers der Kurve oder des Schaubildes entgegenkommen?
- Für welchen Adressatenkreis ist das Schaubild/die Kurve gedacht (Wähler, Zeitungsleser, Wissenschaftler, …)? Ist es für diesen Personenkreis verständlich?

Arbeitsaufträge

1 Setzen Sie die Zahlen der Bevölkerungsentwicklung in Baden-Württemberg (M1) in Säulendiagramme um. Prüfen Sie dabei verschiedene Darstellungsformen und Maßstäbe.

2 Erklären Sie, warum Schaubilder ein falsches Bild vermitteln können, obwohl die zugrunde gelegten statistischen Daten korrekt sind?

Werkstatt Geschichte und Gesellschaft

Familiengeschichte durch Bildquellen erschließen

Wenn wir uns ein „Bild" davon machen wollen, wie Menschen früher gelebt haben, reichen Texte oft nicht aus. Wir wollen auch wissen, wie sie ausgesehen, sich gekleidet und welche Gegenstände sie im Alltag benutzt haben. Seit dem Altertum sind uns solche Darstellungen überliefert, als Skulpturen, Wandmalereien, Mosaiken, Vasenmalereien, später als Gemälde, Drucke und Fotos. Betrachten wir die Bilder genauer, erfahren wir auch etwas über die Lebensverhältnisse der dargestellten Personen in unterschiedlichen Zeitabschnitten. Wie erscheint das Verhältnis zwischen Mann und Frau? Lassen sich Rückschlüsse auf den Alltag der Kinder ziehen? Die Bilder und Texte der folgenden Seiten geben einen Einblick in das Familienleben verschiedener Epochen. Ordnen Sie den Bildern die richtigen Texte zu.

M1 Der Markgraf von Brandenburg beim Schachspiel

a) Ägyptische Skulptur (85 cm hoch) aus Kalkstein, um 2400 v. Chr. (Ägyptisches Museum Berlin). Frauen waren im alten Ägypten in Familie und Staat nicht gleichberechtigt, trotzdem besaßen sie, wenn sie aus wohlhabenden Familien kamen, mehr Rechte als Frauen in anderen Gesellschaften der damaligen und oft auch späteren Zeit. Der Mann sorgte für den Unterhalt der Familie, die Frau war für die Erziehung der Kinder verantwortlich. Frauen konnten wie Männer Berufe ergreifen und z. B. Weberin, Schreiberin, Richterin oder Priesterin werden. Sie durften über Besitz und Vermögen verfügen und konnten vor Gericht Klage erheben.

b) Holzschnitt, 1476. Die idealisiert wiedergegebene Kaufmannsfamilie ist mit ihren drei Kindern bei der Abendbeschäftigung dargestellt: Mutter und Tochter spinnen, die Tochter erlernt die hausfrauliche Fertigkeit von ihrer Mutter; der Sohn befasst sich mit einem Buch, um später – wie der Vater – die Geschäfte führen zu können. Der Kachelofen

M2 Der Abschied des Kriegers

mit der Ofenbank, die Butzenscheiben in den Fenstern, die Öllampe, der schwere Tisch, das Vorhandensein einer eigenen Schlafkammer zeugen von Wohlstand.
Die Familien wurden im Mittelalter auf dem Land wie in den Städten durch eine ausgeprägte väterliche Autorität beherrscht. Frauen in wohlhabenden Familien hatten ihren fest begrenzten Arbeitsbereich in Haus und Hof. Die Hausfrau organisierte die Arbeit; Köchinnen, Dienstmädchen und Ammen für die Kinder führten sie aus. Frauen besaßen in mittelalterlichen Städten keine politischen Rechte und konnten daher keine Ämter in der Stadtregierung wahrnehmen. Aber sie waren frei von der Grundherrschaft. Auch ihren Ehemann konnten sie sich selbst aussuchen; in der Praxis jedoch entschieden oft die Eltern aus wirtschaftlicher Notwendigkeit über die Hochzeit. Auf dem Land übernahmen Frauen in der Landwirtschaft auch schwere Arbeiten. Frauen, die nicht unter dem Schutz einer Familie standen, vor allem Witwen und alleinstehende Alte, gehörten zu den Ärmsten der Gesellschaft.

M4 Der Priester Tenti und seine Frau Imeretef

M3 Ein frisch vermähltes Paar aus Pompeji

c) Gemälde von Adolf Spangenberg aus dem 19. Jahrhundert, das zeigt, wie man sich später das Familienleben Luthers um 1540 vorstellte.
Die Ehe galt im früheren christlichen Verständnis gegenüber einem keuschen Leben als minderwertig. Der Zölibat, also die Ehelosigkeit und geschlechtliche Enthaltsamkeit, wurde im 12. Jahrhundert eingeführt und unterschied die Aufteilung der mittelalterlichen Gesellschaft in den ehelosen Stand der Kleriker (Mönche, Nonnen und Priester) und den Stand der Laien. Die christliche Heirat setzte sich im 12. Jahrhundert gegen lokale Traditionen durch. Seit dem 16. Jahrhundert wurden Ehen und Geburten in den Kirchenbüchern vermerkt. Uneheliche Geburten, die nunmehr aktenkundig waren, wurden mit kirchlichen Strafen wie dem zeitweiligen Ausschluss vom Abendmahl belegt. Nichteheliche Kinder besaßen keinerlei Rechte. Die Reformation brachte auch für die Ehe neue Impulse. In der protestantischen Kirche wurde der Zölibat von vornherein abgelehnt. Pfarrerehen galten als Vorbild einer christlichen Eheführung in allen Haushalten. Mit der religiösen Aufwertung der Familie wurde vor allem die patriarchalische Stellung des Ehemanns und Hausvaters gestärkt.

d) Buchmalerei aus der Manessischen Liederhandschrift (um 1300). Die Illustrationen der Handschrift zeigen Szenen aus dem Ritterleben und belegen die Idealisierung ritterlicher Lebensformen aus dem Blick der Stadtbürger.
Die Erziehung zum Ritter begann mit dem siebenten Lebensjahr. Jungen kamen auf die Burg eines angesehenen Ritters, zunächst als Pagen. Sie lernten gutes Benehmen, Reiten, Schwimmen, aber auch Singen, Tanzen, Schachspielen. Vom vierzehnten Lebensjahr an dienten sie dem Burgherrn als Knappen, trugen ihm das Schwert und das Schild, begleiteten ihn in den Krieg, auf die Jagd und zum Turnier und bedienten ihn bei Tisch. Hatten sie sich bewährt, wurden sie in den Ritterstand aufgenommen. Die adligen Mädchen

M5 Familienszene in der Wohnung eines Kaufmanns

lernten Schreiben, Lesen, Dichten, Singen und Handarbeiten. Sie verfügten oft über mehr Wissen als die Ritter. Häufig kannten sie sich auch in der Heilkunst aus. Bei Abwesenheit des Burgherrn kümmerten sie sich um die Verwaltung und die Abgaben der Bauern.

e) Porträt von Otto Dix, 1926. Die abgebildete Dame versinnbildlicht mit Bubikopf, Monokel, Zigarette zwischen den Fingern und Cocktailglas in einer Bar sitzend die emanzipierte „neue Frau".
In der Weimarer Verfassung von 1919 hatten Frauen die selben staatsbürgerlichen Rechte und Pflichten bekommen wie die Männer. Die Zahl der erwerbstätigen Frauen nahm nach dem Ersten Weltkrieg sprunghaft zu, vor allem die der weiblichen Angestellten. Diese galten bald als Zeichen von Modernität und weiblicher Emanzipation, als Repräsentanten der „neuen Frau". Selbstbewusst, materiell unabhängig, gepflegt und sportlich symbolisierten sie den Fortschritt. Die meisten der weiblichen Angestellten hatten keine Scheu vor Schreib- und Rechenmaschinen und sie setzten der Rationalisierung des Dienstleistungssektors, oft anders als ihre männlichen Kollegen, keinen Widerstand entgegen. Die neuen Frauenberufe bedeuteten einen gesellschaftlichen Aufstieg für Frauen vor allem aus Arbeiterfamilien. Die Einkünfte, auch wenn sie nicht hoch waren, sicherten ihnen Unabhängigkeit. Sie waren nun nicht mehr darauf angewiesen, aus materiellen Gründen zu heiraten.

f) Das Wandgemälde (Freskenmalerei) aus dem 1. Jh. n. Chr. zeigt ein wohlhabendes Paar aus der römischen Mittelschicht. Der Mann ist vermutlich Rechtsanwalt. Er hält eine Buchrolle oder eine wichtige Urkunde in der Hand. Seine Frau zeigt ein gerahmtes Holztäfelchen. Es ist mit Bienenwachs überzogen und dient dazu, sich Notizen zu machen.
In der adligen römischen Familie besaß der pater familias, der Hausvater, unumschränkte Gewalt. Zur „familia" gehörten neben der Ehefrau und den unverheirateten Kindern auch die verheirateten Söhne, deren Frauen und Kinder sowie Sklaven und Freigelassene. Alle Familienmitglieder mussten dem pater familias gehorchen. Er durfte alle Mitglieder der Hausgemeinschaft strafen. Er allein bestimmte über den Besitz und das Vermögen der Familie, er vertrat die Familie vor Gericht und in der Öffentlichkeit. Meist entschied er auch über die Eheschließung seiner Söhne und Töchter. Die Lebenswelt der Adligen galt zwar als Vorbild für das ganze Volk, wahrscheinlich haben die Familienbeziehungen bei Arbeitern und Bauern aber anders ausgesehen. Darüber sind kaum Quellen überliefert.

M6 Die Familie Begas

g) Das Bild auf einem Krug (44 cm hoch) aus der Zeit um 430 v. Chr. zeigt den Moment, in dem ein griechischer Krieger Haus und Familie verlässt, um in den Krieg zu ziehen. Ehefrau, Vater des Kriegers und Dienerin sind durch Selbst-

M7 Luther im Kreise seiner Familie

beherrschung und Ernst gekennzeichnet. Die Frau des Kriegers fasst ihr Gewand, als ob sie ihren Kopf verhüllen will, eine Geste der Treue und Ergebenheit. Wer in Athen, dem bedeutendsten der griechischen Stadtstaaten, mitreden wollte, bedurfte einer angemessenen Bildung. Ein Kind verbrachte die ersten sechs Lebensjahre zu Hause. Vom siebenten Lebensjahr an besuchten die Jungen wohlhabender Eltern den Unterricht bei Privatlehrern in deren Häusern. Ein Erzieher, ein „Pädagoge", betreute die Jungen und brachte sie z.B. zum Schulunterricht. Meistens war der Erzieher ein Sklave. Der Anfangsunterricht im Lesen, Schreiben und Rechnen zog sich über drei bis vier Jahre hin. Wahrscheinlich konnten am Ende des 5. Jahrhunderts v. Chr. die meisten Athener lesen und schreiben. Mädchen gingen nicht zur Schule, aber manche lernten Lesen und Schreiben zu Hause, wo sie hauptsächlich auf das Leben als Ehefrau und Mutter vorbereitet wurden. In ärmeren Familien mussten Frauen bei der Feldarbeit helfen oder auf dem Markt Waren verkaufen.

h) Gemälde, 1821 gemalt von Joseph Begas. Das Bild zeigt das Ideal der Bürgerlichkeit im Biedermeier: Die ganz in der Aufgabe der Hausfrau und Mutter aufgehende Ehefrau, der abweisend blickende Ehemann, die unterschiedlichen Rollen der Töchter und Söhne (rechts der nicht ganz angepasste Künstler), die gotische Kirche im Blick aus dem Fenster.
In dem Gemälde drückt sich der Rückzug ins Private aus, eine Reaktion auf die Wirren der Französischen Revolution und die Napoleonischen Kriegszüge. Innerhalb des aufstrebenden Bürgertums hatte die Frau in der ersten Hälfte des 19. Jahrhunderts eine festgefügte Rolle als Hausfrau und Mutter. Von Kindesbeinen an spann, nähte und stickte sie. Wenn sie überhaupt las, dann vor allem fromme Bücher. Seit der 1848er-Revolution, an deren Demonstrationen und politischen Kundgebung sich auch viele Frauen aktiv beteiligten, änderte sich dieses Gesellschaftsbild. Die Revolution gilt aus heutiger Sicht als Beginn der Frauenemanzipation in Deutschland.

M8 Die Journalistin Sylvia von Harden

Übersicht über historische Epochen

Europäische Historiker haben die Geschichte in größere Zeitabschnitte eingeteilt, in historische Epochen. Eine klare Abtrennung der Epochen, festgelegt auf fest definierte Jahre, lässt sich nicht vornehmen. Zu unterschiedlich sind hier die Interpretationen der Historiker, zumal sich mancher Wandel über Jahrzehnte oder auch Jahrhunderte erstreckte. Die folgende Übersicht ist insofern als grobe Orientierung zu verstehen:

- Die **Ur- und Frühgeschichte** beginnt mit dem Auftreten der ersten durch einen aufrechten Gang gekennzeichneten Menschen, die vor ungefähr vier Millionen Jahren lebten.

- Als **Antike** bezeichnet man die um den Mittelmeerraum zentrierte Kultur- und Staatenwelt etwa zwischen 1 000 v. Chr. und 500 n. Chr., also die Zeit von den Anfängen der griechischen Stadtstaaten bis zum Zerfall des weströmischen Reiches. Ungeachtet einer Vielzahl weiterer Völker (z. B. Juden, Karthager, Etrusker) kommt dabei den Griechen und Römern eine herausragende Bedeutung zu, so dass man oft auch von der griechisch-römischen Antike spricht. Gegenüber den bis um 3000 v. Chr. zurückreichenden älteren Hochkulturen des Vorderen Orients, die neben der Antike zur Periode des **Altertums** gehören, setzt damit das enge Zusammenwirken der europäischen Kulturen ein.

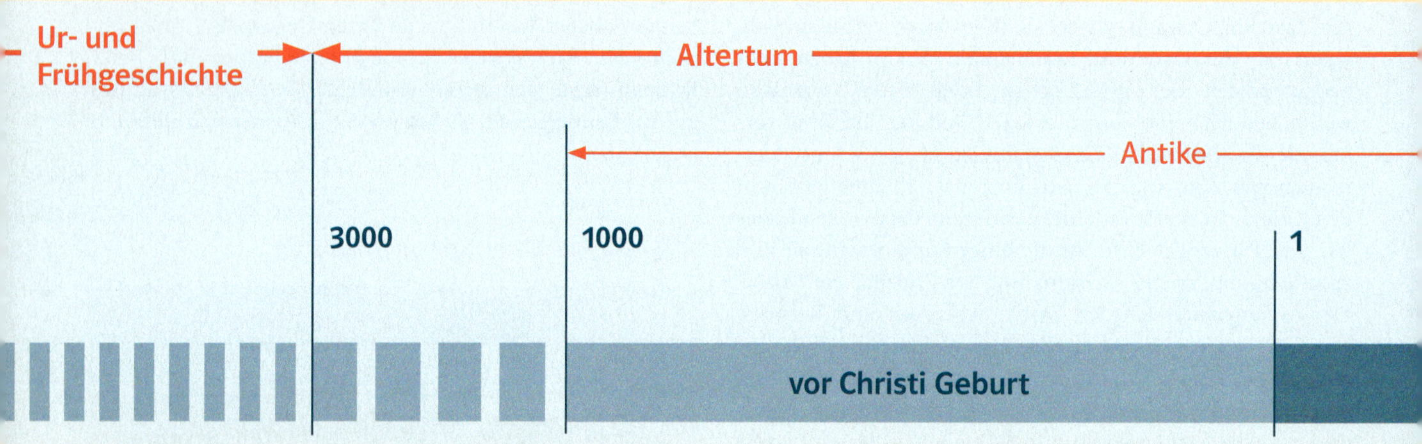

Methodische Arbeitsschritte

1 Einzelheiten beschreiben
- Welches Thema, welches Ereignis, welche Szene ist dargestellt?
- Welche Personen sind zu erkennen?

2 Zusammenhänge untersuchen
- Wie sind die Figuren im Bild angeordnet? Ist eine Handlung erkennbar?
- Wie wurden bei der Bildgestaltung die Bildmittel (Farben, Größenverhältnisse, Perspektive) eingesetzt?
- Wie wurden die Bildelemente ausgearbeitet (Genauigkeit der Darstellung)? Was lässt sich über die Bedeutung der Bildelemente sagen?
- Welche der Bildelemente könnten symbolisch zu verstehen sein?

3 Bild deuten (mit Hilfe der Bildlegende)
Folgende Fragen klären:
- Wann ist das Bild gemalt worden?
- Wer hat es in Auftrag gegeben? Warum?
- Was sollte mit dem Bild erreicht werden?
- Welche Gesamtdeutung ergibt sich?

- Der Begriff **Mittelalter** meint eine europäische Zwischenzeit zwischen der Antike und der aus radikalen Umbrüchen entstandenen Neuzeit. Es reicht vom Ende der Antike um 500 bis etwa 1500. Die Epochenbezeichnung bezieht sich auf die kulturelle Einheit der römisch-abendländisch geprägten Christenheit, aus der später das moderne Europa hervorgehen sollte. Häufig wird eine Unterteilung in **Frühmittelalter** (6. Jh. bis Anfang 11. Jh.), **Hochmittelalter** (Anfang 11. Jh. bis Mitte 13. Jh.) und **Spätmittelalter** (Mitte 13. Jh. bis Ende 15. Jh.) vorgenommen.

- Dem Mittelalter schließt sich die **Neuzeit** an, die bis in die Gegenwart reicht. In der Neuzeit gab es zahlreiche Umbrüche. Daher wird sie genauer unterschieden: Bis zum Jahr 1789 in dem die Französische Revolution begann, reicht die **Frühe Neuzeit**. Mit ihren Kulturepochen Renaissance und Reformation und ihren technischen Fortschritten gilt sie für zahlreiche Historiker als Schwelle zur Moderne. Andere Wissenschaftler datieren erst die Französische Revolution im ausgehenden 18. Jahrhundert und den nahezu gleichzeitigen Beginn der industriellen Revolution als den eigentlichen Übergang zur Moderne. Mit dieser politisch-wirtschaftlichen Doppelrevolution beginnt die Epoche der Neueren Zeit und damit die **Neuere Geschichte**. In der Entwicklung der modernen Welt bildet der Erste Weltkrieg in vielfältiger Weise einen Einschnitt. Daher wird die **Neueste Geschichte** bzw. die **Zeitgeschichte** in Deutschland ab etwa 1917/18 angesetzt.

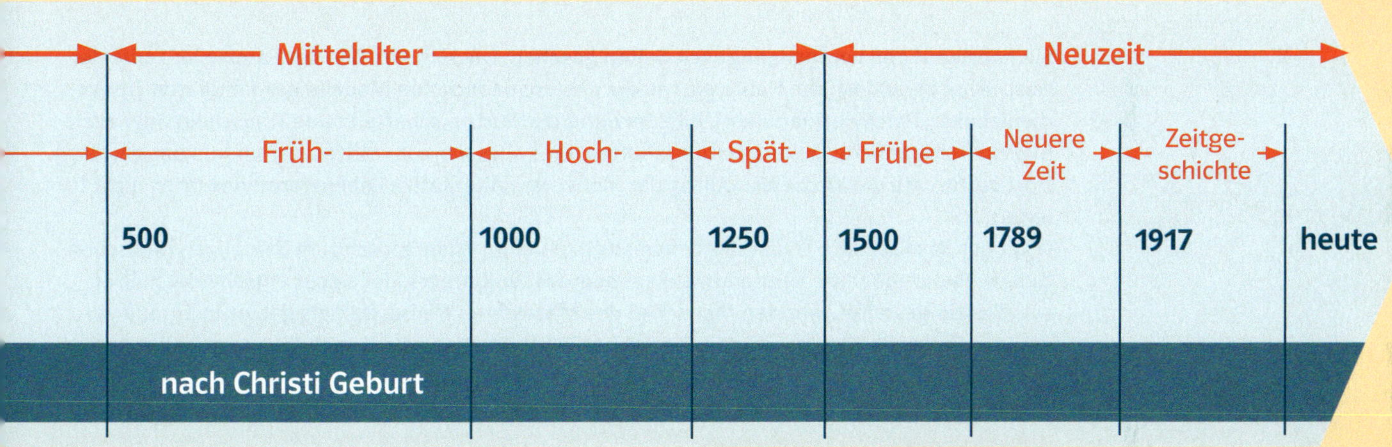

Arbeitsaufträge

1 Was zeigen die einzelnen Szenen von M1–M8? Welche Personen sind jeweils dargestellt? Wie gehen die Personen miteinander um?

2 Ordnen Sie die Bilder M1–M8 in der richtigen Reihenfolge auf dem Zeitstrahl ein. Fertigen Sie dazu eine Zeitleiste mit den wichtigsten historischen Epochen an, die sich über zwei DIN-A4-Seiten erstreckt. Kopieren Sie die Seiten 24 bis 27 und schneiden Sie die Bilder M1–M8 und die Legenden (Bilderklärungen) a–h aus. Beschriften Sie die Zeitleiste mit den Jahreszahlen, die Sie den Legenden entnehmen können, und heften Sie die Legenden mit den dazugehörigen Bildern in der richtigen Reihenfolge an die Zeitleiste.

3 Formulieren Sie eine Bildlegende für ein aktuelles Familienbild. Berücksichtigen Sie dabei Ihre Erkenntnisse aus dem Kapitel „Jugend und Alter".

2 Das Mittelalter – Weltbild und Lebensformen

M1 Papst Benedikt XVI.
Die römischen Päpste und Bischöfe hatten im Mittelalter großen Einfluss auf das Denken und Handeln der Menschen. Sie vertreten noch heute ein zum Teil an mittelalterliche Traditionen erinnerndes christlich geprägtes Familienbild.

Sie haben auf den vorangegangenen Seiten gesehen, wie sich das Bild der Familie im Laufe der Geschichte verändert hat. Heute gibt es die unterschiedlichsten Modelle des familiären Zusammenlebens: „Patchworkfamilien", Alleinerziehende, Partnerschaften ohne Trauschein oder auch gleichgeschlechtliche Lebensgemeinschaften. Dies alles wäre im Mittelalter undenkbar gewesen. Dort bestimmte die Kirche den Alltag der Menschen. Alternative Lebensformen wurden nicht toleriert.
Nicht nur das familiäre Zusammenleben steht heute im Widerspruch zum damaligen Menschenbild. Auch das moderne Verständnis eines souveränen Bürgers, der selbst entscheidet, wie er sein Dasein gestaltet, war den Menschen des Mittelalters fremd. Damals gab es in Europa ein weitgehend einheitlich geprägtes christliches Weltbild. Dies betraf auch die vermeintlich gottgegebene unveränderbare Herrschafts- und Ständeordnung.

6. Jh. bis Anfang 11. Jh.	Zeit des Frühen Mittelalters
8. Jh.	Das Lehnswesen entsteht.
Anfang 11. Jh. bis Mitte 13. Jh.	Zeit des Hohen Mittelalters
1100–1500	Die Zahl der Städte in Deutschland wächst durch Neugründungen und Stadtrechtsverleihungen von knapp 40 ehemaligen römischen Städten auf ca. 3000 an.
12. Jh.	In den meisten Städten gibt es als Stadtregierung einen Rat, der sich aus Patriziern zusammensetzt. Seit dem 14. Jh. kämpfen die Zünfte um eine Beteiligung am Stadtregiment.
Mitte 13. Jh. bis Ende 15. Jh.	Zeit des Späten Mittelalters

2.1 Weltbild und Lebensgefühl im Mittelalter

Menschenbild und Gottesbild

Der Glaube an Gott bestimmte im Mittelalter das alltägliche Leben. Die Menschen fühlten sich in einen göttlichen Welt- und Heilsplan eingeordnet, den nur wenige in Frage stellten. Sie fühlten sich durch Gott geführt und geleitet und in die Lage versetzt, die Risiken, Leiden und Nöte eines Lebens zu ertragen, das für unsere Begriffe meist arm, hart und kurz war. Krankheit, Elend und Tod waren allgegenwärtig. Ängste – vor Missernten, Hunger, Kriegen und vor der den Sündern drohenden ewigen Verdammnis in der Hölle – prägten das alltägliche Leben, wurden aber durch Hoffnung auf Vergebung der Sünden durch Gott und auf das ewige Leben erträglich. Das diesseitige Leben wurde nur als Durchgangsstation zum Jenseits angesehen.

Nach christlich-mittelalterlicher Auffassung lebte man im Zeitalter zwischen der Menschwerdung Gottes durch Christi Geburt und dem jüngsten, also dem letzten, Tag dieser Welt, an dem Christus wiederkehren werde. Die Geschichte wurde folglich als eine auf ein Endziel gerichtete Bewegung angesehen. Gedanken über dieses Ziel – das Weltende – waren den Menschen so vertraut, dass sie Berechnungen über diesen Zeitpunkt anstellten und immer wieder das Ende der Welt voraussagten. Dem mittelalterlichen Denken fremd war der Gedanken an Fortschritt, der Gedanke also, dass sich die Menschheit zu einem höheren Stand der Naturbeherrschung, der Zivilisation oder der Menschlichkeit entwickeln könnte. Man orientierte sich an der Bibel, suchte Rat in der Vergangenheit, im „bewährten Alten", und hielt Neuerungen für gefährlich, ja verderblich.

Reform des Christentums

Im Christentum des Abendlandes vollzog sich vom 10. Jahrhundert an ein tief greifender Wandel, der erhebliche Auswirkungen auf die mittelalterliche Gesellschaft hatte. Die kirchliche Reformbewegung – entstanden in dem burgundischen Kloster Cluny – prägte fortan das mittelalterliche Christentum. Priester durften nun nicht mehr heiraten (Zölibat), Laien – darunter vor allem die Frauen – wurden von den Entscheidungsprozessen der Kirche ausgeschlossen. Stand zuvor der triumphierende Christus im Mittelpunkt der Frömmigkeit, betete man nun zu dem leidenden Christus, der für die Sünden der Menschen gestorben war. Buße für begangene Sünden sollte den Weg ins Paradies bereiten. Die Kirche bestimmte die Regeln der Buße und gewann damit großen Einfluss auf die Gläubigen.

Scholastik ...

Der christliche Glaube beruht auf dem in der Bibel niedergelegten „Wort Gottes", das von den Gläubigen als göttliche oder christliche Offenbarung verstanden wird. Aber wie sollte man die Bibel deuten? Das Überlieferte konnte auf unterschiedliche Weise verstanden werden. Sollte man die Aussagen der Bibel wortwörtlich nehmen – oder handelte es sich um Gleichnisse, die erst gedeutet werden mussten? Und wie ging man mit unterschiedlichen Aussagen, etwa in den Evangelien, um? Während zahlreiche Kirchenväter an einer meditativen Bibelauslegung festhielten, die es ablehnte, die Texte kritisch zu untersuchen, kam es mit der Scholastik zu einem Wandel, der sich zuerst in Frankreich ankündigte. Dort waren bereits im 10. Jahrhundert an Kathedralen der Bischofsstädte Schulen gegründet worden, die Schüler von weit her anzogen. Den Scholastikern ging es nicht nur darum, zu glauben, sondern den Inhalt des Glaubens gedanklich begreifbar zu machen.

Der bedeutendste Scholastiker des Mittelalters war Thomas von Aquin, dessen Lehren bis heute in der katholischen Kirche anerkannt sind. Der Theologe und Philosoph versuchte, Glaube und wissenschaftliche Erkenntnis in Übereinstimmung zu bringen. Mit Hilfe der aus der Philosophie des Aristoteles übernommenen Lehre der Logik glaubte er, die Bibel deu-

M2 Thomas von Aquin (1225–1274), Angehöriger des Ordens der Dominikaner, Professor der Theologie

M3 Hildegard von Bingen (um 1100–1179), Äbtissin in einem Frauenkloster

Scholastik (= Schulwissenschaft): Sammelbegriff für die vorwiegend in Klosterschulen und Universitäten des Mittelalters betriebenen Wissenschaften der Philosophie und Theologie. Sie sieht es als ihre Hauptaufgabe an, die christliche Lehre dem denkenden, seine Vernunft anwendenden Menschen einsehbar zu machen, also Glauben und Wissen miteinander zu verbinden.

M4 Miniatur aus einem Buch der Hildegard

Der Künstler hat in diesem Werk von ca. 1230 Hildegard als Seherin links unten dargestellt. Hildegard sieht den Menschen, aufrecht stehend, mit ausgebreiteten Armen. Mit seinen Gliedmaßen reicht er in die verschiedenen Kosmoskreise hinein. Von ihnen wird er gestützt und getragen. Die Kosmoskreise und das Menschenkreuz bilden eine Einheit. Der Mensch hält alle Kosmoskräfte zusammen. Kosmos und Mensch werden umspannt von der Gotteskraft. Hildegrad beschreibt sie in ihrer dritten Visionsschrift: „Ich, die höchste feurige Kraft, entzünde alle Lebensfunken. Nichts Tödliches sprühe ich aus. Ich entscheide das Sein. Mit meinen Flügeln umfliege ich den Erdkreis; denn ich habe ihn mit der Weisheit richtig geordnet. Ich, das feurige Leben der Gottwesenheit, flamme über die Schönheit der Felder, ich leuchte in den Wassern, brenne in der Sonne, im Mond und in den Sternen."

ten zu können. Er war zwar von der überragenden Macht Gottes überzeugt, nahm aber beim Menschen eine Verstandesleistung an, die diesen zum eigenen Denken, Urteilen und selbstbestimmten Handeln befähige. Der Mensch besitze demnach Vernunft, die ihn erkennen lässt, was gut und was schlecht ist, und die ihn dann frei entscheiden lässt.

Thomas von Aquin sah im Menschen nicht mehr nur den passiv von Gott Empfangenden, sondern auch den aktiv Mitdenkenden. Allerdings war auch für ihn die menschliche Vernunft von Gott gegeben und konnte deshalb nicht im Widerspruch zur göttlichen Offenbarung stehen.

… und Mystik

Anders als die Scholastiker glaubten die Vertreter der Mystik, nur durch Versenkung ins eigene Innere zur rechten Erkenntnis zu kommen. An die Stelle der schlichten Verehrung Gottes trat die andächtige Versenkung in das Leiden Gottes. Die Mystikerin Hildegard von Bingen besaß ein für ihre Zeit außerordentlich breites Wissen. Kaiser und Papst suchten ihren Rat. Dabei scheute sie sich nicht, Kritik an der Machtpolitik des Kaisers oder an der Amtsführung von Bischöfen zu üben. Mit 43 Jahren begann sie, ihre „Visionen" aufzuschreiben. Sie sagte, dass sie aus diesen Visionen ihr Wissen unmittelbar von Gott bezogen habe.

Mystik

(lat: mystikus = unbeschreiblich): In der Religionswissenschaft werden mit dem Begriff übersinnliche innere Erfahrungen ekstatischer Art beschrieben, die auf das Einwirken göttlicher Kräfte zurückgeführt werden. Das religiöse Bestreben der christlichen Mystiker hat eine meditative Vereinigung mit Gott oder Christus zum Ziel. Die Mystik wurde in Deutschland vor allem von Frauen aufgenommen, die in Klöstern oder klösterlichen Gemeinschaften lebten. Die bekanntesten von ihnen waren Hildegard von Bingen und Mechthild von Magdeburg. Hildegard berichtete davon, gelegentlich von einem „lebendigen Licht" durchstrahlt worden zu sein, was mit einer unbeschreiblichen Glückserfahrung einhergegangen sei. Solche spirituell empfundenen Gotteserfahrungen standen in krassem Widerspruch zur vernunftorientierten Scholastik.

M5 Über das Elend des menschlichen Daseins

Aus der 1194/95 verfassten Schrift des späteren Papstes Innozenz III.:

Wer gibt meinen Augen den Tränenquell, dass ich beweine den bejammernswerten Eintritt in das menschliche Dasein, beweine das schuldhafte Fortschreiten menschlichen Lebens, beweine das verdammenswerte Ende menschlicher Vernichtung? […] Aus Erde geschaffen, in Schuld empfangen, zur Strafe geboren, tut der Mensch Böses, was er nicht soll, Verwerfliches, was sich nicht ziemt, Nutzloses, was sich nicht lohnt, wird er Nahrung für das Feuer, Köder für den Wurm, ein Haufen Dreck. […] Geschaffen ist der Mensch aus Staub, aus Lehm, aus Asche, und was nichtswürdiger ist: aus Ekel erregendem Samen. Empfangen ist er in der Geilheit des Fleisches, in der Glut der Wollust, im Gestank der Unzucht, und was noch niedriger ist: im Sumpf der Sünde. Geboren ist er für die Qual, für die Furcht, für den Schmerz, und was noch elender ist: für den Tod.

Zit. nach: Arnold Bühler: Imago Mundi. In: Geschichte in Wissenschaft und Unterricht, 41 (1990), S. 485.

M6 Thomas von Aquin

In seinen „Gottesbeweisen" wird Gott, ähnlich wie schon bei Aristoteles, als „ erster Beweger" beschrieben:

Es ist eine sichere, durch das Zeugnis der Sinne zuverlässig verbürgte Tatsache, dass es in der Welt Bewegung gibt. Alles aber, was in Bewegung ist, wird von einem anderen bewegt. […] Das kann aber unmöglich so ins Unendliche fortgehen, da wir dann kein erstes Bewegendes und infolgedessen überhaupt keine Bewegung hätten. […] Wir müssen also unbedingt zu einem ersten Bewegenden kommen, das von keinem bewegt ist. Dieses erste Bewegende aber meinen alle, wenn sie von Gott sprechen.

Der zweite Weg geht von dem Gedanken der Wirkursache aus. Wir stellen nämlich fest, dass es in der sichtbaren Welt eine Über- und Unterordnung von Wirkursachen gibt; dabei ist es niemals festgestellt worden und ist auch nicht möglich, dass etwas seine eigene Wirk- oder Entstehungsursache ist. Denn dann müsste es sich selbst im Sein vorausgehen, und das ist unmöglich. […] Wir müssen notwendig eine erste Wirk- oder Entstehungsursache annehmen und die wird von allen „Gott" genannt.

Albertus-Magnus-Akademie (Hg.): Thomas von Aquin. Summa Theologica. Gottes Dasein und Wesen. Graz 1982, S. 44 f.

M7 Hildegard von Bingen

a) Die Äbtissin Tenxwind von Andernach am Rhein fragt Hildegard von Bingen um Rat:

[Es] erscheint uns verwunderlich […], dass Ihr [Hildegard] in Eure Gemeinschaft nur von Geburt aus Ansehnliche und Freie aufnehmt, anderen, die nicht adlig und weniger reich sind, jedoch die Gemeinschaft mit Euch gänzlich verweigert. So stocken wir, ziemlich erstaunt, in der Unsicherheit eines recht großen Zweifels, da wir in unserem Sinn bedenken, dass der Herr selbst in der Urkirche Fischer, kleine und arme Leute ausgewählt hat und der heilige Petrus, nachdem später die Völker zum Glauben bekehrt waren, gesagt hat: „Ich habe in Wahrheit erfahren, dass Gott nicht die Person ansieht" (Apostelgeschichte 10,34).

b) Antwort Hildegards:

Gott unternimmt auch bei jeder Person eine genaue Unterscheidung, so dass der geringere Stand nicht über den oberen steigt. So haben es Satan und der erste Mensch getan, die höher fliegen wollten, als sie gestellt waren. Und welcher Mensch sperrt seine ganze Herde in einen Stall, also Rinder, Esel, Schafe, Böcke, so dass sie sich nicht unterscheiden? Deshalb herrsche Unterscheidung auch darin, dass nicht unterschiedliche Leute in eine Herde zusammengeführt sich aus Überheblichkeit und in der Schande der Unterschiedlichkeit zerstreuen; [außerdem wird] die Ehrbarkeit der Sitten dort zerstört […], wenn sie sich wechselseitig im Hass zerfleischen, weil der höhere Stand über den unteren fällt und der untere über den höheren steigt.

Zit. nach: Hartmut Boockmann: Das Mittelalter. Ein Lesebuch. München 1989, S. 81–84.

Arbeitsaufträge

?

1 Beschreiben Sie das in M 5 erkennbare Menschenbild. Suchen Sie mittels des Verfassertextes mögliche Ursachen dieser Sichtweise.

2 Überlegen Sie, an welchen physikalischen Vorgang Thomas von Aquin wohl bei seinen „Gottesbeweisen" gedacht hat (M 6).

3 Stellen Sie dar, inwiefern der Dialog M 7 Aussagen über das Denken der Zeit erlaubt. Wie begründet Hildegard die bestehenden Standesunterschiede?

4 Arbeiten Sie aus der Abbildung M 4 weitere Sachverhalte über das Weltbild und die Erkenntnisweise Hildegards heraus.

2.2 Feudale Lebensformen: Grund- und Lehnsherrschaft

Produktivität und Bevölkerungswachstum

Heute arbeiten weniger als 3 % der Deutschen auf dem Land, um 1200 waren es noch rund 90 % der Bevölkerung. Die Tatsache, dass 9 von 10 Menschen zur Zeit des Mittelalters in der Landwirtschaft tätig waren, verdeutlicht die außerordentlich geringe Produktivität von Ackerbau und Viehzucht. Das Verhältnis von Getreideaussaat zu Ernte lag bei 1:3, heute beträgt es in Deutschland 1:40. Innerhalb des hohen und späten Mittelalters, also vom 11. bis 15. Jahrhundert, kam es aber zu einer bedeutenden Steigerung der Nahrungsmittelproduktion, die mit einem starken Ansteigen der Bevölkerung in Mittel- und Westeuropa von 12 Millionen Einwohner (um 1000) auf 35,5 Millionen (um 1340) einherging. Die Gründe für die höheren Ernteerträge waren vielfältig: Ackergeräte, wie Pflüge, waren technisch weiterentwickelt und verbessert worden und die Einführung der Kalk- und Stalldüngung brachte nun auch zielgerichtet Nährstoffe in die Böden ein.
Der Übergang von der Zweifelder- zur Dreifelderwirtschaft vergrößerte zudem die Nutzmöglichkeiten der Äcker. Schließlich wurden neue Flächen durch umfangreiche Rodungen und durch Neugründungen von Dörfern, auch im Rahmen der im 12. Jahrhundert einsetzenden Besiedelung Ostmitteleuropas, erschlossen.

Ständegesellschaft

Die mittelalterliche Gesellschaft seiner Zeit beschrieb der Dichter Freidank 1229 mit folgendem Vers: „Drei Stände sind's, die Gott geschaffen: die Bauern, Ritter und die Pfaffen." Diese Aufzählung von Bauernschaft, Adel und Klerus umfasste die meisten Menschen der mittelalterlichen Ständegesellschaft. Es fehlten lediglich die Bürger der Städte, die man erst ab dem Spätmittelalter zum Dritten Stand zählte.
Den Ersten Stand in der Gesellschaft des Mittelalters bildete der sozial stark differenzierte Klerus. Den oft in ärmlichen Verhältnissen lebenden Dorfpriestern standen einflussreiche Bischöfe gegenüber, die als Reichsfürsten über große Macht verfügten. Die begehrten kirchlichen Ämter waren in der Regel Adelssöhnen vorbehalten. Der Zweite Stand, der Adel, war wirtschaftlich und militärisch selbstständig und konnte sogar zum Rivalen des Königs werden. Der Dritte Stand umfasste den weitaus größten Teil der Bevölkerung in den Städten und auf dem Land.

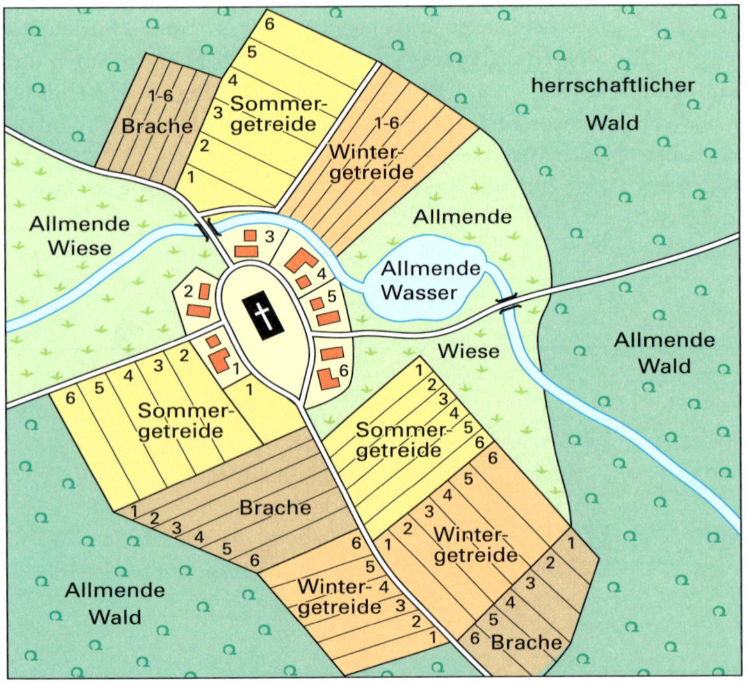

M1 Dreifelderwirtschaft

Ursprünglich wurde in der Landwirtschaft weder Stalldüngung noch künstliche Düngung verwendet. Das Vieh weidete auf den brachliegenden Abschnitten und düngte so den Boden. Durch den Übergang von Zweifelderwirtschaft – jährlicher Wechsel zwischen Brache und Getreideanbau – zur Dreifelderwirtschaft, bei der auf die Brache ein Fruchtwechsel folgte, konnten die Erträge deutlich gesteigert werden. Trotz ihrer offensichtlichen Vorteile wurde die Dreifelderwirtschaft nur zögernd eingeführt, weil sie tiefgreifende Konsequenzen für die dörflichen Lebensverhältnisse hatte: Der Boden musste umverteilt werden, und mit der Festlegung des Fruchtwechsels waren die Bauern gezwungen, ihre Arbeit zu koordinieren. Neue Regelungen und Abmachungen waren nötig, die aus einzelnen Dörfern Dorfgemeinschaften werden ließen.

Auf dem Land gab es Freie und Unfreie. Unfreie waren einem Gutsherrn untergeben und „hörig" (gehorsam). Sie mussten einen Teil ihrer Ernte abliefern und Frondienste leisten, also bei der Bestellung der Felder des Herrenhofs und dort auch beim Straßen- und Wegebau mithelfen.
Auch bei der Stadtbevölkerung gab es große soziale Unterschiede. In vielen Städten besaßen mehr als ein Drittel der Bürger kein Bürgerrecht, denn dazu brauchte man Grundbesitz, z. B. als Handwerksmeister oder Kaufmann ein Wohngebäude mit Werkstatt oder Warenlager. Die Erwerbsmöglichkeiten für Nichtbürger waren stark eingeschränkt. Zudem besaßen sie keinerlei politische Rechte. Handwerksgesellen und Lehrlinge, die oft im Haus ihrer Meister wohnten, hatten meist kein Bürgerrecht, ebenso wenig die Knechte und Mägde. Viele selbstständige Handwerker und Händler in den Städten kamen mit der Zeit zu Wohlstand und erkämpften sich politische Reche innerhalb der städtischen Selbstverwaltung. Keinen Platz in dieser Gesellschaftsordnung hatten Außenseiter. Dazu gehörten das fahrende Volk oder Angehörige „unehrenhafter Berufe" in den Städten wie Henker, Abdecker oder Latrinenräumer.
Diese Einteilung der Gesellschaft in die unterschiedlichen Stände und die damit verbundene Ungleichheit stellten die Menschen des Mittelalters nicht in Frage, da die Kirche predigte, dass Gott es gewesen sei, der die Menschen in drei Stände aufgeteilt habe. Jedem Stand kämen seine spezifischen Aufgaben zu, so dass alle Stände aufeinander angewiesen seien.

Entstehung der Grundherrschaft

Die Bauern waren bis ins 9. Jahrhundert hinein zumeist freie Leute, jedoch zum Kriegsdienst verpflichtet. Danach gerieten die Bauern vieler Landschaften Mittel- und Westeuropas unter dem Druck häufiger Kriegszüge gegen Normannen oder Ungarn in die Abhängigkeit von Grundherren. Sie sahen sich nicht mehr imstande, neben der Feldarbeit Kriegsdienst zu leisten und zudem die teure Ausrüstung zu stellen. Der Grundherr nahm den Bauern die Kriegsdienstpflichten ab und versprach ihnen seinen Schutz. Dafür verlangte er aber Abgaben in Form eines Teils der Ernte und Frondienste (Herrendienste), etwa durch Mithilfe bei Erntearbeiten auf dem Gutshof oder bei Transportfahrten. So wurden aus ehemals Freien Hörige.
Merkmal der neu entstandenen grundherrlichen Gesellschaftsordnung war die Abstufung einer Vielzahl von Rechtsstellungen zwischen frei und unfrei, die sich auch regional unterschieden. Der freie Hörige, ein ehemals Freier, hatte sein Gut in die Grundherrschaft eingebracht, um Schutz zu erhalten. Er konnte es weiter bewirtschaften und auch grundherrlichen Besitz zur Nutzung übertragen bekommen. Die unfreien Hörigen hingegen waren Leibeigene ihres Herrn, der sie zusammen mit dem Hof verkaufen konnte. Schließlich gab es die Halbfreien, von Herren freigelassene ehemalige Hörige.
Die Lebensverhältnisse der Landbevölkerung waren häufig prekär. Eine hohe Arbeitsbelastung, mangelnde Hygiene und unzureichende medizinische Versorgung führten zu einem

M2 Feldarbeit
Abbildung aus der Zeit um 1190. Zur Erntezeit hatte die Arbeit auf dem Feld des Grundherrn Vorrang vor der Arbeit auf den eigenen Feldern.

kurzen Leben. Archäologische Forschungen an Gräbern haben ein mittleres Sterbealter von 34 Jahren bei Männern und von knapp 38 Jahren bei Frauen ergeben.

Probleme der Durchsetzung von Herrschaft

Jene, die im Reich Herrschaft ausübten, besaßen in ihrem Amtsbereich die volle staatliche Verfügungsgewalt: Und das waren vor allem die Grundherren. Auch der König war von den Grundherrschaften zu weit entfernt, als dass er in erheblichem Maße die Macht der Grundherren einschränken oder kontrollieren konnte. Die Verkehrsverhältnisse waren bis ins 14. Jahrhundert in Mitteleuropa unterentwickelt, ließen ständige Kontrollbesuche nicht zu. Am ehesten hatten noch die Herzöge in ihren Herzogtümern und die Bischöfe in ihren Bistümern die Möglichkeit, Herrschaft über die kleinen Grundherren direkt auszuüben.
Ein politisches, einem heutigen „Staat" vergleichbares, Gebilde existierte im frühen und hohen Mittelalter in Europa noch nicht. Die Menschen waren ausschließlich an Personen gebunden: die Masse der Bevölkerung an die Grundherren, der Adel an den Lehnsherrn.

Lehnssystem

Den Königsherrschaften des Mittelalters gelang es selten, sich gegen die Herrschaftsansprüche des selbstbewussten hohen Adels durchzusetzen. Der Versuch Karls des Großen (768 – 814), alle Amtsinhaber durch Königsboten regelmäßig zu kontrollieren, ließ sich auf Dauer nicht durchsetzen. Ein anderer Weg erwies sich bis ins 13. Jahrhundert als erfolgreicher: das Lehnssystem.
Die Grundstrukturen des Lehnswesens wurden schon unter Karl dem Großen geschaffen. Durch die Treueverpflichtung zog der König den hohen Adel an sich; im Frieden verlangte er von ihm Rat, im Kriegsfall Hilfe.
Zu dieser persönlichen Bindung, die als Königsdienst das Ansehen des adligen Herren steigerte, kam die Leihe: Verliehen werden konnten Land, ein Amt oder ein bestimmtes Recht; dies alles erbrachte einen Ertrag und erweiterte die Machtgrundlage des adligen Herren über sein Eigengut hinaus. So wurden Grafen, Markgrafen, Herzöge, Bischöfe und Äbte zu Helfern des Königs bei der Verwaltung des Reiches. Ebenso waren sie unentbehrlich für den Kriegsfall, denn nicht nur der König hatte das Recht, Lehen auszugeben, sondern seine Lehnsträger, die Kronvasallen, durften ihrerseits aus ihrem Eigengut an Untervasallen Lehen vergeben. Aus deren Reihen stellten sie dann im Kriegsfall ein Truppenkontingent auf, mit dem sie dem König Heeresfolge leisten mussten. Auf diese Weise wurden die mittelalterlichen Heere zu Vasallenheeren.

Vom Lehnsmann zum Landesherrn

Die beiderseitige Treuebindung und zugleich die materiellen Vorteile der Kronvasallen durch den Gewinn aus den Lehen schienen dem König zunächst Sicherheit dafür zu bieten, dass keine adligen Sonderherrschaften auf dem Boden des Reiches entstanden oder Ämter willkürlich ausgeübt wurden. Denn das Lehen konnte bei Treuebruch in einem raschen Gerichtsverfahren dem Lehnsmann genommen werden. Auch konnte der König beim Tod des Kronvasallen wieder über das Lehen verfügen, denn es fiel an ihn zurück (Mannfall). Ebenso konnte dies sein Erbe tun, denn auch beim Tod des Königs wurden die Lehen eingezogen und neu vergeben (Herrenfall).

Lehnswesen (Lehen – lat. = feudum, daher Feudalismus als Begriff für die soziale, wirtschaftliche und politische Struktur der mittelalterlichen Gesellschaft): Das Lehen bezeichnet ein geliehenes Gut oder Amt, das ein Herr einem freien Mann als Gegenleistung für Dienst, Gehorsam und Treue zur Verfügung stellt. Grundlage für den Erhalt eines Lehens ist ein persönlicher Vertrag zwischen einem Lehnsherrn und einem Lehnsmann: Der Lehnsmann begibt sich in die Hände des Herrn und schwört ihm den Treueid, wodurch er dessen zu Dienst und Gehorsam verpflichteter Vasall wird. Der Herr verpflichtet sich, seine Vasallen zu schützen und gerecht zu behandeln. Der Vasall hat seinerseits vor allem Kriegsdienst zu leisten. Die westeuropäischen Könige hatten im 8. Jahrhundert das Lehnswesen entwickelt, um die Adligen persönlich abhängig zu machen. Unter ihnen wurde das Lehnswesen zur mittelalterlichen Staatsform.

Seit dem 9. Jahrhundert wurde es üblich, dass Kronvasallen noch von anderen Herren – z. B. weltliche Kronvasallen von geistlichen – Lehen annahmen. Sie nutzten den materiellen Vorteil des Lehens, ohne die auf Zweiseitigkeit angelegte Treuebindung zu erfüllen. Ein mehrfach gebundener Lehnsmann entschied sich im Konfliktfall womöglich für gar keinen seiner Herren und blieb neutral. Schließlich bemühten sich die Lehnsleute schon früh, ihre Lehen ihrer Familie zu erhalten, obwohl der Leihegedanke die Erblichkeit eigentlich ausschloss. Tatsächlich kamen Herrscher häufig ihren Kronvasallen entgegen und gaben das Lehen beim Mannfall an den Sohn des Verstorbenen wieder aus. So entstand allmählich eine Art Gewohnheitsrecht auf die Erblichkeit von Lehen, bis schließlich 1232 durch das „Reichsgesetz zugunsten der Fürsten" den ehemaligen Kronvasallen die volle Herrschaft in ihren Gebieten zugestanden wurde. Aus dem Lehnsmann war der Landesherr geworden, der seine Macht im eigenen Territorium ausbaute und dieses auch wie eigenen Besitz vererbte.

Herausbildung des Ständestaates

Die Landesherren wiederum konnten über die Rechte und Interessen des Adels, der höheren Geistlichkeit und der privilegierten Städte nicht einfach hinweggehen. Sie hielten deshalb seit dem Hochmittelalter Versammlungen der Großen ihres Landes ab, um sie durch Mitwirkung an sich zu binden. Adel, Geistlichkeit und Städte, die auf diesen Landtagen vertreten waren, schlossen sich zu Landständen zusammen. Die Stände waren demnach verfassungsmäßig als staatstragende Gruppen anerkannt und wirkten bei Gesetzgebung und Verwaltung mit. Im 14. und 15. Jahrhundert versuchten die Landstände, den Landesherren Rechte abzugewinnen und damit ihren Einfluss zu vergrößern. Es ging vor allem um Mitsprache bei der Entscheidung über Krieg und Frieden, bei erbbedingten Landesteilungen und bei der Besetzung von Ämtern. Der Landtag wollte dem Grundsatz Geltung verschaffen, dass das Territorium nicht Privateigentum des Landesherren war. Das Druckmittel der Stände war die Bewilligung von Steuern, die sie zu zahlen hatten, und ihr militärischer Beitrag, ohne den der Landesherr seine politischen Ziele kaum verfolgen konnte.

Vom Leben der Ritter

Zu einem eigenen Stand innerhalb der Ständegesellschaft stiegen im Lauf des Hochmittelalters die Ritter auf. Die schwer gepanzerten Krieger zu Pferde bildeten ab dem 11. Jahrhundert das Rückgrat der Heere. Gerufen von Königen und Fürsten, wurden sie für ihre Dienste mit Lehen belohnt. Die ritterlichen adligen Grundherren besaßen so bald Burgen als Stammsitze, von denen sie ab dem 12. Jahrhundert ihre Namen mit dem Vorsatz „von" ableiteten. In ihren Burgbezirken herrschten sie eigenständig über die Bauern. Etwa 10 000 Burgen soll es in der Blütezeit des Rittertums im deutschen Sprachraum gegeben haben. Überall in Europa entwickelte der Ritterstand eine höfische Lebensweise mit christlich geprägten Wertvorstellungen. Mit diesen eigenen Regeln grenzten sie sich von anderen gesellschaftlichen Gruppen ab. Der ritterliche Moralkodex untersagte den Rittern, an Feiertagen Waffen zu gebrauchen, gegen Mönche, Pilger oder Frauen eine Waffe zu erheben oder jemanden in Kirchen oder Wallfahrtsorten zu bedrohen. Ihrem Herren hatten die Ritter treu zu dienen, im Kampf oder beim Turnier galten Mut und Tapferkeit als vorbildlich. Die Kirche forderte sie auf, den christlichen Glauben zu

M3 Höfisches Leben
Illustration aus der Manessischen Liederhandschrift, 14. Jahrhundert

M4 Zisterziensermönche beim Gebet, Laienbrüder bei der Arbeit
Buchmalerei aus dem 13. Jahrhundert

verteidigen und zu unterstützen – wenn nötig auch mit dem Schwert.
Auch Bildung und Erziehung der Ritter waren streng geregelt: Ein Rittersohn kam mit sieben Jahren auf eine fremde Burg, um als Knappe im Dienste eines anderen Burgherren die „höfische" Lebensweise zu erlernen, mit zwölf Jahren folgte die Ausbildung im Kampf mit Speer, Schild und Schwert. Mit 20 Jahren wurde er durch den „Ritterschlag" feierlich in den Ritterstand aufgenommen.
Häufig wurden auch die Töchter der Ritter auf fremden Burgen erzogen, wo sie im Lesen und Schreiben, im Saitenspiel oder in der Heilkräuterkunde unterrichtet wurden.
Die Bedeutung des Rittertums nahm im Spätmittelalter immer mehr ab. Mit der Erfindung des Schießpulvers verlor der Kampf zu Pferde an Bedeutung, und die ursprünglichen Leitwerte des Ritterstandes schwanden mit dem Aufkommen des gesellschaftlich entwurzelten Raubrittertums dahin.

Vom Leben in den Klöstern

Eingebunden in die Organisation der Lehns- und Grundherrschaft waren auch die Klöster, die sich von der Außenwelt abschieden und eine eigene Lebensform entwickelten. Das Leben der Mönche und Nonnen war strengen Regeln unterworfen. Der Tagesablauf bestand vor allem aus Arbeit, Gebeten und Gottesdiensten. Privates Eigentum war nicht gestattet, Mönche und Nonnen wurden vom Kloster mit dem Notwendigen versorgt. Wer sich für den Eintritt ins Kloster entschieden hatte – oft trafen diese Entscheidung auch die Eltern –, hatte fortan mit seinem ganzen Leben Gott zu dienen.
Oft betrieben die Klöster Landwirtschaft und Handwerk. Im Sinne der Nächstenliebe wurden zudem Arme verpflegt, Alte versorgt, Kranke und Krüppel gepflegt, Pilger und Reisende beherbergt. Klöster waren lange Zeit die einzigen Einrichtungen des Mittelalters, die sich mit Kunst, Wissenschaft und Bildung beschäftigten. Die Mönche zählten zu den wenigen Menschen, die lesen und schreiben konnten. In der Schreibstube schrieben sie das Wissen ihrer Zeit per Hand in prachtvoll gestalteten Büchern nieder oder kopierten ältere Schriften. So entstand manche üppig gefüllte Klosterbibliothek.
Die meisten Klöster waren anfangs im Besitz adeliger Stifterfamilien, denen es zustand, die Stelle der an der Klosterspitze stehenden Äbte nach Belieben zu besetzen – etwa zur Versorgung nicht nachfolgeberechtigter Kinder – und Einkünfte des Klosters für eigene Zwecke zu verwenden. Viele Klöster versuchten, nach eigenen Regeln zu leben, von herrschaftlicher Gewalt befreit zu werden und das Recht auf eigene Abtswahl zu erlangen, indem sie sich in ein unmittelbares Schutzverhältnis zum Herrscher begaben. Aber auch die Könige waren bestrebt, die vielfach reich begüterten Abteien in ihre Lehnsabhängigkeit zu bringen. Auf diese Weise rückten eine Reihe von Äbten in den Rang von Fürsten des Reiches auf, die neben ihrem Amt als geistliche Oberhirten Reichsgutverwalter und Lehnsträger des Königs wurden. Diese Doppelstellung führte zur Ausbildung geistlicher Territorien, die bis zur Reformation und teilweise sogar bis zur Zeit Napoleons Bestand hatten.

Vom Leben der Frauen

Die mittelalterliche Gesellschaft war patriarchalisch geprägt, also von Männern dominiert. Die Wertschätzung der Frauen beruhte vor allem darauf, dass sie den Nachfolger und Erben des Mannes gebaren oder als Erbtöchter von besonderem Interesse waren – was für alle sozialen Schichten galt, vor allem aber für den Adel. Den Ehepartner für die Töchter – aber auch für die Söhne – suchten in der Regel die Eltern aus. Die soziale Ungleichheit der Geschlechter wird besonders in der so genannten „Geschlechtsvormundschaft" des Mannes (des Vaters,

Ehemannes oder männlichen Verwandten) im Rechtsleben sichtbar. Die Frauen durften unter anderem nicht selbstständig vor Gericht auftreten. Im Strafrecht wurden sie in der Regel gleichbehandelt, im Erbrecht dagegen meist benachteiligt.
Die Geistlichen leiteten die „natürliche" Unterordnung der Frauen von den biblischen Berichten über deren Erschaffung und den Sündenfall ab. Am religiösen Leben wollten viele Frauen wesentlich stärker teilnehmen, als ihnen die Kirche zugestand, wie an ihrem Zustrom zu den verschiedenen Klöstern und Orden festzustellen ist. Den höchsten Rang innerhalb der Kirche konnten adlige Frauen als Äbtissin, also als Vorsteherin eines Klosters, erreichen.

Anders als in der Oberschicht, wo Frauen als Königinnen oder Fürstinnen großen Einfluss auf die Politik gewinnen konnten, stand in bäuerlichen und bürgerlichen Schichten die wirtschaftliche Bedeutung der Frauenarbeit im Vordergrund. Die Landbewohnerinnen waren in die Grundherrschaft eingebunden, wie ihre Männer leisteten sie Frondienste und zahlten Abgaben.
Das Handwerk in den Städten war ohne Frauen überhaupt nicht denkbar. Zum Teil konnten Frauen, besonders als Witwen, zu Meisterehren in den Zünften aufsteigen. In Köln gab es sogar reine Frauenzünfte. Trotz dieser Besserstellung besaßen Frauen dort keinerlei politische Mitbestimmungsrechte.

M5 Die drei Stände der Christenheit

a) Mittelalter

Holzschnitt von 1492. Die lateinischen Inschriften TU SUPPLEX ORA (du bete demütig), TU BROTEGE (du beschütze), TUQUE LABORA (und du arbeite) geben die Anweisungen Christi an die verschiedenen Stände wieder.

b) Renaissance

Gemälde von Barthel Bruyn d.Ä., ca. 1535. Das Gemälde aus der Renaissancezeit ist dem mittelalterlichen Holzstich nachempfunden. Die Inschriften sind identisch. Die künstlerischen Stilmittel unterscheiden sich grundlegend.

M6 Wesen der Grund- und Lehnsherrschaft

a) Grundherrschaft

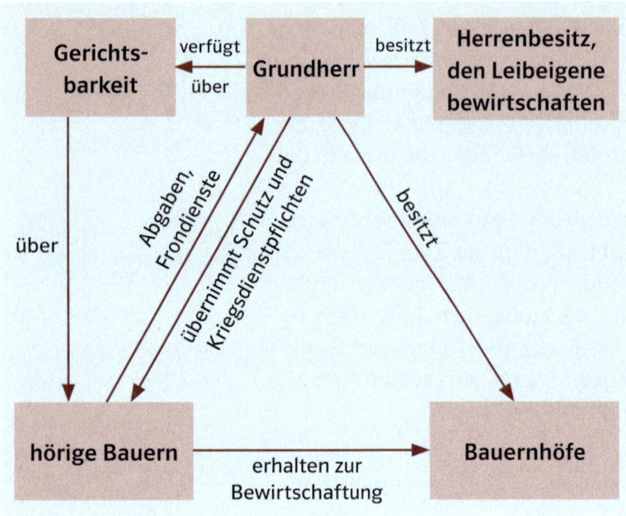

b) Lehnsherrschaft

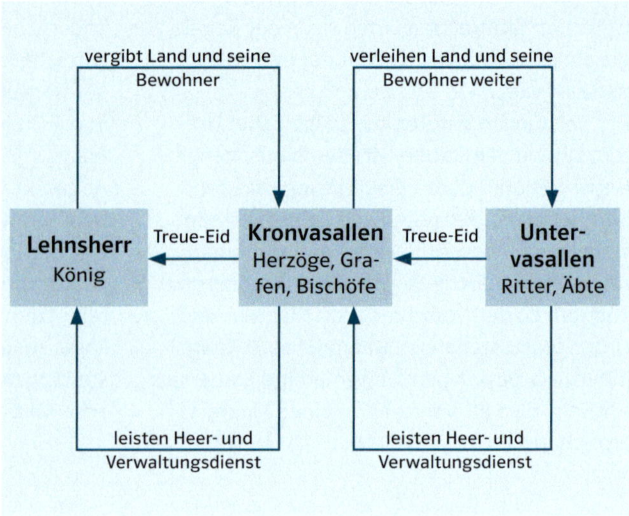

M7 Ständeordnung

a) Bischof Burchard von Worms schrieb um 1000:

Der gerechte Gott hat das Leben der Menschen folgendermaßen unterschieden gemacht: Die einen machte er zu Knechten, die anderen zu Herren. Damit soll die Möglichkeit der Knechte, Böses zu tun, durch die Macht der Herren eingeschränkt werden.

b) Um 1150 verglich Honorius von Autun, Mönch des Klosters Fulda, die Gesellschaft mit einer Kirche. Honorius ermahnte die Bauern zum Gehorsam gegenüber den Priestern und zur pünktlichen Ablieferung des Zehnten:

Die Pfeiler, die das Kirchengebäude stützen, sind die Bischöfe. Die Gurte, die das Gebäude zusammenbinden, sind die weltlichen Fürsten. Die Dachziegel, die den Gewitterregen vom Gebäude fernhalten, sind die Ritter. Der Fußboden, der mit den Füßen betreten wird, ist das Volk, durch dessen Arbeit das Christentum erhalten wird.

Übers. nach: J.-P. Migne: Patrologia latina 140, Sp. 908 bzw. MPL 172, Sp. 586; unter Verwendung von: H. Schoppmeyer: Agrarische Unterschichten im Hochmittelalter. In: GWU 25 (1979), S. 542.

M8 Leibeigenschaft und Freiheit

Das Rechtsbuch „Schwabenspiegel" urteilt um 1280 über die Leibeigenschaft:

Man kann mit der Hl. Schrift beweisen, dass niemand des andern eigen sein soll. Gott hat den Menschen nach seinem Ebenbild gebildet und von der Hölle erlöst. Als man das früheste Recht setzte, waren alle freie Leute. Wir sollen den Herren darum Dienst tun, dass sie uns beschützen. Und wenn sie die Lande nicht schirmen, ist ihnen niemand einen Dienst schuldig.

Zit. nach: Günther Franz: Bauernschaft und Bauernstand. o. O., 1975, S. 368 f.

M9 Inventar des Fronhofes Staffelsee

Im 9. Jahrhundert wurde es für den Grundherren, den Bischof von Augsburg, aufgeschrieben. In seiner Grundherrschaft gab es weitere acht Fronhöfe:

Zu dem Fronhof gehören 740 Tagwerk [altes deutsches Feldmaß, 1 Tagwerk = ca. 3400 m^2] Ackerland und Wiesen mit einem Ertrag von 610 Wagenladungen Heu […], eine Tuchmacherei, in der 24 Frauen arbeiten. Es gibt auch eine Mühle, die jährlich zwölf Scheffel [Mehl] abgibt [ein Scheffel: etwa 8,7 l]. Zu diesem Hof gehören 23 besetzte freie Hufen: Sechs von ihnen geben jährlich jeweils 14 Scheffel Getreide, vier Ferkel, Leinen in bestimmtem Gewicht, zwei Hühner, zehn Eier […]. [Ihre Inhaber] leisten fünf Wochen Frondienst jährlich, pflügen drei Tagwerk, mähen eine Wagenladung Heu auf der Herrenwiese und führen sie [in die Scheune] ein. […]
Es gibt dort 19 besetzte unfreie Hufen. [Jeder ihrer Inhaber] gibt jährlich ein Ferkel, fünf Hühner, zehn Eier, zieht vier Schweine des Grundherren auf, pflügt ein halbes Tagwerk; er leistet drei Tage Frondienst in der Woche, macht Transportdienst und stellt ein Pferd. Seine Ehefrau gibt ein Hemd und ein Wolltuch, braut Malz und bäckt Brot. […]
Insgesamt hat das Bistum Augsburg 1006 [mit Bauern] besetzte und 35 nicht bebaute freie Hufen, 421 besetzte und 45 nicht bebaute unfreie Hufen.

MGH Capitularia 1, Nr. 128.

M10 Freie treten in eine Grundherrschaft ein

Ein unbekannter Verfasser aus dem Kloster Muri in der Schweiz schrieb im 12. Jahrhundert:

Im Dorf Wohlen wohnte einst ein mächtiger weltlicher Mann namens Guntran. Er hatte dort und auch anderswo große Besitzungen und war gierig auf das Eigentum seiner Nachbarn. Einige Freie nun, die in dem Dorf wohnten, waren im Glauben, er sei ein gütiger und gnädiger Mensch. Daher übergaben sie ihm ihr Land gegen den üblichen rechtmäßigen Zins unter der Bedingung, dass sie unter seinem Schutz und Schirm immer sicher leben könnten. Jener freute sich darüber und begann sie sofort arglistig zu unterdrücken: Erst richtete er Forderungen an sie, dann machte er willkürlich von seiner Macht Gebrauch und befahl ihnen, ihm zu dienen, als wenn sie seine Knechte wären. In seiner Landwirtschaft mussten sie mähen und Heu machen. [...] Er untersagte den Leuten, seinen Wald zum Holzfällen zu betreten, wenn sie ihm nicht jährlich zwei Hühner gäben. [...] Da sie unfähig waren sich zu wehren, befolgten sie widerwillig seine Befehle. Inzwischen kam der König auf die Burg Solothurn. Da zogen die Bauern hin und beklagten sich laut über ihre ungerechte Bedrückung. Aber in der Menge der Fürsten und wegen ihrer unbeholfenen Rede gelangte ihre Klage gar nicht bis zum König. In übler Lage waren sie dorthin gekommen, in noch üblerer kehrten sie nach Hause zurück. So behandelte sie dieser Adlige bis zu seinem Tod.

M. Kien (Hg.): Acta Murensia, 1883. Quellen zur Schweizer Geschichte 3, S. 68–71.

M11 Mitbestimmung der Landstände

a) König Heinrich VII. über die Mitwirkung der Landstände 1231:

Wir machen allen bekannt, was in unserer Gegenwart auf einem Hoftag beraten und beschlossen wurde: Über den Fall, dass ein Landesherr irgendwelche Ordnungen oder neue Gesetze erlassen will und die Stände nicht befragt worden sind, wurde durch einstimmigen Beschluss der Reichsfürsten Folgendes festgesetzt: Weder Reichsfürsten noch irgendwelche anderen Herren können Ordnungen oder neue Gesetze erlassen, ohne dass vorher ein Einvernehmen mit den Ständen erzielt wurde.

Zit. nach: D. Starke: Herrschaft und Genossenschaft im Mittelalter. Quellen und Texte zur Verfassungs- und Sozialgeschichte des deutschen Mittelalters. Stuttgart 1973, S. 55.

b) Eine fürstliche Landesbitte an die Stände:

Wir Ludwig von Gottes Gnaden Markgraf von Brandenburg, Pfalzgraf bei Rhein, Herzog in Bayern. [...] haben uns mit unserm Rat um Friede, Nutz, Ehre und Frommen unseres Landes willen darüber bedacht und haben nach unseren lieben Getreuen [...] Rittern und Knechten, Städten und Märkten in unserem Lande Oberbayern gesandt und haben sie um Hilfe gebeten [wegen der Schulden des Landesherrn, aufgrund derer er bayerische Gebiete verpfändet hatte] mit einer Viehsteuer. Und diese haben sich darüber beraten und sind übereingekommen in alter Anhänglichkeit und haben unseres Landes Schaden und Gebrechen erkannt und haben unserer Bitte getreulich und willig erhört. [...]

Und darum haben wir erlaubt, versprochen und auch empfohlen, dass sie für die Steuer 16 Leute benennen sollen, und zwar Ritter und Knechte vom Lande 8, so dass diese 16 volle Verfügungsgewalt haben sollen von unseren Gnaden, dieselbe Steuer zu erheben und in allen Gerichten überall in unserer Herrschaft in Oberbayern Steuererheber und Schreiber einzusetzen, so gut sie es irgend vermögen nach ihrem Dafürhalten. In der Art, dass diese Steuer alle die gleichmäßig geben sollen, die in unserem Lande und unserer Herrschaft Oberbayern ansässig sind und die steuerpflichtig sind, niemand ausgenommen. Geistliche sowohl wie Weltliche, und dass niemand von der Steuer befreit werden soll. [...] Es sollen auch die vorgenannten 16 Leute diese Steuer in unserm Auftrag einnehmen und einbehalten in Städten und in Festungen in unserem Land, so wie sie es für das Beste halten, ohne dass wir sie hindern wollen. Und dieselbe Steuer sollen sie nach Rat unserer lieben getreuen Ritter und Knechte, Städte und Märkte unseres Landes, an unsere Schuldner und Pfandgläubiger zahlen, und dadurch unseren Pfandbrief auslösen, soweit die Steuer ausreichen mag.

Quellen und Erörterungen zur bayerischen und deutschen Geschichte. Bd. 6. Ohne Ort 1861, S. 452 ff.

M12 Das Alltagsleben der Ritter auf einer Burg

schildert der Ritter Ulrich von Hutten in einem Brief um 1520. Solch realistische Beschreibungen sind aus früheren Zeiten nicht überliefert; Historiker gehen aber davon aus, dass von Huttens Schilderung auch für diese zutreffen:

Die Leute, von denen wir unseren Unterhalt beziehen, sind ganz arme Bauern, denen wir unsere Äcker, Weinberge und Felder verpachten. Der Ertrag daraus ist im Verhältnis zu den darauf verwandten Mühen sehr gering [...]. Wir dienen dann auch einem Fürsten, von dem wir Schutz erhoffen; tue ich das nicht, so glaubt jeder, er dürfe sich alles und jedes gegen mich erlauben. Aber auch für den Fürstendiener ist diese Hoffnung Tag für Tag mit Gefahr und Furcht verbunden. Denn sowie ich nur einen Fuß aus dem Hause setze, droht Gefahr, dass ich auf Leute stoße, mit denen der Fürst [...] Fehden hat, und die mich anfallen und gefangen wegführen. Habe ich Pech, so kann ich die Hälfte meines Vermögens als Lösegeld darangeben, und so wendet sich mir der erhoffte Schutz ins Gegenteil. Wir halten uns deshalb Pferde und kaufen uns Waffen, umgeben uns auch mit einer zahlreichen Gefolgschaft, was alles ein schweres Geld kostet. [...]

M13 Eintritt ins Kloster

Der lateinische Text lautet übersetzt: „Florus übergibt seinen Sohn. Es kommt zu einer Zusage (des Abtes). Er (Florus) übergibt Ländereien.“ Florus übergibt dem Abt einen Teil seines Grundbesitzes durch eine Schenkungsurkunde.

Gleichgültig ob eine Burg auf einem Berg oder in der Ebene steht, so ist sie auf jeden Fall doch nicht für die Behaglichkeit, sondern zur Wehr erbaut, mit Gräben und Wall umgeben, innen von bedrückender Enge zusammengepfercht mit Vieh- und Pferdeställen, Dunkelkammern voll gepfropft mit schweren Büchsen [...]. Überall stinkt das Schießpulver, und der Duft der Hunde und ihres Unrates ist auch nicht lieblicher, wie ich meine. Reiter kommen und gehen, darunter Räuber, Diebe und Wegelagerer, da unsere Häuser oft allem möglichen Volk offen stehen und wir den Einzelnen nicht genauer kennen oder uns auch um ihn nicht sonderlich kümmern. Und welch ein Lärm! Da blöken die Schafe, brüllt das Rind, bellen die Hunde, auf dem Felde schreien die Arbeiter [...]. Und jeden Tag kümmert und sorgt man sich um den folgenden [...] Ist es dann ein schlechtes Jahr, wie es in unserer unfruchtbaren Gegend nur allzu oft der Fall ist, dann herrscht furchtbare Not.

Zit. nach: Heinrich Pleticha: Ritter, Burgen und Turniere. Würzburg 1969, S. 25.

M14 Aus den Regeln der Benediktiner

Benedikt von Nursia (um 480–547) schrieb um 530:

2. Man betrachte [den Abt] als den Stellvertreter Christi. Es gelte bei ihm kein Ansehen der Person im Kloster. Der Freie soll nicht dem Sklaven vorgezogen werden. [...] Bei der Bestellung des Abtes [...] soll Würdigkeit des Lebenswandels und Weisheit der Person maßgeblich sein, auch wenn er seinem Range nach der Letzte in der Gemeinde wäre. [...]

4. Welches die Werkzeuge der guten Werke sind: Vor allem Gott, den Herrn, lieben aus ganzem Herzen, aus ganzer Seele und mit ganzen Kräften. Sodann den Nächsten wie sich selbst. Keinem andern antun, was man selbst nicht erdulden möchte. Sich selbst verleugnen, um Christi nachzufolgen. Den Leib züchtigen, der Sinneslust nicht nachgeben, das Fasten lieben. Arme erquicken, Tote begraben, in der Trübsal zu Hilfe eilen, Trauernde trösten. Mit dem Treiben der Welt brechen. [...]

5. Gehorsam ohne Zögern ist der vorzüglichste Grad der Demut. Wer den Oberen gehorcht, gehorcht Gott. [...]

48. Müßiggang ist der Feind der Seele. Deshalb müssen sich die Brüder zu bestimmten Zeiten der Handarbeit und zu bestimmten Zeiten wiederum der Lesung göttlicher Dinge widmen. [...]

66. Wenn möglich, soll das Kloster so angelegt sein, dass alles Notwendige, das heißt Wasser, Mühle, Garten und die Werkstätten, in denen die verschiedenen Handwerke ausgeübt werden, innerhalb der Klostermauern sich befinden.

Die Benediktsregel. Übersetzt und erklärt von Georg Holzherr. Zürich/Einsiedeln/Köln, 2. Aufl. 1982.

M15 Kloster und Grundherrschaft

Der Abt des Klosters Prüm in der Eifel berichtet über den Bauern Widrad aus Rommersheim, der mit 29 anderen Bauern dem Kloster hörig ist, 893:

Widrad gibt an das Kloster jedes Jahr 1 Eber, 1 Pfund Garn, 3 Hühner, 18 Eier. Er fährt 5 Wagenladungen von seinem Mist auf unsere Äcker, bringt 5 Bündel Baumrinde für die Beleuchtung und fährt 12 Wagenladungen Holz zum Kloster. Dieses dient im Winter zum Heizen. Ferner liefert Widrad

M16 Zwei Schreiber, Mönch und Laie, bei der Arbeit

Kloster Echternach, Ausschnitt aus einer Buchmalerei 1039/40

dem Kloster jährlich 50 Latten und 100 Schindeln für Dachreparaturen.
Sein Brot bäckt Widrad in unserem Backhaus, und das Bier braut er in unserem Brauhaus. Hierfür zahlt er an das Kloster eine Gebühr.
Eine Woche in jedem Jahr verrichtet er den Hirtendienst bei unserer Schweineherde im Wald. Er bestellt 3 Morgen Land, das ganze Jahr hindurch, jede Woche drei Tage. Das bedeutet: Er muss bei der Einzäunung unserer Äcker und Weiden helfen, zur rechten Zeit pflügen, säen, ernten und die Ernte in die Scheune bringen.
Bis zum Dezember, wenn das Getreide gedroschen wird, muss er es zusammen mit anderen Hörigen bewachen, damit es nicht von Brandstiftern angezündet wird. Wachdienst muss ebenfalls geleistet werden, wenn der Herr Abt kommt, um ihn vor nächtlicher Gefahr zu beschützen.
Wenn Widrad 15 Nächte den Wachdienst verrichtet, das Heu geerntet und auf unseren Äckern gepflügt hat, erhält er in einem guten Erntejahr Brot, Bier und Fleisch; in anderen Jahren erhält er nichts. Die Frau Widrads muss leinene Tücher aus reinem Flachs anfertigen, 8 Ellen lang und 2 Ellen breit. Sie fertigt daraus Hosen für die Mönche an.

Zit. nach: Günther Franz: Quellen zur Geschichte des deutschen Bauernstandes im Mittelalter. Darmstadt 1967, S. 83 ff.

M17 Frauenbild der Kirche

Thomas von Aquin (1224/25–1274) über die Erschaffung der Frau:

1. Es scheint, dass die Frau nicht bei der ersten Erschaffung der Dinge geschaffen wurde: Denn der Philosoph [Aristoteles] [...] sagt: „Die Frau ist ein verfehlter Mann." Und bei der ersten Schöpfung durfte nichts Verfehltes und Mangelhaftes sein [...] Dagegen aber steht in Genesis 2: „Es ist nicht gut, dass der Mensch allein sei, lasst uns ihm eine ähnliche Hilfe schaffen."
Antwort: Es war notwendig, die Frau als Hilfe für den Mann zu schaffen, wie die Schrift sagt; nicht zur Hilfe für irgendeine Arbeit, die [...] ein anderer Mann einem Mann besser leisten könnte, sondern als Hilfe für die Erzeugung von Nachwuchs [...]
3. Ob die Frau aus der Rippe des Mannes gebildet werden musste [...] Antwort: Die Bildung der Frau aus der Rippe Adams war richtig. Erstens um anzudeuten, dass zwischen Mann und Frau eine Gemeinschaft bestehen muss. Denn weder soll die Frau den Mann beherrschen, und darum wurde sie nicht aus dem Haupt gebildet; noch darf der Mann die Frau als ein ihm sklavisch unterworfenes Wesen verachten, darum wurde sie nicht aus den Füßen gebildet.

Summa theologica I, Quaestio 92 (Übers.: Eduard Starkemeier)

Arbeitsaufträge

1 Stellen Sie mit Hilfe des Verfassertextes und der Schaubilder M 6 die Grundlagen der Sozial- und Herrschaftsstruktur im Mittelalter dar. Nennen Sie Unterschiede zur Gegenwart.

2 Erklären Sie, in welcher Weise und in welchen Maßen der Einzelne in die Ständeordnung eingebunden war (VT, M 5 a, M 7).

3 Vergleichen Sie die Texte M 7 und M 8 mit dem Bild M 5 a. Wie wird die Einteilung in Stände jeweils begründet? Welche Haltung nehmen Künstler und Autoren jeweils zur Ständegesellschaft ein?

4 Nennen Sie Gemeinsamkeiten von Holzschnitt und Gemälde (M 5a, M 5b). Wie ist jeweils die göttliche Weltordnung gekennzeichnet? Informieren Sie sich im Renaissancekapitel, wie sich die Darstellungsformen verändert haben. Woran erkennt man dies an Bild M 5b?

5 Stellen Sie die in M 9 genannten Abgaben und Frondienste der Bauern zusammen.

6 Begründen Sie mit Hilfe von M 11 b, dass es für die Fürsten von Vorteil sein konnte, die Stände an der politischen Herrschaft mitwirken zu lassen (M 11 a).

7 Erarbeiten Sie die wirtschaftliche Grundlage des Rittertums anhand von M 12 und untersuchen Sie, inwieweit das Idealbild des Rittertums (M 3) mit der Wirklichkeit übereinstimmte.

8 Erarbeiten Sie, inwiefern das Kloster eine eigene Lebenswelt darstellte (VT, M 13–M 16).

9 Suchen Sie in Ihrer Region nach Zeugnissen ritterlichen und klösterlichen Lebens. Erkunden Sie Baudenkmäler und schließen Sie von deren Architektur auf die jeweiligen Funktionen.

2.3 Leben in der mittelalterlichen Stadt

Städte werden gegründet

Mit der Bevölkerungszunahme seit dem 11. Jahrhundert nahmen in Mitteleuropa auch Handel und Verkehr zu. Die Grundherren gründeten Märkte und Städte als Ansiedlungen für Handwerker und Kaufleute. Sie nutzten den Umstand, dass aufgrund der steigenden Produktivität in der Landwirtschaft zum einen weniger Menschen für die Landarbeit benötigt wurden und zum anderen immer mehr Menschen von den landwirtschaftlichen Erträgen versorgt und ernährt werden konnten. So zogen viele Menschen, die auf dem Land kein Auskommen mehr fanden, in die neu entstehenden Siedlungen und Städte.
Städte entstanden bevorzugt in der Nähe von Burgen, Klöstern oder Bischofssitzen, fanden die sich ansiedelnden Handwerker und Kaufleute dort doch Abnehmer für ihre Waren. Zudem entwickelten sich die alten Römerstädte und jene Orte, die verkehrsgünstig an wichtigen Handelswegen oder Flüssen lagen, besonders rasch zu aufstrebenden Handelsstädten.

Rechte und Privilegien der Städte

Städte unterschieden sich von Siedlungen durch drei grundlegende Rechte: Markt zu halten, eine Stadtmauer zu bauen und die Bewohner von einem Hörigkeitsverhältnis gegenüber einem Grundherren zu lösen, um nun dem Stadtherrn zur Treue verpflichtet zu sein. Auf die Hörigen ihres ländlichen Umlandes übten die Städte eine große Anziehungskraft aus, denn es galt der Grundsatz: „Stadtluft macht frei." Mit der Zeit setzte sich der Rechtsbrauch durch, dass ehemals auf dem Lande lebende Hörige, die sich in die Stadt abgesetzt hatten, nach „Jahr und Tag" nicht mehr ihrem ehemaligen Grundherren unterstanden und somit „frei" waren. Diese rechtliche Freiheit hob die Städte aus ihrer feudalen Umgebung heraus.

M1 Der Marktplatz von Augsburg, um 1500
Gemälde nach Jörg Breu, um 1530

Städtische Selbstverwaltung

Von den Städtegründungen profitierten sowohl die Stadtbewohner als auch die Grundherren. Kaufleute und Handwerker genossen einen eigenen rechtlichen Status und waren vor Raub und Überfällen geschützt. Die adligen Städtegründer kassierten ihrerseits Steuern von den Stadtbewohnern und erfuhren einen erheblichen Machtzuwachs. Im 12. und 13. Jahrhundert begann so ein regelrechter Urbanisierungsprozess. Als Stadtherren übertrugen die adligen Grundherren Vögten und Ministerialen (führende Bedienstete, die im Laufe der Zeit in den niederen Adel aufstiegen) die Aufsicht über Marktgerichtsbarkeit, Zoll, Münze und Mühle. Während die Stadtherren in der Regel nicht in den Städten wohnten, bildeten ihre Ministerialen zusammen mit Vertretern der Gilden – dem Zusammenschluss der Fernkaufleute – die städtische Führungsschicht: das Patriziat. Diese „Geschlechter" saßen im Rat der Stadt.

Die Geldwirtschaft lag in der Hand der Bürger, darum waren die Stadtherren auf sie angewiesen, und aus diesem Grunde traten sie Rechte an die Städte ab. Am ausgeprägtesten war die Selbstverwaltung in den Reichsstädten. Ihr Stadtherr war der König bzw. Kaiser. Sie lagen auf Reichs- bzw. Königsgut und hatten nur dem König als Stadtherrn Dienste und Abgaben zu leisten. Städte, die sich aus der Abhängigkeit von feudaler Herrschaft befreien konnten, nannten sich Freie Städte. Mit nahezu vollständiger Souveränität konnten sich Freie Städte und Reichsstädte mit anderen Städten verbünden, mit anderen Herren Verträge abschließen, ja selbst Kriege führen.

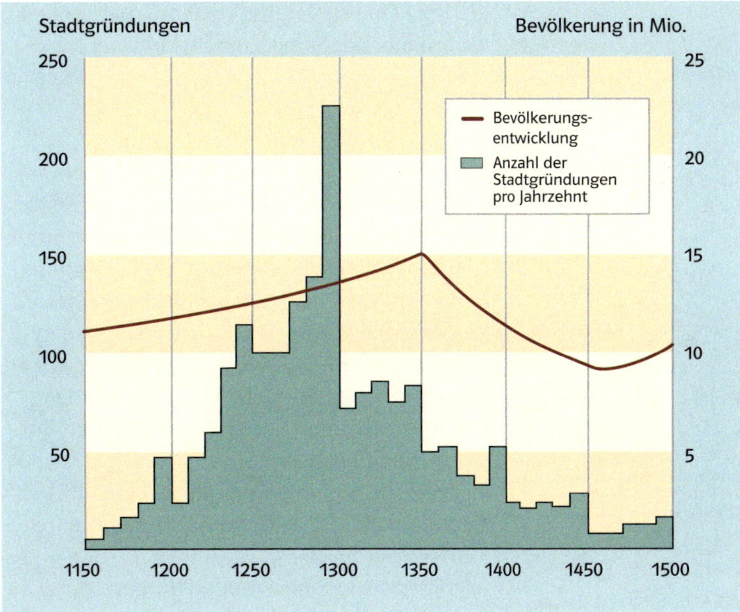

M2 Stadt- und Bevölkerungsentwicklung im Mittelalter

Innerstädtische Konflikte

Seit dem 14. Jahrhundert drängten die Zünfte gegenüber dem Patriziat verstärkt auf Mitwirkung im Rat der Stadt. Mit dem Wachstum der gewerblichen Warenproduktion stieg sowohl die Bedeutung als auch das Selbstbewusstsein der Zünfte. In einer Reihe von Städten kam es deshalb wie in Augsburg zur Vertreibung der patrizischen Geschlechter oder wie in Köln zu blutigen Zunfterhebungen. Die Teilhabe der Zünfte machte den Rat jedoch noch nicht zu einem Stadtparlament. Es fanden keine Wahlen statt, vielmehr hatten selbst bei den Zünften nur bestimmte Familien einen Ratssitz,

Patrizier	In vielen deutschen Städten entstand eine Oberschicht vor allem aus reich gewordenen Kaufleuten. Sie schlossen sich zu Gilden zusammen und setzten dort ihre Interessen durch. Die Patrizier hatten innerhalb der städtischen Selbstverwaltung Ratssitze und andere städtische Führungsaufgaben inne. Sie vererbten diese Ämter an ihre Nachkommen und wurden mit der Zeit zu erblichen Geschlechtern, die seit dem Spätmittelalter als dem Adel ebenbürtig galten.
Zunft	Zusammenschluss der städtischen Handwerker. Zweck der Zünfte war es, ihre Mitglieder vor Konkurrenz zu schützen. So legten die Zünfte die Zahl der Meister fest, überwachten die Preise, die Menge und Qualität der Erzeugnisse sowie die Ausbildung des Nachwuchses. Die Regeln der Zünfte waren verbindlich, Zuwiderhandlungen wurden streng bestraft. Nur Meister, die einer Zunft angehörten, hatten das Recht, Gesellen oder Lehrlinge zu beschäftigen.

der gewöhnlich vererbt und vom männlichen Oberhaupt der Familie lebenslang wahrgenommen wurde.

Reichtum und Armut in den Städten

Den über Jahrhunderte aufgebauten Wohlstand präsentierten bedeutende Städte stolz in ihrer Architektur. Ihre eindrucksvollen Stadtkirchen, Rathäuser und Stadttore, ihre großen Korn- und Kaufmannshäuser und das Warenangebot auf ihren Märkten unterstrichen ihre zentrale Bedeutung. Dazu kamen, vor allem im Spätmittelalter, Gerichte, Hospitäler, Schulen und Universitäten. Neben der kirchlichen Bildungstradition entfaltete sich zusätzlich eine bürgerliche Bildungswelt, die zu einer Voraussetzung für die Ausprägung kaufmännischen Geistes wurde.
Wenigen sehr wohlhabenden Bürgern stand eine große Zahl von Armen gegenüber. Dabei lassen sich unterschiedliche Armengruppen unterscheiden. An erster Stelle sind die Bettler zu nennen. Es waren Menschen, die vor einem Krieg geflohen oder in Zeiten wirtschaftlicher Rezession arbeitslos geworden waren. Die zweite Gruppe waren die „Steuerarmen". Sie arbeiteten zwar, verdienten aber dabei so wenig, dass sie am Existenzminimum lebten und deshalb keine Steuern zahlten. Sie konnten zwischen 20 und 50 Prozent der Einwohner einer Stadt ausmachen. Meist handelte es sich dabei um unqualifizierte Taglöhner. Unter ihnen waren auch viele Landflüchtlinge, die ihren meist kleinen Hof, von dem sie nicht leben konnten, aufgegeben hatten, um in die Städte zu ziehen. Eine weitere Gruppe bildeten die Vagabunden. Sie wurden wegen „Landstreicherei" verfolgt. Die Vagabunden waren nach Meinung der Gesellschaft nicht durch äußere Umstände arm, sondern aus eigenem Verschulden.
Weil sich die Kluft zwischen Arm und Reich gegen Ende des Mittelalters vergrößerte, konnten vor allem die größeren Städte die Armen nicht mehr nur den Almosen der Mitchristen überlassen. Die zunächst von den Kirchen und Klöstern getragene Armenfürsorge ging allmählich in den Zuständigkeitsbereich der Städte über. Die städtischen Räte begannen, Armut und Bettelwesen durch den Erlass von Armen- und Bettelordnungen der behördlichen Kontrolle zu unterwerfen. Armenpfleger überwachten die Armenfürsorge und auch die Fürsorgeempfänger. In den Städten fanden sich immer häufiger Ansätze einer Sozialpolitik, die sich etwa in der Versorgung der Bedürftigen mit billigem Brot ausdrückte.

M3 Armut

Scharen von Bettlern und Versehrten hofften auf Almosen oder Versorgung in Hospitälern. Auf den Bildern der Zeit werden die Stiefkinder der Gesellschaft in drastischer Hässlichkeit dargestellt, um den christlichen Edelmut der Almosengeber und Stifter zu provozieren und umso heller erscheinen zu lassen.

Stellung der jüdischen Bevölkerung

Seit dem 10. Jahrhundert lebten und arbeiteten Juden kontinuierlich in Deutschland. Als kleinräumiges, weitgehend auf Tauschhandel orientiertes Wirtschaften die ökonomischen Bedürfnisse und Notwendigkeiten der Zeit nicht mehr befriedigte und die Geld- und Kreditwirtschaft sowie der Umgang mit ausländischer Währung (Geldwechsel) in den alltäglichen Wirtschaftsablauf Einzug hielten, fehlten dafür einheimische Fachleute. Könige und Bischöfe riefen nun Juden ins Land, hatten diese doch aufgrund ihrer weitreichenden Handelsbeziehungen Kenntnisse in fremden Sprachen und im Umgang mit Fremdwährungen. Manche Juden kamen auch auf eigenen Antrieb ins Land, da sie berufliche Chancen sahen. Sie siedelten sich in den entstehenden Städten an, wurden von den meisten adligen Landesherren mit offenen Armen empfangen und mit Privilegien bzw. Schutzbriefen ausgestattet. Wegen ihrer andersartigen Tracht und religiösen Gebräuche wurden Juden von der christlichen Bevölkerung allerdings mit Misstrauen betrachtet. Dazu kam der Vorwurf, am Kreuzestod Christi schuld zu sein.

Juden waren von der Mitregierung in den Städten ebenso ausgeschlossen wie die Unterschicht der Nichtselbstständigen und Randgruppen. Je mehr die christlichen Zünfte im Rat der Stadt mitbestimmen durften, umso schwieriger wurde das Leben der jüdischen Bevölkerung. Die einstmals weltlichen Gemeinschaften der Gilden und Zünfte nahmen ab dem 11. Jahrhundert eine zunehmend christlich geprägte Grundhaltung ein. Eine Aufnahme in diese Gemeinschaften wurde zum religiösen Akt, Mitglieder hatten sich an die Regeln christlichen Zusammenlebens zu halten. Eine Aufnahme von Juden war damit undenkbar geworden. Der damit verbundene wirtschaftliche Abstieg und die auf Geldverleih und Gebrauchtwarenhandel eingeschränkte Berufswahl verstärkte die soziale Ächtung. Immer wieder kam es zu Zeiten religiöser Erregung oder kollektiver Angst – z. B. während der Kreuzzüge oder der Pestepidemie von 1348/49 – zu Massenmorden an der jüdischen Bevölkerung. Bereits die Beschlüsse des III. und IV. Laterankonzils (1179 bzw. 1215) unter Vorsitz des Papstes bereiteten die soziale Ausgrenzung dieser Minderheit vor. Juden sollten getrennt von Christen leben und durch eine demütigende Kleidung (z. B. Judenhüte) deutlich von ihnen zu unterscheiden sein. Zum Ende des Mittelalters wurde die äußerliche Trennung zwischen Juden und Christen vollständig durch die Errichtung von abgeschlossenen Gettos für die jüdische Stadtbevölkerung.
Trotz dieser widrigen Lebensumstände entwickelte sich eine bedeutende jüdische Kultur. Die Fähigkeiten jüdischer Ärzte, die fortgeschrittene Kenntnisse der arabischen Medizin nach Europa gebracht hatten, übertrafen die der christlichen Bader auch noch zu Beginn der Neuzeit bei weitem. Jüdische Finanzfachleute waren auch an deutschen Fürstenhöfen begehrt. Allgemein war der Bildungsstand der jüdischen Minderheit deutlich höher als der vieler Christen. Weil ihre Religion das Studium der religiösen Schriften in der Ursprache verlangte, wuchsen junge Juden zweisprachig auf und waren lesekundig. Das führte oft zu Vorurteilen und Bildungsneid seitens der Christen.

M4 Darstellung von Juden

links: Gelehrte im Disput, Holzschnitt aus dem 16. Jahrhundert; rechts: „Juden verletzen ein Christusbild", Initiale aus dem Stuttgarter Passionale, 12. Jahrhundert

M5 Stadtplan von Trier

4. bis 13. Jahrhundert

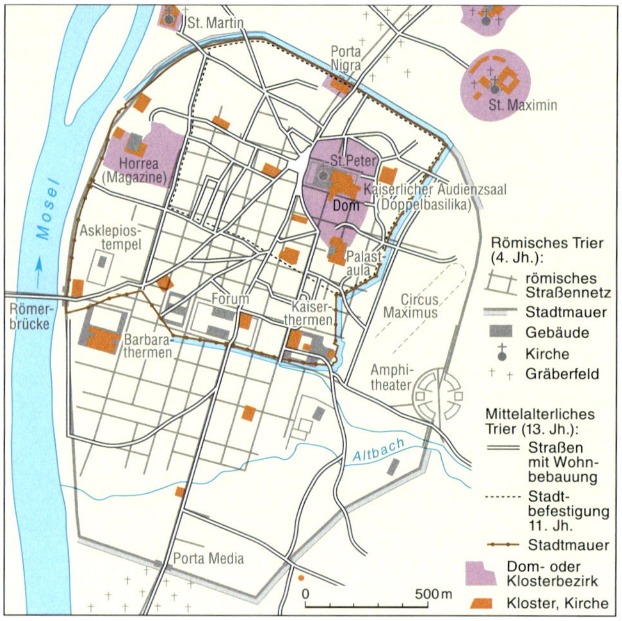

M6 Stadtplan von Soest

10. bis 12. Jahrhundert

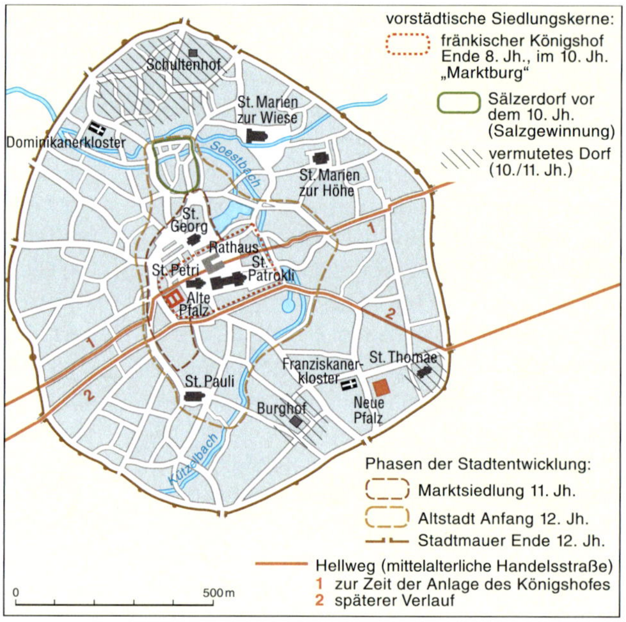

M7 Stadtrecht

Aus dem Stadtrecht von Freiburg i. B. von 1120:

Aller Nachwelt und Mitwelt sei kundgemacht, dass ich, Konrad [Herzog von Zähringen], an dem Platz, der mir als Eigengut gehört, nämlich Freiburg, einen Marktort gegründet habe, im Jahr der Fleischwerdung des Herrn 1120. Nachdem angesehene Geschäftsleute von überall her zusammengerufen worden waren, habe ich angeordnet, diesen Marktort durch eine Art Schwurverband anzufangen und auszubauen. Daher habe ich jedem Geschäftsmann für den Hausbau zu Eigengut in dem angelegten Marktort eine Hofstätte zugeteilt und angeordnet, dass mir und meinen Nachkommen von jeder Hofstätte ein Schilling gängiger Währung als Zins jährlich am Fest des Heiligen Martin [11. November] zu zahlen ist. Die einzelnen Hofstätten sollen in der Länge 100 Fuß haben, in der Breite 50 […]. Ich verspreche allen, die meinen Marktort aufsuchen, im Bereich meiner Macht und Herrschaft Frieden und sichere Reise. Wenn einer von ihnen in diesem Raum ausgeplündert wird und man mir den Räuber namhaft macht, werde ich das Entwendete zurückgeben lassen oder den Schaden selbst bezahlen. Wenn einer von meinen Bürgern stirbt, darf seine Frau mit ihren Kindern alles besitzen und ohne jede Bedingung alles was ihr Mann hinterließ, behalten. […] Allen im Marktort Begüterten bewillige ich die Teilhabe an den Lehen meiner Landleute, soweit ich das vermag: Sie sollen nämlich ohne Verbot Wiesen, Flüsse, Weiden und Wälder nutzen dürfen.

Allen Geschäftsleuten erlasse ich den Marktzoll. Ich werde meinen Bürgern niemals ohne Wahl einen anderen Vogt und einen anderen Priester vorsetzen, sondern, wen immer sie dazu wählen, werden sie von mir bestätigt bekommen. […]

Wenn jemand innerhalb der Stadt den Stadtfrieden bricht, das heißt im Zorn und Ernst einen blutig schlägt, wird dem Überführten die Hand abgehauen; hat er den anderen getötet, so wird er enthauptet. Wenn er aber entkommt und nicht gefasst wird, so wird sein Haus bis auf den Grund zerstört. Die Nebengebäude sollen ein volles Jahr unberührt bleiben; nach Ablauf eines Jahres können seine Erben, wenn sie wollen, das zerstörte Haus wieder aufbauen und frei besitzen. Der Schuldige aber unterliegt der vorgenannten Strafe, wann immer er in der Stadt gefasst wird. […]

Jede Frau soll dem Mann in der Erbfolge gleichgestellt sein und umgekehrt. Auch darf jeder, der an diesen Ort kommt, hier frei wohnen, wenn er nicht jemandes Knecht ist und den Namen seines Herrn zugibt. Dann kann der Herr den Knecht in der Stadt belassen oder nach Wunsch wegführen. Wenn aber der Knecht den Herrn verleugnet, soll der Herr mit sieben Nächstverwandten vor dem Herzog beschwören, dass es sein Knecht ist; dann kann er ihn haben. Wenn einer aber über Jahr und Tag ohne solche Hemmungen geblieben ist, soll der sich fortan sicherer Freiheit erfreuen. […]

Keiner von den Lehensleuten oder Ministerialen des Herzogs und kein Ritter kann in der Gemeinde wohnen, es sei denn nach gemeinsamer Verabredung und Zustimmung aller Städter. Kein Auswärtiger kann gegen einen Bürger Zeuge sein, sondern nur Bürger gegen Bürger.

Zit. nach: Arno Borst: Lebensformen im Mittelalter. Berlin 1973, S. 396 ff.

M8 Städte werden selbstständig

Zum Dank dafür, dass die Bürger von Worms während einer Auseinandersetzung des Königs mit dem Bischof treu zu ihm standen, belohnte sie König Heinrich IV. im Jahr 1074:

Der königlichen Macht und Gnade geziemt es, allen Menschen ihren treuen Dienst mit entsprechenden Wohltaten zu belohnen, damit sie auch in der Belohnung ihres Dienstes ganz besonders geehrt werden. Unter diesen haben wir aber die Bewohner der Stadt Worms der größten Wiedervergeltung für würdig befunden, da wir erfahren haben, dass sie bei der außerordentlich großen kriegerischen Bewegung im Reich mit großer und besonderer Treue ihre Anhänglichkeit gegen uns bewiesen haben. Die Einwohner aller Städte sollen sich in der Hoffnung auf die königliche Freigiebigkeit freuen, die die Bürger von Worms jetzt erreicht haben. Alle sollen durch ihr Beispiel lernen, dem König Treue zu bewahren, die die Güte des Königs bei ihrem eigenen Vorteil gutheißen. […] Die Abgabe, die in der deutschen Sprache Zoll genannt wird, welche die Juden und die anderen Bewohner von Worms an den königlichen Zollstätten zu Frankfurt, Boppard, Hammerstein, Dortmund, Goslar und Enger zu bezahlen verpflichtet sind, haben wir den Wormsern in Zukunft erlassen und wir haben dies in Gegenwart der Fürsten bekräftigt.

Zit. nach D. Starke: Herrschaft und Genossenschaft im Mittelalter. Quellen und Texte zur Verfassungs- und Sozialgeschichte des deutschen Mittelalters. Stuttgart 1973, S. 83 f.

M9 Zünfte streben nach Mitbeteiligung

Ursache der Augsburger Zunfterhebung (1368) war die wachsende Verschuldung der Stadt. Der patrizische Rat wollte die Schulden durch eine Erhöhung der Verbrauchssteuern auf Wein, Met und Bier tilgen. Die hauptsächlich aus Handwerkern bestehende Gemeinde forderte dagegen eine Erhöhung der Vermögens- und Einkommenssteuer und die Einführung einer Zunftverfassung. Das Ergebnis war eine Einigung über die Zusammensetzung des „kleinen Rates". Aus dem Ersuchen der Gemeindeabordnung an den Rat von Augsburg:

Oh, ihr würdigen Herren und Väter der löblichen Stadt des Heiligen Reichs. […] obwohl die Notlage [der Stadt Augsburg] manchmal ohne Verschulden der Ratsherren eingetreten sei, so haben doch die Steuern und das Ungeld, wie gleichwohl die ehrbare Gemeinde dachte, nicht genügend Nutzen gehabt, weshalb auch vielerlei Misstrauen zwischen dem Rat und der Gemeinde entstanden sei. Wenn aber hier wie in den anderen Städten des Reichs ein Zunftregiment eingerichtet werde, dann werde in solchen und anderen Fragen jedes Misstrauen und jeder Streit deshalb vermieden, da die ehrbare Gemeinde und die Handwerker ihre Vertreter in der Regierung haben. […]

Es solle daneben der ehrbare Rat sich auch zu Herzen nehmen und bedenken, wie freundlich und vorbildlich es wäre, wenn die Gemeinde und der Rat in einer vereinbarten bürgerlichen, freundschaftlichen Zunftregierung zusammen die Herrschaft innehätten und diese miteinander in gutem Sinne zur Mehrung des gemeinen Nutzens ausübten, und wie dann aus der genannten Regierung alle bürgerliche Liebe und Hilfsbereitschaft in alle Glieder der Gemeinde ströme und auf der anderen Seite willige Dankbarkeit hervorbringe. Schließlich seien auch alle Mitglieder der bürgerlichen Gemeinde – reich oder arm – gemeinsam und ohne Unterschiede mit dem Recht des Heiligen Reiches versehen und dabei von Kaisern und Königen mit Privilegien und Freiheiten gnädig ausgezeichnet worden. Zudem tragen auch alle Bürger des Reichs, nicht nur die hiesigen, sondern auch die in den anderen Städten des Heiligen Reichs, zur Erhaltung des Vaterlandes alle bürgerlichen Belastungen.

Zit. nach: Dieter Weber: Der Augsburger Geschichtsschreiber Clemens Jäger über die Zunfterhebung von 1368. In: GWU, 117 (1986), S. 673 f.

M10 Markt- und Gewerbeordnung

Aus der Ordnung für die Stadt Landshut, 1256:

1. Wir verbieten, Schwerter und Dolche innerhalb der Stadt zu tragen. Und so oft Leute getroffen werden, die Schwerter tragen, so oft werden sie der Stadt 6 Schillinge und dem Richter 60 Pfennige zahlen.

2. Wenn einer [der ein Schwert trägt] kein Geld besitzt, wird ihm die Hand abgeschlagen werden. […]

4. Wucherer, Vorkäufer[1], Gesellschaften, die in der Volkssprache Einung[2] heißen, verbieten wir unter Strafe von 5 Pfund und erklären sie außerdem für rechtlos.

5. Wir verordnen, 2½ Pfund Rindfleisch für einen Schilling zu verkaufen und ebenso viel Hammelfleisch und drei Pfund Ziegenfleisch. Die Leute, die es anders machen, werden der Stadt 6 Schillinge und dem Richter 60 Pfennige zahlen. […]

10. Wir verordnen, dass kein Kauf außerhalb des öffentlichen Marktes stattfindet, was die Leute betrifft, die der Stadt Waren zuführen. […]

14. Wir verordnen, dass unsere Bürger den Eimer Römerwein für 5 Schillinge ausschenken, die Fremden aber für ein halbes Pfund und 10 Pfennige. Den besten Frankenwein werden sie für 75 Pfennige, den mittleren für 55 Pfennige ausschenken. Wer zwei Weine zugleich ausschenkt oder mischt und wer das Maß nicht an den Tisch trägt, wird der Stadt 6 Schillinge und dem Richter 60 Pfennige zahlen. […]

20. Lotterbuben in jeder Art, fahrende Schüler[3] mit langem Haar halten wir fern. Die Leute, die sie über eine Nacht hinaus beherbergen, verurteilen wir zu 1 Pfund.

Zit. nach: MGH LL, Constitutiones II, Nr. 439 (Übers.: Robert Holtzmann)

1 jemand, der Waren aufkauft, um sie teurer zu verkaufen
2 Zusammenschluss von Kaufleuten, um gemeinsam höhere Preise durchzusetzen
3 Studenten, unterwegs zu einer Universitätsstadt

M11 Reichsstädte im 14. Jahrhundert

Die Fürstenfamilien der Luxemburger, Habsburger und Wittelsbacher waren im 14. Jahrhundert die bedeutendsten Territorialherrn des „Heiligen Römischen Reiches Deutscher Nation“. Viele Städte fühlten sich von den starken weltlichen und geistlichen Fürsten bedroht und schlossen sich zu Bünden zusammen, um nicht in ein landesherrliches Territorium einverleibt zu werden. Nur wenigen, meist süddeutschen Reichsstädten, gelang es, ihre Unabhängigkeit zu bewahren.

M12 Schutzbrief für Juden

Kaiser Heinrich IV. nimmt die Juden von Speyer unter seinen Schutz, 1090:

Allen […] sei bekannt, dass einige Juden […] mit ihren Glaubensgenossen in Speyer vor uns getreten sind und gebeten haben, dass wir sie mit ihren Kindern und mit allen, die durch ihre Selbstvertretung auf unsere Gesetzgebung zu hoffen scheinen, unter unseren Schutz nehmen und sie darin halten. Außerdem haben wir durch Vermittlung und auf Bitten von Hutzmann, Bischof von Speyer, befohlen, dass ihnen diese unsere Urkunde zugestanden und gegeben werde. Daher legen wir durch das königliche Gebot unserer Hoheit fest und befehlen, dass in Zukunft niemand, der unter unserer königlichen Macht mit irgendeiner Amtswürde oder Machtbefugnis ausgestattet ist, […] sich unterstehen soll, diese durch irgendwelche falsche Anklagen zu beunruhigen oder anzugreifen. Auch soll niemand es wagen, ihnen irgendetwas von ihrem rechtmäßig ererbten Besitz an Höfen, Häusern, Gärten, Weinbergen, Feldern, [Leibeigenen] und sonstigen beweglichen und unbeweglichen Gütern wegzunehmen. Wenn aber irgendjemand ihnen entgegen diesem Edikt irgendeine Gewalttätigkeit zufügt, so soll er gehalten sein, an die Schatzkammer unseres Palastes oder an die Kämmerei des Bischofs ein Pfund Gold zu zahlen und die Sache, die er ihnen weggenommen hat, doppelt zu erstatten. Auch sollen sie die freie Erlaubnis haben, ihre Güter, mit wem auch immer es ihnen beliebt, in gerechtem Handel auszutauschen und sich frei und unbehelligt in den Grenzen unseres Reiches zu bewegen, ihren Handel und Warenaustausch zu betreiben, zu kaufen und zu verkaufen und niemand soll von ihnen einen Zoll eintreiben oder irgendeine öffentliche oder private Abgabe von ihnen fordern. […] Niemand soll es wagen, ihre Söhne oder Töchter gegen ihren Willen zu taufen, und wenn jemand sie zur Taufe gezwungen hat, sei es, dass sie heimlich geraubt wurden, oder sei es, dass sie mit Gewalt entführt wurden, so soll er zwölf Pfund [Gold] an die Schatzkammer des Königs oder des Bischofs zahlen.

J. Schoeps, H. Wallenborn (Hg.): Juden in Europa – Ihre Geschichte in Quellen. Bd. 1. Darmstadt o. J., S. 121 f.

M13 Kirchliche Regelung zum Umgang mit Juden

Auf dem 4. Laterankonzil (1215), einberufen von Papst Innozenz III., wurden auch Beschlüsse zum Umgang mit Juden gefasst:

Je mehr sich die Christenheit im Zinsennehmen zurückhält, desto stärker fügt ihr die jüdische Falschheit dadurch Schaden zu, so dass in kürzester Frist [...] der Wohlstand der Christen vernichtet sein wird. [...] In einigen Gegenden kann man Juden und Christen an der Kleidung unterscheiden; aber in anderen Ländern ist solche Regellosigkeit der Gewohnheit eingetreten, dass man sie nicht gleich unterscheiden kann. Es kommt daher bisweilen vor, dass irrtümlich Christen mit jüdischen oder islamischen Frauen Geschlechtsverkehr haben oder Juden und Mohammedaner mit christlichen Frauen. Damit in Zukunft eine solche abscheuliche Vermischung nicht mehr mit der Entschuldigung vorkommen kann, man habe in Unkenntnis gehandelt, bestimmen wir, dass Juden und Mohammedaner in jedem christlichen Land und zu allen Zeiten sich durch ihre Kleidung von den anderen Leuten unterscheiden.

Zit. nach: Ernst Ludwig Ehrlich: Geschichte der Juden in Deutschland. Düsseldorf 1959, S. 16 f.

M14 Kleiderordnung für Juden

Aus einer Verordnung des Kölner Rats, 1404:

Juden und Jüdinnen, die in Köln wohnen und als Fremde hereinkommen, sollen solche Kleidung tragen, dass man sie als Juden erkennen kann: Sie sollen an ihren Überröcken und Röcken Ärmel tragen, die nicht weiter als eine halbe Elle sind. Pelzwerk darf an den oberen und unteren Enden der Ärmel nicht sichtbar sein. Die Mäntel müssen Fransen haben und mindestens bis zu den Waden reichen. Sie sollen keine Seidenschuhe weder im Haus noch draußen tragen. Oberhalb des Ohrläppchens dürfen sie sich nicht scheren lassen, es sei denn, es ließe sich einer den Kopf kahl scheren.

Zit. nach: W. Stein: Akten zur Geschichte der Verfassung und Verwaltung der Stadt Köln im 14. und 15. Jahrhundert. o. O., 1895, S. 551.

M15 Jüdischer Arzt bei der Diagnose

Holzschnitt, 1487

Arbeitsaufträge

?

1 Erklären Sie den Zusammenhang zwischen Bevölkerungsentwicklung und Städtegründungen (VT, M 2).

2 Untersuchen Sie, warum die Städte Soest und Trier an diesen Stellen entstanden sind (M 5, M 6).

3 Erklären Sie, warum viele Stadtherren bereit waren, den Städten eine begrenzte Selbstverwaltung einzuräumen (VT). Nennen Sie Rechte, die Heinrich IV. 1074 der Stadt Worms zugestand (M 8).

4 Listen Sie die Rechte auf, die den Bürgerinnen und Bürgern von Freiburg (M 7) zugesprochen werden, und erklären Sie das Interesse des Landesherrn an der Neugründung.

5 Erklären Sie, warum die Zünfte nach Mitbestimmung strebten (VT, M 9).

6 Untersuchen Sie das Verhältnis von Armut und Wohlstand in einer mittelalterlichen Stadt (VT, M 1, M 3). Suchen Sie an Ihrem Wohnort nach „Spuren".

7 Nennen Sie Gründe dafür, dass Monarchen den Juden Schutzbriefe ausstellten (VT). Zählen sie einige dieser Inhalte auf (M 12).

8 Stellen Sie dar, wie die mittelalterliche Stadtbevölkerung mit Minderheiten umging (VT, M 4, M 14).

Werkstatt Geschichte und Gesellschaft

Auswertung von Textquellen

Die wissenschaftliche Erforschung der Vergangenheit ist nicht möglich ohne die Auswertung von „Quellen". Als Quelle bezeichnen wir alle Zeugnisse oder Überbleibsel der Vergangenheit, aus denen Kenntnisse über die Vergangenheit gewonnen werden können. Eine Quelle kann grundsätzlich alles sein – Höhlenmalereien oder Tonscherben, Lieder, Gebräuche u.v.m. Seit der Ausbreitung der Schriftlichkeit sind v.a. Texte wichtige Quellen. Doch alle Textquellen müssen zunächst richtig gelesen werden, damit sich aus ihnen Erkenntnisse gewinnen lassen. Einige Unterscheidungen sind hilfreich:

- Der Text kann ein unmittelbares Zeugnis der Vergangenheit sein (Primärquelle) oder eine Darstellung eines Historikers aus der rückblickenden und wertenden Distanz (Sekundärquelle).
- Texte können „Traditionsquellen" sein, die ganz bewusst und absichtlich verfasst wurden, um der Nachwelt ein Bild ihrer Zeit zu hinterlassen (z.B. Chroniken, Tagebücher oder Autobiografien). Oder sie können als „Überrest" gelten, also als unbewusste und unabsichtliche Überlieferungen (z.B. Briefe, Akten, Zeitungen Rechnungen, ...)

Aus dem Mittelalter sind uns viele handschriftliche und später auch gedruckte Schriftstücke erhalten geblieben. Diese Textquellen enthalten wichtige Aussagen über die Politik, das Alltagsleben und das Denken der Menschen damals. Sie sind aber nicht immer leicht zu verstehen. Bei älteren Texten müssen oft schwer lesbare Handschriften, meist von Historikern oder Archivaren, in heutige Schriftzeichen übertragen (transkribiert) werden. Da sich auch die Sprache mit der Zeit verändert hat, werden Textquellen meist den heutigen Sprachgewohnheiten angepasst. Textteile, die nicht so wichtig erscheinen, sind aus Platzgründen oft gekürzt widergegeben. Dies muss mit großer Sorgfalt geschehen, damit wesentliche Aussagen nicht sinnentstellt werden. Kürzungen werden durch Punkte [...] gekennzeichnet.

Bei der selbstständigen Erschließung von Textquellen helfen Ihnen die methodischen Arbeitsschritte.

Methodische Arbeitsschritte

1 Fragen zum Verfasser
- Wer hat den Text verfasst?
- Was wissen Sie über den Autor?

2 Fragen zum Text
- Worum geht es in dem Text, welche Personen und Orte werden genannt, welche Ereignisse beschrieben?
- Gibt es Begriffe, die Sie nicht verstehen? Schlagen Sie in einem Lexikon nach oder benutzen Sie eine „Suchmaschine" im Internet.
- Unterteilen sie den Text in einzelne Abschnitte und versehen sie jeden mit einer Überschrift.
- Welche Form hatte die Quelle ursprünglich (Rede, Vertrag, Verordnung, ...)?

3 Fragen zum Adressaten
- Wann wurde die Quelle veröffentlicht?
- Wer sollte den Text lesen oder hören (Wähler, Zeitungsleser, Stadtbürger, ...)?
- Welchen Zweck hatte der Text (Anordnung, Information, Propaganda, ...)?

M1 Kirchenordnung der Stadt Osnabrück von 1543

Ähnliche Kastenordnungen wurden zu dieser Zeit von den Räten vieler deutscher Städte erlassen. Sie bildeten das Rückgrat der kommunalen Armenfürsorge. Der folgende Text ist eine Übersetzung der nebenstehenden Originalquelle:

Von dem allgemeinen Kasten für die Armen.

In den Kirchspielskirchen soll ein allgemeiner Kasten für die Armen eingerichtet werden, in den jeder zum Wohl der Armen hineintun mag, was Gott ihm ins Gewissen eingibt, damit man bei uns auch die Früchte und Werke des Evangeliums gegenüber unseren Nächsten spürt und sieht.

Sonntags und an den Festtagen sollen die Diakone herumgehen und während der Predigt in den Beutel sammeln. Und das Geld, das gegeben wird, sollen sie ungezählt in den Kasten schütten. Aber alle vierzehn Tage sollen die Diakone am Sonnabend das Geld aus dem Kasten nehmen und aus allen Kirchen um zwölf Uhr mittags in der Marienkirche zusammenbringen und abzählen und unter sich verteilen, damit es an die armen Leute in den Kirchenspielen [Kirchengemeinden] aufgeteilt werden. Die Summe soll aber in einem besonderen Buch aufgezeichnet werden, desgleichen auch, wie viel jedem Armen gegeben wird.

Mutwilligen Müßiggängern, es seien Männer oder Frauen, soll aus dem Kasten von den Diakonen nichts gegeben werden, sondern [nur] ehrlichen armen Männern und Frauen, die hinfällig oder anders verarmt sind. […]

Die Armen sollen auch von ihrem Pastor ein gutes Zeugnis [darüber] haben, dass sie gottesfürchtig sind und gern Gottes Wort hören und zum heiligen Sakrament gehen; denn Schändern und Lästerern von Gottes Wort soll man nichts geben, damit bei uns nicht der Eindruck entsteht, als würden wir durch den Armenkasten Müßiggang und Gaunerei stärken helfen.

Karl Georg Kaster/Gerd Steinwascher [Hg.]: Gottes Wort bleibt in Ewigkeit. 450 Jahre Reformation in Osnabrück. Bramsche 1993, S. 187 f.

M2 Originaltext von M1 in frühneuhochdeutscher Sprache

Van der gemenen Kaſten vor de Armen.

IN den Kerſpels Kercken ſchal vp gerichtet werden ene gemene Kaſten vor de armen / dar ein ider mach in geuen den armen tom beſten / wes em Gott int Herte ſendet / darmit men ock ſpore vnd ſehe by vns die Früchte vnd Wercke deß Evangelij kegen vnſern negeſten.

Deß Sondages vnd vp de Feſtdage ſcholen de Diaken vmme gaen vnd ſammelen in den Büdel vnder der Predike / vnd datſülve Geld / ſo gegenen wert / ſchollen ſie vngetellet in de Kaſten geten / Ouerſt alle veerteyn Dage deß Sonnauendes ſchollen die Diaken dat Geld vth der Kaſten nemmen vnd vth allen Kercken to ſamende bringen to vnſer leven Frowen to twölff Vhren des Middages vnd auertellend vnd verdelend vnder ſick / dat idt den Hußarmen in den Kerſpelen vthgedelet werde / idt ſchall auerſt die Summa vp getekent werden in ein ſunderlick Bock / deß gelicken oick wo vele enen ideren armen gegeuen wert.

Welüchen Leddichgengeren idt ſin Mans yffte Frowen ſchall vth der Kaſten dorch de Diaken nichtes gegeven werden / ſondern erlicken Hußarmen Mans vnd Frowen / de verkrambet / yffte ſüß verarmet ſind worden.

Deßgelicken ock armen erlicken Junckfruwen Mägeden / vnd ſcholen die Namen alle düſſen armen / den man vth der Kaſten geuen will / vp ein ſonderlick Regiſter geteickent ſyn / darmet mä wette / wo vele der rechten armen ein ider Kerſpel hebbe / Jdt ſchollen deſülven armen ock van eren Paſtor gude Tüchnuſſe hebben dat ſe Gottfrüchtig ſind / vnd gerne Gades Wort hören vnd tom hilligen Sacramente gaen / wente Schänders vnd Läſterers Gades Wordes ſchal man nicht geven / darmit idt dat anſehen by vns nicht hebbe / als hülpe wy mit der armen Kaſten leddiggangk vnd boverie ſtercken.

Arbeitsaufträge

1 Schildern Sie die mittelalterliche Armenfürsorge in Osnabrück (M1, M2). Wen hielten die Stadtverordneten für würdig, Almosen zu empfangen?

2 Zählen Sie auf, was alles Quelle unseres historischen Wissens sein kann. Diskutieren Sie, inwieweit Geschichtsbücher als Primär- oder Sekundärquellen gelten können.

3 Aufbruch in die Neuzeit

3.1 Renaissance und Humanismus

M1 Frankfurter Buchmesse, Foto 2006

Jedes Jahr besuchen mehrere hunderttausend Menschen die Frankfurter Buchmesse. Trotz DVD und Internet sind Bücher das wichtigste Unterhaltungs- und Informationsmittel geblieben. Die Möglichkeit, Bücher preiswert und in größerer Auflage herzustellen, gibt es erst seit der Frühen Neuzeit. Damals erkannten die Menschen, dass das Wissen, das sich aus den Büchern erwerben ließ, ein wichtiger Ausweg aus der Armut war. Wer über Bildung verfügte, konnte anspruchsvollen Berufen nachgehen und gesellschaftliche Schranken durchbrechen. Langsam setzte sich unter den gebildeten Menschen der Zeit die Überzeugung durch, dass Erfolg und Zufriedenheit nicht vornehmlich von Gott gegeben, sondern durch eigenes Handeln beeinflussbar waren.

um 1450	Johannes Gutenberg entwickelt den Buchdruck mit beweglichen Lettern.
1492	Christoph Kolumbus landet in Amerika.
1452 –1519	Leonardo da Vinci verbindet künstlerisches Schaffen mit naturwissenschaftlichem Forschungsinteresse.
1516	Erasmus von Rotterdam veröffentlicht seine Aufsehen erregende Ausgabe des Neuen Testaments.

Neue Zeit – neues Denken

In der mittelalterlichen Gesellschaft hatte jeder Mensch seinen festen Platz. Ob höriger Bauer, frommer Mönch oder mächtiger Adliger – jeder Stand besaß unverrückbare Pflichten, Rechte und Aufgaben. Diese Ordnung, die die Ungleichheit der Menschen festschrieb, hielten die Menschen für gottgewollt und wagten es darum nicht, an ihr zu zweifeln.
Erst zum Ende des Mittelalters wurde dieses Weltbild in Frage gestellt. Dem diesseitigen Leben wurde nun ein eigener Wert zugestanden. Für immer mehr Menschen war es nicht mehr lediglich die Vorstufe zum Jenseits. Der vernunftbegabte Mensch strebte seit dem Beginn der Frühen Neuzeit danach, sich vielseitig zu entfalten. Den Gesetzen des Weltalls galt sein Interesse ebenso wie der eigenen physischen Natur, der Geschichte ebenso wie der Kunst und Kultur seiner Zeit.
Ausgangspunkt solcher Gedanken und Ideen war Italien. Seit dem Ende des Mittelalters

herrschte in Florenz, dem politischen und kulturellen Zentrum der Toskana, ein selbstbewusstes Bürgertum, das zum Träger dieses neuen Denkens wurde. Bereits Ende des 13. Jahrhunderts hatte eine aus Kaufleuten, Bankiers und gewerblichen Unternehmern bestehende Elite den alten Stadtadel gestürzt und ihr politisches Geschick selbst in die Hand genommen. Ein hoch entwickeltes Textilgewerbe sowie leistungsfähige Handels- und Bankgesellschaften lieferten die Basis für den Wohlstand der Stadt. Auch andere italienische Handelsrepubliken wie Venedig oder Mailand begannen sich allmählich aus den ständischen Bindungen zu lösen. Viele deutsche Reichsstädte folgten ihrem Beispiel.

Wiedergeburt des Altertums

Auf der Suche nach neuen Wertvorstellungen glaubten gebildete Menschen, in der griechischen und römischen Antike die Vorbilder gefunden zu haben, die ihnen bei einem Aufbruch in ein neues Zeitalter den Weg weisen konnten. Die Werke von Architekten und Künstlern sowie die Schriften von Philosophen und Dichtern Griechenlands und Roms lieferten ihnen Impulse für neue Formen des Denkens. Eine wichtige Rolle bei dem Rückgriff auf die Antike spielte das Studium der klassischen Sprachen. „Zurück zu den Quellen!" – mit dieser Parole machten sich die Gelehrten daran, das ursprüngliche Latein der Römerzeit neu zu beleben. Und auch dem Griechischen wandte man sich wieder zu. Das kostbare Erbe der Antike sollte nach einer tausendjährigen Epoche der Finsternis wieder ans Licht geholt werden. Der Begriff der „Renaissance" setzte sich bald als Bezeichnung für diesen neuen Zeitabschnitt durch. Die Übergangszeit zwischen der Antike und der gegenwärtigen Zeit wurde abfällig als ein „Mittelalter" bezeichnet.

M2 Ottheinrichsbau des Heidelberger Schlosses
Der während der Regierungszeit des pfälzischen Kurfürsten Otto Heinrich zwischen 1556 und 1559 errichtete Bau gehört zu den schönsten Renaissancegebäuden nördlich der Alpen.

Renaissance in der Kunst

Das sich neu ausbildende Menschenbild der Renaissance schlug sich auch in der bildenden Kunst nieder. Obwohl christliche Themen das Schaffen der Renaissancekünstler nach wie vor bestimmten, änderten sich doch Inhalt und Zweck der Darstellung. Während die Kunst des Mittelalters den Menschen das biblische Geschehen nahe bringen wollte und ihnen eine ständige Mahnung an den Glauben sein sollte, überwog nun das Kunsterlebnis selbst. In der Renaissance war die Architektur der Griechen und Römer Vorbild für europäische Künstler und Architekten. Sie nahmen die Anregungen antiker Vorbilder auf und vermischten sie mit eigenen Ideen zu einem neuen Stil. Madonnen-, Engel- und Heiligengestalten wurden in der darstellenden Kunst zur wirklichkeitsnahen Verkörperung menschlicher Schönheit. Landschaften, Gebäude und Innenräume stellten die Künstler nach den neu entdeckten Ge-

Renaissance (frz. = „Wiedergeburt"): Geistige Bewegung, die vom 14. bis zum 16. Jahrhundert andauerte. Beeindruckt von der antiken Kunst und Literatur hatten Herrscher, Gelehrte, Intellektuelle und Künstler das Gefühl, „wiedergeboren" zu sein. Sie widmeten ihre Gedanken dem Menschen und dessen Möglichkeiten, bemühten sich, ihre Vernunft und Sinne einzusetzen und sich umfassend zu bilden. Ihre eigene Epoche betrachteten sie als eine Zeit des „Lichts", die an die glanzvolle Antike anknüpfte. Die Zeit dazwischen sahen sie als das „finstere Mittelalter" an. Die Mehrheit der Menschen blieb von dem kulturellen Aufbruch der Renaissance jedoch unberührt.

setzen der Zentralperspektive dar. Die Plastik nahm ihre Themen aus der Bibel und der antiken Sagenwelt, schuf aber auch Porträts von Personen der Zeitgeschichte. Die Darstellung der Natur, wie sie vom menschlichen Auge wahrgenommen wird, wurde zum höchsten Ziel der Kunst.

M3 Leonardo da Vinci
(1452–1519), Maler, Bildhauer, Forscher, Erfinder, Philosoph

Leonardo da Vinci – ein „Universalmensch"

Einer der bekanntesten Künstler der Renaissance war Leonardo da Vinci. Aufgewachsen in der Toskana, stellte er eine beispielhafte Verkörperung des neuen Menschenideals dar, des „homo universale" (Universalmensch). Gleichzeitig Maler, Bildhauer, Architekt, Gelehrter, Naturforscher, Ingenieur und Erfinder, schuf er seine Zeichnungen und Gemälde aus genauester Beobachtung der Natur und dem Studium der menschlichen Anatomie. Rationales Vorgehen und fragend-forschendes Denken kennzeichneten seinen Arbeitsstil. Um zu erfahren, was im Inneren des menschlichen Körpers vor sich geht, nahm Leonardo sogar Leichensektionen vor. Im Mittelalter war dies noch weitgehend verboten, lehrte doch der christliche Glaube, dass der Tote seine Auferstehung unversehrt erwarten müsse. Jahrhunderte bevor das erste Flugzeug vom Boden abhob, entwarf Leonardo bereits einen Flugapparat, nachdem er zuvor den Vogelflug genau beobachtet hatte. Ebenso studierte er Erdablagerungen und Fossilien. Sie ließen ihn über die Entstehung des Lebens nachdenken und an der Geschichte der Sintflut zweifeln.

Fortschritte in der Medizin

Die Medizin verdankt den Künstlern der zweiten Hälfte des 15. Jahrhunderts und ihrer genauen Beobachtung der Natur wichtige Impulse. Nunmehr erwachte auch bei den Ärzten anatomisches Interesse. Einen Wendepunkt über das Wissen in der Anatomie stellte die Schrift „Über den menschlichen Körperbau" (1543) des flämischen Anatomieprofessors Andreas Vesalius dar. Er hatte unzählige Leichensektionen vorgenommen und lieferte erstmals eine genaue anatomische Beschreibung des menschlichen Körpers, die zahlreiche traditionelle Lehrmeinungen als Irrtümer entlarvte.

Humanisten prägen das neue Weltbild

Träger der sich wandelnden Weltsicht in der Frühen Neuzeit waren neben den Künstlern vor allem jene Gelehrte, die sich „Humanisten" nannten. Wie viele Philosophen im antiken Griechenland und Rom glaubten sie, dass die Beschäftigung mit Künsten und Wissenschaften zur Bildung einer edlen Gesinnung der Menschen beitrage. Dennoch vollzog sich die Orientierung der Humanisten an „alten Wer-

M4 Die drei Grazien
Links in antiker, rechts in mittelalterlicher Darstellung. In der Antike galten die mythologischen Frauengestalten als Verkörperung von Glanz (Anmut), Frohsinn und Blüte.

ten" im Rahmen christlicher Vorstellungen. Die Humanisten versuchten, neben den Schriften der heidnischen Antike auch der Urform der biblischen Überlieferung durch Sammeln und Vergleichen der verschiedenen Fassungen nahe zu kommen. In der Geschichtsschreibung verglichen sie die Quellen, ordneten den Stoff, interessierten sich für die Menschen, die hinter dem Geschehen standen, und unterschieden Ursachen und Wirkungen geschichtlicher Entwicklungen. Untereinander standen sie in regem Gedankenaustausch über ihre Forschungsergebnisse.

Erasmus von Rotterdam

Allen voran wirkte der Niederländer Erasmus von Rotterdam, der mit seiner Ausgabe des Neuen Testaments im griechischen Urtext und einer lateinischen Übersetzung Luthers Bibelübersetzung ins Deutsche vorbereitete. Dies brachte Erasmus in Konflikt mit der Kirche, weil sein Text von der bisherigen lateinischen Version abwich. Erasmus seinerseits übte Kritik an Macht und Reichtum der Kirche und forderte eine Kirchenreform. Anders als Luther (vgl. S. 68 ff.) vermied er dann jedoch den Bruch mit dem Papsttum und ergriff weder für die Reformatoren noch für den Papst aktiv Partei. Sein Bemühen galt dem Werben um Toleranz, Frieden und Verständigung.

Ausbreitung der Schriftlichkeit

Nur wenige Menschen konnten im Mittelalter lesen oder schreiben. Von Priestern verlangte die Kirche, dass sie zumindest lesen konnten. Von den meisten deutschen Königen vor Karl IV. (1346–1378) wissen wir, dass sie lese- und schreibunkundig waren. Für 96 bis 98 Prozent der Deutschen galt dies noch zu Beginn der Frühen Neuzeit. Die Schriftlichkeit bildete sich erst im 14. Jahrhundert mehr und mehr heraus, seit das „billige" Papier das Pergament als Schriftträger verdrängte. Vor allem unter den Fernhandelskaufleuten und den Trägern der staatlichen und städtischen Verwaltungsbehörden bestand das Bedürfnis, Vorgänge unabhängig vom Gedächtnis schriftlich festzuhalten. Dadurch verschwand ein Bildungsmonopol, über das bis dahin fast ausschließlich die Kirche verfügt hatte und das gesellschaftliche Veränderungen hemmte.

M5 **Die Renaissance in der bildenden Kunst**
Die drei Grazien im Gemälde „Der Frühling" von Sandro Botticelli, 1477/78

Buchdruck fördert Ausbreitung des Wissens

Zur Verbreitung des Wissens trug entscheidend der Mainzer Johannes Gensfleisch (genannt Gutenberg) durch die Erfindung des Buchdrucks mit beweglichen Lettern aus Blei bei. Bisher hatte man noch jedes Buch von Hand abschreiben oder jede einzelne Seite aus einer Holztafel mühsam herausschnitzen müssen. Jetzt konnte ein Drucker nach Belieben aus den vorhandenen Bleibuchstaben neue Seiten zusammenstellen und Bücher in hohen Auflagen drucken.
Schon bald entdeckten humanistische Forscher und Gelehrte die Möglichkeiten des neuen Mediums. Jetzt konnten sie ihre Texte und

M6 **Erasmus von Rotterdam**
(1469–1536), Philosoph und Theologe

Humanismus	(von lat. humanitas = Menschheit, Menschlichkeit, feinere Bildung): Der Begriff bezeichnet eine wissenschaftliche und kulturelle Bewegung während der Epoche der Renaissance. Humanisten wandten sich der Wiederentdeckung und Pflege griechischer und lateinischer Überlieferung zu und vertraten eine von kirchlichen Lehren unabhängige diesseitige Lebensauffassung. In der Antike, so glaubten sie, hätten sich die Menschen ohne kirchliche Zwänge allein auf der Grundlage ihrer eigenen Wertvorstellungen frei entfalten können.

Übersetzungen in weitaus größeren Stückzahlen verbreiten. Neue Kommunikationsformen wie Zeitungen und Flugblätter entstanden und verhalfen den Ideen der Zeit zu einer größeren Öffentlichkeit. Die Autoren sprachen fortan ein immer größeres Lesepublikum an und vermehrten Kenntnisse und Gesprächsgegenstände. Acht Millionen Bücher wurden innerhalb der ersten 50 Jahre nach der Erfindung Gutenbergs gedruckt. Viele davon widmeten sich den neuen wissenschaftlichen Erkenntnissen.

Das neue Weltbild der Astronomie

Der „Bildungsaufbruch" in der Frühen Neuzeit wirkte sich auch auf die Naturwissenschaften und die Astronomie aus. Die Kugelform der Erde war schon im ausgehenden Mittelalter allgemein anerkannt, umstritten war jedoch die Erdbewegung im Universum. Bislang herrschte die Auffassung vor, die Erde sei der Mittelpunkt des Weltalls, um den sich alle Planeten in konzentrischen Kreisen drehten (geozentrisches Weltbild). Diese Theorie ging zurück auf den griechischen Astronomen Ptolemäus. Ein göttlicher erster Beweger hielt nach dieser Vorstellung das gesamte System in Gang.
Der ostpreußische Astronom und Mathematiker Nikolaus Kopernikus (1473–1543) stellte diese Überlegungen nun in Frage und vertrat die These, die Sonne stehe im Mittelpunkt: Alle Planeten, inklusive der Erde, kreisten um die Sonne, die Erde drehe sich zudem um sich selbst (heliozentrisches Weltbild). Seine Theorie stützte er auf Texte alter griechischer Wissenschaftler und Philosophen sowie auf eigene Beobachtungen mit dem Fernrohr. Fanden die Vorstellungen Kopernikus' zu dessen Lebzeiten nur wenig Beachtung, so führte der Versuch des italienischen Mathematikers und Astronoms Galileo Galilei (1564–1642), das kopernikanische heliozentrische Weltbild wissenschaftlich zu untermauern, zum Konflikt mit der katholischen Kirche. Galilei bewies in seinen Forschungen, dass ein bewegter Körper keine ständig auf ihn einwirkende Kraft benötigte, sondern – einmal in Gang gesetzt – in einer ständigen gleichförmigen Bewegung blieb. Ein auf die Bewegung einwirkender Gott erschien nun unnötig. Die Autorität der Kirche war herausgefordert, Galilei wurde ein Ketzerprozess gemacht, an dessen Ende er schließlich zu lebenslangem Hausarrest verurteilt wurde. Seine Schriften wurden verbrannt.

M7 Das Weltbild des Ptolemäus mit der Erde im Mittelpunkt und den Planeten und Sternensphären um sie herum. Außerhalb dieses Systems befindet sich der Bereich Gottes.

Entdeckungen der Seefahrer

Das Wissen um die Erde als Kugel und eine genauere Kartographie ermöglichten zusammen mit Verbesserungen in der Navigation den Erfolg zahlreicher Entdeckungsfahrten an der Wende zum 16. Jahrhundert. Seit etwa 1300 zeichneten Geographen der berühmten Kartographenschule von Palma de Mallorca Karten von recht großer Genauigkeit. Sie griffen dabei auf Forschungen griechischer und arabischer Astronomen und Geographen zurück. Als Hilfsmittel zur Navigation dienten neue Instrumente zur Messung der Sternen- und Sonnenhöhe (Jakobsstab). Der aus China stammende Kompass fand seit der Mitte des 15. Jahrhunderts auch bei den Seefahrten der Europäer Verwendung. Nachdem sich mehrere Seefahrer etappenweise an der afrikanischen Westküste vorgetastet hatten, erreichte schließlich der Portugiese Bartolomeo Diaz im Jahr 1488 als Erster die Südspitze Afrikas. 1492 brach der Genuese Christoph Kolumbus im Auftrag der spanischen Krone mit drei Karavellen westwärts auf, um bei einer Erdumrundung Indien zu erreichen. Er landete am 12. Oktober 1492 auf einer Insel der Bahamas und glaubte auch nach drei weiteren Reisen in die Karibik,

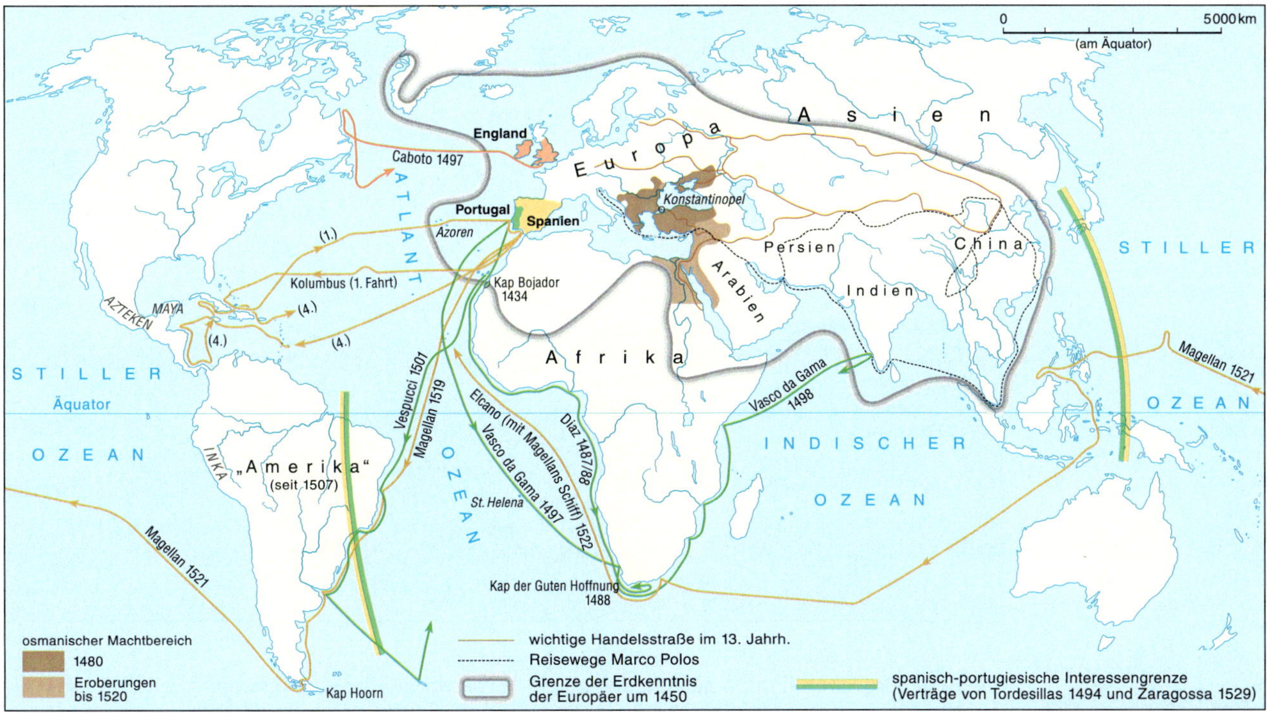

M8 Entdeckungsfahrten

Portugiesen und Spanier versuchten, auf unterschiedlichen Routen den Seeweg nach Indien zu finden.

die indische Inselwelt gefunden zu haben. Die erste eigentliche Weltumseglung gelang dem im spanischen Dienst stehenden Portugiesen Fernando Magellan 1519–1521.

Wirtschaftliche Veränderungen

Hauptantrieb der abenteuerlichen, risikoreichen Entdeckungsfahrten waren wirtschaftliche Motive, warf doch der Handel mit afrikanischen Sklaven, mit Edelmetallen aus Amerika und Gewürzen aus dem Orient hohe Gewinne ab. Anfangs wurde der Fernhandel mit den begehrten Produkten des Orients (Gewürze wie Pfeffer, Nelken, Muskat, Zimt, Ingwer und Luxusartikel wie Teppiche, Seide, Edelsteine) auf dem Seeweg von arabischen Händlern kontrolliert. Der Landweg über die Seidenstraße war für die Europäer nach der Eroberung Konstantinopels durch die Osmanen 1453 fast ganz versperrt. Deshalb begann man in Europa, nach neuen Wegen in den Orient zu suchen.

Die überseeischen Importe gelangten in der Regel zunächst nach Lissabon, Cadiz oder Sevilla. Von dort wurden sie nach Antwerpen verschifft, dem im 16. Jahrhundert bedeutendsten Zentrum des internationalen Warenaustauschs. An diesem Treffpunkt, wo Kaufleute aus ganz Europa ihre Waren stapelten und Faktoreien (ständige Niederlassungen) gründeten, spielte sich ein internationaler Zahlungs- und Abrechnungsverkehr ab. Um 1600 praktizierten Banken in Venedig, Amsterdam und Hamburg durch Überschreibung von Konto zu Konto Frühformen der Überweisung und führten Kreditgeschäfte durch, indem sie ihren Kunden gegen Sicherheiten Geld ausliehen.

Frühkapitalistisches Denken

In den Dörfern des frühen und hohen Mittelalters, also der Zeit bis etwa 1250, kam man weitgehend ohne Geld aus. Man tauschte, bezahlte also mit Lebensmitteln, Waren oder Dienstleistungen. Auf den städtischen Märkten war das zu umständlich. Dort ging es, ebenso wenig wie im Fernhandel, nicht mehr ohne Geld. Geldwirtschaft, im Orient und im Mittelmeerraum seit Jahrtausenden bekannt, spielte seit dem 13. Jahrhundert auch in deutschen Fürstentümern und Städten eine wachsende Rolle.
Beispielhaft für die zunehmende Bedeutung der Geldwirtschaft in der Frühen Neuzeit ist der Aufstieg des Augsburger Handelshauses der Fugger. Die günstige Lage Augsburgs an den wichtigen Handelswegen zwischen Italien

M9 Das Imperium der Fugger

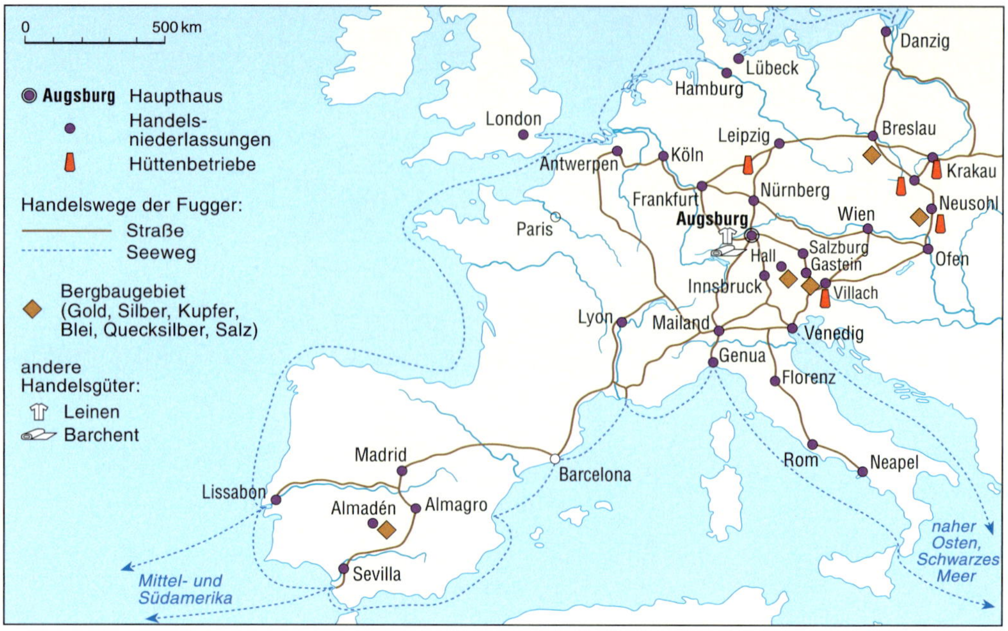

und dem nördlichen Europa ausnutzend gründeten die Fugger ein einträchtiges Kaufmannsgeschäft. Schon bald engagierten sie sich auch im Textil- und Fernhandel, im Bergbau und als Bankiers. Zu Beginn des 16. Jahrhunderts stand das Haus Fugger auf dem Gipfel seiner Wirtschaftsmacht und setzte diese auch politisch ein. Als 1519 die sieben deutschen Kurfürsten den Nachfolger für Kaiser Maximilian I. wählen sollten, unterstützten die Fugger den Bewerber aus dem Hause Habsburg Karl I. gegen den Konkurrenten Franz I. von Frankreich. Den Kurfürsten wurden von beiden Bewerbern immer höhere Summen für ihre Wahl geboten. Karl „siegte" schließlich für einen Betrag von 850 000 Gulden und bestieg als Karl V. den Kaiserthron. Zwei Drittel der Summe hatte ihm das Handelshaus Fugger als Kredit gegeben. Als Gegenleistung für frühere Kredite hatten die Fugger bereits die Schürfrechte für die Silberminen Tirols bekommen. Weitere Vergünstigungen folgten. Bald beherrschten sie den Kupfer- und Silberhandel Europas.
Von den großen Augsburger und Nürnberger Handelsfamilien und den neu entstandenen Kapitalgesellschaften ging ein neuerwachtes Erwerbsstreben aus, das Kapital auch spekulativ und risikobereit investierte. Der ländliche Adel mit seinem Grundbesitz verlor an Bedeutung. Die Familien, die in den Städten Macht ausübten, erwarben ihren Wohlstand aus blühendem Handel und dem Bankwesen.
Viele Humanisten, die in der Tradition der römischen Autoren Seneca und Sallust in der Armut sowie im christlichen Ideal der Bedürfnislosigkeit des heiligen Franziskus die Voraussetzung für die innere Freiheit des Menschen sahen, verurteilten das Streben nach Reichtum. Andere bejahten die Bereitschaft zu Risiko und unternehmerischem Gewinn.

Frühkapitalismus Wirtschaftssystem, das sich seit Beginn der Neuzeit vor allem in italienischen und süddeutschen Städten entwickelte. In diesen Städten entstand ein „kapitalistischer Geist", der sich an Angebot und Nachfrage orientierte. Während zuvor auf Bestellung der Kunden produziert worden war, erlaubte die Bevölkerungsvermehrung die Produktion auf Vorrat. Die Textilherstellung geschah dabei oft in Form des Verlagswesens. Die Verleger produzierten ihre Waren nicht selbst, sondern kauften Rohmaterial ein, das sie den Heimarbeitern zur Bearbeitung „vorlegten", und sie organisierten den Verkauf der Endprodukte. Während wenige in diesem „Spiel der freien Kräfte" zu Reichtum kamen, sanken viele Handwerker zu abhängigen Lohnarbeitern herab.

M10 Das Selbstverständnis des Malers

Leonardo da Vinci äußert sich in seinen Schriften über Malerei, Natur und Erfahrung:

Wenn du die Malerei verachtest, die als Einzige alle sichtbaren Werke der Natur nachahmt, dann verachtest du zweifellos auch eine feine Erfindung, die mit philosophischer und scharfsinniger Spekulation alle Eigenschaften der Formen betrachtet: Luft und Lage, Pflanzen, Tiere, Kräuter und Blumen, die von Schatten und Licht umgürtet sind; und sie ist wahrhaftig eine Wissenschaft und die rechtmäßige Tochter der Natur; aber, um genauer zu sein, nennen wir sie lieber die Enkelin der Natur, denn diese hat alle sichtbaren Dinge geboren, aus denen dann die Malerei geboren wurde. Wir nennen sie daher mit Recht die Enkelin der Natur und eine Verwandte Gottes. […]

Vom Vergnügen des Malers. Das göttliche Wesen der Wissenschaft des Malers bewirkt, dass sich sein Geist in ein Abbild göttlichen Geistes verwandelt; frei schaltend und waltend, schreitet er zur Erschaffung mannigfacher Arten verschiedener Tiere, Pflanzen, Früchte; von Dörfern, Land, herabstürzenden Bergen, angst- und schreckenerregenden Orten, die dem Betrachter Grauen einjagen, und auch von angenehmen, lieblichen und reizenden Wiesen mit bunten Blumen, die von sanften Lüften leicht gewellt dem von ihnen scheidenden Wind nachblicken; Flüsse, die im überfließenden Bett von den hohen Bergen herabstürzen, ein Gewirr aus entwurzelten Bäumen, Steinen, Wurzeln, Erdreich und Schaum vor sich herschieben und alles mitreißen, was ihrem Ungestüm im Wege ist. […]

Das Geistige, das nicht über die Sinne gegangen ist, ist vergeblich, und keine Wahrheit geht daraus hervor außer einer schädlichen. […] Und du, der du sagst, es wäre besser, beim anatomischen Sezieren zuzusehen, als diese Zeichnungen anzusehen, du hättest Recht, wenn es möglich wäre, all das zu sehen, was meine Zeichnungen in einer einzigen Abbildung zeigen; in der Anatomie siehst du bei all deiner Gescheitheit nur einige wenige Adern und nur diese lernst du kennen; während ich, um von ihnen eine vollständige und wirklichkeitsgetreue Kenntnis zu bekommen, mehr als zehn menschliche Leichen zerlegt habe, wobei ich alle anderen Teile zerstörte und Stückchen für Stückchen das ganze Fleisch entfernte, das um diese Adern herum war, ohne sie mit Blut zu beflecken, außer durch das kaum merkliche Bluten der Kapillaren. Und eine Leiche reicht nicht so lange Zeit, so dass ich an mehreren Leichen nacheinander arbeiten musste, um mir eine vollständige Kenntnis von allem anzueignen; und um die Unterschiede zu erkennen, machte ich das Ganze zweimal.

Zit. nach: André Chastel (Hg.): Leonardo da Vinci. Sämtliche Gemälde und die Schriften zur Malerei. München 1990, S. 161 f., 165 f., 284 f. (Übers.: Marianne Schneider)

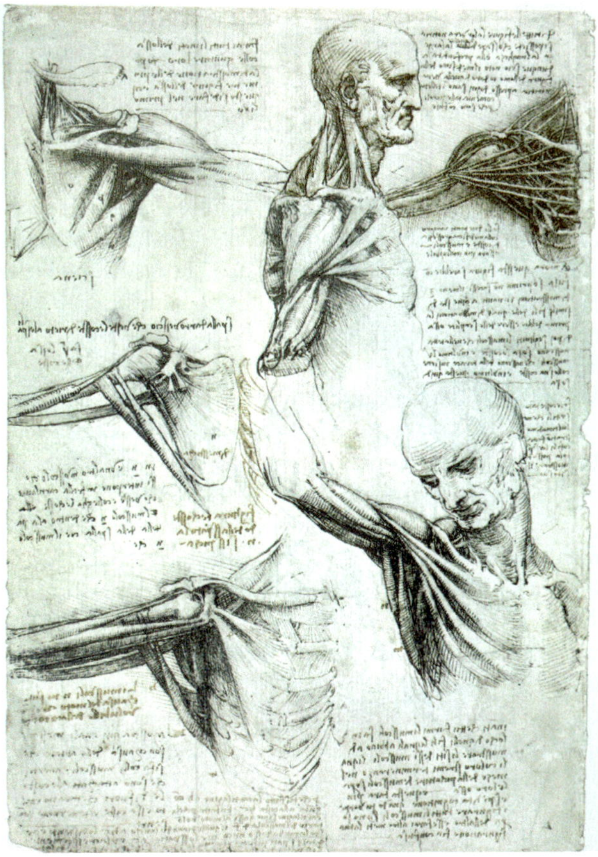

M11 Leonardo da Vinci, Schulterstudien

Kreidezeichnung, um 1510

M12 Das Selbstverständnis der Humanisten

Marsilio Ficino (1433–1499) lehrte an der von Cosimo de Medici 1459 gegründeten Academia Platonica:

Der humanistische Gelehrte umspannt den Himmel und die Erde; er lotet die Tiefen des Tartarus [Abgrund, in den der griechische Göttervater Zeus seine Gegner stürzte] aus. Weder ist ihm der Himmel zu hoch noch die Mitte der Erde zu tief. Er hat das Himmelsgewölbe vermessen und kennt die Kräfte, die es bewegen, ihre Bestimmung und ihre Wirkung, und hat ihren Umfang berechnet. Wer wollte also leugnen, dass sein Genius dem Schöpfer der Himmelskörper fast gleichkommt und dass er, auf seine Weise, möglicherweise imstande ist, sie nachzuschaffen. Der Mensch will keinen über sich und keinen neben sich. Er wird das Dasein einer Oberherrschaft, die ihn ausschließt, nicht dulden. Vielmehr sucht er überall die Dinge zu beherrschen und verlangt für seine Arbeit Dank. Seine Überlegenheit auf allen Gebieten ist wie die Gottes. Und wie Gott, so beansprucht auch er Unsterblichkeit.

Zit. nach: Erich Lessing: Die italienische Renaissance. München 1983, S. 40.

M13 Erasmus von Rotterdams Bibelübersetzung

Aus den Vorreden zu seiner griechisch-lateinischen Ausgabe des Neuen Testaments:

Leidenschaftlich rücke ich von denen ab, die nicht wollen, dass die heiligen Schriften in die Volkssprache übertragen und auch von Laien gelesen werden, als ob Christus so verwickelt gelehrt hätte, dass er kaum von einer Handvoll Theologen verstanden werden könne, und als ob man die christliche Religion dadurch schützen könne, dass sie unbekannt bleibt. Es mag angehen, dass Könige ihre Geheimnisse verheimlichen, aber Christus will mit Nachdruck, dass seine Geheimnisse unter das Volk gebracht werden. [...]

Warum beschränken wir den allen gemeinsamen Stand auf einige wenige? Das steht nämlich nicht mit der Tatsache in Einklang, dass die Taufe, durch die die erste Angelobung auf die Philosophie Christi vollzogen wird, in gleicher Weise allen Christen gemeinsam ist. Ebenso, dass alle übrigen Sakramente und schließlich auch der Lohn des ewigen Lebens in gleicher Weise allen zukommt; und nur die Lehre sollte auf diese wenigen verwiesen werden müssen, die das Volk heute Theologen und Mönche nennt. Von denen möchte ich aber sagen [...], sie sollten doch in höherem Maße im Leben verwirklichen, was sie hören. Ich fürchte nämlich, man könnte unter den Theologen solche finden, die weit von ihrem Namen entfernt sind, das heißt, dass sie Irdisches, nicht Himmlisches reden; und unter den Mönchen solche, die die Armut Christi und die Verachtung der Welt mehr mit den Lippen bekennen, als dass sie sich von der Welt wirklich lösten. Der ist mir ein wahrer Theologe, der [...] durch sein persönliches Leben lehrt, dass man den Reichtum verachten müsse, dass der Christ nicht auf den Schutz dieser Welt vertrauen solle, sondern sich ganz vom Himmel abhängig fühlen müsse.

Werner Welzig (Hg.): Erasmus von Rotterdam. Ausgewählte Schriften. Bd. 3. Darmstadt 1967, S. 15 ff. (Übers.: Gerhard B. Winkler)

M14 Buchdruck unter Aufsicht

Aus einer Bulle Papst Leos X., 1515:

Zwar kann gewiss die Kenntnis der Wissenschaften durch das Lesen von Büchern leicht erlangt werden: Die Buchdruckerkunst, die gerade in unserer Zeit durch Gottes Gnade und Wohlwollen erfunden worden ist, hat sich verbreitet und wurde verbessert; sie verschafft den Menschen überaus viele Vorteile, da man mit geringen Kosten sich in den Besitz einer sehr großen Anzahl von Büchern bringen kann, durch welche der Geist auf leichte Weise geschult werden kann [...].

Nun sind aber von vielen Seiten Klagen an unser und des Heiligen Stuhls Ohr gedrungen, darüber nämlich, dass einige Meister dieser Druckkunst in verschiedenen Teilen der Welt Bücher, die aus der griechischen, hebräischen, arabischen und chaldäischen Sprache ins Lateinische übersetzt wurden, wie auch andere Bücher, die in lateinischer und in der Volkssprache veröffentlicht sind und Glaubensirrtümer sowie verderbliche, der christlichen Religion widersprechende Lehren und gegen das Ansehen hochgestellter Würdenträger gerichtete Dinge enthalten, zu drucken und öffentlich zu verkaufen wagen. [...]

Darum haben wir [...] es für angezeigt gehalten, unsere Aufsicht über den Druck von Büchern auszuüben, damit nicht in Zukunft Dornen mit den guten Samen zusammen heraufwachsen oder Gifte sich mit Arzneien vermischen.

Hans Widmann: Vom Nutzen und Nachteil der Erfindung des Buchdrucks – aus der Sicht der Zeitgenossen des Erfinders. Mainz 1973, S. 47 ff.

M15 Bibel und Naturwissenschaft

Galileo Galilei schrieb 1615 einen offenen Brief an Christina von Lothringen, Gemahlin seines Arbeitgebers Cosimo II. Medici:

Mir scheint, wir sollten in der Diskussion von Naturproblemen nicht von der Autorität der Bibeltexte ausgehen, sondern von der Sinneserfahrung und von notwendigen Beweisführungen. Denn die Heilige Schrift und die Natur gehen gleicher Weise aus dem göttlichen Wort hervor, die eine als Diktat des Heiligen Geistes, die andere als gehorsamste Vollstreckerin von Gottes Befehlen. Zudem ist es der Heiligen Schrift erlaubt (da sie sich dem Verständnis aller Menschen zuneigt), manche Dinge – soweit es die reine Wortbedeutung angeht – scheinbar abweichend von der absoluten Wahrheit zu sagen. Aber die Natur ist andrerseits unerklärlich und unwandelbar; sie überschreitet nie die Grenzen der Gesetze, die ihr auferlegt sind, so als ob es sie nicht kümmere, ob ihre dunklen Gründe und Wirkweisen dem Verstehen des Menschen greifbar sind oder nicht. Es ist klar, dass jene Dinge, natürliche Wirkungen betreffend, die entweder die Erfahrung der Sinne uns vor Augen stellt oder notwendige Demonstrationen uns beweisen, auf keinen Fall aufgrund von Schrifttexten, die wahrscheinlich etwas ganz anderes meinen, in Frage gestellt oder gar verurteilt werden dürfen. Denn ein Ausdruck der Heiligen Schrift ist nicht an strikte Bedingungen gebunden wie jede Wirkung in der Natur; und Gott offenbart sich nicht weniger herrlich in den Wirkungen der Natur als in den heiligen Worten der Schrift.

Natürlich ist es nicht die Absicht des Heiligen Geistes, uns Physik oder Astronomie zu lehren oder uns zu zeigen, ob die Erde sich bewegt oder nicht. Diese Fragen sind theologisch neutral; wir sollten jedoch den heiligen Text respektieren und, wo es angebracht ist, die Ergebnisse der Wissenschaft benutzen, um seine Bedeutung zu erkennen.

Zit. nach: Alastair C. Crombie: Von Augustinus bis Galilei. Die Emanzipation der Naturwissenschaft. Köln/Berlin 1959, S. 433 f. (Übers.: Maria Hildegard Hoffmann, Hildegard Pleus)

M16 Die Reaktion der Kirche

Der theologische Berater des römischen Inquisitionsgerichts, Kardinal Robert Bellarmin, nahm in einem Brief vom 12. April 1615 Stellung zu den Gedanken Galileis:

Wenn man aber behaupten will, die Sonne stehe wirklich im Mittelpunkt der Welt und bewege sich nur um sich selbst, ohne von Osten nach Westen zu laufen, und die Erde stehe am dritten Himmel und bewege sich mit der größten Schnelligkeit um die Sonne, so läuft man damit große Gefahr, nicht nur alle Philosophen und [...] Theologen zu reizen, sondern auch unseren heiligen Glauben zu beleidigen, indem man die Heilige Schrift eines Fehlers überführt. [...]

Wenn ihr nicht nur die Väter, sondern auch die modernen Kommentare über [die Bibel] lesen wollt, werdet ihr finden, dass die alle übereinstimmend die Stellen, sie wörtlich auffassend, dahin erklären, dass die Sonne am Himmel ist und sich mit der größten Schnelligkeit um die Erde bewegt und dass die Erde vom Himmel sehr weit entfernt ist und unbeweglich im Mittelpunkt der Welt steht.

Zit. nach: Albrecht Fölsing: Galileo Galilei. Prozess ohne Ende. Eine Biographie. Reinbek 1996, S. 299 f.

M18 Sklaven auf Hispaniola bei der Zuckerproduktion

Kupferstich aus Theodor de Buys „Reisen in das östliche und westliche Indien" von 1594. Die Insel Hispaniola liegt östlich von Kuba.

M17 Grundsätze der Kolonialverwaltung

Instruktion des spanischen Hofs für den ersten Vizekönig in Amerika nach Kolumbus, Antonio de Mendoza, vom 25. April 1535:

Was Ihr, Don Antonio de Mendoza, Unser Vizekönig und General-Gouverneur der Provinz Neu-Spanien, zu Diensten Gottes, Unserer selbst und des ganzen dortigen Gemeinwesens [...] tun sollt, ist Folgendes:

1. Sofort nach Ankunft in jenem Land, und sobald Ihr Euch ein erstes Bild davon gemacht habt, sollt Ihr Euch vor allem anderen darüber unterrichten, welche Beiträge für die geistlichen und kirchlichen Angelegenheiten gezahlt wurden und werden, besonders für die Errichtung der für den Gottesdienst notwendigen Kirchen und die Bekehrung und Unterweisung der indianischen Einwohner jenes Landes, und für andere solche Dinge, die den Dienst Gottes, Unseres Herrn, und die Entlastung Unseres königlichen Gewissens betreffen. Die Fehler, die nach Eurer Feststellung dabei aufgetreten sind, sollt Ihr mit jedem Prälaten in seiner Diözese besprechen. [...]

2. Item[1]. Ihr sollt allerschnellstens sowohl die Stadt Mexiko als auch alle anderen Städte, Dörfer, Siedlungen der ganzen Provinz visitieren. [...] Ihr [...] sollt Euch über die Bedeutung eines jeden der Dörfer unterrichten und über die Anzahl seiner eingeborenen Bewohner und anderer, spanischer Bewohner, die es dort eventuell gibt, und darüber, was die Landesbewohner an Uns oder an die Personen, die sie in Unserem Namen in Encomienda[2] haben, nach Eurer Feststellung in jedweder Weise zum Zeitpunkt der Visitation entrichten und zahlen. [...] Ebenso sollt Ihr Euch darüber unterrichten, ob besagte Eingeborene leicht mehr Gold, Silber oder andere Dinge, die ihnen bezeichnet und taxiert wurden, beisteuern und bezahlen können, als sie gegenwärtig zahlen. Ebenso sollt Ihr Euch darüber unterrichten, wie viel Tribut jeder Ort umgerechnet auf Gold- und Silberwert bezahlt. [...]

5. Item. Denn hier ist besprochen worden, dass die hauptsächliche und beste Weise, wie Wir Uns des Landes bedienen können, und zwar bei weniger Drangsal seiner Bewohner, besonders derjenigen, die nicht die Möglichkeit haben, die Tribute und Abgaben, die sie Uns zu entrichten haben, in Gold zu bezahlen, in ihrem persönlichen Dienst besteht: In den Dörfern, die unter Unserer Verwaltung stehen, sollten sie verpflichtet sein, Personen aus ihrer Mitte für die Arbeit in den von Uns bezeichneten Gold- und Silberminen einzuteilen. [...]

13. Weiterhin sind Wir darüber unterrichtet, dass es in vielen Gegenden der Provinz große und sehr ergiebige Gold- und Silberminen und andere Erzgruben gibt, und dass Uns, abgesehen vom Fünften, den Uns die mit Unserer Konzession und Genehmigung dort fördernden Privatpersonen gezahlt haben und zahlen, sehr gedient wäre und unsere königlichen Einkünfte erhöht würden, wenn Unsere Beamten für Uns und in Unserem Namen eine beträchtliche Anzahl schwarzer Sklaven oder derjenigen Indios, die berechtigterweise als

1 item: lat. = ebenso, ferner

2 Encomienda: Die spanische Krone belohnte verdienstvolle Eroberer mit großen Ländereien einschließlich der dort lebenden Indios als Arbeitskräfte.

M19 Menschenbild und Gottesbild im Vergleich

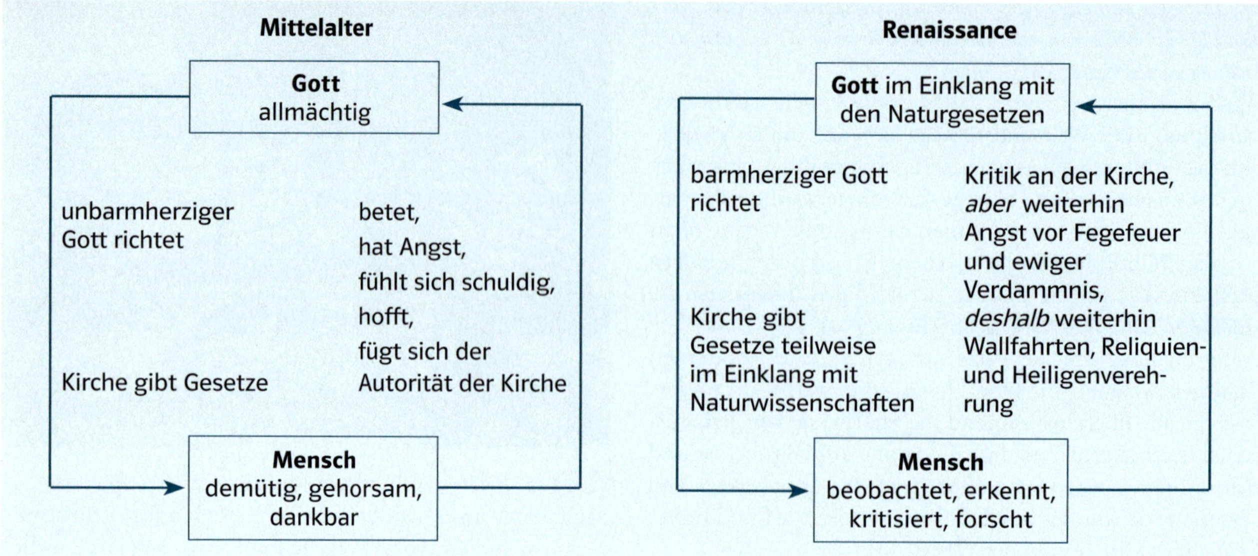

Sklaven erworben und gehalten werden, in den Minen arbeiten ließen. […]
14. Weiterhin sind Wir darüber unterrichtet, dass die Provinz oder ihr größter Teil sehr fruchtbar und ergiebig ist, und dass sie eine Vielfalt an Erzeugnissen […] hervorbringt, die Uns dienlich und den Landesbewohnern und Siedlern verdienstbringend sein könnten, wenn man sie sich mit Geschick und Sorgfalt zu Nutze zu machen verstünde. Deshalb beauftrage und befehle Ich Euch, der Ihr Uns dadurch sehr zu Diensten sein werdet, darüber Auskunft und Kenntnisse einzuholen, welche von den Produkten von solcher Güte sind, dass sie jetzt oder künftig Unsere Steuereinnahmen und Unser königliches Patrimonium vermehren können.

Zit. nach: E. Schmitt (Hg.): Aufbau der Kolonialreiche. Dokumente zur Geschichte der europäischen Expansion. Bd. 3. München 1987, S. 151–155.

M20 Kritik an großen Kaufmannsgesellschaften

a) Aus der so genannten „Reformation des Kaisers Sigismund". Diese Reformschrift, die sich mit Missständen im Reich, in Kirche und Gesellschaft auseinandersetzt, stammt nicht von Kaiser Sigismund (1368–1437), sondern von einem unbekannten Verfasser und wurde vermutlich 1439 verfasst:

Von den Gesellschaften in den Städten

Item es sind große Gesellschaften aufgestanden, die zusammenspannen und treiben großen Kaufmannsschatz, es gehe ihnen wohl oder übel. Sie schieben es je darnach, dass sie nicht verlieren. Das bekommt auch allen Gemeinden in den Städten und auf dem Lande übel. Man soll dawider sein, damit solche Verbindungen gebrochen und nirgends mehr gefunden werden, weder von Edlen noch von Bürgern. Wer sich aber an einer solchen Gesellschaft beteiligt, dessen Kaufmannsschatz soll, wenn er Bürger in einer Reichsstadt ist, der Stadt ledig und gar verfallen sein, und soll ihn darin nichts schirmen. […]

Wie man das Vorkaufen abstellen soll

Man soll auch wissen, dass nötig ist der gemeinen Christenheit, zu sorgen um alles Vorkaufen, es sei Wein, Korn, Fleisch, Schmalz, allerlei Gemüse, was man genießen soll. In einem Land gerät das denn; im andern da findet man manchen, der darauf sieht und vorkauft; so es ihm füglich ist, so schlägt er ungewöhnlichen Gewinn darauf und bedrängt die armen Leute, wenn nichts wächst, Hagel, schlagend Ungewitter, Wolkenbrüche, was die Elemente in ihrer Gewalt haben, eintreten. Dies alles zu verstehen, soll man in einer jeglichen Reichsstadt von jeglichem Handwerk einen weisen, frommen Mann wählen und die alle einen leiblichen Eid zu Gott und den Heiligen schwören heißen, nach der Früchte Jahrgang den Preis von Korn und Wein und andern Lebensmitteln zu überschlagen, dass Bauer und Rebmann bestehen können bei ihrer Arbeit.

Zit. nach: Gottfried Guggenbühl/Hans C. Huber: Quellen zur Geschichte des Mittelalters. Zürich 1972, S. 391.

b) Martin Luther, Von Kaufhandlung und Wucher (1524):

Wir wollen hie von Missbrauch und Sünden des Kaufhandels reden, so viel es das Gewissen betrifft. Wie es des Beutels Schaden trifft, lassen wir Fürsten und Herrn für sorgen, dass sie ihr Pflicht daran ausrichten.

Erstlich haben die Kaufleut unter sich ein gemeine Regel, das ist ihr Hauptspruch und Grund aller Finanzen, da sie sagen: Ich mag meine War so teur geben, als ich kann. Das halten sie für ein Recht, da ist dem Geiz[1] der Raum gemacht und der Höllen Tür und Fenster alle aufgetan. Was ist das anders gesagt, denn so viel: Ich frage nichts nach meinem Nächsten. [...] Es kann damit der Kaufhandel nichts anders sein denn Rauben und Stehlen den andern ihr Gut. [...]

Darum will ich allhier etliche solcher Tücken und böse Stücke, so ich selbst vermerkt und durch fromme gute Herzen mir sind angezeigt, erzählen [...]: Aufs erst machen etliche kein Gewissen davon, dass sie ihr War auf Borgen und Zeit teurer verkaufen denn um Bargeld, ja, etliche wollen keine War verkaufen um Bargeld, sondern alles auf Zeit. Und das alles darum, dass sie ja viel Gelds dran gewinnen. Hie siehest du, dass dies Stück gar groblich wider Gottes Wort, wider Vernunft und alle Billigkeit, aus lauter freiem Mutwillen des Geizs sündigt an seinem Nächsten, des Schaden er nicht achtet, und raubt und stiehlet ihm das Seine und sucht nicht seine ziemliche Nahrung, sondern seinen Geiz und Gewinn alleine drinnen. Denn nach göttlichem Recht sollt er's nicht teurer borgen oder auf Zeit geben denn um Bargeld.

Item also ist auch das getan, dass etliche ihr Gut teurer verkaufen, denn es auf gemeinem Markt gilt und im Kauf gang und gäbe ist, und steigern also die War aus keiner Ursach, denn dass sie wissen, dass desselbigen Guts keins mehr im Lande ist oder in Kurz keins mehr kommen wird und man es haben müsse. Das ist ein Schalkauge[2] des Geizs, das nur aufs Nächsten Notdurft siehet, nicht derselben zu helfen, sondern sich derselben zu bessern[3] und mit seines Nächsten Schaden reich werden. Das sind alles öffentliche Diebe, Räuber und Wucherer.

Item, dass etliche ein Gut oder War in einem Lande oder in einer Stadt ganz und gar aufkaufen, auf dass sie alleine solch Gut ganz und gar in ihrer Gewalt haben und darnach setzen, steigern und geben mögen, wie teur sie wollen oder können. Nu ist droben gesagt, dass die Regel falsch und unchristlich ist, dass jemand sein Gut so teur gibt, als er will und kann. Viel gräulicher ist das, dass man darauf ein Gut alleine aufkauft, wilchs auch die kaiserlichen und weltlichen Rechte verbieten und heißen's Monopolia. [...]

Item, wenn etliche ihr Monopolia und eigennützige Käufe sonst nicht vermögen aufzurichten, weil andere da sind, die auch der gleichen War und Gut haben, fahren sie zu und geben ihr Gut so wohlfeil[4], dass die andern nicht mögen zukommen und zwingen sie damit dahin, dass sie entweder nicht müssen feilhaben[5] oder mit ihrem Verderben[6] so wohlfeil geben als jene. Also kommen sie doch zum Monopolion.

Martin Luther: Von Kaufhandlung und Wucher. Zit. nach: Hutten/Müntzer/Luther, Band 2. Berlin/Weimar 1982, S. 184, 196–198, 200 (sprachlich leicht dem heutigen Deutsch angepasst).

1 Gier
2 Arglist
3 sich mit derselben zu verbessern
4 billig, günstig
5 zum Verkauf anbieten
6 zu ihrem Schaden

Arbeitsaufträge

1 Charakterisieren Sie das Menschenbild des Mittelalters im Unterschied zu dem der Renaissance (VT, M 19).

2 Wie haben sich in der Frühen Neuzeit Kunst und Architektur verändert (VT, M 2)? Vergleichen Sie auch die Kunstwerke M 4 und M 5.

3 Kennzeichnen Sie den Kenntnisstand Leonardos über die menschliche Anatomie (M 11). Welche Argumente verwendet er, um die genaue Beobachtung der Natur zu rechtfertigen (M 10)?

4 Charakterisieren Sie die Einstellung der Kirche zur Erfindung des Buchdrucks (M 14).

5 Vergleichen Sie das heliozentrische Weltbild mit dem geozentrischen (VT, M 7). Welche Auffassung vertrat dazu die Kirche?

6 Arbeiten Sie heraus, auf welche Weise sich Galilei von mittelalterlichen Vorstellungen entfernte (M 15). Wie erklärt er mögliche Widersprüche zum Wortlaut der Bibel?

7 Beschreiben Sie Antriebskräfte für die Entdeckung neuer Seewege (VT, M 8) und die Entstehung des Frühkapitalismus. Kennzeichnen Sie Grundsätze und Motive der spanischen Kolonialverwaltung (M 17, M 18).

8 Zählen Sie auf, welche Praktiken in M 20 angeprangert werden, und erörtern Sie die der Kritik zugrunde liegende Einstellung zum kaufmännischen Handeln.

Werkstatt Geschichte und Gesellschaft

Wirtschaftliche Mentalitäten untersuchen

Unternehmen sehen sich vielen Individuen und deren Interessen gegenüber: den eigenen Mitarbeitern, Kunden und Lieferanten, Kapitalgebern, aber auch dem Staat, der Öffentlichkeit und natürlich der Konkurrenz. Von solchen Personen und Gruppen werden sie entscheidend beeinflusst. Nicht die Gewinnerzielung allein steht im Mittelpunkt unternehmerischen Denkens. Auch andere Aspekte, etwa die Vereinbarkeit des Wirtschaftens mit religiösen Geboten, mit der Natur oder der sozialen Gemeinschaft, können Einfluss bei der Festlegung wirtschaftlicher Ziele haben.

Schon in früheren Jahren waren wirtschaftlichen Aktivitäten, die sich allein auf die Gewinnmaximierung beschränkten, umstritten. Wenn Konrad Peutinger 1530 (M 2) die Kritik an frühkapitalistischen Denkweisen anprangert, fordert er einen Wandel von Mentalitäten. Historiker, die sich für die Geschichte der Mentalitäten interessieren, versuchen Anschauungen, Werte, Sehnsüchte oder Ängste der Menschen in ihrer jeweiligen Zeit zu erforschen. Ausgelöst durch vielerlei Missstände und durch die geistige Unruhe der Reformation wuchs schon im 16. Jahrhundert die Kritik an der kapitalistischen Entwicklung der städtischen Wirtschaft. Preissteigerungen führte man auf die Habgier der Händler zurück und Luther forderte sogar ein Verbot des Fernhandels, da er Deutschland schade. Der Reichstag von Augsburg 1522/23 verbot alle Monopole, verfügte die Auflösung größerer Kapitalgesellschaften und verordnete Höchstpreise für den Fernhandel.

Auch heute gibt es viele Stimmen, die sich gegen einen unbeschränkten Kapitalismus aussprechen. Am Aktienmarkt haben Anleger die Möglichkeit, in Fonds zu investieren, die auf eine Beteiligung an Tabakwarenherstellern, Rüstungskonzernen oder Brauereien verzichten oder nur Unternehmen unterstützen, die umweltfreundlich produzieren und ökologieverträgliche Waren herstellen.

M1 Geldwechsler mit seiner Frau
Gemälde von Marinus van Reymerswaele, Öl auf Eichenholz, 1538

M2 Freie Wirtschaft

Der Augsburger Jurist und Stadtschreiber Konrad Peutinger fertigte 1530 als Anwalt des Fugger'schen Handelshauses in Augsburg ein Gutachten für Kaiser Karl V. an:

Der erste öffentliche Ratschlag [der Gegner der freien Wirtschaft] ist es ja, dass es weder einer Gesellschaft noch irgendeinem einzelnen Kaufmann erlaubt sein soll, mehr als [...] höchstens 50000 Gulden Geschäftskapital zu haben, [...] und außerhalb seines eigenen Wohnsitzes mehr als drei Filialen zu besitzen, dass jeder einzelne Kaufmann zu jährlicher Rechenschaft gezwungen sein und dass es ihm nicht erlaubt sein soll, Kapital mit Zinsen [...] oder auf andere Weise zu vermehren usw. Es muss gewissenhaft vermerkt werden, [...] dass, wenn nur in dieser einen, sehr strengen Art mit dem Kapital umgegangen werden darf, nicht nur die großen deutschen Handelsgesellschaften mit ihren Geschäften aus allen ausländischen Ländern und Provinzen vertrieben werden, sondern auch Reichtümer und Annehmlichkeiten, die etwa unserem deutschen Land und vielen Leuten hohen und niederen Stands zugefallen sind, verloren gehen würden [...].

Es dürfte niemandem unbekannt sein, dass, je mehr und besser in Geld und Waren Geschäfte gemacht werden (von Monopolen und unerlaubten Verträgen abgesehen), desto größerer Nutzen daraus folgt. Nicht nur für den Kaufmann wegen der reichen Güter, die aufgrund von Geschäften nach Deutschland eingeführt werden [...], sondern auch für die Heiligen Kaiser und Könige, alle Fürsten und Herren wächst der Gewinn. Deshalb können sie auch derartige Beschränkungen am wenigsten dulden.[...]

Der dritte Vorschlag ist, dass allen Kaufleuten für alle Waren ein bestimmter Höchstpreis taxiert und auferlegt werden müsse [...]. Dies verstößt nicht nur gegen das gemeine Recht, sondern zeugt auch von schlechtem Urteil in allgemeinen Geschäften [...]. Denn [...] das würde bedeuten, dass aller kaufmännische Handel unmöglich wird. [...] Wer wollte wohl Geschäfte aushandeln, Anstrengungen aufwenden, sich und seine Habe Risiken aussetzen, wenn er seine Waren und Gewürze nicht, wie es ihm bequem ist, auf gebührende Art verkaufen könnte und auch nicht wagte, mehr einzukaufen als den auferlegten Gesamtwert? Die Anstrengung wäre ungeheuer, und sich deswegen Risiken auszusetzen, wäre ein Zeichen von Unverstand und schlechter Beratung [...].

Zit. nach: Ernst Walter Zeeden: Studienbuch Geschichte. Bd. 5, Stuttgart 1981, S. 172.

M3 Nachhaltige Geldanlagen

Aus einem Zeitungsbericht von 2006:

Europaweit sind bis Ende 2005 mehr als eine Billion Euro in nachhaltige Geldanlagen geflossen. [...] Die Zahl entspricht zehn bis fünfzehn Prozent der gesamten europäischen Fonds und sonstigen verwalteten Geldern. Unter nachhaltigen Geldanlagen werden dabei Investitionen verstanden, bei denen neben ökonomischen auch soziale und ökologische Kriterien berücksichtigt werden. Deutschland belegt in der Rangliste der untersuchten Länder nur einen der hinteren Plätze. [...] Traditionell ein Schwergewicht bei diesen Anlageformen ist neben den Niederlanden Großbritannien. Dort reichen die Anfänge der nachhaltigen Geldanlagen bis in die 20er-Jahre des vergangenen Jahrhunderts zurück, als dort für manche Anleger aus religiösen Gründen Glücksspiel und Alkohol auf dem Index standen – und damit auch Investitionen in entsprechende Unternehmen. Heute spielen in Großbritannien, wo die Altersvorsorge über Pensionsfonds und -kassen traditionell eine größere Bedeutung hat als etwa hier zu Lande, institutionelle Anleger bei der Nachfrage nach alternativen Investments eine bedeutende Rolle. Zudem fordern Aktionärsvertreter und Fondsmanager in den Hauptversammlungen britischer Unternehmen aktiv ein, dass diese sich um eine nachhaltige Strategie kümmern.

Bettina Langer. In: Stuttgarter Zeitung, 13.9.2006, S. 10.

Arbeitsaufträge

1 Erörtern Sie die Wirkung der von Luther geforderten Importbeschränkungen und staatlich verordneten Höchstpreise aus heutiger Sicht.

2 Vergleichen Sie die Argumente für und gegen Großkaufleute (M 20 auf S. 64, M 2).

3 Fragen Sie bei Ihrer Bank nach Angeboten über Ökofonds und beurteilen Sie die Auswahl der dort verwalteten Aktien.

3.2 Die Reformation und ihre Auswirkungen

M1 Katholische Wallfahrts- und Pfarrkirche
in Steinhausen bei Bad Schussenried

M2 Evangelische Stadtkirche
in Schönau, ehemalige Zisterzienserabtei

Die meisten Menschen in Deutschland gehören dem christlichen Glauben an. Warum aber gibt es neben der römisch-katholischen Kirche evangelische Landeskirchen, obwohl doch beide Glaubensgemeinschaften christlich sind? Die Ursachen für diese Kirchenspaltung liegen im frühen 16. Jahrhundert. Der Mönch und Theologe Martin Luther löste mit seiner in Thesenform formulierten Kritik an der Kirche eine breite reformatorische Bewegung aus, die schließlich die Einheit der römischen Kirche zerbrechen ließ.

1517	Martin Luther veröffentlicht 95 theologische Thesen.
1521	Das Edikt von Worms verbietet Luthers Lehre.
1524–1526	Bauern erheben sich gegen ihre Grundherren.
1531	Zusammenschluss der protestantischen Reichsstände in Schmalkalden
1555	Augsburger Religionsfriede

Aufkommende Kritik an der Kirche

Der Alltag der Menschen des Mittelalters war in heute kaum vorstellbarer Weise vom Christentum bestimmt. Im Mittelpunkt des Denkens stand für jeden Christen die Frage nach dem eigenen Seelenheil: Was würde geschehen, wenn Gott am Tag des Jüngsten Gerichts über seine Taten richten würde? Drohte Buße in der Hölle oder im Fegefeuer? Auch aus dieser Angst vor einem unbarmherzigen Gott waren die Menschen bereit, die Gebote von Bibel und Kirche zu beachten: Wer es sich leisten konnte,

unternahm als Pilger beschwerliche Wallfahrten bis nach Rom oder ins spanische Santiago de Compostela, sammelte Reliquien oder spendete Geld für die Kirchengemeinde, für Hospitäler oder Armenhäuser.
Obwohl die Menschen fromm waren, waren sie mit der Kirche zunehmend unzufrieden. Päpste und Kirchenfürsten, die ihr geistliches Amt vernachlässigten, Verweltlichung der Klöster, Käuflichkeit kirchlicher Ämter und mangelnde theologische Bildung von Teilen des Priesterstandes hatten bei vielen Gläubigen Zweifel an den kirchlichen Institutionen aufkommen lassen. In dieser widersprüchlichen Situation zwischen dem Zustand der Kirche und der tiefen Frömmigkeit im Volk sehnten sich viele Menschen nach Veränderung, nach Verbesserung.

Martin Luther – Auslöser der Reformation

Auch in Deutschland gab es viele Kritiker, die die Verfehlungen der Kirche anprangerten, allen voran der Augustinermönch Martin Luther. Luther wurde 1483 in Eisleben im Süden des heutigen Sachsen-Anhalt geboren. Nach dem Besuch der Lateinschule studierte er an der renommierten Universität Erfurt und trat dann in ein Augustinerkloster ein. Dort wurde er 1507 zum Priester geweiht. Auf einer Romreise im Jahr 1510 wurde er mit dem moralischen Zerfall kirchlicher Einrichtungen und mit dem Ablasswesen konfrontiert: Um den von Angehörigen des Priesterstandes prophezeiten Strafen des Fegefeuers im Jenseits zu entgehen, kauften viele Menschen die von kirchlichen Vertretern angebotenen Ablassbriefe. Einige „Ablasskommissare" boten den Gläubigen auch Ablass für künftige Sünden und sogar für Sünden Verstorbener an.
Zurück in Deutschland trat Luther 1512 eine Professur in Wittenberg an, wo er zwei Jahre später Stadtprediger wurde. Durch intensives Bibelstudium kam er zu der Überzeugung, dass der gläubige Christ nur durch die Lektüre der Bibel Kraft für seinen Glauben erlangen könne. Päpstliche Anweisungen bezüglich der richtigen Bibelauslegung (Exegese) wies Luther zurück. Auch die Heiligenverehrung verstieß nach Luthers Auffassung gegen die Reinheit des Glaubens.

Ablasshandel und Thesenanschlag

Im Jahr 1517 wurde Luther erneut mit der Ablassproblematik konfrontiert. Neben Ablässen, mit denen der Vatikan etwa den Neubau des Petersdoms finanzierte, waren auch Ablässe im Umlauf, mit denen hohe Repräsentanten der Kirche ihre Schulden zu tilgen suchten.
So hatte der Mainzer Erzbischof Albrecht sein Erzbistum durch Ämterkauf erworben und mit Krediten finanziert, die er von der Augsburger Handelsfamilie Fugger erhalten hatte. Um diese zurückzahlen zu können, hatte er den Dominikaner und Ablassprediger Tetzel nach Sachsen gesandt. Dessen marktschreierisches Auftreten veranlasste Luther zum Handeln. Mit der Veröffentlichung von 95 Thesen protestierte er gegen den „Schacher der Ablassprediger". Darin forderte er eine grundlegende Reform der ganzen Kirche an „Haupt und Gliedern".
Durch den Buchdruck wurden Luthers Thesen rasch verbreitet und verschafften ihm in weiten Teilen der Bevölkerung zahlreiche Anhänger. Die Kirchenoberen aber reagierten mit Härte auf die Kritik und klagten ihn der Ketzerei an. Als sich Luther auf einer Anhörung im Oktober 1518 weigerte, seine Thesen zu widerrufen, konnte nur der Schutz des sächsischen Kurfürsten Friedrich des Weisen verhindern, dass Luther sofort an Rom ausgeliefert wurde. Im Jahr 1521 schließlich schloss der Papst Luther aus der Kirche aus.

M3 Martin Luther (1483–1546), Theologe und Reformator

Ablass	Gemäß der katholischen Theologie kann die zeitliche Sündenstrafe des Fegefeuers durch gute Werke (Gebete, Almosen, Pilgerfahrten) ganz oder teilweise erlassen werden. Das Fegefeuer gilt als ein Zeitabschnitt, während dem die Seele des Verstorbenen auf das Leben nach dem Tod vorbereitet wird. Im Spätmittelalter kamen vermögende Gläubige zu der Fehlinterpretation, dass sie unbekümmert sündigen könnten, da die Kirche ja gegen eine Geldspende den Ablass gewähren würde. Zudem entdeckten einige Päpste, dass sich die Möglichkeit der Kirche, Gnade zu erteilen, in Geld umwandeln ließ, wenn man den Gläubigen die Schrecken des Fegefeuers genügend dramatisch ausmalte.

Prozess gegen Luther

Kaiser Karl V. setzte alles daran, um die Einheit des Christentums zu wahren. Auf den Kirchenbann hätte eigentlich die Ächtung durch den Kaiser (Reichsacht) folgen müssen. Doch Karl V. zögerte. Er wollte auf einige Fürsten Rücksicht nehmen, die Luthers Kirchenkritik unterstützten, und berief deshalb einen Reichstag in Worms ein, um die Sache dort zu entscheiden. 1521 wurde Luther in Worms vor den versammelten Fürsten des Reiches und weiteren Hunderten von Beratern und Zuhörern zum Widerruf aufgefordert. Doch Luther weigerte sich und bekräftigte seine Überzeugungen. Nur durch die Bibel oder klare Vernunftgründe wolle er sich widerlegen lassen. Gültigkeit habe allein das Evangelium, das reine Wort der Bibel. Seine Rede soll mit den Worten geendet haben: „Hier stehe ich, ich kann nicht anders. Gott helfe mir! Amen."

Der Kaiser erließ daraufhin das Wormser Edikt: Luthers Schriften wurden verboten, außerdem wurde die Reichsacht über ihn verhängt, so dass Luther nun „vogelfrei" war und jedermann ihn ungestraft töten konnte. Nur die vorab gegebene Zusage des freien Geleits verhinderte, dass er gleich in Worms gefangen genommen wurde.

Auf dem Rückweg wurde Luther von Soldaten des sächsischen Kurfürsten heimlich zur Wartburg nach Eisenach gebracht und versteckt. Dort übersetzte er 1521 das Neue Testament ins Deutsche. Zusammen mit dem 1534 übersetzten Alten Testament entstand so die bekannte Lutherbibel, die für die Entwicklung der deutschen Schriftsprache große Bedeutung erlangte. Aber auch Luthers andere Schriften wurden viel gelesen. Populär war nicht nur die schon vorher weit verbreitete Kritik an den Gebrechen der Kirche, sondern auch seine radikale Forderung, den geistlichen Stand abzuschaffen. Luther war der Meinung, auch der Papst und die Konzilien (Versammlungen der Kirchenoberen) könnten irren. Der Klerus sei kein herausgehobener Stand. Die Vermittlung des göttlichen Heils und das Spenden der Sakramente müsse nicht zwingend durch Priester erfolgen. Die Nicht-Kleriker – die Laien – erhielten damit ein neues Selbstbewusstsein.

M4 **Das Jüngste Gericht**

Gemälde von Jan Provost, nach 1525. In der oberen Bildmitte schwebt Jesus als Weltrichter, dem Maria und Johannes der Täufer als Fürbitter der Menschheit zur Seite stehen. Auf dem Zähltisch liegen neben dem Buch des Lebens und der Weltkugel auch Geldstücke, die auf geleistete Ablässe hindeuten. Am unteren Bildende erheben sich die Auferstandenen aus der Erde. Sie tragen Zeugnisse ihrer zu Lebzeiten vollbrachten Werke, die von zwei Engeln überprüft werden. Der junge Mann am unteren Bildrand hat die Überprüfung offenbar bestanden und wird von einem Engel in das Paradies geleitet. Andere haben weniger Glück und müssen in die Hölle.

Reformatorische Bewegung

Auch während seiner Abgeschiedenheit auf der Wartburg fanden Luthers Kritik am Papsttum und seine religiösen Vorstellungen weitere Verbreitung und Zustimmung. In kurzer Zeit leerten sich die Klöster und altgläubige Priester wurden beschimpft, dass sie den Christen das Wort Gottes vorenthielten. An manchen Orten kam es – gegen den Willen Luthers – zu „Bilderstürmen", also zur gewaltsamen Entfernung der Altarbilder, da deren Verehrung oder gar Anbetung jetzt als „Götzendienst" betrachtet wurde.

Die Durchsetzung der Reformation vollzog sich zunächst vor allem innerhalb der Bürgerschaft der Reichsstädte. Vielfach waren es gebildete Stadtprediger, die mit Luther sympathisierten. Drei Viertel aller deutschen Städte gingen seit 1525, oft erst nach jahrelangen inneren Auseinandersetzungen, zur Reformation über. Wenig später wurden auch in vielen dörflichen Gemeinden reformatorische Forderungen laut. Zusammen mit den wirtschaftlichen, sozialen und politischen Beschwerden der Bauern haben sie den Ausbruch des Bauernkrieges 1524/26 mitverursacht und seinen Verlauf beeinflusst.

Erhebung des „gemeinen Mannes"

Luthers Empörung über die Autorität der Kirche erschütterte auch die alten grundherrlichen Abhängigkeitsverhältnisse. Nun schickten sich die Bauern an, mit Luthers Reformationsschrift „Von der Freiheit des Christenmenschen", in der ein Anspruch auf leibliche Freiheit aus dem Evangelium abgeleitet wird, auf ihre soziale Lage aufmerksam zu machen. Im Verlauf des 15. Jahrhunderts hatte sich die Situation der Landbevölkerung im Deutschen Reich beträchtlich verschlechtert. Ein Grund war die starke Bevölkerungszunahme. In Verbindung mit der vor allem in Südwestdeutschland weit verbreiteten Erbteilung wurden die Höfe immer kleiner und unrentabler. Zusätzlich stiegen die Abgaben, die an Grundherrn und Kirchen gezahlt werden mussten. Die unfreien Bauern mussten zudem immer häufiger Frondienste leisten. Darüber hinaus wurden ihre alten Gewohnheitsrechte wie Jagen, Fischen oder Holz schlagen immer stärker eingeschränkt. Auch die Leibeigenschaft von Teilen der bäuerlichen Bevölkerung war noch weit verbreitet.

Viele Bauern wollten nun, ähnlich wie dies in den Städten nach der Reformation häufig geschah, auch in den dörflichen Gemeinden ihre Pfarrer selbst wählen, um damit ihr Streben nach Unabhängigkeit zu betonen. Sie verlangten, dass im Gottesdienst das Evangelium verkündet werden solle, das vielen als Norm für eine christliche Sozialordnung galt. Der wohl bekannteste Theologe, der sich auf die Seite der Bauern stellte und den sich allmählich entwickelnden bewaffneten Kampf gegen die Obrigkeit unterstützte, war der Führer der thüringischen Bauernbewegung Thomas Müntzer. Er verband theologische und radikaldemokratische Forderungen mit dem Ziel einer Gesellschaft ohne Standesunterschiede. Es entsprach Müntzers tiefreligiöser Überzeugung, dass die Bauern als Vertreter einer gerechten Sache unter dem besonderen Schutz Gottes stünden und ihr Kampf erfolgreich sein werde. Müntzer wurde nach dem Scheitern der Aufstände 1525 unter Folterungen verhört und dann hingerichtet.

Bauernkrieg

Der Bauernkrieg stand zwar unter dem Einfluss der Reformation, war aber vor allem eine Reaktion auf die wirtschaftliche Not der Landbevölkerung und deren Abhängigkeit von den Grundherrn. In Württemberg hatten sich die Bauernbünde den Namen „Armer Konrad" gegeben. Nach der Erhebung neuer Verbrauchssteuern im Jahr 1513 wegen eines geplanten Kriegszugs gegen Burgund hatten sich die Aufständischen gegen Herzog Ulrich erhoben. Am Ende kapitulierten die Bauern jedoch gegen die Überlegenheit der herzoglichen Truppen. Als sich 1524 die Bauern wiederum erhoben, zunächst in Süddeutschland und der Schweiz, wurde klar, dass es sich hierbei nicht mehr um lokale Unruhen handelte. Vom Oberrhein, von Franken, dem Allgäu und dem Bodenseegebiet weiteten sich die Aufstände bis nach Hessen, Thüringen und Sachsen aus. Historiker sprechen heute vom „Deutschen Bauernkrieg".

Reformation (lat.: „reformatio" = Umgestaltung, Verbesserung): Vor Martin Luther bezeichnete man mit diesem Begriff eine Reform (Erneuerung) der Kirche, mit der man den ursprünglichen, als gut angesehenen Zustand wieder herstellen wollte. Später wurde der Begriff auf die von Luther ausgelöste religiöse Erneuerungsbewegung des 16. Jahrhunderts übertragen, die dann zur Bildung der evangelischen Kirche führte. Für die Reformatoren war das Evangelium (die frohe Botschaft) der Bibel alleinige Norm des Glaubens. Deshalb wurde die Lehrgewalt des Papstes und die besondere Stellung der Priester abgelehnt. Der einzelne Mensch stehe mit seinem Gewissen allein und unmittelbar vor Gott. Er brauche keine Priester als Vermittler. Es gelte das „allgemeine Priestertum der Gläubigen".

Im Frühjahr 1525 schlossen sich die Bauern in „Haufen“ und „christlichen Vereinigungen“ zusammen, eroberten und zerstörten Burgen, besetzten Klöster und bewogen vor allem die kleineren Städte mit ihren vielen Ackerbürgern, sich ihrer Sache anzuschließen. Als gemeinsames Manifest galten seit März 1525 die Zwölf Artikel der oberschwäbischen Bauernschaft.

Die Landesherrn warben jedoch bald neue Söldner an und brachten im Mai/Juni 1525 den Bauern blutige Niederlagen bei. Nach zeitgenössischen Schätzungen kamen während der Bauernkriege ungefähr 100 000 Bauern auf den Schlachtfeldern und bei den sich anschließenden grausamen Strafgerichten ums Leben.

Luther distanziert sich

Luther hatte zunächst den Fürsten ins Gewissen geredet, die Forderungen der Bauern zu erfüllen. Noch 1525 kritisierte er in seiner „Ermahnung für den Frieden“ das „verstockte“ Verhalten der Fürsten. Erst als er vom gewalttätigen Vorgehen der Bauern hörte, distanzierte er sich auch von deren Forderungen und rief die Fürsten zu rücksichtslosem Vorgehen gegen die Aufständischen auf. Ein biblisch begründetes Recht zu gewaltsamem Widerstand selbst gegen eine ungerechte Obrigkeit gab es für Luther nicht.

Landesfürstliche Reformation

Seit Mitte der 1520er-Jahre wagten es nach zahlreichen Reichsstädten auch einzelne Fürsten, ihren religiösen Überzeugungen und politischen Interessen zu folgen und die Kirche und ihre Territorien im Sinne Luthers zu reformieren. Ein wichtiges Mittel dieser landesfürstlichen Reformation waren die Visitationen: Staatliche Kommissionen aus Theologen und Juristen überprüften alle Pfarrer, entließen altgläubige Priester, schlossen Klöster und säkularisierten (verstaatlichten) deren beträchtlichen Grundbesitz. An die Spitze der neu geschaffenen Kirchenordnung stellten sich die Landesherren als „Notbischöfe“. Diese Kirchenregimente der Landesherren sollten verhindern, dass der Ruf nach Reformation länger dem „gemeinen Mann“ überlassen blieb. Das von den weltlichen Obrigkeiten beanspruchte Recht zur Reformation bedeutete, alle kirchlichen Ämter zu besetzen und die Gottesdienstformen sowie das Bekenntnis der Untertanen zu bestimmen.

Augsburger Bekenntnis

Karl V. war mit Konflikten außerhalb des Reiches so beschäftigt, dass er als Schutzherr der katholischen Kirche bis dahin gegen die Reformation nicht vorgegangen war. Mit Frankreich stand er im Konflikt um Oberitalien und im Osten bedrohten ihn die Türken, deren Truppen 1529 Wien belagerten. Die evangelischen Fürsten nutzten diese Situation: Auf dem Reichstag zu Speyer setzten sie 1526 durch, dass „jeder es mit der lutherischen Sache so halte,

M5 Hinrichtung des Bauernführers Jakob Rohrbach

Zeichnung von 1550. Der Odenwälder Haufen unter Führung von Rohrbach eroberte Ostern 1525 die Festung Weinsberg und tötete die adligen Verteidiger. Obwohl diese Gewalttat eine Ausnahme bei der Erhebung der Bauern blieb, war sie doch auch ein Wendepunkt. Gegner und Kritiker der Aufständischen, u.a. auch Luther, forderten von da an bedingungslose Härte im Vorgehen gegen die Bauern.

Der Text lautet:

„Jacob Rohrbach hatt auffruhr geraten / des muß er werden gebratten / bey Neckargartach an einr weyden / must er des feurs flam leyden / Bis er sein leben Endt / Sein leib zu pulver wardt verbrendt / Jacob Rohrbach von / Böckingen, des / auffrührers endt.“

wie er es vor Gott und dem Kaiser verantworten könne". Der Bann des Wormser Edikts war damit praktisch außer Kraft gesetzt. Auf dem zweiten Reichstag in Speyer 1529 versuchte die katholische Mehrheit der Fürsten, den Beschluss rückgängig zu machen und das Wormser Edikt durchzusetzen. Fünf Fürstentümer und zahlreiche süddeutsche Städte legten dagegen Protest ein. Seit dieser Zeit nennt man die evangelischen Christen auch „Protestanten". Ein Jahr später, 1530, versuchte Karl V. auf einem Reichstag in Augsburg endlich eine Einigung in der Religionsfrage zu erzielen. Philipp Melanchthon, ein enger Vertrauter Luthers, legte dort dem Kaiser das Manifest der neuen protestantischen Lehre, die „Confessio Augustana" (Augsburger Bekenntnis) vor, die bis heute die Grundlage des evangelischen Glaubens bildet. Die Protestanten erreichten die Duldung ihrer gemeinsamen Bekenntniserklärung. Dadurch konnte sich die Reformation Luthers in Deutschland festigen. Eine wirkliche Annäherung zwischen Protestanten und Katholiken fand aber nicht statt.

Augsburger Religionsfriede

Schließlich ging Karl V. doch militärisch gegen die protestantischen Fürsten vor und besiegte sie im Schmalkaldischen Krieg (1546/47). Doch er konnte den Sieg nicht lange feiern. Seine Gegner unter den Fürsten taten sich mit dem französischen König zusammen, so dass Karl flüchten musste und später sogar abdankte. Sein Bruder Ferdinand unterzeichnete 1555 auf dem Augsburger Reichstag einen Religionsfrieden, der ein friedliches Nebeneinander von Lutheranern und Katholiken ermöglichen sollte. Die Delegierten des Reichstags beschlossen, dass die jeweiligen Landesfürsten auch die Konfession in ihrem Land bestimmen durften. Die Untertanen hatten sich nach dem Bekenntnis ihres Landesherrn zu richten. Sie erhielten zwar ein Recht zur Auswanderung; doch mussten sie sich zuvor, wenn sie leibeigen oder hörig waren, erst freikaufen oder als Stadtbewohner ein hohes Abzugsgeld bezahlen.

Zwingli und Calvin

Neben Martin Luther gab es weitere bedeutende Reformatoren. Zu ihnen gehörten Ulrich Zwingli (1484–1515) aus Zürich und Johannes Calvin, der ebenfalls vor allem in der Schweiz wirkte. Zwingli entfernte bildliche Darstellungen aus den Kirchen, schaffte den Zölibat ab und führte eine kirchliche Armenfürsorge ein, die er mit den Erlösen aus säkularisiertem kirchlichem Grundbesitz bestritt. Eine enge Zusammenarbeit von Kirche und Staat war ihm wichtig. Calvin, der viele dieser Gedanken übernahm, war während seines Jurastudiums in Paris mit der Lehre Luthers in Berührung gekommen. Nachdem er sich öffentlich zu kirchlichen Reformen bekannte, musste er aus Paris fliehen. In Genf konnte er schließlich seine reformierten Glaubensvorstellungen umsetzen. Calvin lehnte – im Gegensatz zu Luther – eine obrigkeitsstaatliche Orientierung der Kirche ab. So entfaltete sich der Calvinismus vor allem in Ländern mit relativ schwacher Zentralgewalt. In der Genfer Kirchenordnung (1534) schuf Calvin eine demokratische Kirchenverfassung, in der er die Aufgaben der Kirchen- und Bürgergemeinde festlegte: Pastoren, Lehrer, Diakone (kirchliche Mitarbeiter) und Älteste (Presbyter) wurden von der Gemeinde gewählt und mit genau umrissenen Aufgaben betraut. Pastoren und Älteste bildeten das Konsistorium, eine Art Sittengericht, welches das Leben der Bürger überwachte, Kartenspiel, Tanz und Theater verbot und alle Verstöße gegen die „Ehre Gottes" streng bestrafte. Kirchenleitung und Stadtregiment wirkten mit dem

M6 **Johannes Calvin** (1509–1564), Pfarrer und Reformator

M7 **Abendmahlsfeier in einer reformierten Kirche**
Ausschnitt aus einem Altarbild der Neupfarrkirche/Regensburg, 1554/55. Die Gemeinde empfängt Brot und Wein. Dass in der alten Kirche nur Priester den Kelch empfingen, kritisierte Luther als „Schaumesse".

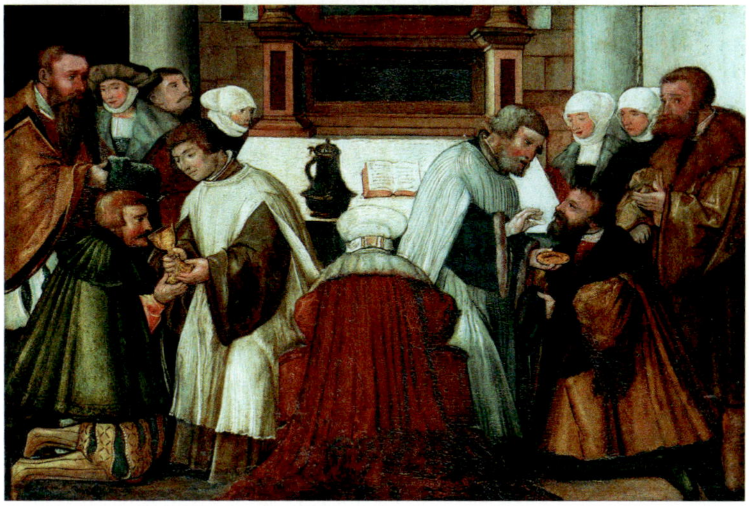

Ziel zusammen, alle Seiten des Lebens nach christlichen Maßstäben zu formen. In den Niederlanden, Frankreich, Schottland, Ungarn und auch in der Kurpfalz fanden die reformierten Glaubensvorstellungen zahlreiche Anhänger. Ein Kernpunkt von Calvins Anschauungen wurde die so genannte Prädestinationslehre.

Gegenreformation

Nachdem die Lehren Luthers und Calvins immer mehr Anhänger fanden, suchte die katholische Kirche schließlich Antworten auf die Herausforderung der Reformation. Das Konzil von Trient schloss 1563 seine Arbeit mit wichtigen Lehr- und Reformbeschlüssen ab. Darin grenzte sich die katholische Kirche eindeutig vom evangelischen Bekenntnis ab. Grundlage des katholischen Glaubens sollten neben dem lateinischen Bibeltext auch die durch die langjährige kirchliche Überlieferung entstandenen „Glaubenswahrheiten" sein. Um Missstände in der Kirche zu beseitigen, wurde die Verbesserung der Priesterausbildung angestrebt.
Der von Ignatius von Loyola gegründete Jesuitenorden leistete maßgebliche Hilfe bei der Rekatholisierung verloren gegangener Gebiete. Die Jesuiten bekamen den päpstlichen Auftrag, Ketzer und Heiden zu bekehren. Zahlreiche Ordensmitglieder betätigten sich als Prediger. Zumeist hoch gebildet, versuchten sie auch als Fürstenerzieher und Beichtväter Einfluss auf die gegenwärtigen und zukünftigen Herrscher zu nehmen. Ihr Wirken an zum Teil von ihnen selbst gegründeten Schulen und Hochschulen trug wesentlich dazu bei, die Reformation zurückzudrängen. Erfolgreich war die katholische Gegenreformation in Köln, am Niederrhein, in Bayern und in Österreich. Bekannten sich um die Mitte des 16. Jahrhunderts nur noch etwa 20 Prozent der Katholiken zum alten Glauben, so waren es Mitte des 17. Jahrhunderts wieder etwa 50 Prozent.

Konfessionen in Baden und Württemberg

Die Umgestaltung beider christlicher Kirchen ist ein bis heute fortdauernder Prozess. In Baden-Württemberg sind die Katholiken des Landes organisatorisch entweder der Erzdiözese Freiburg oder der Diözese Rottenburg-Stuttgart zugeordnet. Die badischen und württembergischen Katholiken hatten es oft nicht leicht, ihre Interessen – etwa in der Schul- und Kulturpolitik – gegen die beiden Landesherren durchzusetzen, die sich der Reformation angeschlossen hatten. Bis zum Ende der Monarchie im Jahr 1918 hatten der Großherzog von Baden und der König von Württemberg die Oberaufsicht über die jeweiligen evangelischen Kirchen in ihren Ländern inne.
Die badische Landeskirche umfasste ursprünglich calvinistische und lutherische Landesteile. 1821 kam es in Baden zur Union der beiden evangelischen Konfessionen. Prägend für die württembergisch-lutherische Landeskirche war neben der Reformation die Ende des 17. Jahrhunderts aufkommende geistige Strömung des Pietismus. Dieser betonte das Priestertum aller Gläubigen und ließ deshalb auch Laien ohne akademische Bildung, vorwiegend Männer, zum Predigeramt zu. Von Laien veranstaltete Hauskreise zum gemeinsamen Bibelstudium hatten für Pietisten oft größere Bedeutung als Gottesdienste. Aber der Pietismus forderte von seinen Anhängern auch eine tätige und sozialverantwortliche Teilnahme am gesellschaftlichen und beruflichen Leben. Viele bedeutende württembergische Unternehmer waren im 19. Jahrhundert pietistisch geprägt.

Prädestinationslehre (von lat: praedestinato = Vorherbestimmung): Glaubensvorstellung, die davon ausgeht, dass das Schicksal des Menschen zum ewigen Heil oder der ewigen Verdammnis von Gott vorausbestimmt wird, unabhängig von dessen Schuld oder Verdienst. Die Vorbestimmung lässt sich aus der Bereitschaft des Einzelnen erschließen, Gottes Wort in der Predigt zu hören und an der Gemeinschaft mit Christus in Glauben und Abendmahl teilzunehmen. Die Vorstellung der Prädestination mündete später in das Missverständnis ein, Erfolg im Leben deute die Erwählung an.

M8 Schaubild zur Reformation

31.10.1517
Veröffentlichung der 95 Thesen

Martin Luther (1483–1546)
Kritik am Ablasshandel

↔

Missstände in der katholischen Kirche
- Kirche besitzt 1/3 des Grund und Bodens.
- Kirche tritt als Feudalherr auf und schafft Reichtümer.
- Kirchenzehnt und Ablasshandel
- Prunksucht, Ämterkauf (Simonie), Reliquienhandel
- Heiligenverehrung und priesterliche Hierarchie
- Privilegien der Kirche (Steuerfreiheit, eigene Gerichtsbarkeit)
- Lebensweise der Kleriker (Missachtung des Zölibats und der Enthaltsamkeit)
- Abkehr von urchristlichen Vorstellungen (Armenkirche)
- Verweltlichung der Papstkirche, Alleinvertretungs- und Unfehlbarkeitsanspruch des Papstes
- Forcierung der Inquisition (Verfolgung der Kirchenkritiker als Ketzer bzw. Häretiker)

Allgemeine Unzufriedenheit

Bauern fordern Einschränkung der Abgaben und Dienste.

Bürger wollen eine bezahlbare Kirche.

Städtische Unterschichten wollen soziale Verbesserungen.

Niederer Adel will finanzielle und wirtschaftliche Besserstellung.

Territorialfürsten wollen das Land und die Reichtümer der Kirche sowie Unabhängigkeit von der Papstkirche.

Verbreitung der 95 Thesen löst Beginn der Reformation aus.

↓

Sept./Okt. 1518
Auf dem Reichstag in Augsburg beharrt Luther darauf, nur dann abzuschwören, wenn ihm sein Irrtum auf der Grundlage der hl. Schrift nachgewiesen werde.

↓

1520
Luther verfasst weitere Reformationsschriften:

„An den christlichen Adel deutscher Nation“ (gegen päpstliche Hierarchie, für eine Erneuerung der Kirche mit Unterstützung der Landesherrn)

„Von der Freiheit des Christenmenschen“ (Rechtfertigungslehre, Papst oder andere Kleriker seien nicht notwendig als Vermittler. Die Bibel sei die alleinige Glaubensgrundlage.)

↓

Januar 1521
Bannspruch des Papstes

→

April 1521
Luther lehnt auf dem Wormser Reichstag den Widerruf seiner Schriften ab.
Mai 1521
Kaiser Karl V. verkündet die Reichsacht (Wormser Edikt) über Luther.

→

Kf. Friedrich von Sachsen lässt Luther auf die Wartburg bringen, wo er die Bibel übersetzt.

↓

Ausbreitung der Reformation und Radikalisierung (Bildersturm)

→

März 1522
Luthers Rückkehr nach Wittenberg

↑

1524
Beginn des Bauernkrieges

↑

1525
Luther stellt sich gegen die Bauern.

↑

1526
Auf dem ersten Reichstag zu Speyer wird das Wormser Edikt außer Kraft gesetzt.

↑

1529
Auf dem zweiten Reichstag zu Speyer versuchen die katholischen Fürsten, den Beschluss rückgängig zu machen.

↑

1530
Duldung des Augsburger Bekenntnisses

↑

1555
Augsburger Religionsfriede

M9 Die Frage des Ablasshandels

a) Aus einer Ablasspredigt Johann Tetzels, 1517:

Überlege, dass du in das wütende Meer dieser Welt, große Ungewitter und Gefahren gestellt bist, und du weißt nicht, ob du im Stande bist, den Hafen des Heils zu erreichen. Weißt du nicht, dass alle Dinge der Menschen so verstanden werden, als ob sie [nur] an einem Faden hingen und das ganze Leben auf der Erde nur ein Kampf sei?! Folglich lasst uns kämpfen [...] für das Heil unserer Seele. [...] Wisse, dass ein jeder, der gebeichtet, bereut und Almosen in den Schrein getan hat, so viel ihm der Beichtvater geraten hat, eine volle Vergebung aller seiner Sünden haben wird. Was steht ihr also müßig? Eilet alle zum Heil eurer Seele. [...] Habt ihr nicht die Stimmen eurer Eltern und anderer Verstorbener gehört, die rufen und sagen: „Erbarmt euch, erbarmt euch wenigstens meiner [...] denn wir leiden sehr harte Strafen und Foltern, von denen ihr uns durch ein geringes Almosen loskaufen könnt – und ihr wollt es nicht?“ [...] Ihr könnt nun Beichtzettel haben, durch deren Kraft ihr im Leben und in der Sterbestunde [...] Vergebung der Strafen für [eure] Sünden habt.

Zit. nach: Helmar Junghans (Hg.): Die Reformation in Augenzeugenberichten. München 1980, S. 43 ff.

b) Aus Martin Luthers 95 Thesen vom 31. Oktober 1517:

11. Die Lehre, dass man kirchliche Bußstrafen in Strafen des Fegefeuers umwandeln könne, ist ein Unkraut, das augenscheinlich gesät wurde, als die Bischöfe schliefen. [...]

21. Deshalb irren alle Ablassprediger, die sagen, dass durch die Ablässe des Papstes der Mensch von jeder Strafe befreit und selig wird. [...]

32. Wer glaubt, durch Ablassbriefe seines Heils sicher zu sein, wird auf ewig mit seinen Lehrmeistern verdammt werden. [...]

43. Man soll die Christen lehren, dass es besser sei, den Armen etwas zu schenken und den Bedürftigen zu leihen, als Ablässe zu kaufen. [...]

62. Der wahre Schatz der Kirche ist das allerheiligste Evangelium der Herrlichkeit und Gnade Gottes.

Zit. nach: Kurt Aland (Hg.): Martin Luthers 95 Thesen. Hamburg 1965, S. 53 ff.

M10 Reformationsschrift Luthers

Mit seiner Schrift „An den christlichen Adel deutscher Nation“ wurde Martin Luther 1520 zum Wortführer der antipäpstlichen Opposition im Deutschen Reich:

Es ist nicht aus lauter Fürwitz noch Frevel geschehen, dass ich einzelner, armer Mensch mich unterstanden, vor Euren hohen Würden zu reden. Die Not und Beschwerung, die alle Stände der Christenheit [...] bewegt hat, vielmals zu schreien und Hilfe zu begehren, [...] hat mich auch jetzt gezwungen, zu schreien und rufen. [...] Die Romanisten [gemeint sind die Verfechter der päpstlichen Vorherrschaft] haben drei Mauern mit großer Behendigkeit um sich gezogen. [...] Zum ersten: wenn man auf sie gedrungen mit weltlicher Gewalt, haben sie gesagt, weltliche Gewalt habe nicht Recht über sie, sondern wiederum: geistliche sei über die weltliche. Zum anderen: hat man sie mit der Heiligen Schrift wollen strafen, setzen sie dagegen, es gebührt die Schrift niemand auszulegen, denn dem Papst. Zum dritten: droht man ihnen mit dem Konzil [Versammlung in kirchlichen Angelegenheiten], so erdichten sie, es könne niemand ein Konzil berufen denn der Papst. Also haben sie drei Ruten uns heimlich gestohlen, dass sie mögen ungestraft sein. [...]

Man hat's erfunden, dass Papst, Bischöfe, Priester und Klostervolk wird der geistliche Stand genannt; Fürsten, Herren, Handwerks- und Ackerleute der weltliche Stand [...]. Denn alle Christen sind wahrhaft geistlichen Standes, und ist unter ihnen kein Unterschied denn des Amts halben allein, wie Paulus 1. Korinther 12 sagt, dass wir allesamt ein Körper sind, doch ein jeglich Glied sein eigen Werk hat, womit er den anderen dient. Das macht alles, dass wir eine Taufe, ein Evangelium, einen Glauben haben und sind gleiche Christen, denn die Taufe, Evangelium und Glauben, die machen allein geistlich und Christenvolk: Dass aber der Papst oder Bischof salbt, Platten [Tonsuren] macht, ordiniert [zum Priester weiht], weiht, anders denn Laien [sich] kleidet [...] macht nimmermehr einen Christen oder göttlichen Menschen. Demnach, so werden wir allesamt zu Priestern.[...]

Gleich wie nun die, die man jetzt geistlich heißt oder Priester, Bischöfe oder Päpste, sind von den anderen Christen nicht weiter noch würdiger geschieden, als sie das Wort Gottes und die Sakramente [z. B. Taufe, Ehe] sollen behandeln, das ist ihr Werk und Amt, also hat die weltliche Obrigkeit das Schwert und die Ruten in der Hand, die Bösen damit zu strafen, die Frommen zu schützen. [...] Drum sag ich, dieweil weltliche Gewalt von Gott geordnet ist, die Bösen zu strafen und die Frommen zu schützen, so soll man lassen ihr Amt frei gehen [...] ohne Ansehen der Person, sie treffe Papst, Bischöfe, Mönche, Nonnen oder was es ist. [...] Hat nicht der Papst vielmal geirrt? Wer wollte der Christenheit helfen, so der Papst irrt. [...] Denn wo der Papst wider die Schrift handelt, sind wir schuldig, der Schrift beizustehen, ihn zu strafen.

Karl Gerhard Steck (Hg.): Martin Luther. Ausgewählte Schriften. Frankfurt a. M. 1983, S. 50 ff.

M11 Fegefeuer

Vorderseite eines Altarflügels, Regensburg 1480.
Eine der seltenen Darstellungen des Fegefeuers, in dem die Verstorbenen z.B. wegen ihres Geizes und ihrer Eitelkeit büßen. In den Händen der Engel: Wein und Hostien.

M12 Verteidigungsrede Luthers auf dem Reichstag

Darin nimmt er Stellung zu den von ihm verfassten Büchern:

Die erste Gruppe umfasst die Schriften, in denen ich über den rechten Glauben und rechtes Leben so schlicht und evangelisch gehandelt habe, dass sogar meine Gegner zugeben müssen, sie seien nützlich, ungefährlich und durchaus lesenswert für einen Christen. Ja, auch die Bulle[1] erklärt ihrer wilden Gegnerschaft zum Trotz einige meiner Bücher für unschädlich, obschon sie sie dann in einem abenteuerlichen Urteil dennoch verdammt. Wollte ich also anfangen, diese Bücher zu widerrufen – wohin, frag ich, sollte das führen? Ich wäre dann der einzige Sterbliche, der eine Wahrheit verdammte, die Freund und Feind gleichermaßen bekennen, der einzige, der sich gegen das einmütige Bekenntnis aller Welt stellen würde!

Die zweite Gruppe greift das Papsttum und die Taten seiner Anhänger an, weil ihre Lehren und ihr schlechtes Beispiel die ganze Christenheit sowohl geistlich wie leiblich verstört hat. Das kann niemand leugnen oder übersehen wollen. Denn jedermann macht die Erfahrung, und die allgemeine Unzufriedenheit kann es bezeugen, dass päpstliche Gesetze und Menschenlehren die Gewissen der Gläubigen aufs Jämmerlichste verstrickt, beschwert und gequält haben, dass aber die unglaubliche Tyrannei auch Hab und Gut verschlungen hat und fort und fort auf empörende Weise weiter verschlingt, ganz besonders in unserer hochberühmten deutschen Nation. [...] Wollte ich also diese Bücher widerrufen, so würde ich die Tyrannei damit geradezu kräftigen und stützen, ich würde dieser Gottlosigkeit für ihr Zerstörungswerk nicht mehr ein kleines Fenster, sondern Tür und Tor auftun, weiter und bequemer, als sie es bisher je vermocht hat. So würde mein Widerruf ihrer grenzenlosen, schamlosen Bosheit zugute kommen, und ihre Herrschaft würde das arme Volk noch unerträglicher bedrücken, und nun erst recht gesichert und gegründet sein, und das umso mehr, als man prahlen wird, ich hätte das auf Wunsch Eurer allergnädigsten Majestät getan und des ganzen Römischen Reiches. Guter Gott, wie würde ich da aller Bosheit und Tyrannei zur Deckung dienen! [...]

Darum bitte ich um der göttlichen Barmherzigkeit willen, Eure allergnädigste Majestät, durchlauchtigste fürstliche Gnaden oder wer es sonst vermag, er sei höchsten oder niedersten Standes, möchte mir Beweise vorlegen, mich des Irrtums überführen und mich durch das Zeugnis der prophetischen oder evangelischen Schriften überwinden. Ich werde völlig bereit sein, jeden Irrtum, den man mir nachweisen wird, zu widerrufen, ja, werde der erste sein, der meine Schriften ins Feuer wirft. [...]

Wir müssen sagen, dass die Regierung unseres jungen, vortrefflichen Kaisers Karl, auf dem nächst Gott die meisten Hoffnungen ruhen, nicht eine unselige, verhängnisvolle Wendung nehme. Ich könnte es hier mit vielen Beispielen aus der Schrift vom Pharao, vom König Babylons und den Königen Israels veranschaulichen, wie sie sich gerade dann am sichersten zugrunde richteten, wenn sie mit besonders klugen Plänen darauf ausgingen, Ruhe und Ordnung in ihren Reichen zu behaupten. [...] Ich sage das nicht in der Meinung, so hohe Häupter hätten meine Belehrung oder Ermahnung nötig, sondern weil ich meinem lieben Deutschland den Dienst nicht versagen wollte, den ich ihm schuldig bin. Hiermit will ich mich Euer allergnädigsten kaiserlichen

1 gemeint ist der Erlass des Papstes, der Luther 1521 aus der Kirche ausschloss

Majestät und fürstlichen Gnaden demütig befohlen und gebeten haben, sie wollten sich von meinen eifrigen Widersachern nicht ohne Grund gegen mich einnehmen lassen. Ich bin zu Ende […].

Weil denn Eure allergnädigste Majestät und fürstlichen Gnaden eine einfache Antwort verlangen, will ich sie ohne Spitzfindigkeiten und unverfänglich erteilen, nämlich so: Wenn ich nicht mit Zeugnissen der Schrift oder mit offenbaren Vernunftgründen besiegt werde, so bleibe ich von den Schriftstellen besiegt, die ich angeführt habe, und mein Gewissen bleibt gefangen in Gottes Wort. Denn ich glaube weder dem Papst noch den Konzilien allein, weil es offenkundig ist, dass sie öfters geirrt und sich selbst widersprochen haben. Widerrufen kann und will ich nichts, weil es weder sicher noch geraten ist, etwas gegen sein Gewissen zu tun.

Gott helfe mir, Amen.

Zit. nach: Archiv der Reformatoren von Andreas Janssen. In: www.glaubensstimme.de/reformatoren/luther/288.htm (Zugriff 1.1.2006).

M13 Calvinistische Sittenzucht

Aus einem Brief Johannes Calvins vom 25. November 1560:

Zum heiligen Abendmahl darf keiner kommen, der nicht seinen Glauben bekannt hat. Deshalb werden jährlich vier Prüfungen abgehalten, an denen die Kinder befragt und eines jeden Fortschritte festgestellt werden. […] Was die Erwachsenen angeht, so wird jährlich eine Inspektion jeder Familie abgehalten. […] Der Pfarrer ist von einem Ältesten begleitet. Dabei werden dann die neu Zugezogenen auch geprüft.

Die Sittenzucht wird folgendermaßen gehandhabt: Jährlich werden zwölf Älteste gewählt. […] Vor das kirchliche Gericht wird nur vorgeladen, über wen dies eindeutig beschlossen wird. […] So werden Flucher, Trunkenbolde, Hurer, Raufbolde und Streitsüchtige, Tänzer und Reigenführer und dergleichen Leute vorgeladen. Wer nur leicht gefehlt hat, wird mit freundlichen Worten zurechtgewiesen und entlassen. Bei schweren Sünden ist die Rüge strenger, der Pfarrer tut sie dann nämlich in den Bann, wenn auch nur für kurze Zeit; dadurch werden sie vom Abendmahl ausgeschlossen, bis sie um Verzeihung bitten. […] Verachtet jemand verstockt die kirchliche Macht und lässt nicht innerhalb eines Jahres von seinem Trotze, so wird er vom Rat auf ein Jahr ausgewiesen.

Zit. nach: Karl Heinrich Peter (Hg.): Briefe zur Weltgeschichte. München 1964, S. 59 ff.

M14 Ablasshandel

Holzschnitt von Hans Holbein d.Ä, um 1524

M15 Die Forderungen der Bauern

Die Zwölf Artikel wurden 1525 von zwei Bürgern aus Memmingen (Allgäu) verfasst und in einer Gesamtauflage von ca. 25 000 Exemplaren gedruckt:

1. Zum Ersten ist unsere demütige Bitte und unser Begehren, auch unser aller Wille und Meinung, dass wir in Zukunft Gewalt und Macht haben wollen, durch die ganze Gemeinde

den Pfarrer zu wählen und auch wieder abzusetzen, wenn er sich ungebührlich verhält. Dieser gewählte Pfarrer soll uns das Evangelium lauter und klar predigen ohne jeden menschlichen Zusatz, Lehre oder Gebot.

2. Zum Zweiten wollen wir den rechten Kornzehnt gerne geben, da er im Alten Testament enthalten ist [...]. Der von der ganzen Gemeinde gewählte Pfarrer soll davon den ihm zustehenden ausreichenden Teil erhalten, er selbst und die Seinen nach Entscheidung der gesamten Gemeinde. Was übrig bleibt, soll man armen Bedürftigen, die in dem selben Dorf wohnen, zukommen lassen [...]. Den kleinen Zehnten [Viehzehnt] wollen wir überhaupt nicht geben, denn Gott der Herr hat das Vieh dem Menschen zur freien Verfügung erschaffen [...].

3. Zum Dritten [...] hat uns Christus mit seinem kostbaren Blutvergießen erlöst und frei gekauft, den Hirten sowohl als den Höchsten, keinen ausgenommen. Darum findet sich auch in der Schrift, dass wir frei sind und bleiben wollen. Nicht etwa, dass wir ganz und gar frei sein wollen, keine Obrigkeit mehr haben wollen, das lehrt uns Gott nicht. [...]

4. Viertens war es bisher üblich, dass kein armer Mann Gewalt hatte, das Wildbret, Geflügel oder Fische im fließenden Wasser zu fangen [...]. Als Gott der Herr den Menschen erschuf, hat er ihm über alle Tiere Gewalt gegeben [...].

5. Fünftens sind wir auch belastet wegen der Holzung; denn unsere Herrschaften haben sich die Wälder alle angeeignet [...]. Unsere Meinung ist, dass alle Waldungen, seien sie geistlichen oder weltlichen Eigentums, die nicht redlich gekauft worden sind, der gesamten Dorfgemeinde wieder anheimfallen sollen.

6. Sechstens sind wir wegen der Dienste hart belastet, welche von Tag zu Tag vermehrt werden und täglich zunehmen. Wir begehren, dass man ein gebührendes Einsehen damit habe, uns nicht so hart zu belasten [...].

7. Der Herr soll [den Bauern] nicht weiter zwingen oder ihn bedrängen, mehr Dienste oder andere von ihm umsonst zu verlangen [...].

8. Achtens werden wir bedrückt, [...] dass diese Güter die Gült [den Pachtzins] nicht tragen können [...] Die Herrschaft soll diese Güter durch ehrbare Leute besichtigen lassen und nach Billigkeit eine Gült festlegen lassen, damit der Bauer seine Arbeit nicht umsonst tun muss; denn eine jede Arbeit ist ihres Lohns wert.

9. Neuntens werden wir bedrückt wegen der großen Frevel [mittelschwere Vergehen], [...] nicht etwa, dass man uns sachlich straft, sondern zeitweise aus Missgunst oder zu anderen Zeiten aus großer Gunst [...].

10. Zehntens werden wir bedrückt, dass einige ihnen zugeeignete Wiesen und Äcker haben, die aber der Dorfgemeinde gehören. Wir werden diese wieder zur Allmende machen, es sei denn, man habe sie redlich gekauft [...].

11. Elftens wollen wir [...] niemals dulden noch gestatten, dass man Witwen und Waisen das Ihrige wider Gott und Ehren so schändlich nehmen und berauben soll, wie es an vielen Orten in vielen Formen geschehen ist [...].

12. Zum Zwölften ist unser Beschluss [...] wenn einer oder mehrere Artikel [...] dem Worte Gottes nicht gemäß sind, so wollen wir davon abstehen [...].

W. Lautermann/Ernst Schlenke (Hg.): Geschichte in Quellen. Bd. 3. München 1982, S. 145 ff. (Bearb.: Fritz Dickmann)

Arbeitsaufträge

?

1 Verschiedene Motive wirkten sich auf den Beginn der Reformation aus. Stellen Sie die Absichten Luthers den Interessen der Fürsten und des Kaisers gegenüber (VT).

2 Erarbeiten Sie mit Hilfe des Verfassertextes Luthers Kritik an der alten Kirche und seine Grundaussagen der „neuen Lehre" mit möglichen Auswirkungen auf Kirche und Gesellschaft.

3 Listen Sie Argumente auf, mit denen Tetzel den Ablasshandel begründet (M 9a). Vergleichen Sie, wie Luther dazu steht (M 9b).

4 Untersuchen Sie, wie Luther zur kirchlichen Obrigkeit steht (M 10). Verdeutlichen Sie, was er mit den „drei Ruten" meint.

5 Geben Sie die wesentlichen Inhalte der Verteidigungsrede Luthers (M 12) in eigenen Worten wieder.

6 Erklären Sie den Zusammenhang zwischen Reformation und Bauernkrieg (VT, M 15).

7 Untersuchen Sie den Aussagewert der Bilder M 4, M 5, M 11 und M 14 als historische Quellen.

8 Vermuten Sie, wie die Gemälde M 4 und M 11 wohl auf Gläubige gewirkt haben.

9 Erläutern Sie, wie Calvin in das Alltagslegen eingriff (VT, M 13). Warum fanden die Menschen den Calvinismus trotzdem attraktiv?

4 Vom Absolutismus zur Aufklärung

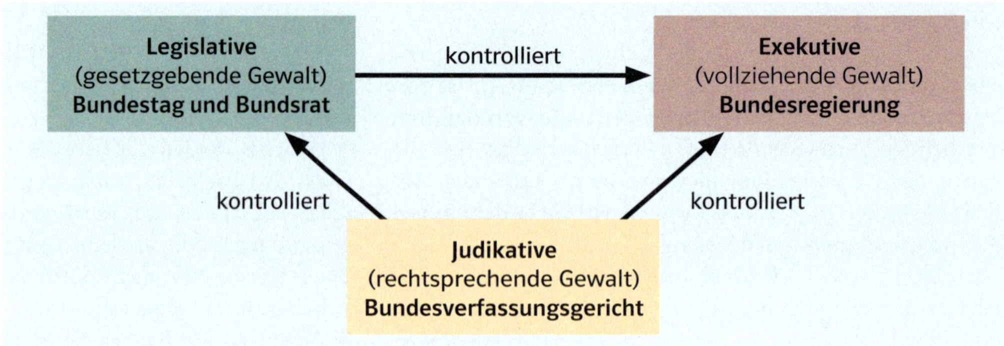

M1 Heutige Gewaltenteilung in Deutschland

Zur Zeit des Absolutismus hielten Alleinherrscher alle drei Gewalten in ihrer Hand. Die Untertanen hatten keinerlei Recht auf Mitbestimmung. Die Gewaltenteilung, die wir dagegen heute in allen demokratischen Staaten kennen, ist ein wichtiges Ergebnis von Denkprozessen, die Staatsrechtler und Philosophen während der Zeit der Aufklärung angestoßen haben. Sie vertraten die Ansicht, dass weder die Macht der Herrscher noch das Schicksal der Untertanen gottgewollt und damit unabdingbar seien. Vielmehr sei der Mensch durchaus in der Lage, sein Handeln selbst zu bestimmen. Richtschnur für dieses Handeln sollten nicht königliche Anordnungen oder kirchliche Lehren sein, sondern einzig die menschliche Vernunft.
Der deutsche Philosoph Immanuel Kant schrieb 1784: „Aufklärung ist der Ausgang des Menschen aus seiner selbst verschuldeten Unmündigkeit. Unmündigkeit ist das Unvermögen, sich seines Verstandes ohne Leitung eines anderen zu bedienen. Selbstverschuldet ist diese Unmündigkeit, wenn die Ursache derselben nicht am Mangel des Verstandes, sondern der Entschließung und des Mutes liegt, sich seiner ohne Leitung eines andern zu bedienen."

M2 Immanuel Kant (1724–1804), Professor für Philosophie, Geographie und Naturwissenschaften

1651	Thomas Hobbes veröffentlicht den „Leviathan".
1661–1715	Frankreichs König Ludwig XIV. herrscht absolut.
1688/89	„Glorious Revolution": England wird konstitutionelle Monarchie.
1690	John Locke schreibt „Two Treatises of Government".
1762	Jean-Jacques Rousseau veröffentlicht „Vom Gesellschaftsvertrag".

Das Herrschaftssystem des Absolutismus

Aus tief greifenden politischen Krisen wie den Glaubenskriegen des 16. Jahrhunderts, Konflikten mit Nachbarstaaten und Aufständen des Adels und des Bürgertums gegen den König hatte der französische Monarch Ludwig XIV. (1638–1715) den Schluss gezogen, dass die Einheit und Stärke des Landes nur durch eine ungeteilte Souveränität des Königs garantiert werden könne. Ludwig schuf sich mit einem stehenden Heer, einer nur von ihm abhängigen Beamtenschaft, der Einbindung der Kirchen in das staatliche Machtgefüge und einem staatlich gelenkten merkantilistischen Wirtschaftssystem (vgl. S. 88) Machtinstrumente, die innenpolitische Opposition nahezu unmöglich machten.
Möglichst viele Vertreter des Hochadels sollten auf Wunsch Ludwigs XIV. in seinem Schloss in Versailles wohnen. In seiner unmittelbaren Umgebung konnte er die Adligen, die noch viele aus dem Mittelalter herrührende Rechte besaßen, besser kontrollieren. Wollten die Adligen ihren Einfluss nicht ganz verlieren,

mussten sie dem Ruf des Königs folgen. Während sie sich in Versailles aufhielten, vernachlässigten sie ihre Landgüter und gerieten so in finanzielle Abhängigkeit der ihnen vom König verliehenen Hofämter.
Im Absolutismus erließen nur die Monarchen Gesetze und waren gleichzeitig oberste Richter. Ihre herausgehobene Stellung demonstrierten die Herrscher durch kostspielige Bau- und Kunstwerke. Viele europäische Monarchen ahmten im 17. und 18. Jahrhundert die absolutistische Regierungsweise der französischen Könige nach.

Das Bürgertum gewinnt an Einfluss

Dem monarchischen Anspruch auf Alleinherrschaft stand das immer selbstbewusster werdende städtische Bürgertum gegenüber, das durch Manufakturen und Fernhandel zu Wohlstand gekommen war. Unternehmer und Kaufleute waren immer weniger bereit, sich von monarchischen oder kirchlichen Autoritäten bevormunden zu lassen. Dazu kamen zunehmend mehr Bürger, die nach dem Besuch von Lateinschulen und Universitäten über eine breite Bildung verfügten und nicht mehr bereit waren, absolute Machtansprüche hinzunehmen. Wissen und Wissenschaft verstanden sie als umfassende, dem Glauben und der Religion gegenüberstehende Alternativen von Erkenntnis und Wahrheit. Als radikale Kritik an der Kirche entstanden der Atheismus sowie in abgeschwächter Form der Deismus (von lat. Deus = Gott), der Gott als Schöpfer zwar akzeptierte, aber die Idee vom weiteren Wirken Gottes und folglich auch der christlichen Offenbarung ablehnte. Namhafte Vertreter dieser Richtung waren Voltaire und John Locke. Allerdings gab es auch viele Wissenschaftler und Philosophen, die die Lehren der Bibel durchaus im Einklang mit den Naturwissenschaften sahen.
Wissenschaftliche, philosophische und politische Diskussionen über Naturwissenschaften, Staat und Religion führte das Besitz- und Bildungsbürgertum häufig in Kaffeehäusern oder in politischen Clubs.
Neben der Frage nach der besten Staatsform traten auch Diskussionen über die Menschenrechte immer mehr in den Vordergrund politischer Debatten. Sind die Menschen von Natur aus gleich oder ungleich? Dabei ging es nur selten um die Gleichberechtigung von Männern und Frauen oder von Christen und Juden, sondern vor allem um die rechtliche und politische Gleichheit innerhalb der traditionellen Ständegesellschaft. Wie, so wurde allerorten nachgedacht, konnten die ständischen Schranken überwunden werden?

England – konstitutionelle Monarchie

Die Engländer hatten es vorgemacht: Nach turbulenten Jahrhunderten voller Machtkämpfe zwischen den Adligen und einer kurzen Zeit der Republik (1649–1660) erlebte das Land 1688/89 mit der friedlich verlaufenden „Glorious Revolution“ das Ende der königlichen Alleinherrschaft. Der protestantische König Wilhelm III. von Oranien sicherte dem Parlament größere Mitspracherechte zu. Mit der vom Parlament verabschiedeten und vom König bestätigten Grundrechteerklärung, der „Bill of Rights“, war England 1689 eine konstitutionelle Monarchie geworden. Der Monarch benötigte von nun an die Zustimmung des Ober- und Unterhauses zur Erhebung von Steuern und Abgaben.

Vom Menschenbild des Thomas Hobbes ...

Als in England Könige noch allein regiert hatten, war es der englische Philosoph Thomas Hobbes (1588 – 1679), der die Notwendigkeit dieser Alleinherrschaft einer einzigen Person rechtfertigte. Das vernunftgemäße Verhältnis von Staat, Volk und Individuum erklärte er in seinem Hauptwerk, dem „Leviathan“, mit einem angenommenen Vertrag zwischen Herrscher und Beherrschten. Nach Hobbes war

M3 Francois Marie Arouet, genannt Voltaire (1694–1776), französischer Philosoph

M4 John Locke (1652–1704), englischer Philosoph

Aufklärung	Eine in Europa im 18. Jahrhundert von gebildeten Menschen vertretene Grundeinstellung, die vom Glauben an die Vernunft in jedem Menschen geprägt ist. Ausgehend von den Erkenntnissen der Naturwissenschaften werden traditionelle Werte, Normen und Institutionen in Frage gestellt. Der Gebrauch des eigenen Verstandes soll die Menschen aus den alten Abhängigkeiten von Kirche und Königsherrschaft befreien und zu mehr Selbstbestimmung führen.

M5 Charles de Montesquieu (1679–1755), französischer Schriftsteller und Philosoph

der „Krieg aller gegen alle" der Naturzustand menschlichen Zusammenlebens. Der Wille zur Selbsterhaltung zwinge den Menschen, sich in einem Herrschaftsvertrag einer absoluten Staatsgewalt zu unterwerfen, die den Rechtsfrieden und die innere staatliche Ordnung sicherstelle. Sein überaus pessimistisches Menschenbild wurzelte in den Erlebnissen und Schrecken der englischen Bürgerkriege vor der „Glorious Revolution".

... zu den Überlegungen John Lockes

Ganz anders sah dies sein jüngerer Landsmann, der Philosoph John Locke. Nach der Verabschiedung der „Bill of Rights" veröffentlichte er 1690 mit seiner Schrift „Two Treatises of Government" die theoretische Begründung einer seiner Ansicht nach notwendigen Gewaltenteilung. Nach Locke hatte der Staat die Aufgabe, dem Bürger ein geordnetes Leben und das Recht auf Eigentum zu sichern. Die Gesetze sollten nur dem Wohl des Volkes dienen. Um das zu ermöglichen, forderte Locke die Trennung von Exekutive und Legislative. Nur wenn die Gewalt des Staates geteilt und kontrolliert werde, sei gewährleistet, dass die Freiheit des Bürgers so wenig als möglich eingeschränkt werde. Wenn der Staat sich anmaßen sollte, den Bürger in seiner Freiheit zu bedrohen oder dessen Eigentum anzutasten, so gelte der Vertrag als gebrochen; die Bürger seien dann zum Widerstand berechtigt.

Montesquieu: Drei Gewalten

Wie für die meisten Staatstheoretiker der Zeit galt auch für den französischen Schriftsteller Charles de Montesquieu die Entwicklung in England als Vorbild. An seinem Hauptwerk, dem „Geist der Gesetze", schrieb er 30 Jahre. Als es 1748 erschien, war der Erfolg so groß, dass es in 22 Auflagen gedruckt werden musste. Montesquieu führt darin die Gedanken John Lockes von der Trennung der Gewalten fort: Exekutive, Legislative und Judikative sollten sich gegenseitig in Schranken halten und so die individuelle Freiheit der Bürger sichern. Montesquieu war der Meinung, dass die Hauptaufgabe des Königs darin bestehe, für die Durchführung der Gesetze zu sorgen, also die vollziehende Gewalt auszuüben. Die gesetzgebende Gewalt sollte den Vertretern der besitzenden Klasse gehören. Die Richter durften weder vom König noch vom Parlament abhängig sein. Die Einbeziehung der Judikative resultierte aus den Erfahrungen Montesquieus mit dem französischen Gerichtswesen. Er war adliger Herkunft und Mitglied des Gerichtshofs von Bordeaux. Die adligen Gerichtshöfe („Parlamente") bildeten im absolutistischen Frankreich die einzige Instanz, die noch in beschränktem Umfang eigenverantwortlich handeln und sogar königliche Erlasse ablehnen konnte.

M6 Jean-Jaques Rousseau (1712–1778), französischer Philosoph

Rousseau: Über den Gesellschaftsvertrag

Nicht England, sondern die Bauern- und Stadtrepubliken der Schweiz galten für den französischen Philosophen Jean-Jacques Rousseau als Ideal. In seiner politischen Philosophie forderte er gleiche Rechte für alle Bürger unter einer demokratisch ausgeübten Kontrolle. Rousseau ging davon aus, dass die Menschen von Natur aus frei und gleich und dazu fähig seien, über sich selbst zu bestimmen. Er forderte statt der Abtretung aller Rechte an den absoluten Staat einen in Freiheit ausgehandelten „contract social" (Gesellschaftsvertrag). Die vertragsschließenden Bürger waren für ihn die Träger der Souveränität (Volkssouveränität). Diese könne weder übertragen noch geteilt werden: Die Bürger sollten unmittelbar selbst alle öffentlichen Angelegenheiten entscheiden (direkte Demokratie). Der allgemeine Wille des Volkes (volonté générale) komme vor allem in der Legislative zum Ausdruck. Eine Gewaltenteilung sei nicht notwendig.

Voltaire: Toleranz und Menschenrechte

Die Gedanken der Aufklärung fanden vor allem im absolutistisch regierten Frankreich, wo die Missstände in Staat und Gesellschaft reichlich Anlass zur Kritik boten, großen Widerhall. Es waren besonders bürgerliche Kritiker, die das politische System hinterfragten und ihre Ideen in Flugschriften und Büchern verbreiteten oder in den Salons diskutierten. Einer von ihnen war Voltaire, der in seinen „Lettres philosophiques" die Zustände in Frankreich mit denen der konstitutionellen Monarchie in England verglich. Voltaire kämpfte gegen Justizirrtümer, für Toleranz und persönliche Freiheit, für die Abschaffung der Grundherrschaft und für die Menschenrechte.

M7 Säulenmodell der absolutistischen Herrschaft

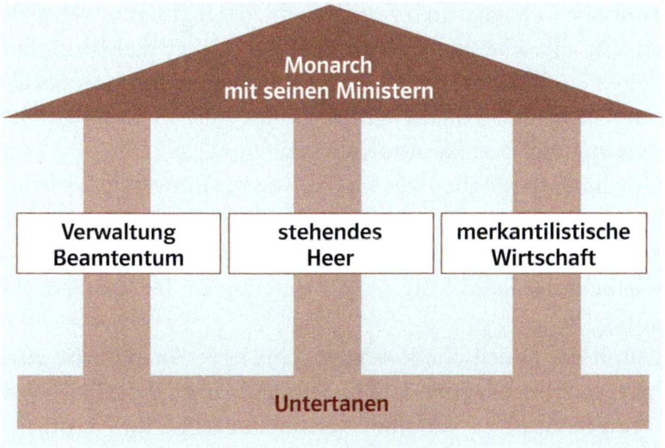

M8 Der neue Regierungsstil des Königs

Ludwig XIV. schrieb für den Thronfolger seine Amtsauffassung nieder:

Ich begann meine eigene Regierung damit, dass ich die vier Staatssekretäre nichts mehr unterzeichnen ließ, worüber sie mit mir nicht vorher gesprochen hatten. Ebenso stand es mit dem Finanzintendanten […].

Ich bin über alles unterrichtet, ich leihe dem geringsten meiner Untertanen Gehör, ich kenne zu jeder Stunde die Zahl und den Wert meiner Truppen, den Zustand meiner befestigten Plätze. Ich treffe dauernd meine Anordnungen für alle Bedürfnisse der Truppe, ich verhandle direkt mit den fremden Gesandten, ich empfange und lese die Depeschen, ich verfasse selbst einen Teil der Antworten und erkläre bei den übrigen meinen Sekretären kurz den Inhalt des Antwortschreibens. Ich regele selbst Einnahmen und Ausgaben des Staates, ich lasse mir von den Männern, denen ich wichtige Posten anvertraut habe, direkt Rechenschaft ablegen. […]

Die zu große Machtstellung der Parlamente [königliche Gerichtshöfe, besetzt mit Adligen] war während meiner Minderjährigkeit dem ganzen Königreiche gefährlich geworden. […] Sie machten sich zu Verteidigern dieser angeblichen Volksrechte, ohne zu bedenken, dass es hier nicht zwei Interessen, sondern nur eines geben kann. […] Denn über die Könige ist Gott allein Richter, und wenn sie gegen das allgemeine Gesetz zu verstoßen scheinen, so beruht ihr Handeln zumeist auf der Staatsraison, die, wie allgemein zugegeben wird, das höchste aller Gesetze ist; aber sie ist zugleich für alle diejenigen, die nicht regieren, das am wenigsten bekannte und dunkelste Gesetz. […]

Unser Gehorsam gegenüber Gott ist das Vorbild und das Beispiel für den Gehorsam, den man uns schuldet. Unsere Armeen, unsere Räte, alle Hilfsmittel menschlicher Erfindungskraft würden nicht ausreichen, um uns auf dem Throne zu erhalten, wenn jeder glaubt, er habe dasselbe Recht wie wir, wenn er nicht eine höhere Macht verehrte, von der unsere Macht ein Teil ist. […] Denn schließlich, mein Sohn, müssen wir das Wohl unserer Untertanen weit mehr im Auge haben als unser eigenes […] die Macht, die wir über sie haben, darf uns nur dazu dienen, mit umso größerem Eifer für ihren Wohlstand zu arbeiten.

L. Steinfeld (Hg.): Ludwig XIV., Memoiren. Basel 1931, S. 25 f., 33 f., 45, 47, 51, 69, 81.

M9 Der Herrschaftsvertrag als Staatsgrundlage

Im Jahre 1651 legte Thomas Hobbes in der staatstheoretischen Abhandlung „Leviathan" seine Auffassung von Grundlage und Zweck des Staates dar:

Die Menschen, die von Natur aus Freiheit und Herrschaft über andere lieben, führten die Selbstbeschränkung […] mit dem Ziel und der Absicht ein, dadurch für ihre Selbsterhaltung zu sorgen […]. Denn die natürlichen Gesetze wie Gerechtigkeit, Billigkeit, Bescheidenheit, Dankbarkeit, kurz, das Gesetz, andere so zu behandeln, wie wir selbst behandelt werden wollen, sind an sich, ohne die Furcht vor einer Macht, die ihre Befolgung veranlasst, unseren natürlichen Leidenschaften entgegengesetzt, die uns zu Parteilichkeit, Hochmut, Rachsucht und Ähnlichem verleiten. Und Verträge ohne das Schwert sind bloße Worte. […]

Der alleinige Weg zur Errichtung einer solchen allgemeinen Gewalt, die in der Lage ist, die Menschen vor dem Angriff Fremder und vor gegenseitigen Übergriffen zu schützen und ihnen dadurch eine solche Sicherheit zu verschaffen, dass sie sich durch eigenen Fleiß und von den Früchten der Erde ernähren und zufrieden leben können, liegt in der Übertragung ihrer gesamten Macht und Stärke auf einen Menschen oder eine Versammlung von Menschen, die ihre Einzelwillen durch Stimmenmehrheit auf einen Willen reduzieren können. Das heißt so viel wie einen Menschen oder eine Versammlung von Menschen bestimmen, die deren Person verkörpern sollen, und bedeutet, dass jedermann alles als eigen anerkennt, was derjenige, der auf diese Weise seine Person verkörpert, in Dingen des allgemeinen Friedens und der allgemeinen Sicherheit tun oder veranlassen wird. […]

Ist dies geschehen, so nennt man diese zu einer Person vereinte Menge Staat, auf Lateinisch civitas. Dies ist die Erzeugung jenes großen Leviathan [alttestamentarisches Symbol für die assyrische und ägyptische Großmacht] oder besser, um es ehrerbietiger auszudrücken, jenes sterblichen Gottes, dem wir unter dem unsterblichen Gott unseren Frieden und Schutz verdanken. […] Wer diese Person verkörpert, wird Souverän genannt und besitzt, wie man sagt, höchste Gewalt, und jeder andere daneben ist sein Untertan. […]

Von dieser Einsetzung eines Staates werden alle Rechte und Befugnisse dessen oder derer abgeleitet, denen die höchste Gewalt durch Übereinstimmung des versammelten Volkes übertragen worden ist […]. Da die Mehrzahl übereinstimmend einen Souverän ernannte, hat derjenige, welcher dagegen stimmte, nunmehr mit den Übrigen übereinzustimmen, das heißt, sich mit der Anerkennung aller zukünftigen Handlungen des Souveräns zufriedenzugeben, oder aber er wird rechtmäßig von den Übrigen vernichtet.

Iring Fetscher (Hg.): Thomas Hobbes. Leviathan. Frankfurt a. M. 1984, S. 131, 134 ff.

M10 Locke: Legislative und exekutive Gewalt

In seiner zweiten „Abhandlung über die Regierung" (1690) äußerte sich John Locke zur neuen englischen Verfassung:

Das große Ziel der Menschen, die in eine Gemeinschaft eintreten, ist der Genuss ihres Eigentums in Frieden und Sicherheit, und das große Instrument und die Mittel dazu sind die Gesetze, die in dieser Gesellschaft erlassen werden. Das erste und grundlegend positive Gesetz aller Staatswesen ist daher die Errichtung der legislativen Gewalt – so wie das erste und grundlegende natürliche Gesetz, das sogar die Legislative selbst binden muss, die Erhaltung der Gesellschaft und, soweit es mit dem öffentlichen Wohl vereinbar ist, jeder einzelnen Person in ihr ist. Diese legislative Gewalt ist nicht nur die höchste Gewalt des Staates, sondern sie liegt auch geheiligt und unabänderlich in jenen Händen, in die die Gemeinschaft sie einmal gelegt hat. Keine Vorschrift […] kann die Verpflichtung eines Gesetzes haben, wenn sie nicht durch jene Legislative sanktioniert ist, die von der Allgemeinheit gewählt und ernannt worden ist. […] Die legislative Gewalt ist jene, die das Recht hat zu bestimmen, wo die Macht des Staates zur Erhaltung der Gemeinschaft und ihrer Glieder gebraucht werden soll. […] Bei der Schwäche der menschlichen Natur, die stets dazu neigt, nach der Macht zu greifen, dürfte es eine zu große Versuchung sein, wenn diejenigen, die die Macht besitzen, Gesetze zu erlassen, auch die Macht hätten, diese auszuführen. […] Die legislative und die exekutive Gewalt werden daher oftmals voneinander getrennt.

Zit. nach: Grundriss der Geschichte. Dokumente. Bd. 1. Stuttgart 1985, S. 127 f. (Übers.: Volker Dotterweich)

M11 Rousseau: Über den Gesellschaftsvertrag

In seinem Werk „Du Contract social" (Vom Gesellschaftsvertrag) schrieb Jean-Jacques Rousseau 1762:

Es geht darum, eine Gesellschaftsform zu finden, die mit der ganzen gemeinsamen Kraft der Person die Güter jedes Gesellschaftsmitglieds verteidigt und schützt und durch welche jeder Einzelne, obwohl er sich mit allen verbindet, dennoch nur sich selbst gehorcht und so frei bleibt wie zuvor. Dies ist das Grundproblem, dessen Lösung der Gesellschaftsvertrag bietet.[…]

[Seine] Bedingungen lassen sich alle auf eine einzige zurückführen, die völlige Hingabe jedes Gesellschaftsmitgliedes mit all seinen Rechten an die gesamte Gesellschaft, denn zunächst einmal ist, da jeder sich ganz hingibt, die Bedingung die gleiche für alle; und da die Bedingung für alle die gleiche ist, hat keiner ein Interesse daran, sie für die anderen lästig zu gestalten. Überdies ist, da die Hingabe ohne Vorbehalt erfolgt, die Vereinigung so vollkommen, wie sie nur sein kann, und kein Gesellschaftsmitglied hat noch etwas zu fordern. […] Jeder von uns stellt gemeinschaftlich seine Person und seine ganze Kraft unter die oberste Leitung des allgemeinen Willens, und wir nehmen jedes Mitglied als unteilbaren Teil des Ganzen auf. […]

Damit der Gesellschaftsvertrag keine leere Form bleibt, enthält er stillschweigend jene Verpflichtung, die allein den Übrigen Kraft zu verleihen vermag; nämlich die Verpflichtung, dass wer immer sich weigert, dem allgemeinen Willen zu gehorchen, von der ganzen Gemeinschaft hierzu gezwungen wird. Das bedeutet nichts anderes, als dass man ihn zwingen wird, frei zu sein. Denn dies ist die Bedingung, die jedem Bürger, dadurch dass sie ihn dem Vaterland einverleibt, Schutz gegen jede persönliche Abhängigkeit verleiht.

Irmgard und Paul Hartig (Hg.): Die Französische Revolution. Stuttgart 1997, S. 17 f.

M12 Montesquieu: Über Freiheit und Verfassung

In seinem Hauptwerk „Vom Geist der Gesetze" (1748) schrieb Charles de Montesquieu:

Es ist eine immer wieder festzustellende Tatsache, dass jeder Mensch, der Macht hat, auch in Gefahr steht, sie zu missbrauchen; er hält damit erst inne, wenn er auf Widerstand stößt. Sogar der Beste braucht solche Schranken. Damit man die Gewalt nicht missbrauchen kann, müssen Maßnahmen getroffen werden, so dass die Gewalt die Gewalt aufhält. […]

Jeder Staat verfügt über drei Arten der Gewalt: über die Gewalt, Gesetze zu geben, über die Gewalt, die Handlungen zu vollziehen, die in den Bereich des Völkerrechts gehören, und über die Gewalt, für die Beobachtung alles dessen zu sorgen, was in das Gebiet des bürgerlichen Rechts fällt. In Ausübung der ersten dieser Gewalten setzt der Fürst – oder die Obrigkeit – vorübergehend oder dauernd gültiges Recht und verbessert oder hebt die gültigen Gesetze auf; in der Ausübung der zweiten schließt er Frieden, erklärt er Krieg, entsendet oder empfängt er Gesandtschaften, sorgt für die öffentliche Ordnung, sichert er sein Land vor dem Einbruch einer feindlichen Macht; in der Ausübung der dritten bestraft er Verbrechen und schlichtet er Zwistigkeiten unter Privatpersonen. Man kann diese letztere als richterliche, die zweite einfach als vollziehende Gewalt des Staates bezeichnen. […]

Wenn die Ausübung der gesetzgebenden und der vollziehenden Gewalt einer einzigen Person oder einer einzigen Behörde zusteht, so gibt es keine Freiheit, weil zu befürch-

M 13 Ein Abend im Salon der Madame Geoffrin in Paris
Gemälde von Charles-Gabriel Lemonnier, um 1770. Die bürgerliche Gastgeberin war vermögend genug, um ihr Haus zum Treffpunkt von Literaten, Künstlern und Wissenschaftlern zu machen. Um eine Büste Voltaires sind u. a. die Aufklärer Rousseau, Turgot, Quesnay und d'Alembert versammelt.

ten ist, dass alsdann der betreffende Alleinherrscher oder die betreffende Behörde nach Willkür Gesetze geben, die sie auch willkürlich vollziehen können. Es gibt auch keine Freiheit, wo die richterliche nicht von der gesetzgebenden und der vollziehenden getrennt ist. Wäre sie mit der gesetzgebenden vereinigt, so käme dies der Aufrichtung einer schrankenlosen Macht über Leben und Freiheit der Bürger gleich; denn der Richter könnte selbst die Gesetze aufstellen. Wäre sie mit der vollziehenden Gewalt vereinigt, so könnte der Richter seine Entscheidungen mit der Kraft des Unterdrückers durchsetzen. Es wäre das allgemeine Verderben, wenn ein einzelner Mensch oder eine einzelne Behörde, gleichgültig, ob adelig oder demokratisch, alle drei Gewalten ausüben würde und dadurch Macht bekäme, sowohl Gesetze zu schaffen, als auch die den Staat betreffenden Beschlüsse auszuführen und über Verbrechen und Zwistigkeiten unter Privatpersonen richterliche Entscheidungen zu treffen.

Zit. nach: G. Guggenbühl/H. C. Huber (Hg.): Quellen zur Geschichte der Neueren Zeit. Zürich 1976, S. 309 ff.

Arbeitsaufträge

1 Charakterisieren Sie die Begriffe „Absolutismus" und „Aufklärung" (VT).

2 Erörtern Sie den Regierungsstil Ludwigs XIV. (VT, M 8). Zeigen Sie auf, wie Hobbes (M 9) die monarchische Alleinherrschaft rechtfertigt.

3 Fassen Sie die Argumente zusammen, die Locke und Montesquieu (M 10, M 12) für die Teilung der Gewalten anführen.

4 Erarbeiten Sie aus M 11, welche Gründe nach Rousseau zum Gesellschaftsvertrag führen und in welchem Verhältnis Vertrag und Freiheit zueinander stehen. Überlegen Sie, inwieweit Rousseaus Überlegungen aus heutiger Sicht realistisch sind.

5 Stellen Sie jeweils in Stichworten wesentliche Überzeugungen der Aufklärer Locke, Montesquieu, Rousseau und Voltaire dar (VT, M 10–M 12).

5 Der Absolutismus wird überwunden – die Französische Revolution

5.1 Aufstand gegen das Ancien Régime

M1 Nationalfeiertag am 14. Juli auf den Champs-Elysées in Paris, Foto 2007

Der 14. Juli ist der Nationalfeiertag in Frankreich. Mit Feuerwerk, Musik, Tanz und einer großen Militärparade auf den Champs-Elysées feiern die Franzosen alljährlich jenen Tag, an dem im Jahr 1789 die Bastille erstürmt wurde. Der Angriff auf das damalige Pariser Stadtgefängnis gilt als Symbol für den Ausbruch der Revolution. Jahrhunderte lang waren adlige Privilegien und die ständisch geprägte Gesellschaft nicht in Frage gestellt worden. Nun kämpfte das Volk für die Abschaffung der absoluten Vorherrschaft des Königs, für die Beseitigung adliger Vorrechte, für Freiheit, Gleichheit und Bürgerrechte. Am Ende standen das vorübergehende Ende der Monarchie und die Erklärung der Menschenrechte – ein Dokument, das vielen heutigen modernen Verfassungen als Vorbild diente.

1774–1792	In der Regierungszeit König Ludwig XVI. spitzt sich die Staats- und Finanzkrise Frankreichs immer mehr zu.
1776	Unabhängigkeitserklärung der 13 nordamerikanischen Kolonien
1788	Wegen des drohenden Staatsbankrotts werden in Frankreich die Generalstände einberufen.
1789	Der König eröffnet die Versammlung der Generalstände in Versailles (5. Mai). Die Vertreter des Dritten Standes erklären sich zur Nationalversammlung (17. Juni). Pariser Volksmassen erstürmen die Bastille (14. Juli). Die Nationalversammlung verkündet die Menschen- und Bürgerrechte (26. August).

Ständegesellschaft in Frankreich

Frankreich war bis zur ersten Hälfte des 19. Jahrhunderts das bevölkerungsreichste Land Europas. Trotz zunehmender Bedeutung von Handel und Gewerbe war die Landwirtschaft der noch immer größte wirtschaftliche Sektor. Rund 80 Prozent der Bevölkerung lebten und arbeiteten auf dem Land. Bei der ersten offiziellen Volkszählung im Jahr 1801 wurden in Frankreich 29,4 Millionen Menschen gezählt. Deutschland hatte zu dieser Zeit 24,5 Millionen Einwohner. Die französische Gesellschaft des Ancien Régime, der alten vorrevolutionären Herrschaft, war seit dem Mittelalter in drei Stände gegliedert, deren Angehörige sich jeweils nach Rechten, Pflichten und beruflichen Aufgaben deutlich voneinander unterschieden. Die Geistlichkeit (Klerus) bildete den Ersten Stand. Er war von den meisten Steuern befreit und unterstand nicht der bürgerlichen Gerichtsbarkeit. Bischöfe, Äbte und Äbtissinnen stammten ausschließlich aus adligen Familien. Sie bezogen ihren Wohlstand aus der Bewirtschaftung des kirchlichen Grundbesitzes und aus Abgaben der Bevölkerung, vor allem des Kirchenzehnten. Die Priester kamen dagegen meist aus der städtischen und ländlichen Oberschicht.

Der Adel als Zweiter Stand war seit der absolutistischen Herrschaft Ludwigs XIV. (1643–1715) zwar von der politischen Macht ausgeschlossen, genoss aber weiterhin erhebliche Privilegien: Auch Adlige waren von der Zahlung direkter Steuern (Grund-, Vermögens-, Einkommenssteuer) weitgehend befreit. Die wichtigsten Führungspositionen in der Beamtenschaft und beim Militär waren fast ausschließlich ihnen vorbehalten. Eine Tätigkeit in Handel und Gewerbe galt für den Adel als nicht standesgemäß und konnte sogar zum Verlust des Adelstitels führen. Für wohlhabende Bürger gab es die Möglichkeit, durch den Kauf eines Amtes, das mit dem Adelstitel verbunden war (Amtsadel), oder durch königlichen Adelsbrief in den Adel aufzusteigen.

Dritter Stand

Der Dritte Stand schließlich umfasste den größten Teil der Bevölkerung. Die Unterschiede an Bildung und Einkommen innerhalb dieses Standes waren beträchtlich. Am wohlhabendsten war das in den Städten lebende Großbürgertum, die Bourgeoisie, die aus dem Handel, der Warenproduktion in Manufakturen und dem Verlagswesen erhebliche Gewinne zog. Dem Großbürgertum folgte hinsichtlich Einkommen und Vermögen das Bürgertum mittleren Wohlstandes, zu dem sich die Beamten und die Angehörigen der freien Berufe wie Anwälte, Ärzte und Schriftsteller zählten. Diese Bevölkerungsgruppe war es vor allem, die den Geist der Aufklärung verbreitete und Kritik am Absolutismus formulierte.

Handwerker und Einzelhändler, die oft in Zünften und Gilden organisiert waren, zählten zum Kleinbürgertum. Die zahlenmäßig stärkste Schicht der städtischen Bevölkerung setzte sich aber aus ungelernten Arbeitern und Arbeiterinnen, aus Tagelöhnern, Lastträgern, Handlangern, Transport-, Garten- und Straßenarbeitern sowie dem männlichen und weiblichen Gesinde der Wohlhabenden zusammen. Dazu kamen Scharen von Bettlern, Dieben und Landstreichern.

Anders als in Deutschland gab es in Frankreich zahlreiche freie nichtadlige Bauern mit eigenem Grundbesitz. Die große Masse der Landbewohner war aber besitzlos. Viele von ihnen waren Landarbeiter auf den Gütern der geistlichen, adligen oder bürgerlichen Grundbesitzer, die ihre Güter entweder selbst bewirtschafteten oder an hörige Bauern verpachteten. Zur ländlichen Unterschicht gehörten landlose Familien und Personen, die von Gelegenheitsarbeiten, Bettelei oder Armenfürsorge lebten und oft nicht sesshaft waren.

M2 Aufbau der französischen Ständegesellschaft 1789

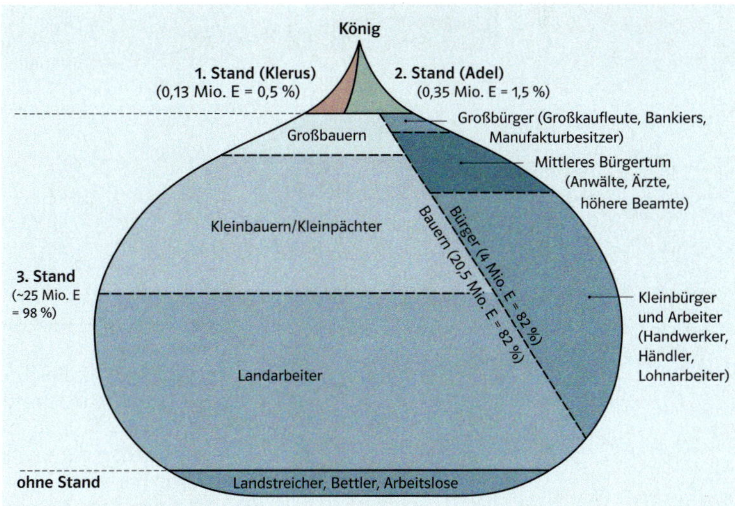

Die Opposition formiert sich

Mit der zunehmenden wirtschaftlichen Bedeutung großer Teile des Dritten Standes wuchs auch dessen Widerstand gegen die Privilegien der ersten beiden Stände. Die Angehörigen des Dritten Standes forderten eine Umgestaltung des gesellschaftlich-politischen Lebens: Befreiung von Bevormundung und Zwang, unbeschränkte Aktivität von Kapital und Arbeit in freiem Wettbewerb, Einführung der Gewerbefreiheit. Die abhängigen Bauern forderten die Abschaffung aller Dienste und Abgaben für die Gutsherren und freies Eigentum. Die freien Bauern ihrerseits beklagten die hohen Grundsteuern. Die wirtschaftliche Lage der Bauern hatte sich aufgrund der merkantilistischen Wirtschaftspolitik drastisch verschlechtert. Ein hoher Gewinn aus dem Verkauf von Fertigwaren der Manufakturen war nur zu erzielen, wenn die Löhne der Manufakturarbeiter bewusst niedrig gehalten wurden. Um den Manufakturarbeitern dennoch den Kauf landwirtschaftlicher Produkte zu ermöglichen, wurden die Bauern per Erlass gezwungen, ihre Erzeugnisse zu Billigpreisen anzubieten.

M3 Die Bedeutung der Manufakturen im absolutistischen Staat

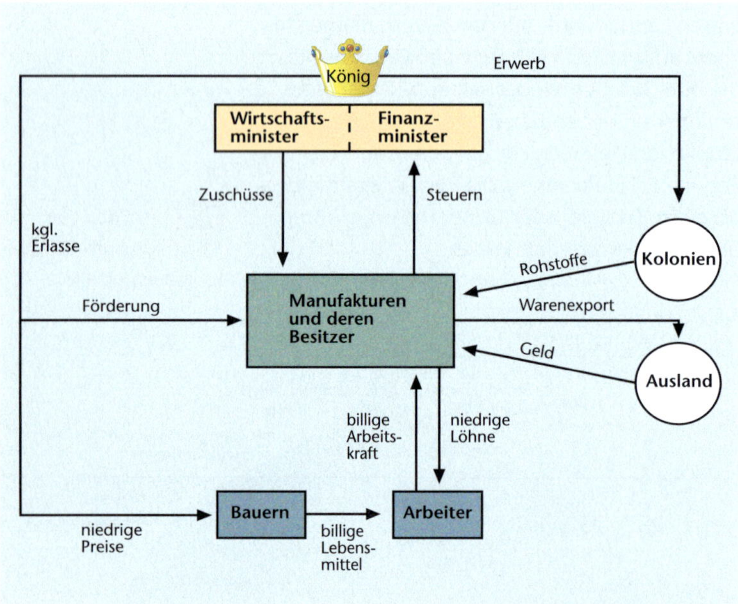

Der Staat in finanziellen Nöten

Die Spannungen innerhalb der Gesellschaft wurden dadurch verschärft, dass der französische Staat zur Zeit des Absolutismus erheblich mehr Geld ausgab, als er einnahm, und deshalb in eine finanzielle Notlage geriet. Das stehende Heer, das Berufsbeamtentum und die prunkvolle Hofhaltung verschlangen sehr viel Geld. Dazu kamen lange teure Kriege Ludwigs XV. – etwa der englisch-französische Kolonialkrieg (1755–1763), der mit der Abtretung des französischen Kolonialbesitzes in Amerika an England endete.

So war trotz des wirtschaftlichen Wachstums im 18. Jahrhundert der Staat vollkommen überschuldet. Bereits zur Zeit Ludwigs XIV. hatte Finanzminister Colbert versucht, eine aktive Handelsbilanz zu erreichen, also den Geldstrom nach Frankreich zu vermehren. Seine merkantilistische Wirtschaftspolitik war darauf gerichtet, die Attraktivität des französischen Warenangebotes zu erhöhen. Er ließ Straßen, Kanäle und Häfen bauen, vereinheitlichte Maße und Gewichte, holte ausländische Fachkräfte ins Land und errichtete staatliche Manufakturen für Erzeugnisse, die bisher importiert worden waren.

Der erhoffte Gewinnzuwachs von Handel und Gewerbe sollte vor allem der Staatskasse zugute kommen. So versuchte Colbert auch, das Steuerpachtsystem wirkungsvoller zu gestalten. Private Einnehmer, die für den Staat die Steuern eintrieben, hatten einen beträchtlichen Teil des eingetriebenen Geldes für sich behalten. Fortan wurden Steuerzahler und Steuerpächter rigiden Kontrollen unterzogen. Von der Verwirklichung seiner Wirtschaftsziele versprach sich Colbert verlässliche Grundlagen zur Aufstellung eines – bislang keineswegs üblichen – geordneten Staatshaushaltes. Dieser sollte Staatsausgaben und -einnahmen zum Ausgleich bringen und eine längerfristige, finanziell abgesicherte Wirtschaftsplanung ermöglichen.

Merkantilismus Staatlich gelenkte Wirtschaftspolitik des absolutistischen Staates. Sie ging davon aus, dass der Reichtum an Geld über Größe und Macht eines Staates entscheidet. Durch Exportüberschüsse sollte möglichst viel Geld ins Land fließen, ein Teil davon über Steuereinnahmen in die Staatskasse. Importe, die Geld kosteten, wurden durch hohe Zölle verhindert. Um rationell zu produzieren, entstanden mit staatlicher Hilfe Manufakturen. Dies waren Großbetriebe mit arbeitsteiliger, aber noch überwiegend handwerklicher Arbeit.

Die amerikanische Revolution als Vorbild

Dass es mittlerweile in Nordamerika gelungen war, einige Ideen der Aufklärung zu verwirklichen und eine republikanische Verfassung durchzusetzen, hatte in Frankreich großen Eindruck hinterlassen. Die französischen Zeitungen berichteten ausführlich über die Ereignisse in der Neuen Welt. Die 13 nordamerikanischen Kolonien waren von England zunächst mit leichter Hand regiert worden. Das englische Mutterland war hauptsächlich daran interessiert, den Außenhandel seiner Kolonien nach merkantilistischen Grundsätzen zu reglementieren. Im Inneren verfügten die Kolonisten sogar über eine parlamentarische Selbstverwaltung. Die Siedler waren sich dieser britischen Tradition mit Stolz bewusst und hielten loyal zum Mutterland. Dies änderte sich 1763. Der Krieg gegen Frankreich hatte die britischen Staatsschulden beträchtlich vermehrt. An ihrer Tilgung und an den Kosten der Stationierung englischer Truppen in Amerika wollte das Londoner Parlament nun auch die Kolonialbewohner beteiligen. Als es deshalb neue Handelsmonopole und Schutzzölle zugunsten der heimischen Wirtschaft errichtete, alle Urkunden und Druckerzeugnisse mit einer Stempelsteuer belegte (Stamp Act, 1765) und den Siedlern die gewünschte Ausdehnung über die Appalachen hinaus in das ehemals französische Gebiet verwehrte, schlossen sich die Kolonien zum gemeinsamen Handeln zusammen.

Streit um Steuern

Nach dem Grundsatz „No taxation without representation" lehnten die Kolonien das Besteuerungsrecht des Londoner Parlaments ab, in dem sie selbst nicht vertreten waren. Sie antworteten auf die neuen Gesetze mit Protest, dann mit Steuerverweigerung und organisiertem Warenboykott, schließlich mit Gewalt gegen Steuereinnehmer und Zollbehörden. Das britische Parlament nahm zwar die umstrittenen Handels- und Steuergesetze wieder zurück, ließ jedoch den Teezoll bestehen. Die Kolonien empfanden dies als Kampfansage. In einer heftigen publizistischen Auseinandersetzung über ihr Verhältnis zum Mutterland entwickelten sie ein eigenes amerikanisches Nationalbewusstsein. Als den Übergriffen kleiner revolutionärer Gruppen – wie die Protestaktion jener Männer, die in Boston eine Schiffsladung Tee über Bord warfen (Boston Tea Party, 1773) – Zwangsmaßnahmen der englischen Regierung folgten, verschärfte sich der lokale Widerstand zum Aufruhr und schließlich zum Krieg um die Unabhängigkeit.

Unabhängigkeitserklärung

Wenige Wochen nach Kriegsausbruch traten Delegierte aller Kolonien zusammen und beanspruchten die Befugnisse einer nationalen Regierung. Sie bestellten George Washington, einen Tabakpflanzer aus Virginia, der sich im Kolonialkrieg ausgezeichnet hatte, zum Oberbefehlshaber der amerikanischen Truppen und erklärten sich am 4. Juli 1776 für unabhängig. In der militärischen Auseinandersetzung mit dem Mutterland England konnten sich die Kolonien schließlich durchsetzen. Diesen Erfolg verdankten die Kolonisten Kriegsbündnissen mit Frankreich, den Niederlanden und Spanien, aber auch dem Zustrom europäischer Kriegsfreiwilliger. England musste im Frieden von Paris (1783) die Unabhängigkeit der „Vereinigten Staaten von Amerika" anerkennen. 1787 gaben sich die USA eine gemeinsame bundesstaatliche Verfassung. Das politische System zeichnet sich durch eine oft als „checks and balances" bezeichnete Gewaltenteilung aus, in der Gesetzgebung, ausführende Gewalt und Rechtssprechung zwar getrennt voneinander handeln, sich aber durch weitreichende Verschränkungen auch gegenseitig kontrollieren. 1789 wurde George Washington zum ersten Präsidenten der USA gewählt.

M4 George Washington (1732–1799), erster Präsident der USA

Revolution (von lat. „revolutio" = Umwälzung): Darunter versteht man einen tief greifenden, meist gewaltsamen Umsturz der bestehenden politischen und sozialen Ordnung, der auf grundlegende Änderungen aller Lebensverhältnisse hinausläuft. Musterbeispiel ist die Französische Revolution, die als bürgerliche Revolution bezeichnet wird, weil vor allem das zu Wohlstand gekommene Bürgertum sich Teilhabe an der politischen Macht erkämpfte. Als weitere Variante der bürgerlichen Revolution gilt die amerikanische Revolution von 1776.

M5 Ludwig XVI. (1774–1792), französischer König

Reformpläne in Frankreich

Die Herrschenden in Frankreich wollten einen derartigen gewaltsamen Umsturz der Verhältnisse wie in Amerika auf jeden Fall verhindern. Einer möglichen Revolution versuchten sie durch Reformen zuvorzukommen: 1787 schlug der französische Finanzminister Calonne König Ludwig XVI. vor, sämtliche Steuerprivilegien zu beseitigen und auch alle Grundeigentümer gleichermaßen zu besteuern. Diese Pläne scheiterten jedoch am erbitterten Widerstand der privilegierten Stände, die sich ihre Vorrechte nicht beschneiden lassen wollten. Sie erhofften sich aus der Krisensituation vielmehr einen Zugewinn an Macht gegenüber der Stellung des Königs und schlugen die Einberufung der Generalstände vor. Dieses Gremium hatte die Aufgabe, den König zu beraten. Es bestand aus jeweils ungefähr 300 Vertretern der drei Stände und war vor der Zeit des Absolutismus häufig in Krisenzeiten einberufen worden, zuletzt 1614. Abstimmungen erfolgten dort getrennt nach Ständen, jeder Stand hatte also eine Stimme. Die Generalstände sollten sich mit den drängendsten Fragen der Zeit beschäftigen: Wie war die Finanzkrise zu meistern? Waren die Privilegien der ersten beiden Stände aufrechtzuerhalten? Wie war die wirtschaftliche Not der ärmeren Bevölkerung in den Städten zu lösen? Sollten Ideen der Aufklärung, vor allem Menschenwürde, Freiheit und Gleichheit in der Gesetzgebung Eingang finden? Wie konnte das Ende des Absolutismus herbeigeführt werden ohne wesentlichen Machtzuwachs des Dritten Standes?

Einberufung der Generalstände

1788 verschärften sich Verschuldung und Zahlungsunfähigkeit des Staates zu einer umfassenden Krise. Schlechte Ernten trieben den Brotpreis in die Höhe, es kam zu Versorgungsengpässen. Die Zahl der Bettler und der Hungernden stieg an, die Unzufriedenheit der Bevölkerung wuchs. Der König und seine Minister konnten die Krise nicht mehr allein bewältigen. In dieser Zwangslage berief der König schließlich die Generalstände für Anfang Mai 1789 ein. Er versprach, die Zahl der Vertreter des Dritten Standes auf rund 600 zu verdoppeln und ordnete die nach Ständen getrennte Wahl der Abgeordneten an. Alle Männer über 25 Jahre, die Steuern zahlten, durften wählen und gewählt werden.

Gleichzeitig forderte der König die Wahlberechtigten auf, in Form von Beschwerdeheften (Cahiers de doléances) den Abgeordneten Anweisungen zu geben, welche Probleme vordringlich zu lösen seien. In Versammlungen in den Dörfern oder Stadtteilen wurden nach intensiven Beratungen Tausende solcher Hefte

M6 Wer trägt die Lasten?
Karikaturen aus dem Jahr 1789. Dargestellt sind jeweils die drei Stände. Die linke Darstellung trägt den Titel: „Man muss hoffen, dass dies Spiel bald ein Ende hat.“ Den Bauern ist die Jagd verboten, deshalb können Kaninchen und Vögel Saat und Ernte fressen. Auf dem Säbel steht: „Gerötet von Blut“, auf der Hacke: „Mit Tränen getränkt“.
Unter der rechten Karikatur heißt es: „Ich wusste ja, dass wir auch mal an die Reihe kämen.“

verfasst, noch heute sind über 40 000 erhalten. Besonders häufig kamen darin Klagen über zu hohe Steuern, ungerechte Feudalabgaben und die Privilegien der Grundherrn zum Ausdruck. Vor allem in den Städten wurde zusätzlich der Wunsch nach einer Verfassung mit Grundrechten und Gewaltenteilung geäußert.
Über vier Millionen Franzosen wirkten an der Abfassung der Beschwerdehefte mit und wurden somit politisiert. Die Initiative des Königs, sein Volk zu befragen, brachte ihm zahlreiche Sympathien ein. Doch eine nach der Eröffnung der Generalstände wochenlang schwelende Auseinandersetzung zwischen ihm und dem Dritten Stand ließ den Unmut in der Bevölkerung immer größer werden und löste so die Revolution im eigentlichen Sinne aus.

Der Weg zur Nationalversammlung

Nach der Eröffnung der Generalstände durch Ludwig XVI. am 5. Mai 1789 protestierten Abgeordnete des Dritten Standes gegen den Beschluss, getrennt nach Ständen abzustimmen. Sie forderten eine „Abstimmung nach Köpfen". Als dieser Streitpunkt auch nach Wochen nicht entschieden war, erklärte sich der Dritte Stand schließlich zur Nationalversammlung: zur einzig rechtmäßigen Vertretung aller Franzosen. Während sich nun Teile des Klerus mit dem Dritten Stand solidarisierten, widersetzten sich Adel und König diesem Ansinnen: Ludwig XVI. ließ den Versammlungsraum der selbst ernannten Nationalversammlung verriegeln. Daraufhin trafen sich deren Abgeordnete im Ballhaus von Versailles – einer Tennishalle – und schworen dort feierlich, nicht eher auseinanderzugehen, bis sie Frankreich eine Verfassung gegeben hätten. Unter dem Druck der immer größeren Not und der zunehmenden Unruhen vor allem in Paris fügte sich der König in diese Entwicklung und forderte die Abgeordneten der anderen Stände auf, sich dem Dritten Stand anzuschließen. Am 9. Juli gaben die Abgeordneten ihrer Versammlung den Namen „Verfassunggebende Nationalversammlung" (Constituante). Damit war ein Gremium geschaffen, das für die Legislative Frankreichs zuständig sein sollte.

Sturm auf die Bastille

Der König erkannte zwar die neue Nationalversammlung an, ließ aber gleichzeitig in Versailles und Paris Truppen zusammenziehen. Als sich diese Nachricht verbreitete, bildeten die Bürger von Paris so genannte Nationalgarden, bewaffneten sich und stürmten am 14. Juli die Bastille, ein Gefängnis und Munitionslager. Obwohl in dieser Festung nur noch wenige Gefangene saßen, wurde der Sturm auf die Bastille zum Symbol der Revolution.
Die Bauern sahen in der Revolution des Bürgertums von Paris ein Signal. Zu lange warteten sie schon auf die Lösung der in ihren Beschwerdeheften formulierten Probleme. Die Missernte von 1788 und der harte Winter hatten ihre soziale Lage noch verschärft. Sie bewaffneten sich, stürmten und brandschatzten Schlösser und Klöster und verbrannten die Urkunden, die ihre Frondienste und Abgabenpflichten festlegten.

Erklärung der Menschrechte

Als sich die Nationalversammlung am 4. August zusammenfand, um über die kritische Lage auf dem Lande zu beraten, sprachen sich mehrere adlige Mitglieder für die Beseitigung von Privilegien der ersten beiden Stände aus. Ihre Erklärung löste eine lebhafte Sitzung aus, auf der die Abgeordneten bis in die frühen Morgenstunden des 5. August einen Beschluss nach dem anderen zur Beseitigung der ständi-

M7 Die Erstürmung der Bastille am 14. Juli 1789
Anonymer kolorierter Stich

schen Vorrechte fassten. So wurden die Leibeigenschaft, die Steuerbefreiung für die beiden ersten Stände, die Gerichtsbarkeit sowie die Jagdrechte der Grundherren und die Ämterkäuflichkeit abgeschafft. Es sollte keine Untertanen, sondern nur noch freie Bürger (citoyen) mit gleichen Rechten und Pflichten geben.
Die Beschlüsse des 4./5. August lösten in ganz Frankreich stürmische Begeisterung aus. Im Sinne dieser Vorgaben machte sich die Nationalversammlung an die Ausarbeitung einer „Erklärung der Menschen- und Bürgerrechte", die am 26. August 1789 verkündet wurde.

Frauen holen den König nach Paris

Der König weigerte sich zunächst, die Beschlüsse der Nationalversammlung anzuerkennen. In der Pariser Bevölkerung brach Angst vor einer Gegenrevolution aus. Die Anspannung stieg weiter, als die Lebensmittelversorgung von Paris wegen Unruhen auf dem Land ins Stocken geriet. Daraufhin zogen Anfang Oktober 7000 bewaffnete Frauen, gefolgt von 10 000 Männern und Teilen der Nationalgarde mit dem Schlachtruf „Versailles schlemmt, Paris hungert" zum Schloss des Königs nach Versailles. Sie zwangen den Monarchen, die Beschlüsse der Nationalversammlung anzuerkennen, und drängten ihn zusammen mit seiner Familie zu einem Umzug in die Hauptstadt, um ihn dem Einfluss des Adels in Versailles zu entziehen. Wenige Tage später folgte ihm auch die Nationalversammlung nach Paris, wo sie fortan dem Druck der aufständischen Bevölkerung ausgesetzt war.

Enteignung und Unterwerfung der Kirche

Wie aber konnte die Nationalversammlung die anhaltende Finanzkrise des Staates lösen? Die Abgeordneten entschieden sich dafür, den notwendigen Geldbedarf durch die Enteignung und den Verkauf der Kirchengüter zu beschaffen. Da der Grundbesitz der Kirche nicht innerhalb kurzer Zeit verkauft werden konnte, zahlte man den Gläubigern des Staates 1790 ihre Schulden in Form von Assignaten – Anweisungen, die Staatsanleihen ähnelten – zurück. Diese konnten gegen die zur Verfügung stehenden Landgüter eingetauscht werden, wurden aber auch in Umlauf gebracht und entwickelten sich zu einem Zahlungsmittel. Da das neue Papiergeld durch Grundbesitz gedeckt war, galt es zunächst als stabile Währung. Schon bald wurden allerdings immer mehr Assignaten in Umlauf gebracht. Eine inflationäre Entwicklung war die Folge. 1797 wurden alle Assignaten, die nicht für Staatsgüter eingetauscht worden waren, für ungültig erklärt. Vor allem gut verdienenden Stadtbürgern und selbstständigen Bauern war es aber gelungen, mit Hilfe dieser Schuldscheine Kirchengüter günstig zu erwerben. Diese wohlhabende Schicht wurde nun wirtschaftlich noch mehr gestärkt und verlor jedes Interesse an der Fortsetzung der Revolution.
Für die Kirche, die mit dem Grundbesitz ihre wesentliche Einnahmequelle verloren hatte, musste eine neue Organisationsform gefunden werden: 1790 löste die Nationalversammlung Klöster und Orden auf, führte die standesamtliche „Zivilehe" ein, verstaatlichte die Schulen und entzog sie der Aufsicht der Kirche. Die nunmehr vom Staat besoldeten Priester sollten von der Bevölkerung gewählt werden. Von den Priestern wurde ein Eid auf die neue Ordnung verlangt, den die meisten von ihnen jedoch ablehnten. Der revolutionäre französische Staat geriet damit in einen grundsätzlichen Gegensatz zum Papst, der die Umgestaltung der Kirche ebenso ablehnte wie die Menschen- und Bürgerrechte, die er als gottlos verurteilte.

M8 Zug der Frauen nach Versailles

Zeitgenössische Radierung. Am 5. Oktober 1789 brachen aus dem Arbeiterviertel Saint-Antoine hungernde Frauen zum Rathaus auf. Von vielen Pariserinnen, bewaffneten Männern und Nationalgardisten verstärkt, setzte sich dann der Zug nach Versailles in Marsch.

M9 Verfassungsschaubild der USA

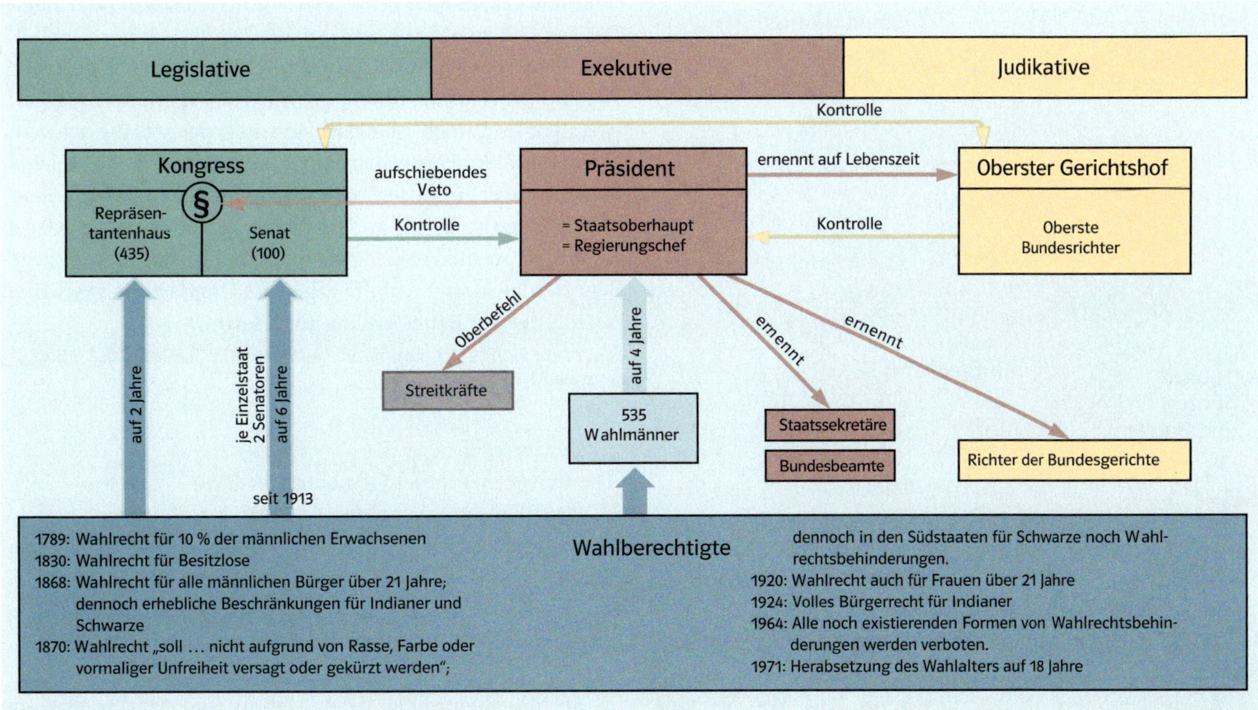

M10 Auszüge aus der Unabhängigkeitserklärung

Thomas Jefferson (1743–1826) wurde 1801 zum 3. Präsidenten der USA gewählt. Er gilt als der eigentliche Verfasser der Unabhängigkeitserklärung, in der er als Anhänger der Philosophie John Lockes die unveräußerlichen Menschenrechte verankerte:

Wenn es im Laufe der geschichtlichen Ereignisse für ein Volk notwendig wird, die politischen Bande zu lösen, die es mit anderen verknüpft hat, und unter den Mächten der Erde die gesonderte und gleichwertige Stellung einzunehmen, zu der die Gesetze der Natur und des Schöpfers es berechtigen, so erfordert eine geziemende Achtung vor der Meinung der Welt, dass es die Gründe angibt, die es zur Trennung zwingen.

Wir halten diese Wahrheiten für in sich einleuchtend: dass alle Menschen gleich geschaffen sind; dass sie vom Schöpfer mit gewissen unveräußerlichen Rechten ausgestattet sind, darunter Leben, Freiheit und Streben nach Glück; dass zur Sicherung dieser Rechte Regierungen unter Menschen eingesetzt sind, die ihre gerechten Vollmachten von der Einwilligung der Regierten herleiten; dass, wenn immer eine Regierungsform diesen Zielen zum Schaden gereicht, es das Recht des Volkes ist, sie zu ändern oder abzuschaffen und eine neue Regierung einzusetzen. So haben diese Kolonien geduldig gelitten, und so stehen auch sie jetzt vor der zwingenden Notwendigkeit, ihr bisheriges Regierungssystem zu ändern. Die Geschichte des gegenwärtigen Königs von Großbritannien ist eine Geschichte fortgesetzter Ungerechtigkeiten und Anmaßungen, die alle direkt darauf zielen, eine absolute Tyrannei über unsere Staaten zu errichten. In jedem Stadium unserer Bedrückung haben wir untertänigst um Abhilfe nachgesucht. Auf unsere wiederholten Petitionen wurde nur mit wiederholten Kränkungen geantwortet. Ein Fürst, dessen Charakter so durch Handlungen gekennzeichnet wird, die eines Tyrannen würdig wären, ist ungeeignet, über ein freies Volk zu herrschen.

Wir, die Vertreter der Vereinigten Staaten von Amerika, die hier als Gesamtkongress versammelt sind, rufen daher den höchsten Richter dieser Welt zum Zeugen für die Redlichkeit unserer Absichten an und erklären feierlich, dass diese Vereinigten Kolonien freie und unabhängige Staaten sind und auch in Zukunft rechtens sein sollen, dass sie von jeder Untertanen-Pflicht gegenüber der britischen Krone losgesprochen sind und dass alle politischen Bindungen zwischen ihnen und dem Staate Großbritannien vollkommen gelöst sind und in Zukunft bleiben sollen und dass sie als freie und unabhängige Staaten das uneingeschränkte Recht haben, Kriege zu führen, Frieden zu schließen, Bündnisse einzugehen, Handel zu treiben und all die anderen Handlungen vorzunehmen, die unabhängige Staaten rechtens tun können.

Zit. nach: Anspruch und Wirklichkeit. Zweihundert Jahre Kampf um Demokratie in den USA. Dokumente und Aussagen. Berlin 1976, S. 16 f.

M11 Verteilung des Grundbesitzes, 1789

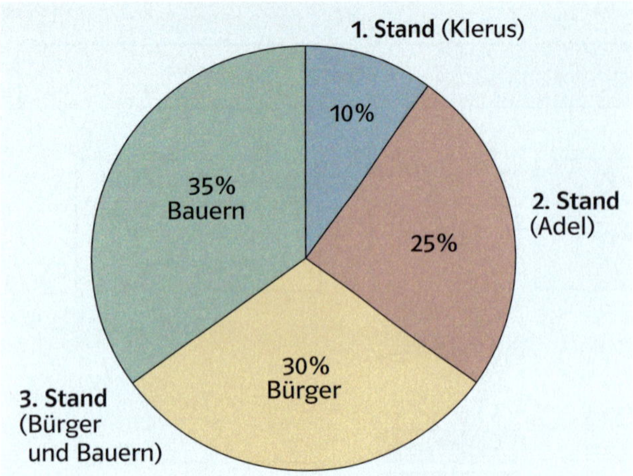

M12 Was ist der dritte Stand?

Aus der Wahlkampfbroschüre des Abbé Sieyès vom Januar 1789:

1. Was ist der dritte Stand? Alles.
2. Was ist er bis jetzt in der öffentlichen Ordnung gewesen? Nichts.
3. Was verlangt er? Etwas zu werden […] Was ist eine Nation? Ein Zusammenschluss von Partnern, welche unter einem gemeinsamen Gesetz leben und die durch eine und dieselbe gesetzgebende Versammlung vertreten wird. […]

Er (der dritte Stand) will haben, 1. dass wahre Vertreter bei den Generalständen, d.h. Abgeordnete aus seinem Stand genommen werden, welche die Ausleger seines Willens und die Verteidiger seines Interesses sein können […].

Er verlangt 2. ebenso viele Vertreter wie die beiden anderen Stände zusammen. Da aber diese Gleichheit der Vertretung vollkommen täuschend sein würde, wenn jede Kammer ihre gesonderte Stimme hätte, verlangt der dritte Stand also 3., dass die Stimmen nach den Köpfen und nicht nach den Ständen genommen werden sollten. […] Man muss vorwärts gehen oder zurückweichen.

Zit. nach: Irmgard und Paul Hartig (Hg.): Die Französische Revolution. Stuttgart 1997, S. 37 f.

M13 Aus den Beschwerdeheften verschiedener Gemeinden, Frühjahr 1789

a) Bears und Bouziès:

Die genannte Gemeinde stellt vor, dass es keinen unglücklicheren Menschen gibt als den Bauern und den Tagelöhner. Um diese Grundwahrheit zu beweisen, genügt es zu betrachten, dass nach Abführung der königlichen Steuern und nach Bezahlung der Feudallasten sowie nach Abrechnung seiner Arbeit und des Saatgutes dem Bauern und Eigentümer nicht einmal ein Zehntel des Ertrags von seinem Boden bleibt, so dass er, um die genannten Lasten und Steuern bezahlen zu können, gezwungen ist, von ein wenig Hirsebrot oder Buchweizen sich zu nähren, was ihm oft genug auch noch fehlt. Er hat nichts als eine Suppe von Wasser und Salz, eine Nahrung, welche die Hunde besser gestellter Menschen verweigern würden; und doch ist dieser Arbeiter, der ständig schwerer Arbeit und der Härte aller Jahreszeiten ausgesetzt ist, nichtsdestoweniger ein Untertan des Staats, der nicht härter behandelt werden sollte als andere Menschen auch. Diese Klagen und Beschwerden sollen also der Ständeversammlung vorgelegt werden, damit Abhilfe gegen die Überlastung geschaffen werde, der der Bauer bislang ausgesetzt ist.

Zit. nach: Wolfgang Lautemann: Geschichte in Quellen. Bd. 4. München 1981, S. 148.

b) Guyancourt:

Die Einwohner dieser Gemeinde fordern:

1. dass alle Steuern von den drei Ständen ohne irgendwelche Ausnahme gezahlt werden, von jedem Stand gemäß seinen Kräften;
2. das gleiche Gesetz und Recht im ganzen Königreich;
3. die völlige Aufhebung der Sondersteuern und der Salzsteuer;
4. die Abgabenfreiheit aller Messen und Märkte und die Abschaffung aller Wegegelder;
5. die völlige Beseitigung jeglicher Art von Zehnten in Naturalien; […]
8. dass die Eigentumsrechte heilig und unverletzlich sind;
9. dass rascher und mit weniger Parteilichkeit Recht gesprochen wird;
10. dass alle Frondienste, welcher Art sie auch sein mögen, beseitigt werden;
11. dass die Einziehung zum Heeresdienst nur in den dringenden Fällen erfolgt und dass in diesem Fall die Städte ohne irgendwelche Ausnahme oder Befreiung hierzu beitragen.

Zit. nach: Irmgard und Paul Hartig (Hg.): Die Französische Revolution. Stuttgart 1997, S. 31 f.

c) Colmare:

1. Wenn der Klerus und Adel so wie wir zahlten, dann würde das den Staat erheblich stärken, wodurch er imstande wäre, dem unterdrückten Volk Erleichterung zu verschaffen.
2. Wir erbitten die Abschaffung der indirekten Steuern und der Salzsteuer. […]
6. Es sollte das Wild, wie Hasen, Kaninchen und andere wilde Tiere, die den Bauern großen Schaden verursachen, getötet werden. […]
8. Wir fühlen uns auch berechtigt, eine Bemerkung zum Frondienst auf den großen Straßen zu machen. Wir halten es für natürlicher, dass diejenigen für Kosten und Unterhalt aufkommen, die sie beschädigen, aber ohne Behinderung des Handels. […]

10. Wir bitten um Abschaffung überflüssiger Mönche und Nonnen.

11. Wir bitten, dass Gemeindeland und leere Flächen zum Vorteil des Staates bestellt werden.

12. Wir bitten, dass alle Maschinen jeder Art, wie die zum Baumwollspinnen, abgeschafft werden, da sie der Bevölkerung Schaden zufügen.

13. Wir bitten, dass der Mühlenzwang im Land abgeschafft wird.

W. Lautemann/M. Schlenke (Hg.): Geschichte in Quellen. Bd. IV. München 1981, S. 150 f.

M14 Schwierige Versorgungslage

Die monarchistische Zeitung „L'Ami du Roi" berichtet im Juli 1789:

Je näher man dem 14. Juli kam, desto größer wurde der Mangel; jeder Bäckerladen war von einer Menge umlagert, der das Brot mit der größten Knauserigkeit zugeteilt wurde, und jede Zuteilung war begleitet von Ängsten für die Versorgung von morgen. Diese Ängste verdoppelten sich noch durch die Klagen derer, die nichts erwischt hatten, obwohl sie den ganzen Tag vor der Türe eines Bäckers gestanden hatten. Oft war der Platz vor dem Brotladen blutig; die Leute rissen sich die Nahrung aus den Händen und schlugen sich darum, die Werkstätten standen leer: Arbeiter und Handwerker verloren ihre Zeit mit Streitereien, mit dem Kampf um ein wenig Nahrung, und dieser Kampf setzte sie dann vor die Unmöglichkeit, am nächsten Tag Brot zu bezahlen. Dieses Brot, das man mit so vielen Mühen ergatterte, war bei weitem kein gesundes Nahrungsmittel; meistens war es schwärzlich, erdig und bitter, brannte im Halse und rief Leibschmerzen hervor.

P. Buchez/P. Roux-Lavergne (Hg.): Histoire parlementaire de la Révolution francaise. 40 Bände. Paris 1834–1838; hier: Band II, S. 40 f.

M15 Lebenshaltungskosten in Paris im Februar 1789

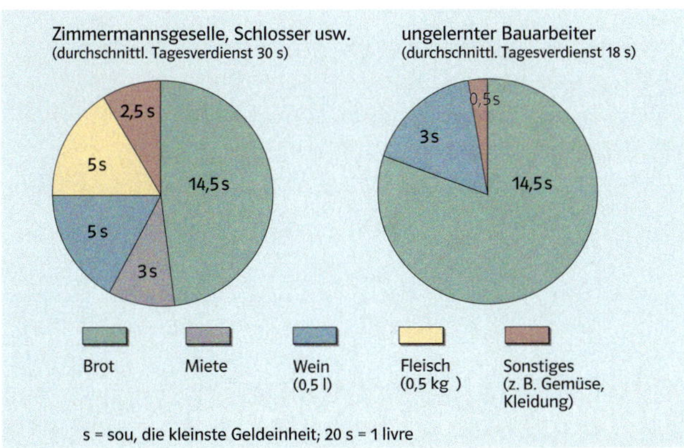

M16 Der Dritte Stand des Dritten Standes?

Der „Dritte Stand des Dritten Standes" seien die Frauen, beklagte sich eine Französin in einem der Beschwerdebriefe. Frauen waren in allen Bereichen benachteiligt: Wenn sie – wie die meisten Frauen – erwerbstätig waren, weil der Verdienst ihrer Männer nicht ausreichte, bekamen sie viel weniger Lohn als ein vergleichbarer Arbeiter. Schul- und Berufsbildung gab es für Mädchen nicht, so dass die besser bezahlten Berufe ihnen verschlossen blieben. Nur gut ein Viertel der Frauen konnte etwas lesen und schreiben, bei den Männern war es immerhin knapp die Hälfte. Als besonders ungerecht empfanden viele Frauen die Ehegesetze: Der Mann durfte z. B. allein über die Finanzen entscheiden und er konnte die Frau verlassen, ohne ihr Unterhalt zahlen zu müssen. Eine Scheidung war allgemein nicht möglich. Das Eherecht galt auch für adlige Frauen, deren Lebensumstände allerdings zumeist erheblich besser waren. Manche Frauen aus dem Adel waren hoch gebildet und hatten – wenn auch indirekt – durchaus Einfluss auf das gesellschaftliche und politische Leben des Ancien Régime.

Aus Bittschriften von Frauen des Dritten Standes:

In einer Zeit, da ein jeder bemüht ist, seine Ansprüche und Rechte geltend zu machen [...] sollte es da nicht auch den Frauen möglich sein, ihrer Stimme Gehör zu verschaffen? [...] Die Frauen des Dritten Standes werden fast alle ohne Reichtümer geboren; ihre Erziehung wird sehr vernachlässigt [...].

Wir bitten um Ausbildung und Beruf, nicht um uns die Befugnisse der Männer anzueignen, sondern um höher von ihnen geachtet zu werden, und damit wir imstande sind, vor dem Elend geschützt zu leben. [...]

Wir bitten Euch inständig, Sire, kostenlose Schulen einzurichten, wo wir unsere Sprache von Grund auf erlernen können, die Religion und die geistigen und sittlichen Werte; eins wie das andere soll uns in seinem ganzen Umfang dargeboten werden [...].

Ebenso [ist] es nur gerecht, ihre [der Frauen] Stimmen zu zählen, da sie doch wie die Männer dazu verpflichtet sind, die königlichen Abgaben zu zahlen und den Verpflichtungen des Handels nachzukommen.

Man wird eventuell vorbringen, alles, was man ihnen gewähren könne, sei ihnen zu gestatten, sich durch Bevollmächtigte in den Generalständen vertreten zu lassen. Man könnte dem entgegnen, es sei mit Fug und Recht erwiesen, dass weder ein Adeliger einen Nichtadeligen vertreten kann noch dieser einen Adeligen, ebenso kann [...] kein Mann eine Frau vertreten [...] können Frauen nur von Frauen vertreten werden.

Zit. nach: Landesregierung NRW (Hg.): Geschichte auch für Mädchen. 1989, S. 20 f. (Übers.: Gerhard Seidel, Sabine Franzen)

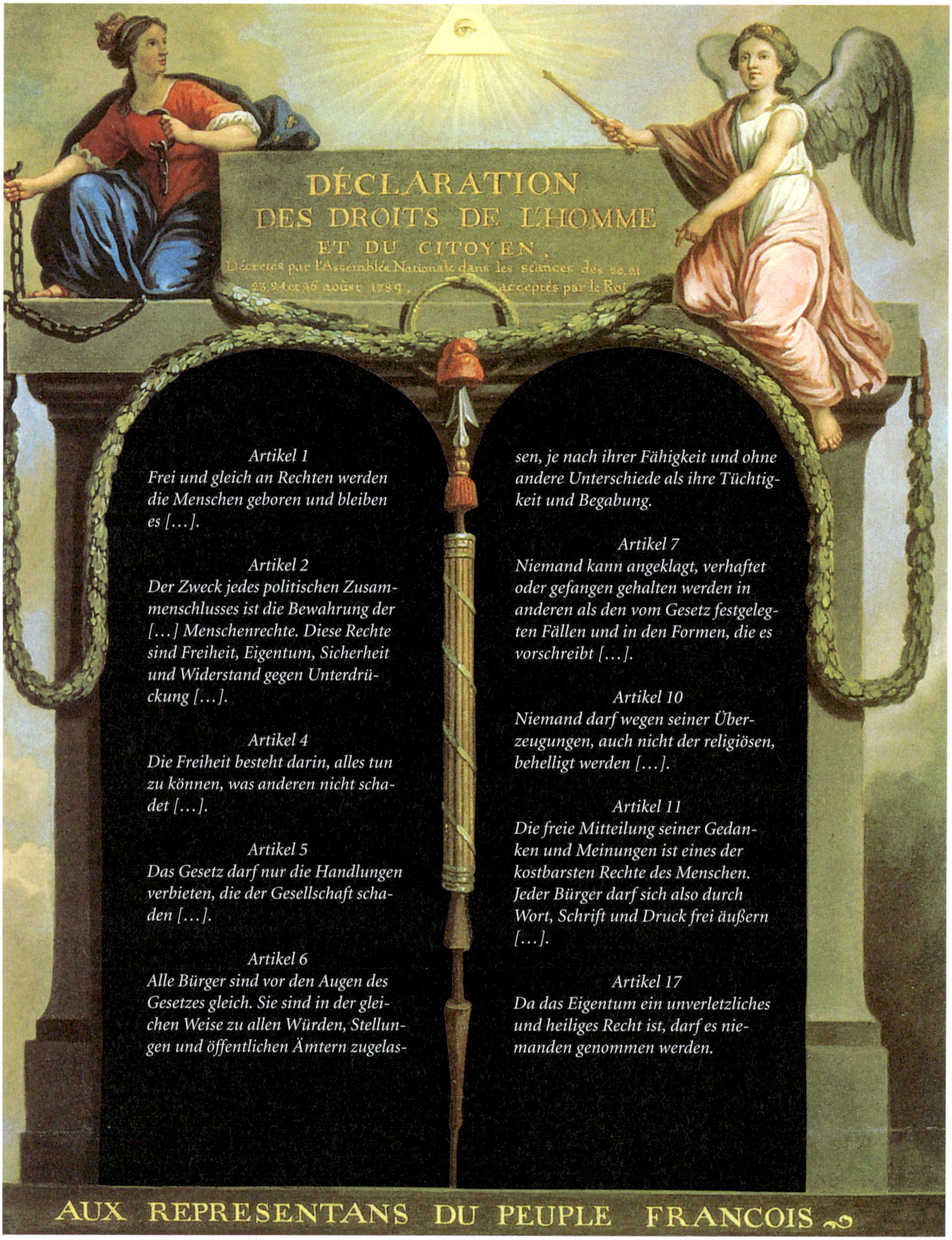

Artikel 1
Frei und gleich an Rechten werden die Menschen geboren und bleiben es […].

Artikel 2
Der Zweck jedes politischen Zusammenschlusses ist die Bewahrung der […] Menschenrechte. Diese Rechte sind Freiheit, Eigentum, Sicherheit und Widerstand gegen Unterdrückung […].

Artikel 4
Die Freiheit besteht darin, alles tun zu können, was anderen nicht schadet […].

Artikel 5
Das Gesetz darf nur die Handlungen verbieten, die der Gesellschaft schaden […].

Artikel 6
Alle Bürger sind vor den Augen des Gesetzes gleich. Sie sind in der gleichen Weise zu allen Würden, Stellungen und öffentlichen Ämtern zugelassen, je nach ihrer Fähigkeit und ohne andere Unterschiede als ihre Tüchtigkeit und Begabung.

Artikel 7
Niemand kann angeklagt, verhaftet oder gefangen gehalten werden in anderen als den vom Gesetz festgelegten Fällen und in den Formen, die es vorschreibt […].

Artikel 10
Niemand darf wegen seiner Überzeugungen, auch nicht der religiösen, behelligt werden […].

Artikel 11
Die freie Mitteilung seiner Gedanken und Meinungen ist eines der kostbarsten Rechte des Menschen. Jeder Bürger darf sich also durch Wort, Schrift und Druck frei äußern […].

Artikel 17
Da das Eigentum ein unverletzliches und heiliges Recht ist, darf es niemanden genommen werden.

M17 Erklärung der Menschen- und Bürgerrechte

Kupferstich (Abbildung Seite 96), von dem viele Drucke im Umlauf waren. Die darin verwendeten Symbole konnten auch jene Bürgerinnen und Bürger entschlüsseln, die nicht lesen konnten: Die Sonne am oberen Bildrand ist ein Sinnbild der Aufklärung. Im Zentrum der Strahlen befindet sich ein geöffnetes Auge als Zeichen der Wachsamkeit. Das gleichseitige Dreieck vergegenwärtigt die Gleichgewichtigkeit der drei ehemaligen Stände. Der Engel mit dem Zepter in der Hand verkörpert das Gesetz – gleichsam als eine „frohe Botschaft" analog zur christlichen Überlieferung. Die Frauengestalt, die die eisernen Fesseln des Absolutismus löst, versinnbildlicht die französische Nation zur Zeit der konstitutionellen Monarchie. Sie ist in den Farben der Trikolore gekleidet; rot und blau sind die Farben der Stadt Paris, weiß ist die Farbe des Königs. Auch die Lilien auf dem Umhang sind Symbol der französischen Königsfamilie. Das Rutenbündel (Liktorenbündel) zwischen den Tafeln ist das Symbol wehrhafter Solidarität.

Bei der Darstellung ist die deutsche Übersetzung der Menschenrechte in gekürzter Form eingefügt worden.

M18 Erklärung der Rechte der Frau und Bürgerin

Die Schriftstellerin Olympe de Gouges (vgl. S. 101) übersandte die Erklärung 1791 an die Nationalversammlung:

Die Mütter, die Töchter, die Schwestern, Vertreterinnen der Nationen verlangen, als Nationalversammlung konstituiert zu werden. In Anbetracht dessen, dass Unkenntnis, Vernachlässigung oder Missachtung der Rechte der Frau die alleinigen Ursachen öffentlichen Unbills und der Verderbtheit der Regierungen sind, haben sie beschlossen, in einer feierlichen Erklärung die natürlichen, unveräußerlichen und heiligen Rechte der Frau darzulegen. […]

Art. I: Die Frau wird frei geboren und bleibt dem Manne gleich an Rechten. Gesellschaftliche Unterschiede können nur im allgemeinen Nutzen begründet sein. […]

Art. IV: Freiheit und Gleichheit beruhen darauf, dass dem andern gewährt wird, was ihm zusteht. So hat die Ausübung der natürlichen Rechte der Frau Grenzen nur in der ewigen Tyrannei, die der Mann ihr entgegensetzt; diese Grenzen müssen gemäß den Gesetzen der Natur und der Vernunft neu festgelegt werden. […]

Art. VI: Das Gesetz soll Ausdruck des Willens aller sein; alle Bürgerinnen und Bürger sollen persönlich oder über ihre Vertreter zu seiner Entstehung beitragen, für alle sollen die gleichen Bedingungen Geltung haben. […]

Art. XI: Die freie Gedanken- und Meinungsäußerung ist eines der kostbarsten Rechte der Frau. […] Jede Bürgerin kann demnach ohne Einschränkung sagen: „Ich bin die Mutter eines Kindes, das von Euch stammt", ohne dass ein barbarisches Vorurteil sie dazu zwänge, die wahren Umstände geheim zu halten. […]

Art. XIII: Zum Unterhalt der öffentlichen Kräfte und Einrichtungen tragen Frau und Mann im gleichen Umfange bei. […] Die Frau […] muss deshalb bei der Zuteilung von Stellungen und Würden, in niederen wie in höheren Ämtern sowie im Gewerbe, ebenso berücksichtigt werden.

Zit. nach: M. Diller u. a. (Hg.): Olympe de Gouges. Schriften. Basel/Frankfurt 1980, S. 40 ff. (Übers.: Vera Mostowlansky)

Arbeitsaufträge

1 Beschreiben Sie die einzelnen Stände in Frankreich vor der Revolution (VT, M 2, M 6, M 12).

2 Inwieweit lässt sich von einer Einheitlichkeit des Dritten Standes sprechen? Nennen Sie gemeinsame bzw. widerstreitende Interessen (VT, M 2, M 12, M 16, M 18).

3 Nennen Sie Gründe für die Zunahme der sozialen Spannungen im Laufe des 18. Jahrhunderts in Frankreich (VT, M 13–M 16). Erörtern Sie, inwieweit 1789 die sozialen Gegensätze verringert werden konnten.

4 Erarbeiten Sie stichwortartig eine Übersicht über die Ursachen der Revolution, den Verlauf der bürgerlichen Revolutionsphase und die ersten Entscheidungen der Nationalversammlung. Tragen Sie in einem Zeitstrahl die wichtigsten Geschehnisse ein (VT).

5 Beschreiben Sie die Wirtschaftspolitik des Merkantilismus (VT, M 3). Beurteilen Sie deren Wirksamkeit aus heutiger Sicht.

6 Diskutieren Sie, inwieweit man die 1776 eingeleiteten Ereignisse in den nordamerikanischen Kolonien als Revolution bezeichnen kann (VT, M 10). Welche dauerhaften Veränderungen wurden erzwungen?

7 Analysieren Sie das Verfassungsschaubild der USA (M 9) hinsichtlich der Gewaltenteilung und der Gewaltenverschränkung. Wo gab es lange Zeit Einschränkungen bei den Menschenrechten?

8 Die Vereinten Nationen beschlossen 1948 die „Allgemeine Erklärung der Menschenrechte". Den Text finden Sie im Internet. Sortieren Sie den Menschenrechtskatalog der Vereinten Nationen nach Freiheits- und Unverletzlichkeitsrechten.

9 Diskutieren Sie, ob bzw. inwieweit die Forderungen der Olympe de Gouges (M 18) auch in der Gegenwart ihre Gültigkeit oder Berechtigung haben.

5.2 Die Revolution mündet in die Herrschaft Napoleons

Während die bürgerlich geprägte erste Phase der Revolution (1789–1792) als „Révolution de la liberté“ bezeichnet wird, hat sich für den daran anschließenden Abschnitt (1792–1794) der Begriff von der „Révolution de la égalité“ herausgebildet. Diese zweite Phase endete in einer radikalen Schreckensherrschaft und ebnete schließlich der Herrschaft Napoleons den Weg. Am Ende des Kampfes der Bevölkerung für „Freiheit, Gleichheit und Brüderlichkeit“ stand mit Napoleon plötzlich ein Alleinherrscher an der Spitze des Staates. Wie konnte es dazu kommen? Und warum markieren die Französische Revolution und Napoleons Herrschaft dennoch den Beginn eines neuen Zeitalters?

1791	Eine neue Verfassung macht Frankreich zur konstitutionellen Monarchie.
1792	Der Nationalkonvent wird gewählt.
1793	Mit dem „Gesetz über die Verdächtigen“ beginnt die so genannte Schreckensherrschaft.
1794	Mit der Hinrichtung Robespierres endet die Zeit des Terrors.
1799	Napoleon Bonaparte wird durch einen Staatsstreich Alleinherrscher.
1804	Napoleon wird Kaiser der Franzosen.

Frankreich wird konstitutionelle Monarchie

Nach zweijähriger Beratung verabschiedete die Nationalversammlung am 3. September 1791 eine Verfassung, die Frankreich zur konstitutionellen Monarchie machte. Gemäß der Theorie von Montesquieu wurde darin eine Teilung der Gewalten festgeschrieben: Die Legislative lag bei der alle zwei Jahre zu wählenden Nationalversammlung, die Exekutive beim König und seinen Ministern, die Judikative bei Richtern, deren Ämter nicht mehr käuflich, sondern an Berufsausbildung und Wahl gebunden waren. Der König erhielt allerdings ein aufschiebendes Einspruchsrecht in der Gesetzgebung (suspensives Veto).

Das Wahlrecht unterschied Aktiv- und Passivbürger. Wahlberechtigte (männliche) Aktivbürger mussten volljährig, also 25 Jahre alt, sein, einen jährlichen Zensus (direkte Steuer) zahlen, der dem Wert des Einkommens von drei Arbeitstagen entsprach (1,5 bis 3 Livres), und durften nicht in einer abhängigen niedrigen Dienststellung leben. Wählbar waren Aktivbürger zur Nationalversammlung nur dann, wenn sie jährlich einen Betrag von 54 Livres an Steuern zahlten und Grundbesitz vorweisen konnten. Passivbürger und auch Frauen durften nicht wählen.

Jakobiner, Girondisten, Sansculotten

Die Vertreter des wohlhabenden städtischen Bürgertums hatten durchgesetzt, dass nur diejenigen an der politischen Macht mitwirken durften, die in angemessenem Umfang Steuern bezahlten. Dieses an Besitz und Einkommen gebundene Zensuswahlrecht bot ärmeren, auf vollkommene politische Gleichheit und die Abschaffung der Monarchie drängenden Gruppen eine willkommene Angriffsfläche. Sie forderten weitere gesellschaftliche Veränderungen. So verschärften sich in der so genannten republikanischen Phase der Revolution (1792–1794) zunehmend die Gegensätze zwischen den von Jakobinern, Girondisten und Sansculotten vertretenen verschiedenen politischen Strömungen.

Waren zunächst die Anhänger des linken Flügels der Nationalversammlung, die Jakobiner und deren gemäßigte Vertreter, die Girondisten, am einflussreichsten, gewannen mit zunehmender Dauer und Radikalität die sich für die Fortsetzung der Revolution einsetzenden Sansculotten an politischer Macht.

Furcht vor der Gegenrevolution

Doch war das bislang von den Revolutionären Erreichte überhaupt gesichert? Seitdem nach den Aufständen der Landbevölkerung im Juli 1789 zahlreiche Adlige das Land verlassen hatten, fürchteten die Abgeordneten der Nationalversammlung eine von ausländischen Truppen unterstützte Gegenrevolution. Ein gescheiterter Versuch des französischen Königs, im Juni 1791 das Land heimlich zu verlassen, schien die Gerüchte einer aristokratischen Verschwörung unter der Führung Preußens und Österreichs zu bestätigen. Im August des Jahres drohten beide Staaten dem revolutionären Frankreich mit einer militärischen Intervention.
Im April 1792 stimmte die (1791 gewählte zweite) Nationalversammlung einer Kriegserklärung an den österreichischen König zu, der zugleich deutscher Kaiser war. Die Girondisten sahen in einem Krieg ein geeignetes Mittel, die Sansculotten von innenpolitischen Problemen ablenken zu können. Sie erwarteten zudem einen raschen Erfolg in der militärischen Auseinandersetzung und glaubten, die Völker Europas würden sich, einmal vom Geist der Revolution erfasst, gegen ihre eigenen Herrscher auflehnen.

Aufstand der Volksmassen

Die Gefährdung des Landes durch den Krieg und die anhaltend schlechte Ernährungslage der städtischen Bevölkerung waren Wasser auf die Mühlen des radikalen Jakobinerflügels. Im Sommer 1792 organisierte er einen Aufstand der Pariser Volksmassen. Sie erstürmten und zerstörten die königliche Stadtresidenz, die Tuilerien, drangen in die Räume der Volksvertretung ein und zwangen sie, den König abzusetzen, die Republik auszurufen und Neuwahlen nach allgemeinem und gleichem Wahlrecht auszurufen. Im September 1792 trat die neue (dritte) Volksvertretung, der Nationalkonvent, zusammen. Das Wahlrecht wurde nun allen Männern über 21 Jahren gewährt, unabhängig von ihrem Einkommen. Im neuen Konvent saßen jetzt nur noch Abgeordnete, die aus Frankreich eine Republik machen wollten. Nach blutigen Unruhen in Paris und der Ermordung von Personen, die als Verräter der Revolution galten, hatten königstreue Kandidaten es nicht gewagt, sich aufstellen zu lassen. Auf seiner ersten Sitzung im September 1792 schaffte der Konvent die Monarchie ab. Die Abgeordneten verurteilten Ludwig XVI. zum Tode und ließen ihn am 21. Januar 1793 auf der Guillotine hinrichten.

M1 Zierteller
1793, Hinrichtung Ludwig XVI.

Revolution und Kirche

Die Radikalisierung der Revolution steigerte dass Misstrauen nicht nur gegen den Adel und das Besitzbürgertum, sondern auch gegen

Jakobiner	Mitglieder des nach seinem Tagungsort (St. Jakobskloster des Dominikanerordens in Paris) benannten wichtigsten politischen Clubs der Revolutionszeit. Der Jakobinerclub wurde im Sommer 1791 Mittelpunkt der radikalen Republikaner. Die Jakobiner vertraten anfangs die Interessen des Kleinbürgertums, später auch die der städtischen Unterschichten. Sie traten für eine gelenkte Wirtschaft und staatlichen Zentralismus ein. Im Jahr 1791 spalteten sich die gemäßigten **Girondisten**, deren einflussreichste Abgeordnete aus dem Departement Gironde kamen, von ihnen ab. Sie vertraten das Besitz- und Bildungsbürgertum, waren für liberale Wirtschaftspolitik und eine dezentrale Verwaltung. Dritte politische Kraft der Revolution waren die **Sansculotten**: Arbeiter, Handwerker, Kleinhändler, die im Gegensatz zu den Adligen keine feinen Kniehosen („culottes“) trugen. Sie waren gemäß der Verfassung von 1791 Passivbürger und forderten das Recht auf politische Mitsprache.

Priester, die man für deren Sympathisanten oder gar für Anhänger der Monarchie hielt. Außerdem war in den Augen vieler Jakobiner der Glaube der Kirche „Fanatismus", der den Fortschritt der Aufklärung behinderte. So erfasste eine Welle der Entchristianisierung das Land. Die Revolutionsregierung schaffte die christliche Zeitrechnung und den Sonntag ab und benannte die Monate nach den Jahreszeiten. Die Kathedrale Notre-Dame in Paris wurde der Vernunft geweiht, die meisten anderen Kirchen in Paris geschlossen. Ende 1793 verfügte die Nationalversammlung die Trennung von Staat und Kirche und ließ die Gehaltszahlungen an Priester einstellen.

Jakobinerdiktatur und Schreckensherrschaft

Anfang 1793 spitzte sich die wirtschaftliche Lage im Inneren Frankreichs und vor allem in Paris noch weiter zu: Die Inflation trieb die Preise hoch, Versorgungsengpässe machten den Einwohnern zu schaffen. Die Sansculotten forderten staatliche Maßnahmen zur Linderung der Not. Sie verlangten die Beschlagnahmung von Nahrungsmitteln bei den Bauern und Festpreise für Brot und Gebrauchsgüter. Während sich die Jakobiner dazu bereit erklärten, lehnten die Girondisten alle zwangswirtschaftlichen Maßnahmen ab. Am 2. Juni 1793 umstellten Aufständische das Konventsgebäude und sperrten die Volksvertreter so lange ein, bis sich diese bereit fanden, 29 girondistische Abgeordnete, die die radikalen Forderungen der Sanculotten abgelehnt hatten, verhaften zu lassen.
Dieser Vorgang bedeutete das Ende der parlamentarischen Republik. Nunmehr beherrschten die radikalen Jakobiner, die zunehmend unter dem Einfluss der Sansculotten standen, den Nationalkonvent. Die Regierungsgewalt wurde dem so genannten Wohlfahrtsausschuss unter der Führung des Jakobiners Maximilien Robespierre übertragen. Vom Nationalkonvent mit nahezu unbeschränkter Vollmacht ausgestattet, regierte der Wohlfahrtsausschuss quasi diktatorisch. Mit dem vom Nationalkonvent verabschiedeten „Gesetz gegen die Verdächtigen" wurde es für die Jakobiner möglich, radikal gegen ihnen unliebsame Personen vorzugehen.

M2 Maximilien Robespierre (1758–1794), Jakobiner, Mitglied des Wohlfahrtsausschusses

So genannte „Revolutionsausschüsse" erhielten die Befugnis, Verhaftungen durchzuführen; ein „Revolutionstribunal" hielt Prozesse ab und fällte Todesurteile. Während dieser Schreckensherrschaft wurden in Frankreich zwischen 100 00 und 300 000 Personen oft willkürlich als „Verdächtige" verhaftet, zwischen 35 000 und 40 000 davon hingerichtet.

Krieg gegen die Revolution

Die Zuspitzung der Ereignisse in Frankreich und vor allem die Hinrichtung des Königs schockierten die europäischen Monarchien. Sie fürchteten, der Funke der Revolution werde auch auf ihre Bevölkerung überspringen. Österreich, Preußen und weitere europäische Staaten schlossen sich in militärischen Koalitionen gegen das revolutionäre Frankreich zusammen. Um im Krieg gegen die europäischen Monarchien bestehen zu können, führten die Jakobiner im August 1793 die allgemeine Wehrpflicht („levée en masse") ein. So entstand ein Volksheer, das an Zahl, Zuverlässigkeit und vor allem an Einsatzwillen die Söldnerheere der benachbarten Monarchien übertraf. Hunderttausende Franzosen meldeten sich freiwillig, um ihre Nation und die Ideale der Revolution zu verteidigen. Auch die innere Struktur des französischen Volksheeres war denen der monarchistischen Truppen überlegen: Begabte Führungskräfte stiegen rasch zu Generälen auf, weil nur nach Befähigung und nicht nach Standeszugehörigkeit befördert wurde. Im Juni 1794 konnten die Revolutionstruppen so die entscheidenden Siege gegen Preußen und Österreich erringen.

Ende des Terrors

Die Jakobiner sahen sich durch ihre Erfolge bestätigt: Der Angriff von außen war zurückgeschlagen, die Opposition im Inneren aufgrund der Schreckensherrschaft ausgeschaltet, die Hungersnot durch Zwangsbewirtschaftung von Nahrungsmitteln unter Kontrolle. Nun meinten auch viele Jakobiner und Sansculotten, es gäbe keinen Grund mehr für den staatlichen Terror. Gemäßigte Kräfte der Volksvertretung schlossen sich nun zusammen und veranlassten den Konvent, Robespierre am

27. Juli 1794 verhaften zu lassen. Mit seiner am Folgetag stattfindenden Hinrichtung fand der Terror sein Ende.
Der Nationalkonvent blieb zunächst bestehen. Allerdings setzten sich diejenigen gemäßigten Abgeordneten durch, die Robespierres Sturz herbeigeführt hatten. Die staatliche Wirtschaftslenkung wurde beendet und eine neue Verfassung erarbeitet, die einem Wiederaufleben des Radikalismus vorbeugen sollte. Sie kehrte zu dem vom Vermögen abhängigen Zensuswahlrecht zurück, und ein Präsidium von fünf Direktoren mit fünfjähriger Amtszeit bildete die Exekutive. Die neue Verfassung besiegelte damit die Niederlage der Jakobiner und stellte die Vorherrschaft des Besitzbürgertums wieder her.

Herrschaft Napoleons

Die Kriege Frankreichs gegen wechselnde militärische Koalitionen europäischer Mächte gingen weiter. Durch französische Kriegserfolge in Preußen, Österreich, Spanien und Italien erwarb die Heeresführung Ansehen und zunehmend auch politischen Einfluss. 1799 verbündete sich eine Gruppe von Abgeordneten der Volksvertretung mit der Führung des Heeres gegen die Regierung. Am 19. November 1799 stürzten sie das Direktorium und setzten an seine Stelle ein Leitungsgremium von drei Konsuln. An dessen Spitze als Erster Konsul mit großer Entscheidungskompetenz stand General Napoleon Bonaparte.
Napoleon war bereits mit 24 Jahren zum Brigadegeneral der Revolutionsarmee aufgestiegen und hatte zwei Jahre später den Oberbefehl über die Truppenverbände in Italien erhalten. Seine dortigen militärischen Erfolge begründeten sein Ansehen im Nationalkonvent sowie bei der Bevölkerung und verschafften ihm die Position an der Spitze des Staates. Diese Machtstellung baute Napoleon stetig aus: 1802 machte er sich zum Konsul auf Lebenszeit, 1804 krönte er sich in Anwesenheit des Papstes selbst zum Kaiser der Franzosen. Beide Schritte ließ er durch Volksabstimmungen bestätigen.
Der Beginn der Herrschaft Napoleons 1799 wird von Historikern häufig mit dem Ende der Französischen Revolution gleichgesetzt. Bonaparte söhnte sich mit der katholischen Kirche aus, gewährte den adligen Emigranten Amnestie und bewahrte wichtige Grundlagen der Revolution wie die Abschaffung der ständischen Privilegien. Auch Protestanten und Juden waren nun gleichberechtigte Staatsbürger. Die nach 1789 enteigneten Kirchengüter blieben bei ihren neuen Eigentümern. Napoleon garantierte individuelle Grundrechte wie Gleichheit vor dem Gesetz, Recht auf Eigentum und Freiheit der Person in einem bürgerlichen Gesetzbuch, dem Code civil, auch Code Napoleon genannt. Damit wurden zentrale Forderungen der Revolution zum Gesetz erhoben. Obwohl die repräsentative Demokratie durch eine autoritäre Herrschaft ersetzt worden war, konnte sich das neue Kaiserreich wegen seiner innen- und außenpolitischen Erfolge auf eine breite Zustimmung in der Bevölkerung stützen.

Frauen in der Französischen Revolution

Im öffentlichen Leben vor 1789 hatten die Frauen Frankreichs keine aktive Rolle gespielt. Sie waren ihrem Vater oder ihrem Mann untertan und auf deren Schutz angewiesen. Auch die Philosophen der Aufklärung fanden diese Situation wenig beklagenswert. Doch während der Französischen Revolution gewannen die Frauen an Selbstbewusstsein und nahmen zunehmend am politischen Leben teil. Sie beteiligten sich am Sturm auf die Bastille, vor allem aber am Zug nach Versailles im Oktober 1789. Die Kriegszüge der Revolutionsarmee zwangen eine große Zahl von Frauen, ihren Lebensunterhalt selbst zu verdienen – häufig als Bedientete, als Heim- oder Manufakturarbeiterinnen. Sie erkannten dabei, dass sie nicht unbedingt auf das Einkommen ihrer Männer angewiesen waren.
Politisch aktiv waren vor allem Frauen, die ausreichend lesen und schreiben konnten. Berühmtheit erlangte die Frauenrechtlerin Olympe de Gouges. Sie setzte sich öffentlich für die rechtliche Gleichstellung der Frau ein, hatte mit ihren Forderungen aber keinen Erfolg. Nach öffentlicher Kritik an Robespierre starb sie 1793 auf der Guillotine.

M3 Olympe de Gouges (1748–1793), Revolutionärin und bedeutende Frauenrechtlerin

M4 **Die französische Verfassung von 1791**

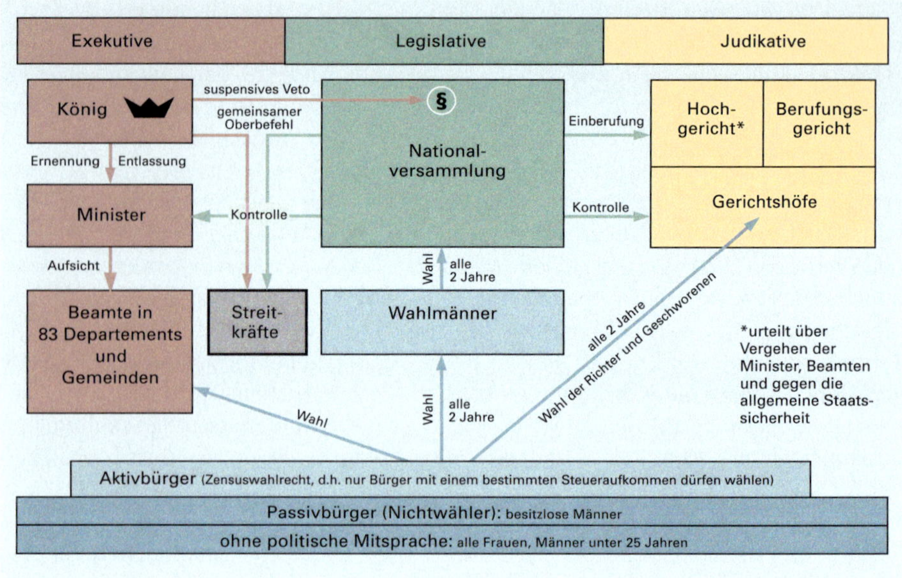

M5 **Politische Forderungen der Pariser Volksbewegung**

Antrag von Sansculotten an den Nationalkonvent vom 2. September 1793:

Aufgrund der Überzeugung, dass es die Pflicht aller Bürger ist, die geeignetsten Maßnahmen vorzuschlagen, um den Wohlstand und die öffentliche Ruhe wiederherzustellen, [hat die Vollversammlung der Sansculotten] beschlossen, den Konvent zu folgenden gesetzlichen Maßnahmen aufzufordern:

1. dass die einstigen Adligen keinerlei militärische Funktionen ausüben noch irgendwelche öffentlichen Ämter bekleiden dürfen, dass den einstigen Parlamentsmitgliedern, Finanzbeamten und Priestern jegliche Funktion in der Verwaltung und im Rechtswesen entzogen wird;

2. dass die Preise für alle Grundlebensmittel unveränderlich fixiert werden, und zwar gemäß dem Preis der so genannten „alten“ Jahre, von 1789 bis einschließlich 1790, entsprechend ihren verschiedenen Qualitäten;

3. dass auch die Preise der Rohstoffe fixiert werden, so dass die Gewinne in der Industrie, die Arbeitslöhne und die Handelsgewinne die fleißigen Arbeiter, die Bauern und die Kaufleute in die Lage versetzen, sich nicht nur die zur Erhaltung ihrer Existenz unentbehrlichen Dinge zu verschaffen, sondern auch alles das, was zu ihrem Genuss beitragen kann;

4. dass alle Bauern, die infolge irgendwelcher Zwischenfälle ihre Ernte nicht einbringen konnten, entschädigt werden;

5. dass jedem Departement eine Geldsumme zugeteilt wird, um die Preise der Grundlebensmittel für alle Menschen, die in der französischen Republik leben, auf der gleichen Höhe zu halten; […]

8. dass ein Höchstbetrag für die Vermögen festgesetzt wird;

9. dass der einzelne Bürger nur einen derartigen Höchstbetrag besitzen kann;

10. dass niemand mehr Grundbesitz pachten kann, als sich mit einer bestimmten Anzahl von Pflügen bearbeiten lässt;

11. dass der gleiche Bürger nur eine Werkstätte, nur einen Laden haben kann;

12. dass alle, die Waren oder Grundstücke auf ihren Namen besitzen, als Eigentümer anerkannt werden.

Die Sektion der Sansculotten ist der Auffassung, dass diese Maßnahmen den Wohlstand und die Ruhe wiederherstellen, dass sie die zu große Ungleichheit der Vermögen allmählicher verschwinden und die Zahl der Eigentümer anwachsen lassen würden.

Zit. nach: Irmgard und Paul Hartig (Hg.): Die Französische Revolution. Stuttgart 1997, S. 95 f.

M6 **Gesetz über die Verdächtigen**

Aus einem Beschluss des Nationalkonvents vom 17. September 1793:

Art. 1. Unmittelbar nach Verkündung dieses Gesetzes werden alle Verdächtigen, die sich auf dem Gebiet der Republik befinden und noch auf freiem Fuß sind, verhaftet und eingesperrt.

Art. 2. Als verdächtig gelten:

1. diejenigen, die sich durch ihr Verhalten, ihre Beziehungen, ihre Reden oder ihre Schriften als Anhänger der Tyrannei […] und als Feinde der Freiheit zu erkennen gegeben haben;

2. diejenigen, die […] keinen Nachweis über ihre Existenzmittel und über die Erfüllung ihrer staatsbürgerlichen Pflichten erbringen können [gemeint sind vor allem Spekulanten];

3. diejenigen, denen das Bürgerzeugnis verweigert worden ist [z. B. Priestern, die sich geweigert haben, einen Eid auf die Verfassung zu leisten];

4. die Beamten, die von dem Nationalkonvent und seinen Kommissaren von ihren Funktionen suspendiert oder entlassen und nicht wieder eingestellt worden sind. […]
5. jene der einstmals Adligen, die Gatten und Gattinnen, Väter und Mütter, Söhne und Töchter, Brüder und Schwestern, die nicht beständig ihre Verbundenheit mit der Revolution bekundet haben, sowie Emigranten;
6. diejenigen, die [seit 1792] emigriert sind, auch wenn sie […] nach Frankreich zurückgekehrt sind.

Zit. nach: Irmgard und Paul Hartig (Hg.), a.a.O., S. 97 f.

M7 Der Despotismus der Freiheit

Auszüge aus der Rede Maximilien Robespierres am 5. Februar 1794 vor dem Konvent:

Wir wollen eine Gesellschaftsordnung, in der alle niedrigen und grausamen Leidenschaften unbekannt sind, alle gemeinnützigen und hochherzigen Leidenschaften durch die Gesetze geweckt werden, wo der Ehrgeiz zu dem Wunsche wird, Ruhm zu gewinnen und dem Vaterland zu dienen; wo Auszeichnungen nur aus der Gleichheit hervorgehen; wo der Bürger der Verwaltung, die Verwaltung dem Volke und das Volk der Gerechtigkeit untersteht […] Welches ist nun der entscheidende Grundsatz der demokratischen Volksregierung? […] Das ist die Tugend, und zwar die öffentliche Tugend, die in Griechenland und Rom Wunder erzeugte und die im republikanischen Frankreich noch viel erstaunlichere vollbringen wird; jene Tugend, die nichts anderes ist als die Liebe zum Vaterland und zu seinen Gesetzen. Da aber das Wesen der Republik oder Demokratie die Gleichheit ist, so folgt daraus, dass die Liebe zum Vaterland notwendigerweise die Liebe zur Gleichheit in sich schließt […]. Hier könnten wir die Entwicklung unserer Theorie beenden, wenn wir das Schiff der Republik nur bei Windstille zu steuern hätten; aber der Sturm braust und der Zustand der Revolution, in dem wir uns befinden, erlegt uns eine andere Aufgabe auf. […] Wenn die Triebkraft der Volksregierung im Frieden die Tugend ist, so ist in revolutionärer Zeit diese Triebkraft zugleich die Tugend und der Schrecken, die Tugend, ohne die der Schrecken unheilvoll wäre, der Schrecken, ohne den die Tugend ohnmächtig bliebe. Der Schrecken ist nichts anderes als die rasche, strenge, unbeugsame Gerechtigkeit; er ist also ein Ausfluss der Tugend; er ist weniger ein besonderes Prinzip als eine Folge des allgemeinen Prinzips der Demokratie in seiner Anwendung auf die dringendsten Bedürfnisse des Vaterlandes. […] Die Regierung der Revolution ist der Despotismus der Freiheit im Kampf gegen die Tyrannei.

Zit. nach: Irmgard und Paul Hartig (Hg.), a. a. O., S. 99 f.

M8 Opfer der Schreckensherrschaft

a) Todesopfer in den Jahren 1793/94

Todesopfer insgesamt	30 000 – 40 000
Durch Revolutionstribunale verurteilt	16 594
März bis September 1793	518
Oktober 1793 bis Mai 1794	10 812
Juni bis Juli 1794	2 554
August 1794	86

b) Soziale Verteilung der Opfer

Kleinbürgertum und Unterschicht (Sansculotten)	31,0 %
Bauern	28,0 %
Besitz- und Bildungsbürgertum	25,0 %
Adel	8,5 %
Klerus	6,5 %

Schätzungen nach: D. Greer: Incidence of the Terror during the French Revolution. Cambridge, Mass. 1935, S. 26 f.; A. Soboul: Französische Revolution und Volksbewegung: Die Sansculotten. Frankfurt/Main 1978, S. 352 f.; nach: H. D. Schmid: Fragen an die Geschichte. Bd. 3. Frankfurt/Main 1976, S. 145.

M9 Verspottung der Religion

Die Zeitung „Moniteur“ berichtete im Jahr 1795:

Am 30. Brumaire [20. 11. 1793] zieht eine Deputation der Sektion Unité durch den Saal des Konvents. An ihrer Spitze marschiert ein Zug Bewaffneter; nach ihnen Tamboure, Sapeure und Kanoniere, die in Priestergewänder gekleidet sind, und eine Gruppe Frauen in weißen Kleidern mit dreifarbigem Gürtel. […] Auf Tragbahren werden Kelche, Hostiengefäße, Monstranzen, Leuchter, goldene und silberne Schalen, ein wunderbares Reliquienkästchen, ein perlengeschmücktes Kreuz und tausend andere Gegenstände herbeigetragen, die zum Gebrauch im Kultus des Aberglaubens [gemeint ist die katholische Gottesdienst-Zeremonie] bestimmt sind. Der Zug betritt den Saal unter Beifall der Zuschauer und Rufen: Es lebe die Freiheit, die Republik. […]
Debois, der Sprecher der Deputation an der Schranke: Die Vernunft hat eine großen Sieg über den Fanatismus davongetragen; eine bluttriefende und im Irrtum befangene Religion ist vernichtet. Sie hatte achtzehn Jahrhunderte lang der Erde nur Übel gebracht, und diese Religion nannte man göttlich! […] Sie soll von der Erde verschwinden, denn dann wird das Glück wiederkehren, dann sind die Menschen nur noch ein einziges Volk von Brüdern und Freunden. […] Wir schwören, keinen anderen Kult als den der Vernunft, der Freiheit, der Gleichheit und der Republik mehr zu haben!

Zit. nach: Geschichte in Quellen (Bd. 4), S. 382 f. (Übers./Bearb.: Wolfgang Lautemann)

M10 Rechte von Frauen

a) Nach der Auflösung der Frauenclubs im Oktober 1793 erklärte der Jakobiner Chaumette:

Seit wann ist es den Frauen gestattet, ihrem Geschlecht abzuschwören und sich zu Männern zu machen? Seit wann ist es Brauch, dass sie die fromme Sorge ihres Haushaltes, die Wiege ihrer Kinder verlassen, um auf die öffentlichen Plätze zu kommen, von der Tribüne herab Reden zu halten, in die Reihen der Truppen zu treten, mit einem Wort: Aufgaben zu übernehmen, welche die Natur allein dem Manne zugeteilt hat? Die Natur hat zum Mann gesagt: Sei Mann! Die Wettrennen, die Jagd, der Ackerbau, die Politik und die Anstrengungen aller Art sind dein Vorrecht. Sie hat zum Weib gesagt: Sei Weib! Die Sorge für deine Kinder, die Einzelheiten des Haushalts, die süße Unruhe der Mutterschaft, das sind deine Arbeiten. Unkluge Frauen, warum wollt ihr Männer werden? […] Im Namen der Natur, bleibt, was ihr seid; und weit entfernt, uns um die Gefahren eines so stürmischen Lebens zu beneiden, begnügt euch damit, sie uns im Schoße unserer Familien vergessen zu machen, indem ihr unsere Augen auf dem entzückenden Schauspiel unserer durch eure zärtliche Fürsorge glücklichen Kinder ruhen lasst.

Zit. nach: H. Grubitzsch u. a. (Hg.): Grenzgängerinnen. Revolutionäre Frauen im 18. und 19. Jahrhundert. Weibliche Wirklichkeit und männliche Fantasien. Düsseldorf 1985, S. 278.

b) Aus dem von Napoleon verfassten Code civil, 1804:

Art. 213: Der Ehemann ist seiner Ehegattin Schutz und die Gattin ihrem Manne Gehorsam schuldig.

Art. 215: Die Frau kann ohne ausdrückliche Genehmigung ihres Mannes sich nicht vor Gericht stellen, selbst dann nicht, wenn sie eine Handelsfrau ist oder mit ihrem Manne außer der Gütergemeinschaft oder in geteilten Gütern lebt.

Art. 217: Selbst eine außer der Gütergemeinschaft oder in getrennten Gütern lebende Ehefrau kann nichts verschenken, veräußern, verpfänden, noch auf irgendeine Art unentgeltlich oder durch wechselseitigen Vertrag erwerben, wenn nicht der Ehemann bei der Verhandlung selbst mitgewirkt oder seine Einwilligung schriftlich erklärt hat.

Art. 229: Der Mann kann wegen eines von seiner Frau begangenen Ehebruchs auf Ehescheidung klagen.

Art. 230: Die Frau aber ist wegen eines von ihrem Manne begangenen Ehebruchs auf Ehescheidung zu klagen nur dann befugt, wenn er sich eine Beischläferin in dem Hause gehalten hat, das beide Ehegatten bewohnen.

Zit. nach: C. D. Erhard (Hg.): Napoleons I. bürgerliches Gesetzbuch. Dessau/Leipzig 1808

M11 Die Kaiserkrönung Napoleons, 1804

Skizze und Ausschnitt aus dem Gemälde von Louis David. Die Krönung zum „Kaiser der Franzosen“ sollte an die Krönung Karls des Großen durch den Papst erinnern. Bonaparte hatte den Papst gezwungen, nach Paris zu kommen. Die Skizze entstand während der Krönung in der Kathedrale Notre-Dame. Aufgrund einer Aufforderung Napoleons verwendete sie der Maler jedoch nicht für das spätere Gemälde, das den Augenblick zeigt, in dem der Kaiser seine Frau Joséphine krönt.

M 12 Napoleon über Republik und Freiheit

1797 äußert sich Napoleon in einem vertraulichen Gespräch mit dem Diplomaten Miot de Melito:

Glauben Sie vielleicht, dass ich eine Republik begründen will: Welcher Gedanke! [...] Das ist eine Wahnvorstellung, in die die Franzosen vernarrt sind, die aber auch wie so manche andere vergehen wird. Was sie brauchen, das ist Ruhm, die Befriedigung ihrer Eitelkeit, aber von Freiheit verstehen sie nichts. [...] Die Nation braucht einen Führer, einen durch Ruhm hervorragenden Führer, aber keine Theorien über Regierung, keine großen Worte, keine Reden von Ideologen, von denen die Franzosen nichts verstehen. Man gebe ihnen ihre Steckenpferde, das genügt ihnen, sie werden sich damit amüsieren und sich führen lassen, wenn man ihnen nur geschickt das Ziel verheimlicht, auf das man sie zumarschieren lässt.

Zit. nach: M. de Melito: Mémoires I. Stuttgart 1866, S. 163 f.

M 13 Napoleon – Kaiser der Franzosen

Der Girondist Francois de Jauberts spricht sich in einer Rede für einen Alleinherrscher Napoleon aus:

Ah, wie ergriffen waren wir, als am 10. November 1799 der Retter Frankreichs die denkwürdigen Worte vernehmen ließ: „Die Revolution ist an die Grundsätze gebunden, mit denen sie begonnen hat.“ Was wollten wir 1789? Das Eingreifen unserer Vertreter bei der Festlegung der Steuern, die Abschaffung des Feudalsystems, die Vernichtung jeglicher für die moralischen und intellektuellen Kräfte beleidigenden Unterscheidungen, die Beseitigung der Missbräuche, die Pflege aller liberalen Gedanken, die Garantie für den Wohlstand im Inneren und für unsere Achtung im Ausland: Das sind die wahren Wünsche der Nation gewesen, und alle Franzosen hatten deutlich gespürt, dass sich diese Wünsche nur in einer Erbdynastie und mit Einrichtungen verwirklichen ließen, die die Bürger gegen die Irrtümer der Regierung schützen [...].

Das französische Volk will die Quelle der politischen Unruhen austrocknen, aber es will auch die Früchte seiner langen und mühseligen Arbeit bewahren, es will sie der fernsten Nachwelt sichern. Die Nation hängt also nicht von einem Thron feudaler Art ab. [...] Denken wir nur daran, der Vorsehung zu danken, die uns seit langem den Chef einer neuen Dynastie angekündigt hat. Napoleon Bonaparte hatte durch seine Heldentaten jenes Italien in Erstaunen versetzt, das seit Jahrhunderten gewöhnt war, nur von römischen Heeren zu sprechen. Er gibt dem Kontinent den Frieden [...] Ja, wer könnte all die Wunder nennen die er seit seinem Aufstieg zum Konsulat vollbracht hat! Betrachten Sie, was vier Jahre hervorgebracht haben: Die Grundlagen der Verwaltung sind festgelegt, in die Finanzen ist Ordnung gebracht, die Armee ist organisiert [...] Europa ist befriedet, der Handel ist in Gang gebracht, die Industrie ermutigt, so auch die Künste und die Wissenschaften; die Altäre sind wieder aufgerichtet, Friede wird den Gewissen zuteil, die Zufluchtstätten der leidenden Menschheit erhalten Zuwendungen, das staatliche Unterrichtswesen ist neu aufgebaut; gewaltige Arbeiten werden angeordnet und vollendet; Frankreich erhält ein einheitliches bürgerliches Gesetzbuch, dem er den Stempel seines Genius aufgedrückt hat; jeglicher Parteigeist ist ausgelöscht, alle Verbitterung beruhigt, alle Interessen sind in Übereinstimmung miteinander gebracht.

Zit. nach: Irmgard und Paul Hartig (Hg.): Die Französische Revolution. Stuttgart 1997, S. 116 f.

Arbeitsaufträge

1 Zeigen Sie die Faktoren auf, welche zur Entstehung der revolutionären Diktatur mit ihrer Schreckensherrschaft geführt haben. Wie haben die radikalen Jakobiner die in der Verfassung von 1791 festgeschriebenen Ziele der bürgerlichen Revolution verändert (VT, M 4)?

2 Nennen Sie Begriffe, die Robespierre in M 7 positiv wertet. Diskutieren Sie seine Begründung der Schreckensherrschaft.

3 Listen Sie auf, was nach dem Gesetz M 6 einen Menschen verdächtig machte, und untersuchen Sie, inwieweit das Gesetz zwischen Verdächtigen und Schuldigen unterscheidet.

4 Stellen Sie die politischen Ziele der Sansculotten dar und überlegen Sie, wie sie wohl das Grundrecht der Gleichheit definierten (VT, M 5). Beschreiben Sie die Glaubensvorstellungen von Jakobinern und Sansculotten 1793 (VT, M 9).

5 Vergleichen Sie die Rechte von Frauen während der Revolution (M 10a) und unter Napoleon (M 10b) mit der Erklärung der Menschen- und Bürgerrechte (M 17, Seite 96) und den Forderungen der Olympe de Gouges (M 18, Seite 97).

6 Nennen Sie die Argumente, mit denen Jauberts das Tribunat dazu bringen wollte, die Republik aufzugeben, um sie durch ein erbliches Kaisertum zu ersetzen (M 13).

7 Diskutieren Sie: Wie lässt sich das Verhältnis des napoleonischen Herrschaftssystems zur Französischen Revolution beschreiben? Hat er die Revolution beendet oder sie in ihr Gegenteil verkehrt?

5.3 Auswirkungen der Revolution: Reformen in Deutschland

Unter Napoleon erzielte die französische Revolutionsarmee in Kriegen gegen die europäischen Nachbarn zahlreiche Erfolge. Auch die deutschen Staaten konnten sich den französischen Eroberungen nicht entziehen. Nach militärischen Auseinandersetzungen fielen 1801 alle deutschen Gebiete links des Rheins an Frankreich. 1806/1807 fügte die französische Armee dem mächtigen Preußen eine herbe Niederlage bei. Preußen musste zahlreiche Gebiete abtreten.
Wie reagierten die besetzten Länder auf den französischen Einfluss? Anerkannten sie die Errungenschaften der Revolution? Konnte der Code civil mit seinen festgeschriebenen Bürgerrechten Einfluss auf die Lebensumstände der Bevölkerung nehmen? Drang der Geist der Reformen auch nach Baden, Württemberg und ins ferne Preußen vor?

1801	Die linksrheinischen deutschen Gebiete kommen unter französische Herrschaft.
1803	Auf Druck Napoleons werden 112 dem Kaiser unmittelbar unterstehende Territorien aufgelöst und jenen Fürsten zugeschlagen, die links des Rheins Gebiete verloren hatten (Reichsdeputationshauptschluss).
1806	Ende des Heiligen Römischen Reiches Deutscher Nation: 16 süddeutsche Fürsten treten aus dem Reich aus und gründen unter Napoleons Protektorat den „Rheinbund".
1807	Im Frieden von Tilsit verliert Preußen nach Niederlagen gegen Napoleon alle Gebiete westlich der Elbe.
1807–1816	Zeit der Reformen in den Rheinbundstaaten und in Preußen

Missstände in Deutschland

Viele Deutsche beklagten Ende des 18. Jahrhunderts ähnliche Missstände, wie sie in Frankreich die Revolution ausgelöst hatten: Privilegien des Adels, persönliche Unfreiheit weiter Teile der Landbevölkerung, keinerlei politische Mitbestimmung. Besonders krasse Abhängigkeiten bestanden östlich der Elbe, wo der preußische Adel großflächige Güter bewirtschaftete. Die Bauern waren den Gutsherrn „erbuntertänig" und ihr Wohnsitz somit an den Boden gebunden. Ihre Frondienste ließen ihnen kaum Zeit, das vom Grundherrn als Gegenleistung zur Verfügung gestellte Stück Land zu bearbeiten. Ihre Kinder dienten als Knechte und Mägde, und im Dorf unterstanden alle der Gerichtsbarkeit des Gutsherrn. Im Krieg standen die Bauern unter dem Befehl adliger Offiziere. Die Prügelstrafe war bei der preußischen Armee immer noch nicht abgeschafft, so dass die Soldaten ihre Vorgesetzten oft mehr fürchteten als den Feind.

Keine Revolution

Trotz vieler Missstände kam es in Deutschland damals zu keiner Revolution. Friedrich Rebmann, 1794 Redakteur einer in Dresden erscheinenden Zeitung, fand dafür folgende Erklärung: „In Frankreich waren nur zwei Hauptinteressen, das Interesse des Hofs, des Adels, der Geistlichkeit und das Interesse der Bürger. Daher entstanden zwei Parteien, die miteinander um die Oberhand kämpften. In Deutschland hingegen haben wir 300 kleine Höfchen, zweierlei Religionen und statt einer gleich leidenden Nation mehrere ungleichartige, durch Religion, Sitten, Regierungsformen getrennte."
Zudem war die Zahl der wohlhabenden Bürger wegen der wirtschaftlichen Rückständigkeit Deutschlands gegenüber Frankreich und England noch viel zu klein, um ähnlich wie das französische Bürgertum aufzubegehren und politische Mitbestimmung zu fordern.

Reformen in den Rheinbundstaaten

Die militärischen Siege gegen die deutschen Nachbarstaaten und gegen Preußen nutzte Frankreich, um sich Gebiete einzuverleiben und so seinen Einfluss auf die deutschen Länder auszuweiten. Die französischen Besatzungen bewirkten dabei in Deutschland tief greifende Veränderungen. Napoleon schuf 1807 in Nordwestdeutschland ein französisches „Musterland“, das sein Bruder Jérôme regierte: das Königreich Westfalen. Um die Errungenschaften der Revolution auszuweiten und um Frankreichs Vormachtstellung zu sichern, ließ er für dieses Gebiet eine Verfassung ausarbeiten. Sie beseitigte die Vorrechte des Adels und hob Zunftzwang und bäuerliche Lasten auf. Maße und Gewichte wurden vereinheitlicht und die neue französische Rechtsordnung (Code civil) eingeführt. Diese kannte weder Standesunterschiede oder Privilegien des Adels noch bäuerliche Abhängigkeitsverhältnisse. Auch die meisten anderen Rheinbundstaaten entschieden sich für diesen „Code Napoléon“.

Preußische Reformen

In Preußen besann sich die Staatsführung nach der Niederlage gegen Napoleon 1806/1807 auf eine weitreichende Umgestaltung des Staates, die heute auch als „Revolution von oben“ bezeichnet wird. König Friedrich Wilhelm III. ließ sich überzeugen, dass veraltete gesellschaftliche und militärische Strukturen für die Niederlage mitverantwortlich gewesen waren. In bedeutenden Staatsmännern, Verwaltungsbeamten, Offizieren und Gelehrten fand er Persönlichkeiten, die in der Lage waren, die Umgestaltung – oft gegen den Willen des Adels – einzuleiten. Zu ihnen zählten Reichsfreiherr vom und zum Stein, Karl von Hardenberg, Wilhelm von Humboldt, Gerhard von Scharnhorst und Wilhelm von Gneisenau. Die Monarchie sollte zwar nicht angetastet werden, aber die Reformer wollten allen Staatsbürgern gleiche Rechte gewähren und ihnen mehr Verantwortung übertragen. Sie glaubten, dass dann eine nationale Gesinnung entstehen werde, die notwendig sei, um die Fremdherrschaft abschütteln zu können. Während der französischen Vorherrschaft entwickelte sich so vor allem beim Bildungsbürgertum immer entschiedener ein gesamtdeutsches Nationalgefühl.

Baden und Württemberg

Baden und Württemberg gehörten zu den Gewinnern der von Napoleon initiierten territorialen Neuordnung. Beide Länder konnten ihr Staatsgebiet erheblich erweitern und ihre Herrscher gewannen zusätzlich an Macht durch die Standeserhöhung vom badischen Markgrafen zum Großherzog bzw. vom württembergischen Herzog zum König. Frankreich ging es darum, die so genannte „natürliche Grenze“ am Rhein abzusichern. Aus diesem Grund erhob es Anspruch auf linksrheinische Gebiete wie zum Beispiel das württembergische Mömpelgard (heute Montbéliard). Durch geschicktes Verhandeln der beiden südwestdeutschen Herrscher mit Napoleon waren die territorialen Entschädigungen dann um ein Vielfaches größer als die linksrheinischen Gebietsverluste. Baden und Württemberg bekamen nicht nur die Gebiete der Klöster und Reichsstädte innerhalb ihrer Grenzen, sondern Herrschaftsgebiete außerhalb ihrer bisherigen Grenzen. Baden annektierte vor allem die Kurpfalz mit Mannheim und Heidelberg und den Breisgau mit Freiburg, Württemberg die hohenloheschen Fürstentümer und die Gebiete der Fürsten von Fürstenberg sowie von Thurn und Taxis. Die beiden Staaten und die beiden innerhalb der württembergischen Grenzen liegenden Fürstentümer Hohenzollern-Sigmaringen und -Hechingen schlossen sich 1806 dem Rheinbund an.

M1 Napoleons Einzug in Berlin am 27. Oktober 1806, Stich nach einer Zeichnung von Ludwig Wolf

M2 **Die politische Gestalt Deutschlands 1790 und 1812**
Ländergrenzen vor und nach der Neuordnung durch Napoleon

M3 Erzwungene Reformen

Anweisungen Kaiser Napoleons an seinen Bruder Jérôme, den König von Westfalen, 1807:

Ihr Thron wird in der Tat nur auf dem Vertrauen und der Liebe Ihrer Untertanen befestigt sein. Was aber das deutsche Volk am sehnlichsten wünscht, ist, dass diejenigen, die nicht von Adel sind, durch ihre Fähigkeiten gleiche Rechte auf ihre Auszeichnungen und Anstellungen haben, damit jede Art Leibeigenschaft und vermittelnde Obrigkeit zwischen dem Souverän und der untersten Volksklasse aufgehoben werde. […] Ihr Volk muss sich seiner Freiheit und Gleichheit, eines Wohlstandes erfreuen, die den übrigen Völkern Deutschlands unbekannt sind. Eine solche liberale Regierung muss […] für die Politik des Rheinbundes und für die Macht Ihres Reiches die heilsamsten Veränderungen hervorbringen. Sie wird Ihnen eine mächtigere Schranke gegen Preußen sein als die Elbe, als alle Festungen und der Schutz Frankreichs. […] Seien Sie ein konstitutioneller König! […] Sie werden dadurch große Macht in der öffentlichen Meinung und eine natürliche Überlegenheit über Ihre Nachbarn gewinnen, die alle absolute Fürsten sind.

Zit. nach: E. Kleßmann (Hg.): Deutschland unter Napoleon in Augenzeugenberichten. München 1976, S. 277 f.

M4 Rigaer Denkschrift

Graf Karl von Hardenberg in der Denkschrift „Über die Reorganisation des Preußischen Staates", 1807:

Die Französische Revolution, wovon die gegenwärtigen Kriege die Fortsetzung sind, gab den Franzosen unter Blutvergießen und Stürmen einen ganz neuen Schwung. Alle schlafenden Kräfte wurden geweckt; das Elende und Schwache, veraltete Vorstellungen und Gebrechen wurden – freilich zugleich mit manchem Guten – zerstört. […]
Der Wahn, dass man der Revolution am stärksten durch Festhalten am Alten […] entgegenstreben könne, hat besonders dazu beigetragen, die Revolution zu befördern und derselben eine stets wachsende Ausdehnung zu geben. Die Gewalt dieser Grundsätze ist so groß, sie sind so allgemein anerkannt und verbreitet, dass der Staat, der sie nicht annimmt, entweder seinem Untergang oder der erzwungenen Annahme derselben entgegensehen muss. Also eine Revolution im guten Sinne, gerade hinführend zu dem großen Zweck der Veredelung der Menschheit, durch Weisheit der Regierung und nicht durch gewaltsame Impulsion [Anstoß] von innen oder außen – das ist unser Ziel.

Leopold von Ranke: Hardenberg und die Geschichte des preußischen Staates. Bd. 3. Leipzig 1881, S. 365 f.

M5 Reformen in Preußen

1807 Beginn der Reformen durch Stein: Die strenge ständische Gliederung wird aufgehoben. Adlige können auch bürgerliche Berufe ausüben und Bürger landwirtschaftliche Güter erwerben. Die Erbuntertänigkeit für Bauern wird aufgehoben. Dadurch erhalten sie persönliche Freiheit und Freizügigkeit.
1808 Städteordnung: Die Bürger in den Städten können ihre Angelegenheiten selbst verwalten. Eine Stadtverordnetenversammlung, die den städtischen Haushalt und das Schulwesen verwaltet, wird nach dem Zensuswahlrecht gewählt. Frauen haben kein Wahlrecht.
1810 Wirtschaftsreformen durch Hardenberg: Die Zünfte werden aufgehoben und die Gewerbefreiheit wird eingeführt.
Bildungsreform durch Humboldt: Die allgemeine Schulpflicht (seit 1717) wird strenger überwacht. Die Erziehung an den Gymnasien wird vor allem auf „Allgemeinbildung" ausgerichtet. Dazu zählten z. B. Latein und Griechisch.
1811 „Regulierungsedikt": Es überträgt den Bauern das Eigentum an den von ihnen bewirtschafteten Höfen. Bisherige Abgaben und Frondienste müssen durch Entschädigungen in Form eines Teiles des Landes oder dessen Gegenwert in Geld an den Grundherrn abgelöst werden. Viele Bauern verlieren dadurch ihre Existenzgrundlage. Sie werden Landarbeiter auf den nun noch größeren Gütern des Adels.
1812 Judenemanzipation: Die Juden werden rechtlich allen anderen Bürgern gleichgestellt.
Heeresreform durch Scharnhorst und Gneisenau: Nach französischem Vorbild wird ein Volksheer gebildet. Auch Nichtadlige können Offiziere werden. Entehrende Strafen in der Armee werden abgeschafft.
1814 Allgemeine Wehrpflicht: Das Heer wird in die „Linie" (das unter Waffen befindliche Heer) und die „Landwehr" (mit selbst gewählten bürgerlichen Offizieren) unterteilt.
Vom Verfasser zusammengestellt

M6 Bauernbefreiung

Karte vom Gut Boitzenburg in Mecklenburg. Das Regulierungsedikt von 1811 legte fest, dass die ablösungsberechtigten Bauern in der Regel ein Drittel des von ihnen bewirtschafteten Landes abzutreten oder dessen Geldwert an den Grundherrn zu entrichten hatten. Vom Gemeindeland („Allmende") erhielten die Großgrundbesitzer 86 %, den Rest die Bauern mit Landbesitz. Die landlose Bevölkerung, die ihr Vieh auf den Gemeindeweiden hielt, verlor dadurch einen Teil ihrer Existenzgrundlage.

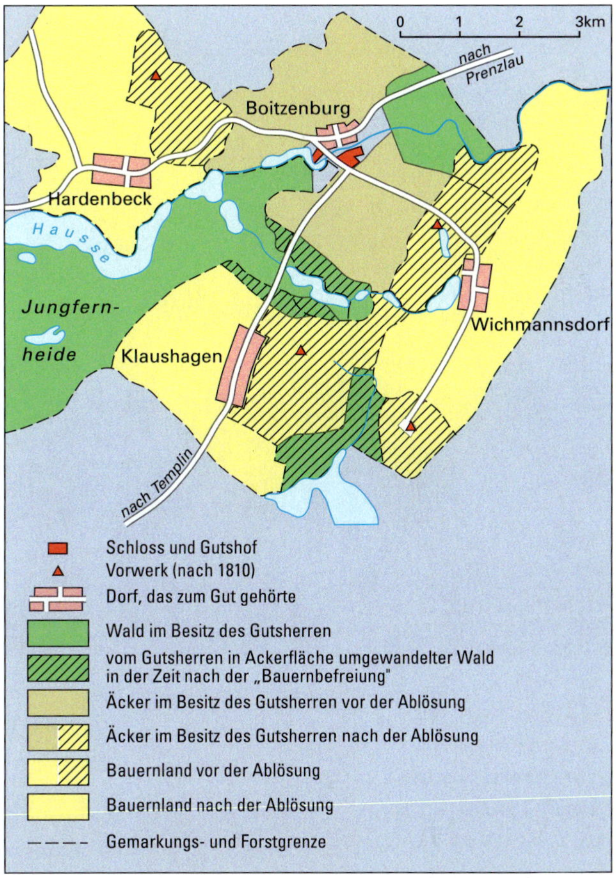

Arbeitsaufträge

1 Nennen Sie Gründe, warum es für die Unzufriedenen in Deutschland viel schwerer war als in Frankreich, eine Revolution zu entfachen (VT, M 2).

2 Erläutern Sie, inwieweit Napoleon in seinem Brief an seinen Bruder (M 3) als Vollstrecker der revolutionären Ideen erscheint. Worum ging es ihm wohl in Wirklichkeit?

3 Stellen Sie dar, inwiefern Hardenberg (M 4) die Französische Revolution als positiv beurteilt. Überlegen Sie, welche Ziele er mit seiner Denkschrift verfolgt.

4 Benennen Sie die Unterschiede zwischen den Modernisierungsversuchen in Westfalen und in Preußen (VT, M 5).

5 Diskutieren Sie: Welche Bevölkerungsteile profitierten von den Reformen in Preußen (VT, M 5, M 6)?

6 Zeitenwandel – die Moderne

M1 Boulevard des Capucines in Paris
Gemälde von Claude Monet (1873)

Der Maler Claude Monet (1840–1926) gilt als einer der bedeutendsten Impressionisten, einer Kunstrichtung am Beginn der Moderne. Die damals als revolutionär empfundene „skizzenhafte“ Darstellungsform, die vor allem bei der Landschaftsmalerei komplementäre Kontrastfarben als bunte Flecken eng nebeneinandersetzte, wurde von dem Dichter Baudelaire als »vie moderne« charakterisiert.
Die historische Phase der Moderne äußerte sich nicht nur in der Kunst. Sie bezeichnet auch einen Zeitabschnitt, der durch Veränderungen in vielen Bereichen des individuellen, gesellschaftlichen, wirtschaftlichen und politischen Lebens und Wirkens gekennzeichnet ist. Häufig wird der Begriff im Zusammenhang mit den historischen Umbrüchen der Aufklärung, der Französischen Revolution und der Industrialisierung gebraucht. Eine Zeit des Aufbruchs begann, die durch bisher nie gekannte persönliche Freiheiten und Entfaltungsmöglichkeiten ebenso gekennzeichnet war, wie durch neue Armut und wirtschaftliche Abhängigkeitsverhältnisse.

1859	Charles Darwin begründet mit seinem Werk „Über die Entstehung der Arten durch natürliche Selektion“ die moderne Evolutionstheorie.
1871–1873	Wirtschaftsaufschwung aufgrund des nach der Reichsgründung größeren Binnenmarktes und der französischen Kriegsentschädigung
1917	Sigmund Freud veröffentlicht sein Werk über die „Traumdeutung“.

Ein verändertes Weltbild: Charles Darwin

Als Kopernikus entdeckte, dass die Erde nicht im Mittelpunkt des Universums stand, wurde das biblisch geprägte Weltbild erschüttert. Wenn die Erde nicht die Mitte war, dann schien auch der Mensch nicht im Zentrum des göttlichen Interesses zu stehen. Noch mehr geriet die Evolutionstheorie Charles Darwins (1809–1882) in Konflikt mit den traditionellen Auffassungen der Kirche. Darwins Naturbeobachtungen machten deutlich, dass der Mensch in seiner heutigen Form nicht von Gott geschaffen sein konnte, sondern dass sich das menschliche Erscheinungsbild im Laufe der Geschichte verändert hatte.
Mit 22 Jahren hatte Darwin bereits seine medizinischen und theologischen Studien in Cambridge beendet. 1831 bekam er von der Universität das Angebot, an einer fünfjährigen wissenschaftlichen Expedition mit einem

Forschungsschiff teilzunehmen. Die damit verbundene Fahrt rund um die Erde brachte Darwin auch zu den damals weitgehend unbewohnten Galapagosinseln. Die Vulkaninseln sind weit vom Festland entfernt und im Laufe der Geschichte nur von relativ wenigen Pflanzen- und Tierarten erreicht worden. Die wenigen Arten differenzierten sich jedoch auf den einzelnen Inseln des Archipels und auch innerhalb einzelner Inseln stark heraus. So entdeckte Darwin auf jeder Insel eine andere Rasse einer Riesenschildkröte, die jeweils eine eigene Rückenpanzerform entwickelt hatte. Zudem zählte Darwin 13 verschiedene Finkenarten, die sich aus jenen Finken entwickelt hatten, die vor Jahrtausenden aus Südamerika auf die Galapagosinseln verschlagen worden waren. Diese Vögel hatten sich im Laufe der Zeit den verschiedenen Lebensräumen optimal angepasst. So stellte Darwin fest, dass sich ihre Farben ebenso unterschieden wie die Form der Schnäbel, die dem Verzehr von Insekten, Beeren oder dem Stochern in Baumrinde angepasst waren.
Aus seinen Beobachtungen entwickelte Darwin folgende Theorie: Alle Organismen stammten durch einen kontinuierlichen Verzweigungsprozess von gemeinsamen Vorfahren ab. Darwin sah in der Konkurrenz, dem ständigen Kampf aller Individuen innerhalb einer Art um die bestmögliche ökologische Anpassung und in der Auseinandersetzung zwischen den Arten den eigentlichen Motor der Evolution. Die am besten angepassten Individuen würden am meisten Nachkommen zeugen, dadurch würden schlechter angepasste verdrängt. In späteren Abhandlungen übertrug Darwin seine Beobachtungen zum Teil auch auf den Menschen. Von daraus später abgeleiteten Vorstellungen eines Sozialdarwinismus distanzierte er sich aber weitgehend.
Heute sind Darwins Forschungsergebnisse in der Wissenschaft unumstritten. Die Genforschung hat zum Beispiel große Übereinstimmungen beim Erbgut der Schimpansen mit dem der Menschen nachgewiesen. Trotzdem tun sich manche religiöse Glaubensgemeinschaften immer noch schwer, die naturwissenschaftlichen Forschungsergebnisse mit der biblischen Überlieferung in Einklang zu bringen.

Sigmund Freud: Glaube an die Wissenschaft

Zu den Befürwortern der Akzeptanz wissenschaftlicher Erkenntnisse zählte auch der österreichische Professor der Psychiatrie Sigmund Freud. Er gehörte zu den radikalsten Religionskritikern der Moderne. Religion definierte er als infantiles (= kindliches) Abwehrverhalten gegen die Eigenverantwortung. Die Religion trage neurotische Züge, weil der Mensch in ihr vor der Wirklichkeit fliehe. Freud glaubte, die aufgeklärte Wissenschaft werde unaufhaltsam die Religion als Weltanschauung verdrängen, sie auflösen und an ihre Stelle treten. Er meinte, der Mensch müsse sein Schicksal selbst in die Hand nehmen, der Glaube an die Wissenschaft gäbe ihm dabei mehr Halt als die Religion.
Freud praktizierte als Nervenarzt und Professor der Psychiatrie in Wien. Er gilt als Begründer der Psychoanalyse, einer Methode zur Behandlung von psychischen Krankheiten ohne organischen Befund (Neurosen). Als bedeutsamste Leistung gilt seine Entdeckung des Unterbewusstseins mit den darin herrschenden Gesetzmäßigkeiten. Freud kam zu der Erkenntnis, dass der Mensch nicht nur aus freiem Willen heraus handelt, sondern auch durch sein

M2 Charles Darwin, (1809–1882), englischer Forscher, erkannte und beschrieb die Gesetze der Evolution

M3 Sigmund Freud (1856–1939), österreichischer Arzt und Neurologe

Evolutionstheorie	Sie beschreibt die biologische Entwicklung der heutigen Arten- und Formenvielfalt der Lebewesen. Heutige Forschungsergebnisse sind Weiterentwicklungen der Beobachtungen von Charles Darwin, der zu der Überzeugung kam, dass alles Leben auf der Erde einen gemeinsamen Ursprung hat.
Sozialdarwinismus	Eine heute von der Wissenschaft abgelehnte Theorie, nach der menschliche Gruppen den gleichen Gesetzen der natürlichen Auslese unterworfen seien, die der Naturforscher Charles Darwin an Pflanzen und Tieren beobachtet hatte. Darwin selbst hatte dieser These widersprochen. Der britische Philosoph Herbert Spencer vermutete, dass in menschlichen Gesellschaften langfristig durch das jeweilige Überleben der Stärksten einer Generation („survival of the fittest"), eine „natürliche Auslese" stattfände. Der Sozialdarwinismus wurde später zur Rechtfertigung von Imperialismus und Rassismus herangezogen.

M4 Behandlungszimmer von Sigmund Freud mit Couch

Unterbewusstsein und seine Triebe festgelegt ist. Er fand heraus, dass verdrängte Erlebnisse und unerfüllte Wünsche in veränderter Form als Neurose oder Psychose wieder auftauchen und den Menschen krank machen können, z. B. in Form körperlich-neurotischer Symptome wie Waschzwang oder übersteigertem Sicherheitsbedürfnis. Als Therapieform entwickelte er die psychoanalytische Methode, bei der der Patient, auf einer Couch liegend, im Gespräch mit dem Therapeuten seinen Ängsten Ausdruck verleiht. Nach anfänglichen Anfeindungen, besonders wegen seiner Theorie, derzufolge vor allem der unterdrückte Sexualtrieb zu einer wichtigen Störung der Psyche führe, haben Freuds Lehren weltweit Anerkennung gefunden.

Neue Weltdeutungen

Wissenschaftliche Erkenntnisse, wie die von Darwin und Freud, veränderten die Einstellung vieler Menschen zu Glauben und Kirche. Auch im 19. Jahrhundert gehörte bei den meisten Familien der sonntägliche Kirchgang zu den selbstverständlichen Gepflogenheiten. Aber der Glaube durchdrang bei den meisten Menschen nicht mehr alle Lebensbereiche. Der Einfluss kirchlicher Instanzen auf Individuum und Gesellschaft ging zurück. Der Staat und seine Beamten übernahmen immer mehr ursprünglich kirchliche Aufgaben. Eheschließungen erfolgten z. B. im Deutschen Reich seit 1875 vor einem Standesbeamten. Allenfalls in Bildung und Erziehung blieben den Kirchen weiterhin auch weltliche Aufgaben erhalten. Aber der Staat reduzierte auch im Schulwesen den kirchlichen Einfluss. Erkenntnisse der Naturwissenschaften, darunter Darwins Evolutionstheorie, zogen in die Lehrpläne der Schulen ein und gingen ins allgemeine Bewusstsein über. Mit dem religiösen Weltbild konkurrierende, ihm oft widersprechende Ansätze der Weltdeutung gewannen an Einfluss.

Forschung und Entwicklung

Neue wissenschaftliche Erkenntnisse in Technik, Physik und Chemie wurden ab der Mitte des 19. Jahrhunderts zum Motor des industriellen Fortschritts. Unterstützt wurde diese Entwicklung in Deutschland durch die Etablierung technischer Studiengänge und den Aufbau eines Netzes von Technischen Hochschulen. Aus Ausbildungsgängen an Hochschulen, die eine grundlegende praktische Berufsausbildung voraussetzten, gingen Eliten von technischen Führungskräften hervor.
In Baden und Württemberg bildeten vor allem die Technischen Hochschulen und späteren Universitäten in Karlsruhe und Stuttgart wissenschaftlich-technische Fachkräfte aus, die den Anforderungen der modernen Industrie gerecht werden sollten. So hatte einer der bedeutendsten Pioniere des Lokomotivenbaus, Emil Kessler, 1834–1836 an der polytechnischen Schule Karlsruhe Maschinenbau studiert und später in Karlsruhe und Esslingen bedeutende Lokomotivfabriken errichtet. Der Pionier des Automobilbaus Gottlieb Daimler studierte 1857–1859 an der Polytechnischen Schule Stuttgart Maschinenbau und gründete 1882 sein Stuttgarter Unternehmen.
Die naturwissenschaftliche Lehre wurde in der zweiten Hälfte des 19. Jahrhunderts auch an fast allen deutschen Universitäten, die zuvor überwiegend geisteswissenschaftlich ausgerichtet waren, integriert. Theoretisches Wissen wurde nunmehr durch Unterweisungen in Lehrlabors, etwa durch den Chemiker Justus Liebig in Gießen, ergänzt, wo geforscht und experimentiert werden konnte. Bei öffentlichen und privaten Forschungseinrichtungen galt Deutschland weltweit als führend. Zwischen 1901 und 1918 erhielten deutsche Wissenschaftler sechsmal

den Nobelpreis für Physik, siebenmal den für Chemie und viermal den für Medizin.

Von der Stände- zur Klassengesellschaft

Ingenieure und Naturwissenschaftler kamen ebenso wie Kaufleute und Unternehmer meist aus dem Bürgertum. Das wohlhabende und gebildete Bürgertum besaß nicht nur den größten Teil des Volksvermögens, es repräsentierte auch die moderne Technik und Wissenschaft. Im Widerspruch dazu lag die politische Macht im deutschen Kaiserreich (1871–1918) allerdings immer noch weitgehend beim Adel. Er nahm die führenden Positionen in der Diplomatie, in der Verwaltung und beim Militär ein. Aber es war immer weniger der Adel, der mit seinen Werten, Verhaltensweisen und Lebensformen die Gesellschaft prägte. Diese Vorbildfunktion erfüllte die bürgerliche Schicht der Unternehmer und Kaufleute. Zu deren Mentalität gehörten Fleiß, Disziplin und Sparsamkeit, vor allem aber ein wissenschaftlich bestimmtes Welt- und Menschenbild.
Durch die Industrialisierung war auch die große Gruppe der Arbeiter entstanden. Obwohl es bei ihnen erhebliche, von der beruflichen Qualifikation abhängende Einkommensunterschiede gab, entwickelten die meisten Arbeiter ein gemeinsames soziales und politisches Bewusstsein. Sie lebten in eigenen, nach außen abgeschlossenen, Milieus. Ihren politischen Kern bildete die Sozialdemokratie.
Stärker noch als die Arbeiter symbolisierten die Angestellten die neue Zeit. Ihr Arbeitsbereich entstand aus einer zunehmenden Arbeitsteilung in Wirtschaft und Verwaltung. Sie leisteten keine körperliche Arbeit, verdienten besser und trugen im Dienst Hemd und Kragen. Seit dem Ersten Weltkrieg standen die Angestelltenberufe auch Frauen offen.
Typisch für diese Zeit war das Nebeneinander von Resten der früheren Ständegesellschaft und der neuen durch unterschiedliche Vermögens- und Einkommensverhältnisse geprägten Klassengesellschaft. Nicht nur die ständische Geburt, sondern auch der berufliche Erfolg wurden zum Maßstab nicht nur für die Höhe des Einkommens und Vermögens, sondern auch des Ansehens innerhalb der Gesellschaft. Allerdings wurde auch in der Klassengesellschaft der schulische und berufliche Werdegang junger Menschen wesentlich durch die wirtschaftliche Situation des Elternhauses beeinflusst.

Urbane Lebensweise

Am eindruckvollsten sichtbar war die Moderne im sich wandelnden Großstadtleben. Die Bevölkerungszahlen stiegen dort im Industriezeitalter durch Zuwanderung und hohe Geburtenraten massiv an. Bis zur Jahrhundertwende entstand eine moderne städtische Infrastruktur mit gepflasterten Straßen, Kanalisation, Gas- und Elektrizitätswerken, Krankenhäusern, Schulen, Theatern, Museen, Opernhäusern, Kinos und Kaufhäusern. Neue Verkehrsmittel, wie die elektrische Straßenbahn, das Automobil und das Fahrrad, veränderten die individuelle Fortbewegung in den Großstädten radikal – wenn zunächst auch nur zögernd.
Das Leben in der Stadt war anonymer als auf dem Land. Es entzog sich der sozialen Kontrolle durch Mitbürger und Kirche. Es fiel nicht mehr auf, wenn jemand auf den sonntäglichen Kirchgang verzichtete. Konsum, Unterhaltung, Kultur bescherten der wachsenden Zahl derjenigen, die die materiellen Möglichkeiten dazu besaßen, ein neues Lebensgefühl.
Die Städte waren im 19. Jahrhundert aber auch Zentren sozialer Ungleichheit. Bürgerliche Wohnviertel waren von denen der Arbeiter schroff getrennt. Die sich ausbildenden sozialen Viertel wurden zu spezifischen Lebensräumen innerhalb der Klassengesellschaft.

M5 Das Kaufhaus Wertheim in Berlin
Blick in die Strumpfabteilung, Foto 1906

M6 Freud: Religion als Illusion

Sigmund Freud setzt sich in seiner Schrift „Die Zukunft einer Illusion“ von 1927 mit einem fiktiven religiösen Gegner auseinander:

Auf die Dauer kann der Vernunft und der Erfahrung nichts widerstehen, und der Widerspruch der Religion gegen beide ist allzu greifbar. Auch die geläuterten religiösen Ideen können sich diesem Schicksal nicht entziehen, solange sie noch etwas vom Trostgehalt der Religion retten wollen. Freilich, wenn sie sich auf die Behauptung eines höheren geistigen Wesens einschränken, dessen Eigenschaften unbestimmbar, dessen Absichten unerkennbar sind, dann sind sie gegen den Einspruch der Wissenschaft gefeit, dann werden sie aber auch vom Interesse der Menschen verlassen. [...]

Die vom Druck der religiösen Lehren befreite Erziehung wird vielleicht nicht viel am psychologischen Wesen des Menschen ändern, unser Gott Logos [Vernunft] ist nicht sehr allmächtig, kann nur einen kleinen Teil von dem erfüllen, was seine Vorgänger versprochen haben. Wenn wir es einsehen müssen, werden wir es in Ergebung hinnehmen. Das Interesse an Welt und Leben werden wir darum nicht verlieren, denn wir haben an einer Stelle einen sicheren Anhalt, der Ihnen fehlt. Wir glauben daran, dass es der wissenschaftlichen Arbeit möglich ist, etwas über die Realität der Welt zu erfahren, wodurch wir unsere Macht steigern und wodurch wir unser Leben einrichten können.

Wenn dieser Glaube eine Illusion ist, dann sind wir in der selben Lage wie Sie, aber die Wissenschaft hat uns durch zahlreiche und bedeutsame Erfolge den Beweis erbracht, dass sie keine Illusion ist. Sie hat viele offene und noch mehr verkappte Feinde unter denen, die ihr nicht verzeihen können, dass sie den religiösen Glauben entkräftet hat und ihn zu stürzen droht. Man wirft ihr vor, wie wenig sie uns gelehrt und wie viel mehr sie im Dunkel gelassen hat. Aber dabei vergisst man, wie jung sie ist, wie beschwerlich ihre Anfänge waren und wie verschwindend klein der Zeitraum, seitdem der menschliche Intellekt für ihre Aufgaben erstarkt ist. Fehlen wir nicht alle darin, dass wir unseren Urteilen zu kurze Zeiträume zugrunde legen? Wir sollten uns an den Geologen ein Beispiel nehmen. Man beklagt sich über die Unsicherheit der Wissenschaft, dass sie heute als Gesetz verkündet, was die nächste Generation als Irrtum erkennt und durch ein neues Gesetz von ebenso kurzer Geltungsdauer ablöst. Aber das ist ungerecht und zum Teil unwahr. Die Wandlungen der wissenschaftlichen Meinungen sind Entwicklung, Fortschritt und nicht Umsturz.

Nein, unsere Wissenschaft ist keine Illusion. Eine Illusion aber wäre es zu glauben, dass wir anderswoher bekommen könnten, was sie uns nicht geben kann.

Sigmund Freud: Fragen der Gesellschaft, Ursprünge der Religion. Bd. IX der Freud-Studienausgabe. Frankfurt a. M. 1997, S. 186 ff.

M7 Die Erkenntnisse Darwins

Wenn sich spätere Evolutionisten auf Charles Darwins Theorie bezogen, dann hatten sie eine Verknüpfung der folgenden fünf Theorien im Sinn:

1. *Evolution als solche:* Diese Theorie besagt: Die Welt ist nicht unveränderlich, auch nicht erst vor kurzem geschaffen worden, ebenso wenig durchläuft sie fortwährend einen Zyklus, sondern sie verändert sich vielmehr stetig, und Organismen unterliegen einer Veränderung in der Zeit.
2. *Gemeinsame Abstammung:* Nach dieser Theorie stammt jede Organismengruppe von einem gemeinsamen Vorfahren ab, und alle Organismengruppen einschließlich der Tiere, Pflanzen und Mikroorganismen gehen auf einen einzigen Ursprung des Lebens auf der Erde zurück.
3. *Vervielfachung von Arten:* Diese Theorie erklärt die Entstehung der ungeheuren organischen Vielfalt. Sie behauptet, dass Arten sich entweder vervielfachen, indem sie sich in Tochterspezies aufspalten oder indem sie „Sprossen“, das heißt geographisch isolierte Gründerpopulationen hervorbringen, die sich zu neuen Arten entwickeln.
4. *Gradualismus:* Laut dieser Theorie findet evolutionärer Wandel über die allmähliche Veränderung von Populationen statt, nicht durch plötzliche Produktion neuer Individuen, die dann eine neue Art darstellen.
5. *Natürliche Auslese:* Nach dieser Theorie vollzieht sich evolutorischer Wandel durch die überreiche Produktion genetischer Varianten in jeder Generation. Die relativ wenigen Individuen, die – aufgrund einer besonders gut angepassten Kombination von vererbbaren Merkmalen – überleben, bringen die nachfolgende Generation hervor.

Ernst Mayr: Und Darwin hat doch Recht. München 1994, S. 58 f. (Übers.: Inge Leipold)

M8 Die Schöpfungstheorie der Kreationisten

Aus einem Bericht der Stuttgarter Zeitung im Jahr 2006:

In den USA besitzt der Kreationismus zahlreiche Anhänger, schließlich ist er dort auch entstanden. In Deutschland scheint er sich langsam zu verbreiten, mit tatkräftiger Unterstützung einiger Biologielehrer. Einige Pädagogen jedenfalls versuchen, über den Biologieunterricht dieser Schöpfungslehre, die den christlichen Gott als Erschaffer der Welt ins Zentrum stellt, eine Basis zu geben. [...] Dahinter verbergen sich christliche Fundamentalisten, die die Evolutionstheorie Charles Darwins als Lüge bezeichnen. Ihr halten sie die Schöpfungslehre aus der Bibel entgegen, die sie wörtlich auslegen. [...]

Die Kreationisten, meist streng gläubige Christen, geben ihrer Lehre unter dem Begriff „intelligent design“ gern einen wissenschaftlichen Anstrich. Die darwinsche Evolution, die Theorie des Urknalls und die biochemische Entstehung des Lebens sind für sie unbeweisbar und werden deshalb strikt abgelehnt. Der Schöpfungszeitpunkt wird vielfach auf das

Jahr 4004 vor Christus gelegt, das Alter der Erde und des Weltalls mit maximal 10 000 Jahren angegeben.
Zu ihren Thesen zählt auch, dass der Grand Canyon nach der Sintflut innerhalb weniger Tage entstanden ist. Die Flut sei von Gott auf die Welt geschickt worden, weil die Menschen so böse waren. Und schließlich, eine weitere These, stammten die drei Arten von Menschen von den drei Söhnen Noahs ab. In Deutschland wird die Zahl der Kreationisten […] auf etwa 1,3 Millionen geschätzt.

Heinrich Halbig. In: Stuttgarter Zeitung, 9.10.2006, S. 1.

M9 Bilanz der Zeit

a) Die Frankfurter Zeitung kommentiert die Jahrhundertwende, 1899:

Den Beinamen des philosophischen hat das 19. Jahrhundert nicht verdient, wohl aber den des wissenschaftlichen. […] Jetzt erst wird der Mensch seiner selbst, seiner Stellung und seiner Kraft bewusst; jetzt erst erkennt er seine großen Aufgaben und nimmt deren Verwirklichung in die Hand. Unendlich groß sind die Errungenschaften der Wissenschaft und der Technik im neunzehnten Jahrhundert! Dampfschiffe, Eisenbahnen, Telegraf, Telefon, Elektrizität als Licht- und Kraftquelle, Spektral-Analyse, Übertragung der Kraft, Entdeckung des Äthers, Röntgen-Strahlen, die erstaunlichen Fortschritte der Chemie und des Maschinenwesens, Phonograf, Kinematograf, drahtlose Telegrafie und wie die Erfindungen und Entdeckungen alle heißen mögen – es sind für ein Jahrhundert so viele, um mehrere Jahrhunderte damit versehen zu können! […] So hat die Wissenschaft des neunzehnten Jahrhunderts das Gesetz des Fortschritts in wunderbarer Weise befruchtet. […]
Manche Aufgaben hat das neunzehnte Jahrhundert gelöst, aber noch mehr überliefert es ungelöst dem zwanzigsten Jahrhundert, das sie wohl auch nicht alle lösen wird. Das kann nicht anders sein, denn die Menschheit will noch länger leben und spätere Jahrhunderte wollen auch noch Arbeit haben. Aber wenn die Menschheit mit erweiterten Aufgaben in das neue Jahrhundert eintritt, dann bringt sie zur Lösung ihrer Aufgaben weit mehr Kräfte mit als sie in früheren Jahrhunderten besaß. Die Erkenntnis hat eine Stufe erreicht und die Nutzbarmachung der Naturkräfte ist zu einem Grade gediehen wie nie zuvor. Wir haben bedeutungsvolle Schritte getan dem Ziele der Menschheit entgegen. Dieses Ziel heißt: Beherrschung der Natur und Herstellung des Reiches der Gerechtigkeit.

Leitartikel der Frankfurter Zeitung vom 31.12.1899. In: Facsimile Querschnitte durch die Frankfurter Zeitung. Bern 1964, S. 70 f.

b) Das Mitteilungsblatt des Deutschen Bundes Heimatschutz, 1904:

Immer mehr verwüstet im Zeitalter der Maschine die Herrschsucht der Industrie alles, was dem Einzelnen seit den Tagen der Kindheit traut und heimisch, was dem deutschen Volke die Grundlage seiner Stärke war. So […] [kann] es nicht weitergehen, denn Protzentum, Gigerltum, Sinnesstumpfheit, Freude an der Zerstörung und Raubbau treiben ungestört ihr unheilvolles Werk, und was sie in zwei Jahrzehnten geleistet haben, zeigte eine Umschau auf dem Lande. Die kleinen, freundlichen Städte, in denen überall eine harmlose und künstlerische Freude am Besitz nistete, sind entstellt, die Dörfer zu wüsten Steinhaufen geworden, die Berge an den schönsten Stellen durch Steinbrüche angetastet, der deutsche Laubwald durch den Forstbetrieb seiner traulichen Waldschönheit beraubt. Und wenn wir auch noch so sto auf die Errungenschaften unserer Gegenwart sein dürfen, wollen wir doch nicht aus dem Auge verlieren, dass wir dabei Besitztümer aufgeben, die für eine harmonische Menschheitsentwicklung unentbehrlich sind. Auf der einen Seite gewinnen wir dem Leben neue Wohltaten ab, verlängern das Leben selbst, erwerben Reichtümer und arbeiten mit steigernder Anspannung aller Kräfte, auf der anderen Seite aber verliert das Leben an seinem Inhalt und der Mensch wird zur reinen Arbeitsmaschine.

Zit. nach: Karl Ditt: Die deutsche Heimatbewegung 1871–1945. In: Heimat. Analysen, Themen, Perspektiven. Bd. 1. Bonn 1990, S. 139, Anm. 7.

Arbeitsaufträge

?

1 Zeigen Sie wesentliche Kennzeichen des historischen Zeitalters der „Moderne“ auf (VT).

2 Beschreiben Sie in groben Zügen die wissenschaftlichen Erkenntnisse von Freud (VT, M 6). Welche Antworten könnte der fiktive Gesprächspartner von Freud geben (M 6)?

3 Erklären Sie die Begriffe „Ständegesellschaft und „Klassengesellschaft“ (VT).

4 Nennen Sie wesentliche Erkenntnisse von Darwin (VT, M 7). Erläutern Sie den im Widerspruch zu Darwin stehenden Kreationismus (M 8).

5 Listen Sie die in beiden Kommentaren genannten Argumente auf und vergleichen Sie die beiden Texte (M 9 a, M 9 b). Welcher der beiden Positionen würden Sie sich anschließen?

Wirtschaft und Gesellschaft im Industriezeitalter

M1 Baron Rothschilds Eisenwerk in Wittkowitz (Mähren)
Kolorierte Lithografie, um 1850

„Der Schornstein muss rauchen!" Lange Zeit verband sich mit dieser Aufforderung zum Produzieren die Verheißung von Fortschritt und steigendem Wohlstand. Heute dagegen ist der rauchende Schlot zum düsteren Symbol für Umweltzerstörung und Gesundheitsgefährdung geworden. Spätestens mit der Katastrophe von 1986, dem Atomunglück von Tschernobyl, scheinen die negativen Aspekte des „Industriesystems" dessen gute Seiten zu verdunkeln. Der Begriff „Industrie" lässt viele Menschen der Industriestaaten weniger an hohen Lebensstandard denken als an CO_2-Ausstoß, Klimawandel, Müllberge, Ölteppiche und damit an die Minderung von Lebensqualität. Andererseits ist die Mehrheit der Menschen in den entwickelten Ländern kaum bereit, auf den Wohlstand, den ihre Wirtschaftssysteme gewährleisten, zu verzichten. Und während hierzulande darüber nachgedacht wird, wie die bisherigen schädlichen Produktionsformen durch neue, „sanfte" Technologien ersetzt werden können, ist in anderen Teilen der Welt, in den Entwicklungs- und Schwellenländern, die Anziehungskraft der Idee vom Fortschritt durch Industrie ungebrochen.

EXTRA-Link
416800-0002

Zu Beginn des 21. Jahrhunderts beherrscht ein Schlüsselbegriff die öffentliche Diskussion wie kein anderer: Globalisierung. Im Zeitalter der weltweiten Vernetzung der Märkte haben sich die Lebensverhältnisse der Menschen rapide zu wandeln begonnen, und ein Ende dieses Prozesses ist nicht abzusehen. Bedeutet die Globalisierung eine Bedrohung der menschlichen Lebensverhältnisse, eine Entmachtung der Politik durch die Wirtschaft, wie die einen meinen? Oder liegt darin gerade umgekehrt die Chance, grundlegende Probleme des Erdballs zu lösen, wie andere glauben?

Die industrielle Produktionsweise hat den Lebensstandard der meisten Menschen erhöht. Sie hat außerdem bewirkt, dass immer weniger Arbeitskräfte benötigt werden, um die notwendigen Güter zu produzieren. Schon Ende der 1940er-Jahre hatte die Philosophin Hannah Arendt prognostiziert, dass der „Arbeitsgesellschaft" die Arbeit ausgehen werde. Doch während sie darin für die Menschen vor allem die Chance sah, nun zur freien Gestaltung ihres Gemeinwesens beizutragen, erscheint vielen heute das Ende der Arbeitsgesellschaft als ein Schreckensbild: Steht am Ende der Entwicklung eine Gesellschaft von Arbeitslosen?

Diese verschiedenen Schlaglichter machen deutlich: Wirtschaft und Gesellschaft im Industriezeitalter stehen vor Herausforderungen, die grundlegend neuer Lösungen bedürfen. Das folgende Kapitel verknüpft historische und politische Aspekte des Themas, verdeutlicht die Probleme in ihrer Vielschichtigkeit und zeigt mögliche Lösungsansätze auf.

M 2 Ikea-Filiale in Shanghai
Seit 1998 gibt es Billy-Regale auch in China zu kaufen.

1 Postindustrielle Gesellschaft – Leben im Zeitalter der Globalisierung

„Globalisierung" – dieser Begriff ist in den letzten Jahren nicht nur zu einem Mode-, sondern auch zu einem viel benutzten Schlagwort in der politischen Diskussion geworden. In kaum einer Talk-Show fehlt ein Hinweis auf die Folgen der Globalisierung für unseren Wirtschaftsstandort und unseren Sozialstaat. Meistens geht es dabei um Arbeitsplatzabbau, die Abwanderung von deutschen Firmen ins Ausland und die Gefährdung des deutschen Sozial- und Wohlfahrtsstaates. Während Kritiker nicht müde werden, die Gefahren der Globalisierung zu beschwören, gibt es aber auch Stimmen, die in einer globalen, vernetzten Welt durchaus Zukunftschancen sehen: Neue Technologien revolutionieren unser tägliches Leben und erleichtern die Kommunikation, neue Arbeitsplätze entstehen und vor allem junge, hoch qualifizierte Menschen können heute weltweit studieren und arbeiten.
Einigkeit besteht nur darin, dass Globalisierung uns alle betrifft und nicht nur die Wirtschaft, sondern auch das Zusammenleben der Menschen in immer stärkerem Maße beeinflusst.
Was bedeutet es aber für uns, in einer globalisierten Welt zu leben? Inwiefern verändert die Globalisierung unsere Lebens- und Arbeitsbedingungen? Welche Chancen und Risiken gibt es für uns? Und: Seit wann gibt es dieses Phänomen der Globalisierung schon?

um 1500	Die Entdeckungsfahrten portugiesischer und spanischer Seefahrer, Kolumbus' Landung in Amerika und das Vordringen europäischer Fernhändler in den Indischen Ozean und den Pazifik schaffen die Voraussetzungen für einen internationalen Warenaustausch.
Mitte des 18. Jahrhunderts	Der Freihändler Richard Cobden fordert die Beseitigung aller Handelsschranken auf der Welt. Adam Smith entwickelt in seinem Buch über den „Wohlstand der Nationen" (1776) die Theorie des Wirtschaftsliberalismus.
nach 1945	Internationale Institutionen, wie die heutige WTO, schaffen den Rahmen für eine freie Weltwirtschaft und setzen sich zum Ziel, weltweit Handelshemmnisse und Zollschranken abzubauen.
nach 1990	Mit dem Ende des Kalten Krieges und der Erfindung des Internets beginnt eine neue Phase der Globalisierung. Kommunikation wird um ein Vielfaches schneller und einfacher. Gleichzeitig entstehen neue Märkte, insbesondere in Osteuropa, Russland und Asien.

1.1 Wo liegen die historischen Wurzeln der Globalisierung?

Globalisierung in der Frühen Neuzeit

Anfänge von Globalisierungs- bzw. Vernetzungsprozessen lassen sich bereits in der Frühen Neuzeit erkennen. Erstmals kam es um 1500 mit der Entstehung der portugiesischen und spanischen Kolonialreiche und der Entdeckung der „Neuen Welt" zu einem weltweiten Austausch von Menschen, Rohstoffen und Waren. Der Fernhandel erlebte eine Blütezeit, der globale Personen- und Warenverkehr nahm immer mehr zu, und mit Hilfe des neu erfundenen Buchdrucks wuchs das Wissen über die Welt. Die Fernhändler des 16. und 17. Jahrhunderts wurden zu Vorgängern heutiger Geschäftsleute. Europäische Siedler gründeten Kolonien und führten dort ihre Sprachen, Gebräuche und Technologien ein. Erstmals entstand so etwas wie ein globales Bewusstsein, die Menschen fingen also an, sich für fremde Länder zu interessieren, und das Wissen über die Welt nahm kontinuierlich zu.

Transatlantischer Warenhandel

In der Frühen Neuzeit war es vor allem der Atlantik, der zum Bindeglied zwischen den Kontinenten wurde. Nach der Besiedlung Amerikas durch die ersten Europäer entstanden im Südosten der heutigen USA, in Brasilien und im karibischen Raum Plantagen, auf denen Tabak, Zucker und Baumwolle für den europäischen Markt produziert wurden. Versuchten die Plantagenbesitzer zunächst, ihren Arbeitskräftebedarf mit Hilfe der einheimischen Indianer zu decken, so merkten sie bald, dass dies allein nicht ausreichte, zumal die „Native Americans" in großem Ausmaß den von den europäischen Siedlern eingeschleppten Krankheiten zum Opfer fielen.
Der rasant steigende Arbeitskräftebedarf führte bald zu einem schwunghaften Handel mit afrikanischen Sklaven, von dem vorrangig holländische und englische Sklavenhändler profitierten. Die Sklaven wurden unter den unmenschlichsten Bedingungen in die Neue Welt verschleppt (Schätzungen gehen von insgesamt 8–10 Millionen Menschen aus) und dort gegen koloniale Produkte und Rohstoffe, wie Zucker und Tabak, eingetauscht. Diese Produkte wurden dann in die europäischen Seehäfen transportiert und dort wiederum gegen Manufakturwaren eingetauscht, welche die Siedler in den Kolonien zum Aufbau ihrer Besitzungen dringend benötigten. In der Frühen Neuzeit bildete sich so der westeuropäische Handelskapitalismus heraus, der zur treibenden Kraft in diesem Prozess wurde.

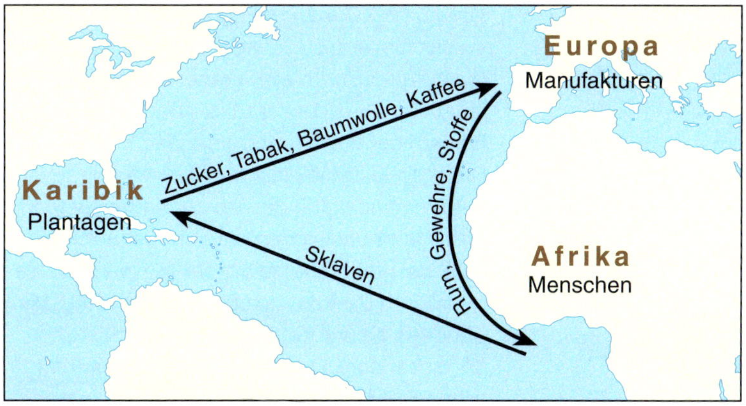

M1 Der so genannte Dreieckshandel
Etwa zehn Millionen Farbige wurden als Sklaven bis ins 19. Jahrhundert aus Afrika nach Amerika verschleppt.

Theorie des Wirtschaftsliberalismus

Die theoretischen Grundlagen für dieses neue Wirtschaftssystem lieferte der in Schottland geborene Adam Smith in seiner Untersuchung über den „Wohlstand der Nationen" im Jahr 1776. Diese Abhandlung gilt bis heute als Grundlage für das marktwirtschaftliche System. Smith propagierte darin das Bild einer freiheitlichen Wirtschaftsordnung, in welcher der Nationalstaat nur eine geringe Rolle spielt. Die Aufgabe des Staates sah er primär darin,

M2 Adam Smith
(1723–1790), Begründer der klassischen Volkswirtschaftslehre

Handelskapitalismus	Der Begriff steht für den Erwerb von Kapital durch Gewinne aus Handelsgeschäften. Er wird für die Zeit vom ausgehenden Spätmittelalter bis zur Industrialisierung benutzt. Die Kaufleute verwendeten den Gewinn aus ihren Geschäften, um erneut in den Handel zu investieren, da zu dieser Zeit Investitionen in Fabriken o. Ä. noch nicht möglich waren.
Freihandel	Freihandel bezeichnet den internationalen Waren- und Dienstleistungsverkehr, der keinen Zoll- oder Handelsbeschränkungen unterworfen ist. Nach dem Grundsatz des Liberalismus führt nur ein völlig unbehinderter Warenverkehr zu einer internationalen Arbeitsteilung und so zu einer kostengünstigen Produktion. Ziel des Freihandels ist es, durch internationale Tauschprozesse den Wohlstand der beteiligten Länder zu heben.
Arbeitsteilung	Begriff, der für die Aufspaltung der Güterproduktion in einzelne Teilprozesse steht. Internationale Arbeitsteilung meint die weltweite Aufteilung wirtschaftlich-produzierender Tätigkeiten und Arbeitsprozesse. Die heutige internationale Arbeitsteilung führt durch Spezialisierung und dadurch resultierende Leistungssteigerungen sowie durch Kostenunterschiede zwischen Hoch- und Billiglohnländern zu Ertragssteigerungen der Unternehmen.

geeignete Rahmenbedingungen für den freien Wettbewerb zu schaffen. Der freie Handel diente nach Smith als Garant für den Wohlstand der Menschen und für friedliche Beziehungen der Völker untereinander.
Die Theorie des Wirtschaftsliberalismus sowie der Freihandel und die Arbeitsteilung lösten im 19. Jahrhundert den durch hohe Einfuhrzölle bei gleichzeitiger Förderung der Exporte geprägten Merkantilismus des 17. und 18. Jahrhunderts ab (vgl. S. 88). Die merkantilistische Wirtschaftsordnung hatte in den absolutistischen Staaten Europas für eine positive Handelsbilanz sorgen sollen, behinderte allerdings den zwischenstaatlichen Handel. Durch die Abkehr vom Merkantilismus erlebte der internationale Handel im 19. Jahrhundert einen starken Aufschwung.

Vorbild Großbritannien

In seiner Theorie des Wirtschaftsliberalismus orientierte sich Smith vor allem am englischen Modell. Großbritannien, das Mitte des 18. Jahrhunderts zum Mutterland der Industrialisierung aufstieg, galt seinerzeit als bedeutendstes Finanz- und Handelszentrum der Welt. Die Industrialisierung brachte völlig neue Technologien hervor: Erfindungen wie die Eisenbahn sowie neue Kommunikationsmittel – etwa der 1839 von Samuel Morse entwickelte Telegraph – revolutionierten und beschleunigten das Leben der Menschen. Mit dem Anbruch des Eisenbahnzeitalters erhöhte sich zudem die Mobilität: Reisen wurde immer bequemer und einfacher. Und durch die Erfindung der Dampfschiffe konnten auch große Distanzen überwunden werden.
Der westlich-britische Weg wurde zum Vorbild für viele Länder Europas, die im Laufe des 18. und 19. Jahrhunderts ähnliche Modernisierungsprozesse durchliefen. Die Übernahme von Erfindungen und neuen Technologien in anderen Ländern entwickelte sich in dieser Zeit zum Motor der Globalisierung, und der weltweite Handel wuchs stetig. Dabei kam es jedoch zunehmend zu einem Konkurrenzkampf der europäischen Mächte um wirtschaftliche und politische Stärke.

Wettlauf um die Aufteilung der Welt

Mitte des 19. Jahrhunderts begann zwischen den europäischen Großmächten ein regelrechter Wettlauf um die Aufteilung der Welt. Der Zugriff auf Kolonien in Afrika und Asien und somit auf wichtige Rohstoffe sollte der heimischen Industrie beträchtliche Gewinne sichern. Mit Hilfe solcher Kolonien hofften die Politiker einerseits, wirtschaftliche Wachstumskrisen bekämpfen zu können, sie wollten andererseits aber auch nationale Großmachtambitionen befriedigen und von innenpolitischen Problemen ablenken.
Dieser Wettlauf um Kolonien führte zunehmend zu politischen Spannungen zwischen den europäischen Staaten, die dann im Ersten Weltkrieg (1914–1918) offen zutage traten. Dieser Krieg zeigte in aller Deutlichkeit, dass sich lokale Konflikte nicht mehr geographisch begrenzen ließen, denn der Erste Weltkrieg fand nicht nur in Europa, sondern auf zahlreichen Schauplätzen der Erde statt. Die Welt wurde erstmals zur Schicksalsgemeinschaft.
In wirtschaftlicher Hinsicht war die Zeit vor dem Ersten Weltkrieg eine Phase des Aufstiegs der Handelsglobalisierung und des Freihandels. In den einzelnen Ländern Europas nahm der Außenhandel beträchtlich zu und stieg auf bis zu einem Drittel des Bruttoinlandsproduktes an. Diese Zunahme des Welthandels wurde durch den Ersten Weltkrieg, die Weltwirtschaftkrise im Jahre 1929 und schließlich durch den Zweiten Weltkrieg (1939–1945) unterbrochen.

Globalisierung nach 1945

Zu einem neuen Globalisierungsschub kam es dann nach dem Ende des Zweiten Weltkrieges. Die mittlerweile zur Weltmacht aufgestiegenen Vereinigten Staaten von Amerika vertraten das Ideal einer offenen, marktwirtschaftlich geprägten Weltwirtschaft und versuchten, diese Vorstellungen international durchzusetzen. Bereits 1944 wurden zu diesem Zwecke in Bretton Woods im US-Staat New Hampshire die Weltbank und der Internationale Währungsfonds (IWF) gegründet. Drei Jahre später, 1947, unterzeichneten 23 Gründungsstaaten das Allgemeine Zoll- und Handelsabkommen (General Agreement on Tariffs and Trade, kurz GATT), mit dem ein weltweiter Abbau von Zöllen und Handelsbeschränkungen, also eine Liberalisierung und Förderung des Welthandels, erreicht werden sollte. Seither sind die Importzölle auf industrielle Produkte im Schnitt von ca. 40 Pro-

zent auf unter fünf Prozent gefallen. Aus dem GATT-Abkommen ging 1995 die Welthandelsorganisation (WTO = World Trade Organization) mit Sitz in Genf hervor. Ihr gehören mittlerweile weit über 100 Staaten an.
Auch in Europa gab es nach dem Zweiten Weltkrieg die Idee eines wirtschaftlichen Zusammenschlusses mit vollständiger Handelsfreiheit. Sie mündete 1957 in der Gründung der Europäischen Wirtschaftsgemeinschaft (EWG), dem Vorläufer der heutigen EU.
Doch nicht nur in wirtschaftlicher Hinsicht, auch im Bereich der Politik kann man für die Zeit nach dem Zweiten Weltkrieg von einem Globalisierungsschub sprechen. Mit den Vereinten Nationen gründete die internationale Staatengemeinschaft 1945 eine Organisation, die sich bis heute für die Sicherung des Weltfriedens und den Erhalt der Menschenrechte einsetzt. Anfangs von 51 Staaten ins Leben gerufen, zählt die UN heute über 190 Mitgliedsländer und vereinigt somit nahezu sämtliche Staaten der Erde unter ihrem Dach.

Globalisierung heute
Seit dem Ende des Kalten Krieges 1989/90 und dem Zusammenbruch des Kommunismus Anfang der 1990er-Jahre ist die Liberalisierung des Welthandels in eine neue Phase getreten. Neue Kommunikationsmittel, wie etwa das Internet, vereinfachen internationale Geschäftsbeziehungen und machen die Welt mehr und mehr zum globalen Dorf. Auch Schwellen- bzw. Transformationsländer, also Länder, die heute ähnliche Modernisierungsprozesse durchlaufen wie die europäischen Staaten im 18. und 19. Jahrhundert, können von dieser Entwicklung profitieren. Insbesondere in Asien wandeln sich Länder wie China oder Indien immer mehr zu Industrie- bzw. Dienstleistungsgesellschaften und können sich so am Weltmarkt behaupten.
Die globalisierte Welt steht heute andererseits aber auch immensen Herausforderungen gegenüber: Kulturelle Unterschiede führen zu Terror und Konflikten, der Kampf um den Zugang zu Rohstoffen birgt neue Risiken und globale Umweltprobleme betreffen alle Menschen der Welt gleichermaßen.
Ob die Länder der Welt von der Globalisierung profitieren oder nicht, wird langfristig in entscheidendem Maße davon abhängen, ob es gelingt, sich diesen Herausforderungen gemeinsam zu stellen und zusammen Lösungen für die globalen Probleme und Konflikte zu finden.

Weltbank (Internationale Bank für Wiederaufbau und Entwicklung)	Die Weltbank ist eine Sonderorganisation der Vereinten Nationen mit mehr als 180 Mitgliedsstaaten. Nach dem Ende des Zweiten Weltkrieges gab sie überwiegend Kredite für den Wiederaufbau der zerstörten Länder in Europa. Heute hingegen unterstützt die Weltbank Entwicklungsländer. Diese können als Empfängerländer Kredite für bestimmte Entwicklungsprojekte erhalten.
Internationaler Währungsfonds (IWF)	Der IWF verfolgt das Ziel, weltweit stabile Währungsbeziehungen sicherzustellen und den Welthandel zu erleichtern. Der IWF kann seinen Mitgliedern bei wirtschaftlichen Schwierigkeiten Kredite gewähren, die jedoch meist an wirtschafts- und finanzpolitische Auflagen gebunden sind.
World Trade Organization (WTO)	Die Welthandelsorganisation wurde 1995 als Nachfolgerin des GATT-Abkommens gegründet und hat ihren Sitz in Genf. Das Hauptziel der WTO ist der Abbau von Handelshemmnissen und Zollschranken sowie die Förderung des freien Welthandels und der Weltwirtschaft.

Arbeitsaufträge

1 Erarbeiten Sie eine Definition des Begriffes „Globalisierung“ (VT).

2 Erstellen Sie eine Zeitleiste mit den wichtigsten Daten zur Geschichte der Globalisierung (VT).

1.2 Die Folgen des Wirtschaftswandels für den Standort Deutschland

Globalisierungs- und Rationalisierungsprozesse in der Wirtschaft verändern nicht nur den Arbeitsmarkt in Deutschland, sie haben auch Konsequenzen für den deutschen Wirtschaftsstandort. Regelmäßig berichten Medien über die Verlagerung von Produktionsstätten aus Deutschland in Niedriglohnländer. Mittlerweile werden in diesen Ländern auch moderne Dienstleistungen für deutsche Unternehmen erledigt. Dies führt, so sagen die Kritiker, zu einem massiven Arbeitsplatzabbau in Deutschland, ist gleichzeitig aber auch, so sagen die Befürworter dieser Entwicklung, Garantie dafür, dass die deutsche Wirtschaft sich im globalen Wettbewerb behaupten kann.
Deutschland gehört einerseits zu den führenden Exportnationen, hat andererseits aber mit hoher Arbeitslosigkeit zu kämpfen. Inwiefern ändert sich also unsere Arbeitswelt unter den Bedingungen der Globalisierung und wer gehört zu den Gewinnern und Verlierern dieses Wandels?

Wer profitiert von der Globalisierung?

Für die Unternehmen bietet die Globalisierung auf den ersten Blick viele Vorteile: Sie können weltweit produzieren, vom globalen Arbeitsmarkt profitieren und durch die Verlagerung von Fabriken und Dienstleistungen in Länder mit geringerem Lohnniveau und niedrigeren Lohnnebenkosten in beträchtlichem Maße Kosten senken. Viele osteuropäische Länder locken Investoren mit Steuererleichterungen, einer guten Infrastruktur und einem großen Potenzial an preiswerten, motivierten und gut ausgebildeten Arbeitskräften. Dies ist für Unternehmer in Zeiten zunehmender Konkurrenz äußerst attraktiv. So haben allein in den Jahren 1990 bis 2001 deutsche Unternehmen durch Produktionsverlagerungen 460 000 Arbeitsplätze in Osteuropa geschaffen. Dies muss nicht immer zu Lasten der deutschen Arbeitnehmerinnen und -nehmer gehen: Befürworter der Globalisierung und Ökonomen gehen davon aus, dass weitaus mehr Arbeitsplätze in Deutschland gefährdet wären, wenn deutsche Betriebe nicht die Kostenvorteile im Ausland nutzen würden. Eine Verlagerung von Produktionsstätten ins Ausland trage dazu bei, dass deutsche Unternehmen überhaupt konkurrenzfähig bleiben, nicht zu „Übernahmekandidaten“ für andere Großunternehmen werden. So würden wichtige Arbeitsplätze in Deutschland gesichert.
Dass die deutsche Wirtschaft durchaus zu den Gewinnern der Globalisierung gezählt werden kann, zeigt sich insbesondere im Außenhandel. Seit Jahren steigen die Exporte und übertreffen alljährlich die importierten Güter. Während der Export einerseits der deutschen Wirtschaft beträchtliche Gewinne beschert, profitiert andererseits auch der deutsche Konsument von der globalen Warenwelt: Ausländische Produkte, wie z. B. Elektrogeräte, die in Asien billig produziert werden, sind in den letzten Jahren immer günstiger und damit erschwinglicher für den Verbraucher in Deutschland geworden.

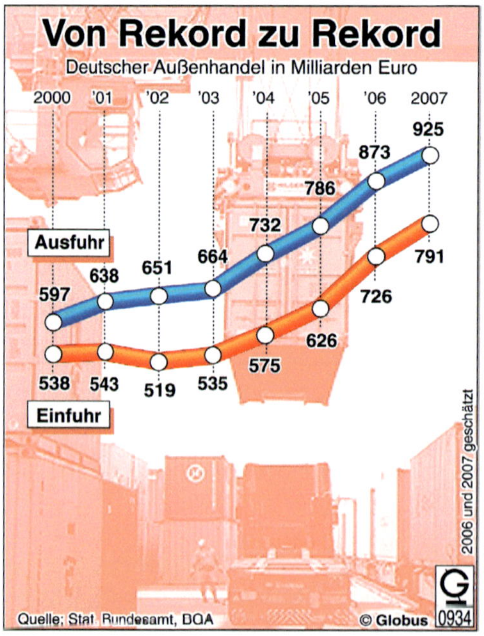

M1 Boomender Export
Der deutsche Außenhandel nimmt seit Jahren zu.

Folgen für den deutschen Arbeitsmarkt

Der wirtschaftliche Wandel bringt aber nicht nur Vorteile mit sich. Am deutlichsten spürbar ist dies auf dem Arbeitsmarkt. Konnten frühere Generationen auf sichere Arbeitsplätze hoffen, so unterliegen die Erwerbsbiographien heutiger Berufstätiger einem rasanten Wandel. Heute müssen Arbeitnehmerinnen und Arbeitnehmer vor allem flexibel sein. Dazu zählt die Bereitschaft, häufig den Arbeitsplatz oder sogar den Beruf zu wechseln.

Die Veränderungen auf dem Arbeitsmarkt werden bei einem Blick auf die Zahl der sozialversicherungspflichtigen Beschäftigungsverhältnisse besonders deutlich. Die Zahl dieser Beschäftigungsverhältnisse, die den Arbeitnehmerinnen und Arbeitnehmern eine solide Lebensplanung und geregelte finanzielle Verhältnisse ermöglichen, ist in den letzten Jahren stetig zurückgegangen. So hatten noch bis 1968 rund 75 % der berufstätigen Bevölkerung in Deutschland einen solchen festen Arbeitsplatz. Im Jahr 2002 waren es dagegen nur noch 60 %. Allein in den Jahren 2000 bis 2005 gingen rund 2 Millionen sozialversicherungspflichtige Arbeitsplätze, vor allem in der Industrie, verloren.
Warum aber vollzieht sich dieser Abbau von regulären Arbeitsplätzen in Deutschland? Deutschland befindet sich im Übergang von der postindustriellen zur Informations-, Dienstleistungs- und Wissensgesellschaft. Dieser Strukturwandel führt dazu, dass gerade im Bereich der Produktion, also der Industrie, eine immer geringere Nachfrage nach einfacher Arbeit besteht. Die Löhne geraten in diesem Bereich zudem immer mehr unter Druck, da die deutschen Arbeiterinnen und Arbeiter mit den billigeren Arbeitskräften im Ausland konkurrieren. Eine Folge ist, dass Unternehmen Teile der Produktion ins Ausland verlagern, es in diesem Bereich also zu einem Arbeitsplatzabbau kommt.
Der Übergang zur Informations- und Wissensgesellschaft bringt allerdings auch neue Chancen und neue Beschäftigungsmöglichkeiten mit sich. In den letzten Jahren sind vor allem im Dienstleistungsbereich neue Arbeitsplätze und Berufe mit Zukunft entstanden.

Wirtschaftswandel: Gewinner und Verlierer

Vor allem junge, gut ausgebildete, mobile und flexible Menschen haben heutzutage gute Chancen auf dem Arbeitsmarkt. Die Globalisierung bietet ihnen die Möglichkeit, auch in anderen Ländern zu arbeiten. Menschen mit niedriger Qualifikation und Zuwanderer mit mangelhaften Sprachkenntnissen oder unzureichender Ausbildung sind dagegen die Verlierer des Strukturwandels. Schon heute sind rund 25 Prozent der Arbeitslosen Menschen mit einer sehr geringen oder gar keiner beruflichen Qualifikation. Dieser Trend wird sich in den kommenden Jahren noch verstärken. Zu den Verlierern zählen aber auch ältere Arbeitslose. Diese haben oft kaum noch eine Chance auf ein neues langfristiges Beschäftigungsverhältnis und sind als Langzeitarbeitlose auf staatliche Unterstützung angewiesen.

Mini-Jobs und Zeitarbeit

Während in den vergangenen Jahren die sozialversicherungspflichtigen Arbeitsplätze zeitweilig zurückgingen, hat die Anzahl der befristeten Beschäftigungsverhältnisse und der Mini-Jobs zugenommen. Immer mehr Menschen müssen mit Teilzeit- und Mini-Jobs oder

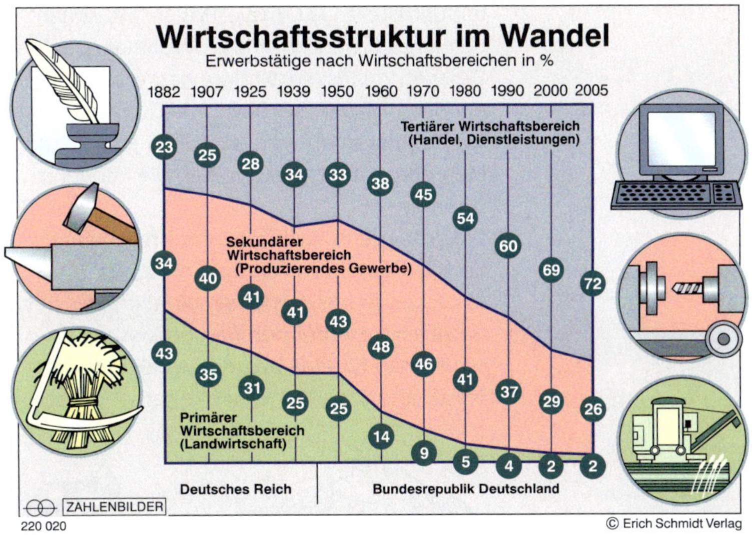

M2 Wandel der Wirtschaftsstruktur
primär: Landwirtschaft, Bergbau; sekundär: Industrie und Handwerk; tertiär: private und öffentliche Dienstleistungen

Sozialversicherungspflichtige Beschäftigungsverhältnisse	Zu den Säulen des deutschen Sozialstaates zählen die Arbeitslosen-, Kranken-, Renten-, Pflege- und Unfallversicherung. Diese Versicherungen sind Pflichtversicherungen, deren Leistungen je zur Hälfte aus dem laufenden Einkommen der Erwerbstätigen und aus Beiträgen der Arbeitgeber finanziert werden. Die Beiträge zur Unfallversicherung zahlen die Arbeitgeber allein. Unter sozialversicherungspflichtigen Beschäftigungsverhältnissen versteht man daher alle regulären Arbeitsverhältnisse, für die Beiträge in die Sozialkassen gezahlt werden.

mit befristeten Arbeitsverträgen und Zeitarbeit ihren Lebensunterhalt verdienen. Da diese Beschäftigungsverhältnisse häufig schlechter entlohnt werden, sehen sich heutzutage viele Menschen gezwungen, als „Multi-Jobber" mit mehreren Arbeitsplätzen über die Runden zu kommen.

Die gestiegene Nachfrage der Unternehmen nach Zeitarbeitern verstärkt diesen Trend. Zeitarbeitsfirmen verleihen auf der Basis des Gesetzes zur Arbeitnehmerüberlassung Unternehmen für eine begrenzte Zeit ihre Arbeitskräfte. Dies hat für die Unternehmen den

M3 Lohndumping
Karikatur von Horst Haitzinger

Vorteil, dass sie flexibel auf Auftragsschwankungen reagieren können, ohne sich langfristig an Personal binden zu müssen. Waren 1995 erst 162 000 Menschen bei einer Zeitarbeitsfirma beschäftigt, so stieg diese Zahl im Jahr 2006 auf rund 500 000 an.

Zeitarbeit bietet Arbeitnehmern einerseits die Chance, einen Einstieg in die Vollbeschäftigung zu schaffen. Denn nicht selten erhalten Arbeitslose und Berufsanfänger über die Zeitarbeit die Möglichkeit, sich in einem Betrieb zu bewähren, um dann eventuell dort eine Festanstellung zu bekommen. Andererseits sind mit Zeitarbeit viele Nachteile verbunden: Die Beschäftigten werden in wechselnden Firmen eingesetzt, müssen sich also immer wieder neu in betriebliche Arbeitsabläufe einarbeiten. Hinzu kommen wechselnde Einsatzorte und teils längere Pendelzeiten. Auch in finanzieller Hinsicht sind Zeitarbeiter meist schlechter gestellt. So kann es sein, dass ein Zeitarbeiter bis zu einem Drittel weniger verdient als seine fest angestellten Kollegen.

Der zunehmende Wettbewerbsdruck führt jedoch nicht nur bei der Zeitarbeit zu geringeren Einkommen. Längst sind viele Unternehmen dazu übergegangen, die Arbeitszeiten zu verlängern oder freiwillige Sonderzuwendungen wie Weihnachts- und Urlaubsgelder zu streichen. Arbeitnehmerverbände und Gewerkschaften bezeichnen diese Entwicklung als „Lohndumping", also ein Drücken des Gehaltes. Soziologen sprechen aufgrund dieser Entwicklungen auf dem Arbeitsmarkt von einer besorgniserregenden Zunahme so genannter „prekärer Arbeitsverhältnisse", die einhergeht mit dem kollektiven Gefühl der Unsicherheit und der Angst breiter Bevölkerungsschichten vor dem Absturz in die Armut.

Neue Armut

Immer mehr Menschen zählen zu den „Neuen Armen". Laut einer Studie aus dem Jahr 2006 gehören etwa acht Prozent der Bundesbürger zum so genannten „abgehängten Prekariat", einer Gruppe von Menschen, die keinerlei Aufstiegschancen haben. Von der „Neuen Armut" sind neben Alleinerziehenden zunehmend auch Familien aus der Mittelschicht betroffen.

Gibt es aber einen Zusammenhang zwischen der Zunahme der Armut und der Globalisierung? Der Soziologe Ralf Dahrendorf sieht in der Globalisierung den Grund für das Auseinanderdriften der Gesellschaft. Je mehr die Globalisierung Arbeitsplätze vernichte, desto mehr teile sich die Gesellschaft in diejenigen, die in einem festen Beschäftigungsverhältnis stehen und diejenigen, die nur sozial wenig abgesicherte Arbeitsmöglichkeiten haben. Verteilungskonflikte könnten sich in Zukunft also noch verschärfen und zu einer gesellschaftlichen Spaltung führen.

Sozialstaat in der Sackgasse?

Der wirtschaftliche Wandel trägt dazu bei, dass dem deutschen Sozialstaat immer mehr Einnahmen wegbrechen. Durch die Verlagerung von Unternehmen ins Ausland werden weniger Steuern und Sozialversicherungsbeiträge in Deutschland gezahlt, während gleichzeitig durch die höhere Arbeitslosigkeit und die Überalterung der Gesellschaft immer mehr Menschen Leistungen wie Arbeitslosengeld oder Rente beziehen. Immer wieder wird deshalb die Frage nach der Zukunft unseres Sozialstaates gestellt. Können wir uns dieses soziale Netz überhaupt noch leisten?

Die Probleme des Rentensystems werden sich in den nächsten Jahren noch verstärken, da die niedrige Geburtenrate von derzeit etwa 1,3 Kindern pro Frau dazu führen wird, dass es immer weniger junge Menschen und damit immer weniger Berufstätige und somit Beitragszahler geben wird.
Nur durch eine massive Zuwanderung von jungen ausländischen, möglichst gut ausgebildeten Arbeitskräften ließe sich nach Ansicht vieler Experten der Trend der Überalterung Deutschlands stoppen.

Aktuelle Reformansätze
Angesichts des zur Überalterung der Gesellschaft führenden demographischen Wandels und der Folgen der Globalisierung für den deutschen Sozialstaat sucht die Politik verstärkt nach zukunftsfähigen Konzepten. Experten sind sich einig darüber, dass der heutige Sozialstaat weitgehender Reformen bedarf. So ist die beschlossene Verlängerung der Lebensarbeitszeit auf 67 Jahre ein Versuch, das jetzige Rentensystem zu reformieren. Da die Anhebung des Rentenalters erst langfristig die Rentenkasse entlasten wird, ist damit zu rechnen, dass das Rentenniveau in den nächsten Jahrzehnen weiter abgesenkt wird.
Da die Rente zukünftig nicht mehr wie bisher den Lebensstandard alter Menschen wird absichern können, setzt die Politik zudem auf private Vorsorge. Die mangelnde Absicherung im Alter soll durch den Aufbau einer staatlich geförderten privaten Zusatzversorgung, der nach dem früheren Arbeitsminister Walter Riester (SPD) benannten „Riester-Rente", kompensiert werden. Dem Bürger wird dadurch immer mehr die Verantwortung für seine eigene Altersvorsorge übertragen. Das Problem fehlender Beitragszahler ist dadurch jedoch nicht gelöst.
Um die Lohnnebenkosten nicht noch mehr in die Höhe zu treiben, was den Wirtschaftsstandort Deutschland weiter belasten würde, wird über eine stärkere Steuerfinanzierung des Sozialstaates nachgedacht. Dadurch würde der Sozialstaat nicht länger ausschließlich abhängig vom „Faktor Arbeit", d.h. von der Höhe der jeweiligen Einkommen sein. Gleichzeitig erhofft man sich von einer Absenkung der Lohnnebenkosten und einer stärkeren Steuerfinanzierung beschäftigungspolitische Impulse, also die Schaffung von neuen Arbeitsplätzen.
Die schrittweise Erhöhung der Tabaksteuer, die u.a. auch zur Finanzierung der Rente dienen soll, war ein erster Schritt in diese Richtung. Seit 2007 werden zudem die Ausgaben der Arbeitslosenversicherung zum Teil aus den Mehreinnahmen der Mehrwertsteuererhöhung finanziert. Weitere Reformen stehen auch im Gesundheitswesen an. Praxisgebühren, höhere Zuzahlungen bei Medikamenten und beim Zahnersatz sowie die Anhebung der Krankenkassenbeiträge sind Maßnahmen zur Kostenbegrenzung der Krankenversicherung.
Ungewiss ist auch die Zukunft der erst 1995 eingeführten Pflegeversicherung: Angesichts des Zuwachses der älteren Generation werden der Pflegebedarf und damit auch die Kosten der Pflegeversicherung in den nächsten Jahrzehnten massiv steigen.

Arbeitsmarktreformen in der Kritik
Die Hilflosigkeit der Politik in Zeiten leerer Kassen löst bei vielen Menschen Ängste und Unsicherheit aus. So kam es im Zuge der Einführung des so genannten Hartz-IV-Gesetzes im Sommer 2004 zu massiven Protesten. Besonders kritisiert wurde der zunehmende Druck auf Langzeitarbeitslose (= Arbeitslose, die länger als 12 Monate ohne Job sind) und der Wegfall der Arbeitslosenhilfe, die Langzeitarbeitlosen unbefristet auf der Basis eines Prozentsatzes (53 %) ihres früheren Einkommens gezahlt wurde. Durch die Zusammenlegung von Arbeitslosen- und Sozialhilfe zum neuen Arbeitslosengeld II (ALG II) wurde Langzeitarbeitslosen nunmehr eine feste Pauschale von 345 Euro zugestanden, zuzüglich der Kostenübernahme für Miete und Heizung. Gleichzeitig wurden die Zumutbarkeitsregelungen verschärft: Lehnt ein Langzeitarbeitsloser einen zumutbaren Job ab, so muss er mit einer Kürzung der Arbeitslosenunterstützung von 30 % und mehr rechnen.
Die Hartz-Gesetze, die vom damaligen Bundeskanzler Gerhard Schröder unter das Motto „Fördern und Fordern" gestellt wurden, läuteten das Ende des allumfassenden Wohlfahrtsstaates ein. Der Trend zeigt eindeutig in diese Richtung: Die Menschen sollen wieder mehr für sich selbst sorgen und nicht nur auf den Staat setzen. Private Vorsorge wird deshalb gerade für die heutige junge Generation immer wichtiger werden.

M4 **Aktuelle Zeitungsüberschriften**

Schön sein heißt westlich aussehen
Viele Chinesen unterziehen sich Schönheitsoperationen

Keine Chance gegen AIDS?

Streit um Jobverlagerung

Nach der Hitzewelle:
Unwetter richten großen Schaden an

Schnäppchenreise ins asiatische Krankenbett
Holländische Krankenkassen schicken ihre Mitglieder zur Behandlung nach Thailand. Weil es dort billiger ist und schneller geht.

M5 **Unternehmen wandeln sich zu globalen Netzen**

Ein Bericht über die rasante Entwicklung deutscher Unternehmen im Zeitalter der Globalisierung und die Folgen für den Wirtschaftsstandort Deutschland:

Nur wenige Meter haben bei Adidas einst zwischen Idee und Fertigung gelegen. Auf dem Fabrikgelände im fränkischen Herzogenaurach nähten vor 20 Jahren Arbeiter Schuhe und Trainingsanzüge. Entwickler im Gebäude nebenan hatten die Produkte zuvor entworfen, die Marketingleute ein paar Büros weiter sorgten schließlich für den erfolgreichen Verkauf. Heute liegen zwischen Idee und Fertigung tausende Kilometer. Die Zentrale des Sportartikelherstellers ist zwar noch immer im beschaulichen Herzogenaurach. Doch sie wird umkreist von weiteren Zentren weltweit, von „Satelliten", wie Adidas-Chef Herbert Hainer sie nennt.

Satellit A in Hongkong ist für die globale Beschaffung zuständig, Satellit B in Portland/Oregon fürs Marketing. Die Satelliten C und D in New York und Tokio funken neue Trends nach Herzogenaurach, wo Produkte entwickelt werden und die Fäden zusammenlaufen. Genäht wird bei Adidas schon lange nicht mehr selbst: Das übernehmen billige Fremdfirmen, vor allem in Asien.

Einst war Adidas ein deutsches Unternehmen. Heute nennt es Hainer lieber ein „internationales Unternehmen mit deutschen Wurzeln". Der Konzern steht damit stellvertretend für den Weg, den in den vergangenen Jahren viele deutsche Firmen gegangen sind – und in Zukunft noch gehen werden: Sie entwickeln sich zu globalen Netzen aus eigenen Standorten und externen Dienstleistern. Auf dieses Netz verteilen sie Produktion, Forschung, IT und Vermarktung – dahin, wo sie für die jeweilige Aufgabe die besten Voraussetzungen finden. [...] Um führend zu bleiben, müssten aus Firmen heute echte „Global Player" werden.

Dazu wird die deutsche Industrie allein schon durch den sich rasant ändernden Rahmen gezwungen. Aufstrebende Regionen wie China und Indien wollen nicht mehr nur Werkbank für westliche Firmen sein. „Dort entstehen Unternehmen, die auf einem großen Technikwissen aufbauen und eine geringere Kostenbasis haben", sagt Jürgen Heraeus, Aufsichtsratschef des Technologiekonzerns Heraeus. Diese neuen Wettbewerber bauen ebenfalls internationale Netzwerke auf – und drängen auf die westlichen Märkte.

Die heimische Industrie muss im Gegenzug in die Welt hinaus. [...]

Dass dies weitere Konsequenzen für den heimischen Standort bringen wird, davon geht die Mehrzahl der deutschen Topmanager aus. 80 Prozent erwarten, dass deutsche Firmen die Produktion in den nächsten Jahren vor allem in den wachstumsstarken Märkten in Asien und Osteuropa ausbauen werden, ergab der Handelsblatt Business Monitor, bei dem 803 Führungskräfte befragt wurden. Die Globalisierung betreffe aber auch Bürojobs und Forschung & Entwicklung (F&E), hieß es weiter. Denn auch in der Produktentwicklung suchen Unternehmen die Nähe zu den Märkten – und sie wollen das Wissen der Universitäten und Forschungszentren in Asien und Osteuropa nutzen. So entstehen auch hier unternehmensinterne Netze, die aus der F&E in Deutschland und den neuen Experten aus aller Welt bestehen.

Deutschland ist Teil dieser Netzwerke. Doch welche Rolle wird der Heimatstandort künftig darin spielen? [...] Dass die Globalisierung in den nächsten Jahren die Produktion in Deutschland komplett vertreiben wird, daran glaubt keiner der Experten. „Gerade für know-how-getriebene Unternehmen wie Maschinen- oder Autobauer ist Produktion Kernkompetenz", sagt BWL-Professor Wildemann. Hightech-Firmen würden diese Kompetenz verlieren, wenn sie ihre Fertigung am Heimatstandort aufgäben. Hans-Ulrich Stamer, Chef der Unternehmensberatung Management Engineers, sagt, er glaube, dass Deutschland auch in ein paar Jahren noch Produktionsstandort für hochkarätige Güter sein werde – und sein müsse. Denn darin lägen wichtige Wurzeln der heimischen Industrie. „Zukunft", sagt Stamer, „hat auch etwas mit Herkunft zu tun."

Bert Fröndhoff: Firmen wandeln sich zu globalen Netzen. In: Handelsblatt Nr. 116 (Wirtschaft aktuell im Unterricht), 20. 6. 2006

M6 Teilaspekte der Globalisierung

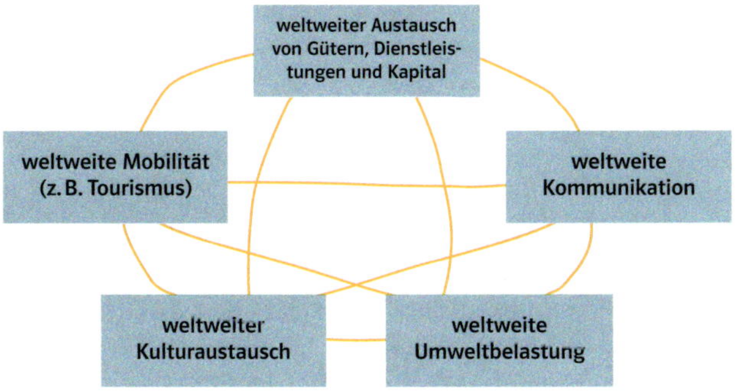

M7 Auf Nummer unsicher

Ein Bericht über die „Generation Praktikum“:

Eltern erzählen gerne stolz von ihren Kindern. Von guten Schulnoten, ausgezeichneten Universitätsabschlüssen und dem ersten tollen Job. Wenn Eltern heute über ihre wohlgeratenen erwachsenen Kinder reden, klingt das meist eher nach Selbsthilfegruppe: „Oje, hat deiner auch noch nichts Festes?“

Sie erzählen vom Sohn, der vier Sprachen spricht und trotz Einser-Examen nur Praktikumsstellen findet. Vom Assistenzarzt, der nach Ablauf seines Jahresvertrages plötzlich auf der Straße steht. Von der Diplommeteorologin, die von Hartz IV lebt und als Ein-Euro-Jobberin an ihrem Institut weiterforscht. Oder von der befristet beschäftigten 32-Jährigen, der die Zukunft so wenig planbar scheint, dass sie sich kein neues Sofa anschafft – geschweige denn ein Kind.

Für junge Berufseinsteiger hat sich die Arbeitswelt verändert. Während ihre Eltern nach Lehre oder Studium quasi automatisch in ein festes Arbeitsverhältnis rutschten, ist für die Kinder eine gute Ausbildung längst nicht mehr die Eintrittskarte in ein abgesichertes Erwerbsleben. […] Stattdessen hangeln sich heute immer mehr Berufsanfänger als Praktikanten, Mehrfachjobber oder Honorarkräfte durch die neue Arbeitswelt, mit befristeten Verträgen oder ganz ohne, mit schlechter oder gar keiner Bezahlung, zeitlich stets flexibel und immer mobil. […]

Von dieser Entwicklung sind vor allem Berufsanfänger betroffen, denn für Unternehmen, die in der globalisierten Wirtschaft konkurrenzfähig bleiben wollen und dafür feste Stellen streichen, ist es am einfachsten, die Verträge von Neueinsteigern entsprechend anzupassen.

Julia Bonstein/Merlin Theile: Generation Praktikum, Auf Nummer unsicher. In: Der Spiegel, Nr. 31/2006, S. 44.

M8 Sozialstaat und Globalisierung

Die Politikwissenschaftlerin Gabriele Metzler analysiert die Auswirkungen der Globalisierung auf den deutschen Sozialstaat:

Kann der deutsche Sozialstaat dem Druck der Globalisierung standhalten? Die Frage wird man nur mit größter Skepsis beantworten können. […]

Expansion und Liberalisierung des Weltmarktes haben die internationale Konkurrenzsituation verschärft. Wenn Wettbewerbsfähigkeit von Produktionskosten abhängt, hat es sich in der jüngsten Vergangenheit ein ums andere Mal erwiesen, dass die deutsche Wirtschaft in einer vergleichsweise ungünstigen Situation ist. Arbeitskräfte, so heißt es aus ihren Kreisen immer wieder, seien in Deutschland zu teuer, entsprechend wurden Produktionsstandorte ins Ausland verlagert. Dadurch wuchs die Zahl der Arbeitslosen in Deutschland an, wovon besonders die Arbeitskräfte aus den Niedriglohnsektoren betroffen waren und sind. Ihre Existenz zu sichern, sie gegebenenfalls weiter zu qualifizieren und wieder auf den Arbeitsmarkt zu vermitteln, ist Aufgabe des Sozialstaates, der dafür finanzielle Leistungen zu erbringen hat. Auf der anderen Seite jedoch mindern die Folgen der Globalisierung die Einnahmen der sozialen Kassen: Steigende Arbeitslosigkeit bedeutet immer sinkende Beitragszahlungen. Die Unternehmen haben, wenn sie ihre Produktionsstätten verlagern, die Risiken der Arbeitslosigkeit Arbeitnehmern und Staat überlassen. Vor allem aber entgehen dem Sozialstaat Steuereinkünfte, wenn Unternehmen auf dem globalen Markt agieren und ihre Steuerpflicht dort ableisten, wo es für sie am günstigsten ist. […]

Gabriele Metzler: Der deutsche Sozialstaat. Stuttgart/München 2003, S. 242.

M9 Das „abgehängte Prekariat“

Die Diskussion über ein angebliches „Unterschichten-Problem“ hat in der SPD eine kontroverse Debatte über die Sozialpolitik ausgelöst. Die Union will sich für eine effektive Förderungspolitik einsetzen, lehnt aber den von SPD-Chef Kurt Beck ins Gespräch gebrachten Begriff als stigmatisierend ab:

Auslöser der neuen Debatte war eine noch unveröffentlichte Studie der SPD-nahen Friedrich-Ebert-Stiftung. […] In der Studie heißt es unter anderem, acht Prozent der Bevölkerung befänden sich in unsicheren Arbeitsverhältnissen, einer prekären Lebenslage sowie sozialer Lethargie. In Ostdeutschland gehöre sogar jeder Fünfte zu dieser Personengruppe.

[…] Der Präsident des Sozialverbandes VdK, Walter Hirrlinger, sagte […] Hartz IV habe viele Menschen in die Unterschicht getrieben.

http://www.focus.de/politik/deutschland/spd_nid_37517.html (Zugriff: 28.06.2007)

M10 Nicht allein der Shareholder Value zählt

Ein Interview mit Wolfgang Thierse (SPD), 1998–2005 Präsident des Deutschen Bundestages, über die soziale Verantwortung von Unternehmen:

Die Frage ist, ob Vertreter der Wirtschaftsunternehmen es für ihr wichtigstes Ziel halten, möglichst schnell große Gewinne zu machen; ob das das einzige und wichtigste Ziel ist oder ob Unternehmen auch begreifen, dass Unternehmen soziale Organismen sind, dass es darum geht, mit Arbeitnehmern zusammen Werte zu schaffen und natürlich Produkte herzustellen, die man verkaufen kann – wobei man Gewinne erwirtschaftet, aber wobei es nicht um die Schnelligkeit und die Größe des Gewinns alleine geht, sondern auch darum, dass man Beschäftigung erhält, dass man Menschen Lebensmöglichkeiten gibt, weil sie arbeiten können. Dieses Bewusstsein muss wieder gestärkt werden.

Wenn nur der Shareholder Value zählt, dann wird eine Gesellschaft nicht zusammenzuhalten sein. [...]

Natürlich gehört zur Gegenwart, dass wir ein Bewusstsein dafür haben, wie die internationalen Verflechtungen der Wirtschaft, aber auch der Politik, der Kultur sind – also das, was Globalisierung wirklich darstellt. Und dann ist die Frage: Ist Globalisierung ein Selbstlauf? Folgt das nur wirtschaftlichen Gesetzmäßigkeiten? Folgt das nur den Regeln des Marktes, wo die Starken immer die Überlegenen sind? Oder brauchen wir, so wie wir innerhalb unserer Gesellschaft Vorstellungen von Gerechtigkeit brauchen, brauchen wir die nicht auch im internationalen Maßstab, um des friedlichen Zusammenlebens der Völker auf diesem Globus willen? Ich glaube, wir brauchen solche Vorstellungen von Gerechtigkeit, auf die wir uns einigen, politische Ziele, die wichtiger sind als der wirtschaftliche, kurzfristige, gewinnträchtige Erfolg.

Bundeszentrale für politische Bildung (http://www.bpb.de/Themen/1YMDPO.html) (Zugriff: 10. 2. 2007)

M11 Perspektiven sind Mangelware

Ein Bericht über das Leben mit „Hartz IV“:

Ein leerer Tag kann sich dehnen wie Kaugummi. Umso mehr, weil Peter Lampe (49) meist alleine zu Hause bleibt. Und so im Lauf der Zeit immer weniger soziale Kontakte hat. Wenn er doch mal weggeht, überlegt er nicht, ob er mehr Lust aufs Kino oder einen Abend mit Freunden im Restaurant hat. Weil für ihn nur eines zählt: Es darf nicht viel kosten. „Mit 345 Euro kann man keine großen Sprünge machen“, sagt der arbeitslose Elektromeister. In Kneipen geht er kaum noch. Veranstaltungen kommen nur in Frage, wenn der Eintritt frei ist, und er hofft, Bekannte zu treffen, die ihn zu einem Getränk einladen. Auf seine Kleidung gibt Peter Lampe viel mehr acht als früher und flickt sorgfältig seine Socken. Und wenn er sich ein neues Hemd kauft, dann darf es höchstens vier oder fünf Euro kosten. [...] Zehn Jahre lang war Peter Lampe selbstständig, hat mit Elektroinstallationen „anfangs sehr gut“ verdient. Doch vor drei Jahren hatte er einen Hirnschlag. Danach ging's bergab. Nicht nur, weil er nicht mehr so fit war wie vorher. Immer deutlicher spürte er auch die „schlechte Zeit“: Die Aufträge wurden weniger. [...] Im Februar 2004 gab er auf. Peter Lampe wurde sofort Sozialhilfeempfänger. [...] Mittlerweile ist Peter Lampe umgezogen. Gab seine 60-Quadratmeter-Wohnung mit 2 Zimmern auf und lebt jetzt in einem Zimmer. Zum Leben bleiben ihm die 345 Euro im Monat. [...] Beworben hat er sich oft in den vergangenen Monaten, auf alle möglichen Stellen, jedoch [...] ohne große Hoffnungen: „Es gibt zu wenig Arbeitsplätze – und das bleibt wohl so.“

Anja Bochtler: Perspektiven sind Mangelwaren. In: Badische Zeitung, 23. 6. 2005, S. 3.

M12 Die Armut in Deutschland breitet sich aus

Eine Zeitung berichtet über das Leben in einem von Armut geprägten Hamburger Stadtteil:

Am 30. September 1970 taucht Helmut Schmidt, bundesdeutscher Minister für Wirtschaft und Finanzen, eine Maurerkelle in feuchten Mörtel und legt einen Grundstein im Osten von Hamburg [...]. Aus dem Grundstein wird ein Haus, aus den Häusern ein Block, der Block wird zur Siedlung. 7 000 Wohnungen für 20 000 Menschen. Das Hamburger Abendblatt schreibt: „Mümmelmannsberg: eine gute Adresse“.

Heute leben in Hamburg-Mümmelmannsberg vier von zehn Kindern und Jugendlichen von Sozialhilfe. [...] Im Fernsehen liefen Filme über Mümmelmannsberg, in den Zeitungen standen Reportagen. Die Hauptfiguren waren meist unrasierte Männer mit Bierdosen in der Hand. [...] Der Berliner Stadtsoziologe Hartmut Häußermann sagt, verrufene Viertel habe es in Deutschland auch früher gegeben. Vor dem Krieg. In den Jahren danach sorgte Vollbeschäftigung dafür, dass die Städte zusammenwuchsen. Jetzt teilen sie sich wieder. Viertel, in denen die Lebenserwartung niedriger ist als in den Reihenhaussiedlungen ein paar Kilometer weiter. Viertel, in die keiner fährt, der dort nicht wohnt, und deren Namen wie ein schlechter Geruch an den Bewohnern hängt. Bei vielen Betrieben braucht sich ein junger Schulabgänger gar nicht erst zu bewerben, wenn er aus Hamburg-Mümmelmannsberg kommt [...]. Kein Wunder, dass von dort oft wegzieht, wer es sich noch leisten kann. Zurück bleiben jene, die Stadtforscher abwertend als A-Bevölkerung bezeichnen: Arme, Arbeitslose, Ausländer. [...]

Elisabeth Niejahr: Die Armut in Deutschland breitet sich aus. In: Die ZEIT, Nr. 11, 10. 3. 2005

M13 Die Folgen des demographischen Wandels

Wie uns der demographische Wandel zum Umdenken zwingt:

Pessimisten kleiden die demographische Entwicklung mitunter in Horrorbilder. Die Städte vergreisen, die ländlichen Gebiete entleeren sich, der Wohlstand sinkt, die Jüngeren ächzen unter der finanziellen Last der öffentlichen Haushalte und Sozialsysteme. Ganz so schlimm wird es nach Einschätzung vieler Ökonomen nicht kommen, wenn auf die Veränderungen rechtzeitig reagiert wird.

Die beiden grundlegenden Prozesse lassen sich kaum aufhalten. Die Bevölkerungszahl in Deutschland sinkt in den nächsten vier Jahrzehnten von derzeit 82 Millionen auf rund 75 Millionen und die Menschen werden älter. [...]

Diese Entwicklung muss nach Ansicht vieler Ökonomen nicht zwangsläufig zum Abstieg führen. Bundesbankchef Martin Weber sieht in einer höheren Erwerbsbeteiligung ein Gegeninstrument. Die Schlagworte sind bekannt. Frauen sollen verstärkt berufstätig werden, die Arbeitnehmer länger arbeiten, vorzeitige Ruhestandsregelungen eingeschränkt werden. Angesichts der heutigen Situation auf dem Arbeitsmarkt klingen diese Forderungen unrealistisch. Doch die Unternehmen werden bald umdenken müssen, weil ihnen sonst der Faktor Arbeitskraft abhanden kommt. [...]

Es gibt noch viele ungelöste Probleme der demographischen Entwicklung. Bei der Altersvorsorge hat die Politik ihre Hausaufgaben bereits weitgehend erledigt. Die Verlängerung der Lebensarbeitszeit, das sinkende Rentenniveau und der Aufbau einer privaten und betrieblichen Zusatzvorsorge werden das System stabilisieren. Damit können die Beiträge auf längere Sicht voraussichtlich halbwegs stabil gehalten werden. Ungelöst ist jedoch noch der gewaltige Einsatz an Steuergeldern für die Rentenkasse. Jeder dritte Euro des Bundeshaushalts wird schon jetzt an die Rentenkassen weitergeleitet. Auch die Frage, wie angesichts der tendenziell zunehmenden Zahl von Billigjobs und unsteten Erwerbsverläufen langfristig eine ausgeprägte Altersarmut vermieden werden kann, ist noch nicht beantwortet.

Wolfgang Mulke: Schaukelstühle werden Schaukelpferde ersetzen. In: Badische Zeitung, 2.8.2006, S.20.

Arbeitsaufträge

1. Erläutern Sie, inwiefern die Zeitungsüberschriften etwas mit Globalisierung zu tun haben, und suchen Sie gemeinsam in Kleingruppen nach weiteren aktuellen Beispielen für heutige Globalisierungsprozesse (M 4).
2. Sammeln Sie weitere Schlagzeilen zum Thema Globalisierung aus Tageszeitungen. Sortieren Sie die Schlagzeilen nach Oberbegriffen (siehe M 6) und entwerfen Sie dann Plakate zu den jeweiligen Themen.
3. Fassen Sie mit eigenen Worten zusammen, welche Herausforderungen die Globalisierung für deutsche Unternehmen mit sich bringt und wie sich diese mehr und mehr zu globalen Netzen wandeln. Erläutern Sie die Vorteile dieses Wandels für die Unternehmen und stellen Sie dar, welche Rolle der Wirtschaftsstandort Deutschland für diese spielt (VT, M 5).
4. Benennen Sie die Folgen der Globalisierung für den deutschen Arbeitsmarkt. Erklären Sie, wer zu den Gewinnern und wer zu den Verlierern der Globalisierung in Deutschland zählt (VT, M 7).
5. Beschreiben und analysieren Sie die Karikatur zum Thema „Lohndumping" (VT, M 3).
6. Welche Position vertritt der ehemalige Bundestagspräsident Thierse in M 10? Simulieren Sie ein Streitgespräch zwischen ihm und Vertretern der Industrie zum Thema „Welche soziale Verantwortung haben Unternehmen?".
7. Beschreiben Sie, welche Folgen die Globalisierung für den deutschen Sozialstaat hat (M 8). In welchem Teufelskreis befinden sich die sozialen Sicherungssysteme? Halten Sie Ihre Ergebnisse in einem Schaubild fest.
8. Führen Sie eine Pro-Kontra-Diskussion zum Thema „Abschied vom Sozialstaat?" durch. Sammeln Sie zuvor Argumente für eine stärkere private Vorsorge der Bürgerinnen und Bürger und Argumente dagegen.
9. Beschreiben Sie, welche wesentlichen Änderungen die Arbeitsmarktreformen für Langzeitarbeitslose mit sich gebracht haben, und bewerten Sie diese (VT, M 9, M 12).
10. Verfassen Sie einen Aufsatz zum Thema: Wie die Globalisierung unsere Lebens- und Arbeitsbedingungen in Deutschland verändert.

Werkstatt Geschichte und Gesellschaft

Schwierige Sachtexte verstehen – das Exzerpt

Komplizierte wissenschaftliche Sachtexte zu verstehen, ist oft nicht leicht. Die Methode des Exzerpierens kann dabei behilflich sein. Exzerpieren heißt, aus einem Text die wichtigsten Informationen herauszuarbeiten und die inhaltliche Struktur und Gliederung eines Textes sowie seine Leitfragen, Hauptaussagen und Kernthesen zu erfassen.
Der folgende Text thematisiert den gegenwärtigen Wandel unseres Sozialstaates. Er eignet sich zum Einüben des Exzerpierens.

Aktivierender Wohlfahrtsstaat

Diskussionen zur Reform des Wohlfahrtsstaates sind so alt wie der Wohlfahrtsstaat selbst. Je nach politischer Konjunktur dominieren Vorschläge zum Aus- oder Abbau sozialpolitischer Leistungen bzw. zum Nutzen oder den Kosten sozialpolitischer Maßnahmen. In den jüngsten Reformdiskussionen wird im Gegensatz dazu jedoch ein grundsätzlicher Wandel des Sozialstaates [...] thematisiert – weg vom „fürsorgenden" oder „versorgenden" und hin zu einem aktivierenden Wohlfahrtsstaat. [...]

Mit dem Ziel, die strukturellen Folgen marktwirtschaftlicher Prozesse sozial abzufedern, entstand der fürsorgende Wohlfahrtsstaat. Zur Risikobegrenzung bzw. -sicherung wurde primär auf den Ausbau von Schutzrechten bzw. die Abschwächung des Arbeitszwangs durch die Gewährung von Lohnersatzleistungen gesetzt. Dies wurde – in der Bundesrepublik noch stärker als in anderen Ländern – mit umfassenden Regulierungen und Schutzbestimmungen des individuellen Arbeitsverhältnisses bzw. Arbeitnehmers verbunden (z. B. Kündigungsschutz). Insgesamt entwickelte sich eine primär reaktive bzw. kompensatorische Sozialpolitik mit dem Ziel der Versorgung der Sozialbürger. [...] Den Individuen wurden [...] Rechtsansprüche auf materielle Leistungen zur Sicherung sozialer Risiken gewährt.
In der Bundesrepublik wie auch in anderen europäischen Ländern führte [...] der Ölpreisschock 1973 zum Wandel der Wirtschaftspolitik und zu einem veränderten Staatsverständnis. Grund dafür war das Versagen des Staates bei der Bekämpfung von Krisenerscheinungen wie der Inflation und der Arbeitslosigkeit sowie die Beschränkung staatlicher Souveränität durch die Internationalisierung bzw. Globalisierung der Wirtschaft. [...] Gegenmodelle zum überbordenden Wohlfahrtsstaat werden seither vor allem in der Begrenzung und Reduzierung der Staatsaufgaben gesehen. [...]

In Deutschland wurde die Diskussion zum aktivierenden Sozialstaat zunächst unter dem Stichwort „Neue Mitte" im Wahlkampf der SPD von 1998 geführt. Der Staat, so hieß es, müsse seinen Bürgern wieder mehr zutrauen und zumuten. [...] Der Slogan „Fördern und Fordern" wurde [...] zur Legitimation der schließlich realisierten Reformen in der Arbeitsmarktpolitik genutzt, die ihren vorläufigen Höhepunkt in den Hartz-Gesetzen fanden. Ziel der Reformen war es, Gelder durch umfangreiche Leistungskürzungen einzusparen und mehr Druck auf Arbeitslose auszuüben, sich verstärkt um eine neue Arbeitsstelle zu bemühen.
Sowohl im Hinblick auf das [...] Konzept des aktivierenden Wohlfahrtsstaates als auch vor dem Hintergrund der bisherigen Umsetzung einer aktivierenden Arbeitsmarktpolitik sind verschiedene Aspekte zu problematisieren. Nicht geklärt wird, wie eine ausreichende Arbeitskräftenachfrage geschaffen werden kann. Es bleibt also offen, wozu und wofür Arbeitslose aktiviert werden sollen, solange ein Defizit der Arbeitskräftenachfrage besteht. [...] Die Opfer der Entwicklung (d. h. die Arbeitslosen) werden zu Tätern umdefiniert, die entweder umzuerziehen oder aus der Solidargemeinschaft auszuschließen sind, ohne dass das eigentliche Problem der mangelnden Nachfrage nach Arbeitskräften gelöst wird. [...]
Soll der Wandel zum aktivierenden Wohlfahrtsstaat gelingen, muss der Staat auch entsprechende Förderangebote (z. B. Förderung durch Beratung und Arbeitsplatzvermittlung, Aus- und Weiterbildung, mehr Kinderbetreuung etc.) machen. Ohne diese Förderung liegt die Vermutung nahe [...] , dass das Label des „aktivierenden Sozialstaats" genutzt wird, um allgemeine Leistungskürzungen zu kaschieren, ohne dass ein umfassender Wandel [...] stattfindet.

Irene Dingeldey: Aktivierender Wohlfahrtsstaat und sozialpolitische Steuerung. In: APuZ, Nr. 8/9 (2006), 20. 2. 2006

Methodische Arbeitsschritte

1 Wichtige Textstellen markieren
- fachwissenschaftlichen Text „bearbeiten", also wichtige Stellen im Text unterstreichen
- Text mit Randnotizen versehen (Einleitung, These, Argumente, Schlussfolgerung, Resultate, …)
- abhängig vom jeweiligen Text kann es auch hilfreich sein, zu den einzelnen Abschnitten Überschriften zu finden

2 Notizen machen
- während des Lesens Notizen machen und zentrale Aspekte des Textes herausschreiben
- bei längeren Texten Notizen mit einem Hinweis auf die jeweilige Zeilennummer oder Seitenzahl versehen – das erleichtert das spätere Wiederfinden der jeweiligen Textstelle

3 Leitfragen beantworten
- Mit welchem Thema beschäftigt sich der Verfasser des Textes?
- In welchem Kontext ist der Text entstanden (Datum, Bezugnahme auf bestimmte Ereignisse, andere wissenschaftliche Texte, …)?
- Was versucht der Verfasser zu erklären? Welche Kernaussagen bzw. Thesen vertritt er?
- Zu welchen Ergebnissen kommt er? Welche Schlussfolgerungen zieht er aus seiner Argumentation?

4 Textinhalt schriftlich wiedergeben
- Text in eigenen Worten zusammenfassen
- wichtige Aspekte als Zitat notieren

5 Text bewerten
- Stimmen Sie der Aussage des Textes zu?
- Ist die Argumentation des Autors in sich schlüssig oder eher widersprüchlich?
- Welche Gegenargumente bzw. Gegenthesen könnten angeführt werden?

Arbeitsaufträge

1 Kopieren Sie den nebenstehenden Text und fassen Sie ihn gemäß der oben dargestellten Vorgehensweise in eigenen Worten zusammen.

2 Informieren Sie sich über aktuelle Reformen des Sozialstaates (z. B. Gesundheitsreform, Familienpolitik) und arbeiten Sie die wichtigsten Eckpunkte dieser Reformen heraus.

3 Vergleichen Sie in einer Internet-Recherche den Sozialstaat in Deutschland mit dem eines anderen europäischen Landes (z. B. England, Frankreich, Schweden, Schweiz). Welche Gemeinsamkeiten und welche Unterschiede gibt es?

1.3 Kulturelle Globalisierung

Wer durch eine deutsche Großstadt offenen Auges spaziert, erkennt vielerorts schnell die multikulturellen Einflüsse: Menschen unterschiedlichster Herkunft wohnen hier, haben ihre Traditionen, Gewohnheiten und ihre Sprachen mitgebracht. Restaurants mit ausländischen Speisen finden sich ebenso wie Geschäfte mit landestypischen Produkten: der türkische Gemüsehändler, die italienische Pizzeria, das griechische Restaurant und die amerikanische Fast-Food-Kette. Was vor Jahrzehnten in Deutschland noch völlig unbekannt war, ist mittlerweile normal geworden und prägt unseren Alltag.

Angleichung der Lebensstile

Die Welt ist kleiner geworden, die Grenzen sind offener. Kulturen vermischen sich immer mehr miteinander. Dieser Prozess wird auch als kulturelle Globalisierung bezeichnet. Nicht nur die zunehmende Mobilität der Menschen und Migrationsprozesse beschleunigen den kulturellen Austausch, sondern auch die Medien, allen voran das Fernsehen und das Internet. Selbst in kleinen Dörfern Afrikas oder Lateinamerikas findet man Werbung für McDonald's oder Coca-Cola, nahezu weltweit ist MTV, der Musiksender mit überwiegend amerikanischer Popmusik, empfangbar.

Amerikanisierung und Sinisierung

Kritiker sprechen deshalb im Zusammenhang mit kultureller Globalisierung auch von einer Amerikanisierung oder Verwestlichung der Welt. Die nach dem Kalten Krieg einzig verbliebene Weltmacht USA dominiere immer mehr die anderen Länder und verbreite den „American Way of Life". Die wirtschaftliche, politische und kulturelle Dominanz der USA hat nicht erst seit dem 11. September 2001 immer auch zu Abwehrreaktionen in der islamischen Welt geführt. Die Vormacht des Westens wird in islamischen Ländern oft als Angriff auf die eigene Identität wahrgenommen.
Dabei wird leicht übersehen, dass längst ein anderes Land auf dem Weg ist, Amerika als Weltmacht Konkurrenz zu machen: China. Experten sehen im 21. Jahrhundert bereits das chinesische Jahrhundert. China, einst ein kommunistisches Entwicklungsland, hat sich in den letzten Jahren wirtschaftlich geöffnet und zählt mittlerweile zu den Gewinnern der Globalisierung – und dass, obwohl China in politischer Hinsicht immer noch am Kommunismus festhält und den Spagat zwischen einem marktwirtschaftlichen Wirtschaftssystem und einer kommunistischen Führung wagt.

Gewinner und Verlierer der Globalisierung

Am Beispiel Chinas wird deutlich, dass Schwellen- bzw. Transformationsländer von der Globalisierung durchaus profitieren können. Aber welche Länder zählen zu den Gewinnern und welche zu den Verlierern? Im Falle Chinas ist es vor allem die Verfügbarkeit von billigen Arbeitskräften, die den wirtschaftlichen Aufschwung begünstigt. Ländliche Handwerker, Händler und Wanderarbeiter bilden ein gigantisches Arbeitskräftereservoir. Sozial abgesichert sind die wenigsten von ihnen.
Indien hingegen, das ebenfalls zu den Gewinnern der Globalisierung zählt, profitiert insbesondere von der guten Ausbildung und den IT-Kenntnissen (= informationstechnologischen Kenntnissen) seiner gebildeten Elite. Junge Menschen mit sehr guten Englischkenntnissen, einem Studium und oft auch Auslandserfahrung sind die Basis für den wirtschaftlichen Erfolg moderner indischer Städte wie Bangalore, einem erfolgreichen indischen IT- und Dienstleistungszentrum.
Dieser wirtschaftliche Aufbruch hinterlässt auch in gesellschaftlicher Hinsicht seine Spuren: In beiden Ländern gibt es neben einer Elite, welche die Chancen der Globalisierung für sich zu nutzen weiß, nach wie vor völlig verarmte Bevölkerungsteile. Ein verwestlichter Lebensstil der einen Bevölkerungsgruppe prallt mit dem traditionellen der anderen oft aufeinander. Gesellschaftliche Konflikte sind vorprogrammiert.
Während es vielen asiatischen Ländern gelingt, im Zuge der Globalisierung Anschluss an die Weltwirtschaft zu bekommen, stellt sich die Situation in Afrika ganz anders dar. Den meisten afrikanischen Ländern ist es bisher nicht gelungen, wirtschaftlich aufzuholen. Ganz im Gegenteil: Bürgerkriege und Konflikte, Hunger, Armut und AIDS prägen viele Länder des afrikanischen Kontinents. Die Menschen haben so meist keinerlei Chance auf Bildung und Ausbildung. Die Folge ist eine Vertiefung der Spaltung der Welt in Gewinner und Verlierer der Globalisierung.

M1 Begegnung in Dubai

Ein Bewohner der Vereinigten Arabischen Emirate und Ronald McDonald

M2 Die Welt wird chinesischer

Darüber, wie China die Welt verändert, berichtet der Journalist Andreas Hofbauer:

Lenovo kauft die PC-Sparte von IBM. Jeder vierte Auslandsstudent auf der Welt ist Chinese. Das erste Konfuzius-Institut in Deutschland ist eröffnet. 30 Millionen Studenten rund um den Globus büffeln Chinesisch. [...]

Ob wir wollen oder nicht: Die Welt wird chinesischer. Allerdings hat dies weniger mit der Pullover-Schwemme oder mit Billig-Schuhen zu tun. [...] Die Massenware ist nur ein Teil der China-Geschichte. „Es geht längst um politischen Einfluss und um Elemente der chinesischen Kultur", umreißt ein Diplomat in Peking die Position Chinas in der Welt. So wie einst mit Coca-Cola der amerikanische Lebensstil nach Europa gekommen ist, erlebe die Welt heute eine Sinisierung. Nur heißen die Marken eben Haier oder Lenovo. [...]

Das Besondere an China sei, meint Harvard-Ökonom Richard Freeman, dass das Land sowohl mit niedrigen Löhnen als auch im High-Tech-Bereich wird konkurrieren können. Stimmt das, wird China in Zukunft vermutlich noch viel mehr über Löhne und Preise in Deutschland bestimmen. Für Ökonom Jonathan Anderson von UBS in Hongkong ist das Reich der Mitte nicht aufzuhalten. „Chinas Wachstum wird sich mit einem jährlichen Zuwachs von durchschnittlich acht Prozent in den kommenden 20 Jahren fortsetzen", ist er überzeugt. [...]

Mit 1,3 Milliarden Menschen stellt das Reich der Mitte heute ein Fünftel der Weltbevölkerung. „Allein die Massen von Touristen, die in den kommenden Jahren aus China nach Europa kommen, werden unser Leben chinesischer machen", sagt Jörg Wuttke, Vize-Präsident der EU-Kammer in Peking. Die Frage sei, wie sich Europa auf die Veränderung einstellt. [...]

Die etablierten Mächte müssen sich auch in politischer Hinsicht auf den Newcomer einstellen. Schon jetzt entscheiden nicht mehr allein Washington, die EU und Russland über Wechselkurse oder Ölpreise. Die Zeiten, als China stummer Beobachter war, sind vorbei.

Andreas Hofbauer: „Wir sind die Neuen, die Zukunft". In: China am Scheideweg. Sonderdruck des Handelsblattes, 2006, S. 6/7.

M3 Einzelkämpfer ohne Bindung?

Über das Leben des „flexiblen Menschen" berichtet ein Nachrichtenmagazin:

Rico sieht aus wie das Urbild des dynamischen Geschäftsmannes. Der Laptop im Koffer und das feine Tuch signalisieren den anderen Gästen in der Business Lounge: Der hat Erfolg und braucht damit nicht einmal zu protzen. Es stimmt sogar. Und doch fühlt sich der selbstständige Wirtschaftsberater wie entwurzelt. Viermal schon musste er in den 14 Jahren seiner Karriere umziehen. Für das Familienleben bleiben ihm und seiner ebenfalls ganztags tätigen Frau kaum noch Frei- und Spielräume. Freundschaften versuchte er eine Zeit lang über E-Mail zu retten – vergeblich. Und wenn es mit den Aufträgen haperte, schuftete er so, dass es ihm schien, „als würde ich meine eigenen Kinder nicht mehr kennen". Entsetzt von seiner eigenen Flexibilität und ihren Folgen fragte sich Rico, ob in seinem Musterleben nicht etwas falsch läuft. Auch Richard Sennett konnte es ihm nicht sagen. […] Der New Yorker Soziologe, der schon Ricos Vater, einen Bürohausmeister, kannte, findet im alltäglichen Schicksal des Sohnes all die Probleme wieder, die die neuen Arbeits- und Wirtschaftsformen der globalisierten Welt kennzeichnen. Seinen Wohlstand, so Sennett, erkauft der „flexible Mensch" heute mit dem Prinzip, „nichts Langfristiges" anzufangen. Doch zwischen den kurzlebigen Jobs bleibt das Gefühl der Verantwortung auf der Strecke. […] Sennetts Fazit: „Zeit light ist nicht gut fürs Herz." Darum fragt er nun prinzipiell: Was ist aus dem westlichkapitalistischen Leistungsdenken geworden? Züchtet der erbarmungslose Weltmarkt Einzelwesen, die moralisch und sozial zu luxuriöser Obdachlosigkeit verdammt sind? Wird die globale Ausweitung der Wirtschaftsmächte einzelne Kulturen, ja sogar Staaten und Gesellschaften ganz beseitigen? Das erste Foto der Erde aus dem Weltall, schrieb schon 1948 der britische Astronom und Sciencefiction-Autor Fred Hoyle, werde „einen der größten Umdenkprozesse der Geschichte auslösen". Es war optimistisch gemeint. Jetzt hingegen, wo alle von Globalisierung reden, scheint der Welt-Blick die Menschen in entwurzelte, bestenfalls kurzfristig angeheuerte Einzelkämpfer ohne Bindung und Rechtsrückhalt zu verwandeln.

Johannes Saltzwedel. In: Der Spiegel, 1/1999, S. 154.

M4 Chinas Jugend setzt auf Individualismus

Wie sich das Leben chinesischer Jugendlicher durch die Globalisierung verändert:

Trotz seiner Jahrtausende alten Kultur ist China ein junges Land. Die Hälfte der 1,3 Milliarden Chinesen ist unter 30 Jahre. Das Heer der jungen Menschen, flexibel und abenteuerlustig, stellt die Basis für den Wirtschaftsaufschwung. Millionen junger Männer und Frauen haben in den vergangenen Jahren ihre Felder verlassen, um in den Fabriken an der Küste zu arbeiten. Vorreiter der Modernisierung sind die Städte. Über Nacht werden in Peking, Shanghai und Kanton alte Stadtviertel abgerissen, um Platz für Hochhäuser zu machen. Junge Mädchen, denen das Handy als Schmuckstück um den Hals baumelt, kleiden sich nach dem neuesten Trend aus Tokio und Seoul. Natürlich gibt es auch in China verschiedene Szenerien. Etwa die Karaoke-Fans […] oder die Internet-Abhängigen. Mit fahlen Gesichtern starren sie auf die Computerbildschirme, schreiben E-Mails an ihre Freunde in der Heimat oder schießen auf grüne Spielmonster. Die Jungen, die die Nächte durchspielen und durch die Discos ziehen, sind die Gewinner der Reformen. Die meisten sind nach 1979 geboren, dem Jahr, in dem […] Chinas Öffnung angestoßen wurde. Ihr Leben ist freier als das früherer Generationen. Bei ihren Eltern waren es noch die lokalen Parteifunktionäre, die Hochzeiten arrangierten. Arbeitsplätze wurden vom Staat vergeben […] Heute suchen sich die jungen Leute Arbeit, Studium und Partner selbst aus. Kondomautomaten an den Unis, vor 5 Jahren noch Anlass einer Moraldebatte, sind selbstverständlich.

Harald Maass. In: Der Tagesspiegel, 18.8.2003, S. 3.

M5 Das „Outsourcing" westlicher Firmen begründet eine kulturelle Revolution in Indien

Über die kulturellen Veränderungen in Indien:

Das Wunderwort „Outsourcing" sorgt für Millionen von Arbeitsplätzen – und schafft obendrein eine kulturelle Revolution in Indien. Amerikanische und britische Firmen verlagern ihre Anrufdienste in englischsprachige Länder der Dritten Welt, weil dort die Arbeitskräfte billiger sind. Sie gehen vor allem nach Indien, wo ausgebildete Telefonisten etwa ein Zehntel des Gehalts eines Amerikaners oder Engländers erhalten. Dieses Anfangsgehalt ist aber für junge indische College-Absolventen mit guten Englischkenntnissen durchaus beachtlich.

Seit der wirtschaftlichen Liberalisierung Indiens profitieren sog. „Call Centres" für ausländische Firmen von der Revolution der Telekommunikation, durch die ein Anruf ebenso schnell und beinahe ebenso billig von New York in Telefonzentralen von Neu-Delhi, Bangalore oder Bombay geschaltet wird wie von New York nach San Francisco. […] Dienstleistungsbetriebe können bis zu 50 Prozent an Kosten sparen, wenn sie ihre Informationsdienste nach Indien verlegen. Im fernen Bangalore geben dann junge Menschen mit angelernten amerikanischen oder britischen Akzenten Auskunft über Zuganschlüsse in Detroit oder über Versicherungspolicen einer großen Gesellschaft in Birmingham. Junge Telefonisten schlüpfen in eine andere Identität: Sie melden sich mit angenommenen englischen Namen, imitieren möglichst perfekt die Sprache jener Region, deren Menschen sie bedienen, und geben auf keinen Fall bekannt, dass die Auskunft aus einem „Call Centre" auf der anderen Seite der Welt kommt. Wegen der Zeitunterschiede müssen viele indische Angestellte nachts arbeiten. […]

Die Jobs sind zwar eintönig und anstrengend, aber dennoch als Einstieg in die Berufswelt höchst begehrt, weil sie die Telefonisten mit der großen weiten Welt verbinden, die sie wahrscheinlich selbst niemals werden erleben können. Ein Anreiz ist zudem die Vielzahl von Betrieben, die rund um die „Call Centres" an den Rändern der Metropole entstanden sind: Restaurants, Vergnügungszentren, Zubringer- und Abholdienste. […] Indien – einstige britische Kolonie – wird, so sagen viele Fachleute, zum „Hinterzimmer der Welt".

Martin Kämpchen: Die Globalisierung frisst ihre Mütter. In: Frankfurter Allgemeine Zeitung, 20.2.2004

M6 Moderne Sklaverei

Über die Arbeitsbedingungen in der Textilindustrie berichtet eine deutsche Wissenschaftlerin, die im Jahr 2001 Fabrikarbeiterinnen in El Salvador besuchte:

Ob Karstadt, C&A oder Adidas, Nike, H&M, Levis […] – sie alle lassen ihre Bekleidung in Weltmarktfabriken in Billiglohnländern produzieren. 80 bis 90 Prozent unserer Kleidung wird in solchen Fabriken hergestellt. […] Dort arbeiten hauptsächlich Frauen […]. Der größte Teil ist zwischen 18 und 28 Jahren alt. Eine Frau ab 30 hat keine Chance, dort eine Anstellung zu finden – sie ist in den Augen der UnternehmerInnen zu alt und arbeitet nicht mehr gut und schnell genug. Aus diesem Grund müssen „ältere" Personen oft besonders belastende Arbeit verrichten und werden unter besonderen Druck gesetzt […].

Aber auch die übrigen Arbeitsbedingungen sind miserabel: Unbezahlte, erzwungene Überstunden, regelmäßige Schwangerschaftstests, sexuelle Belästigung, Arbeitsdruck durch die Vorarbeiterinnen, hohe Sollvorgaben, ungereinigtes Trinkwasser, bewachte Toilettengänge, Beschimpfungen, nur zweimal am Tag auf die Toilette, keine Erlaubnis, zum Arzt zu gehen sowie Strafarbeiten bei „Zuspätkommen" sind typische Beispiele für die unwürdigen Arbeitsbedingungen. Hinzu kommt ein ausbeuterischer Lohn von z.B. 144 US $/Monat in El Salvador. Berechnungen zufolge müsste der Lohn für eine 4-köpfige Familie etwa 520 US $ betragen, um ein einigermaßen erträgliches Leben zu ermöglichen.

Die Regierungen der Länder versuchen, mit diesen Bedingungen ausländische Investoren ins Land zu locken, in der Hoffnung, den Teufelskreis der Verschuldung zu durchbrechen und die Industrialisierung voranzutreiben. Zwischen den einzelnen Ländern herrscht ein regelrechter Konkurrenzkampf. Da die Produktion nicht sehr maschinenintensiv ist, könnte diese von heute auf morgen in ein anderes Land mit noch günstigeren Bedingungen verlagert werden. […] Dabei könnten die Konzerne ohne weiteres mehr bezahlen. An einem Nike-T-Shirt beispielsweise beträgt der Lohnanteil gerade mal ein Promille.

Dorit Siemers: Maquiladoras – Moderne Sklaverei für unseren Konsumwahn, Bericht einer Delegationsreise nach El Salvador. In: graswurzelrevolution, 4/2001 (www.graswurzel.net/258/elsalvador.shtml)

M7 Das Leitbild der westlichen Kultur

Wie die westliche Lebensweise die Kultur anderer Länder beeinflusst:

Die globalisierte Welt wird vorwiegend vom Leitbild westlicher Kultur geprägt. Dieses Modell lässt sich als individuell-materiell charakterisieren, da die persönliche Selbstverwirklichung und die aktive Gestaltung der Welt einen klaren Vorrang vor der Gemeinschaft und vor der religiösen Dimension haben.

Dieses Modell übt vor allem aufgrund des hohen Wohlstands eine große Anziehungskraft in aller Welt aus – zumal nach dem Zusammenbruch des realsozialistischen Modells. Dieses westliche Zivilisationsmodell steht heute zunehmend unter dem Diktat wirtschaftlicher Werte und rein individueller Interessen, was sich in der Kommerzialisierung nahezu aller Lebensbereiche und in einer starken Konsumorientierung zeigt. Die Schattenseiten dieser Entwicklung wie etwa Rücksichtslosigkeit und extremer Individualismus einerseits, Konsum ohne Rücksicht auf die Umweltkosten und eine oft sehr eng verstandene Zweckrationalität andererseits sowie die damit verbundenen psycho-sozialen Schäden (Vereinsamung, Orientierungslosigkeit usw.) und gesellschaftliche Probleme (Wohlstandskriminalität, Extremismus usw.) sind im Westen wohl bekannt.

Johannes Müller/Johannes Wallacher: Nichtökonomische Aspekte der Globalisierung. In: www.hfph.mwn.de/igp/res/globalisierung.htm (Zugriff: 12.3.2007)

Arbeitsaufträge

1 Befragen Sie Ihre Großeltern nach ihren früheren Ernährungs- und Konsumgewohnheiten und vergleichen Sie diese mit den heutigen. Was ist festzustellen?

2 Definieren Sie den Begriff kulturelle Globalisierung und suchen Sie nach weiteren Beispielen (VT).

3 Erläutern Sie, wie der „flexible Mensch" von heute lebt. Diskutieren Sie die Vor- und Nachteile dieses Lebensstils (M 3, M 7).

4 Erklären Sie, wie sich das Leben junger Menschen in Indien und China im Zuge der Globalisierung verändert hat. Wie beurteilen Sie diese Entwicklung (M 2, M 4, M 5)?

5 Nennen Sie die Länder, die zu den Gewinnern und den Verlierern der Globalisierung zählen. Von welchen Faktoren und Rahmenbedingungen hängt es ab, ob ein Land von der Globalisierung profitieren kann oder nicht? Welche soziokulturellen Veränderungen werden in den Ländern durch die Globalisierung hervorgerufen (VT, M 2, M 4, M 5)?

6 Beschreiben Sie, unter welchen Bedingungen insbesondere Frauen in Niedriglohnländern für die Textilindustrie arbeiten müssen (M 6). Informieren Sie sich im Internet über „fairen Handel" und finden Sie heraus, wo Sie in Ihrer Nähe Textilien kaufen können, die zu „fairen" Bedingungen produziert wurden.

Werkstatt Geschichte und Gesellschaft

Quellen und Texte im Original erschließen

Im Zeitalter der Globalisierung ist das Beherrschen von Fremdsprachen eine wichtige Schlüsselqualifikation. Immer häufiger werden wir mit englischsprachigen Begriffen konfrontiert, sei es im Internet oder in den Medien. Historiker und Politikwissenschaftler an den Universitäten arbeiten ebenfalls immer häufiger mit fremdsprachlichen Textquellen und Artikeln. Dabei ist es oft nicht entscheidend, den Text haargenau zu übersetzen. Oft reicht es aus, die wichtigsten Aussagen oder die zentralen Thesen herauszuarbeiten.
Der folgende Artikel aus der New York Times eignet sich zum Einüben des Arbeitens mit englischsprachigen Texten. Er beleuchtet am Beispiel der indischen Stadt Bangalore die Folgen der Globalisierung für das Schwellenland Indien und die dortigen Bewohner.

The New York Times

WORLD TRENDS

Indians Return Home, and bring Western Ways

By Amy Waldmann

Bangalore, India – Snigdha Dhar sat in the echoing emptiness of her new home, her husband off at work, her 7-year-old son babbling about Pizza Hut. The weather outside was California balmy. Children rode bicycles on wide smooth streets. Contruction workers toiled on more villas like hers – white paint, red roofs, green lawns – and the community center's three pools.

Six years ago, Mrs. Dhar and her husband, Subhash, a vice president at Infosys Technologies, the Indian software giant, migrated like thousands of Indians before them, to America's Silicon Valley and its suburban life.
But Silicon Valley is not were their gated housing colony, Palm Meadows, sits. Like growing numbers of professional Indians who once saw their only hope for good jobs and good lives in the West, the Dhars have returned home to India.
Drawn by a booming economy, in which outsourcing is playing a crucial role, and the money to buy the lifestyle they had in America, Indians are returning in large numbers, many to this high-technology hub.
What began as a trickle in the late 1990's is now substantial enough to be talked about as a "reverse brain drain." By one estimate, there are 35,000 "returned nonresident Indians" in Bangalore, with many more scattered across India.
For this still devoloping country, the implications of the reverse migration are potentially vast.
For decades, it has watched many of its best-educated move abroad, never to come back. Now, a small portion of that talents is returning, their influence amplified beyond their numbers by their high-level skills and education, new cultural perspective and, in many cases, ample wealth. They are both staffing and starting companies […]. In some cases, they are seeking to refashion India implicitly in America's image. […] The impulse is not universally welcomed by some Indians who never left and who see a globalized elite – many of whom now carry American passports, not Indian – importing a Western culture and distorting in its way as British colonialism.
Still, returned reformers are already sparking change. Srikanth Nadhamuni, who helped design the Intel Pentium chip, is now applying his formidable skills to designing a software platform that could revolutionize the administration of India's local governments. […] Others are trying to encourage schools to teach critical thinking, or force governments to be more responsive to citizens. Some have been drawn back by the tug of family and the pull of roots, or pushed by diminishing job opportunities in Silicon Valley and tightening American visa regulations.
Many of them are returning to communities like Palm Meadows […]. The liberalization of India's state-run economy over the last 13 years has spawned a suburban culture of luxury housing developments, malls and sport utility vehicles. "It is amazing what you can get in terms of quality of life," Subhash Dhar said of the India to which he and his family returned about two months ago.
[…] But many returnees say they worry about how to connect their children to India […] and how to interact with a country that sometimes seems as foreign as the United States once did. Many spent formative years abroad. On their return, they rejoin an upper middle-class tributary of Indian life that represents a mere sliver of this nation's more than a billion people, 300 million of whom remain poor.
Their communities are secure and isolated, immune from the water shortages and power cuts that plague this city of 6.5 million people. Their children attend private schools, often Western-flavored "international" ones. For lunch, their children want what they ate in America: peanut butter and jelly and potato chips – all now available here. […]
"We are sort of crosscultural by-products who are straddling both worlds without necessarily being firmly entrenched in the Indian culture," said Sunita Maheshwari, one of the returnees.

New York Times, Beilage zur Süddeutschen Zeitung, 2.8.2004

Einkaufszentrum nach westlichem Muster im indischen Bangalore

Methodische Arbeitsschritte

1 Text durchlesen
- versuchen, die groben Zusammenhänge zu verstehen

2 Text in Abschnitte untergliedern
- unbekannte Vokabeln, die zur Texterfassung notwendig sind, im Wörterbuch nachschlagen

3 Wichtigste Punkte der Abschnitte herausarbeiten
- wesentliche Aussagen in Stichworten festhalten

4 Text zusammenfassen und dabei folgende Fragen beantworten
- Von wann und woher stammt der Text (Erscheinungsdatum, -ort)?
- Worum geht es in dem Text?
- Was ist wichtig? Gibt es zentrale Aussagen, Fragestellungen oder Thesen?

Arbeitsaufträge

1 Übertragen Sie den Zeitungsartikel ins Deutsche. Gehen Sie dabei nach der oben dargestellten Methode vor.

2 Erläutern Sie, aus welchen Gründen viele indische Fachkräfte nach Bangalore ziehen und welche Motive viele von ihnen für eine Rückkehr nach Indien haben.

3 Erklären Sie, welche Probleme sich
a) für die Rückkehrer in ihrer Heimat ergeben und
b) wie die einheimische Bevölkerung auf diese Rückkehrer reagiert.

4 Führen Sie eine Internet-Recherche durch und finden Sie heraus, inwiefern Indien sich im Zuge der Globalisierung verändert.

1.4 Ökologie im Zeitalter der Globalisierung

Es war ein heißer Sommer – ungewöhnlich heiß. So heiß, dass wochenlang das Thermometer in Süddeutschland die 35 Grad überschritt und selbst 40 Grad an einigen Tagen gemessen wurden. Ganz Deutschland stöhnte über die Hitzewelle. In Europa starben in jenem Sommer ca. 30 000 Menschen an den Folgen der Hitze, in Frankreich, Portugal und Spanien brannten die Wälder und die Landwirte klagten über Missernten durch die anhaltende Dürre. Klimaforscher werteten den Sommer des Jahres 2003 als Zeichen dafür, dass wir die Folgen der globalen Erderwärmung und des Klimawandels nun immer deutlicher zu spüren bekämen. Weniger besorgte Wetterbeobachter sprachen dagegen nur von einem „Jahrhundertsommer".

Doch auch der Sommer 2006 ging wieder als „Jahrhundertsommer" in die Geschichte ein. Wieder gab es „Rekordtemperaturen", wieder brannten die Wälder, wurden die Ernten durch Hitze und Trockenheit vernichtet. Immer mehr setzt sich die Erkenntnis durch, dass wir mitten im Klimawandel stecken. Aber welche Folgen wird dies für uns haben? Inwiefern wird der Klimawandel wirtschaftliche Konsequenzen mit sich bringen? Und was können Politik und der Einzelne tun, um den Prozess aufzuhalten?

Treibhaus Erde

Seit Beginn des 20. Jahrhunderts ist als Spätfolge der Industrialisierung die globale mittlere Temperatur um etwa 0,6 Grad gestiegen – schneller als in den 1000 Jahren zuvor.

M1 Sommer 2005
Dürre in Amazonien

Und dieser Trend wird sich fortsetzen: Forscher schätzen, dass in den nächsten 50 Jahren die globale mittlere Temperatur um ein bis vier Grad steigen wird. Diese Erderwärmung führt zu einer drastischen Veränderung des weltweiten Klimasystems: Der Meeresspiegel steigt an, die Gletscher schmelzen ab. Durch die Erwärmung kommt es zu einer höheren Verdunstung, was zu heftigen Niederschlägen und einer Zunahme von Unwettern führt. Gleichzeitig kommt es aber auch immer häufiger zu extremen und lang anhaltenden Dürreperioden. Die Folgen sind gravierend: Während einige Regionen mit Überflutungen rechnen müssen, steigt anderenorts die Gefahr von Dürren, Waldbränden und Wasserknappheit. Eine Anhäufung von Missernten durch die Dürre wird Folgen für die Landwirtschaft und Nahrungsmittelindustrie haben.

Auf dem Weg zu einer globalen Klimapolitik

Für den heute beobachtbaren Klimawandel tragen überwiegend die hoch industrialisierten Staaten in Europa, Asien und Nordamerika die Verantwortung. Während diese heute aber einerseits versuchen, durch eine stärkere Nutzung erneuerbarer Energien sowie eine Reduzierung der Emissionen den Treibhauseffekt zu stoppen, führt die Industrialisierung von Schwellen- und Transformationsländern andererseits zu einer weiteren Zunahme von Emissionen. Länder wie China durchlaufen zurzeit eine Phase der Industrialisierung, die mit einem riesigen Energiebedarf einhergeht. Gedeckt wird dieser Bedarf zu 65 Prozent aus der Verbrennung von Kohle – erneuerbare Energiequellen sind im Reich der Mitte noch wenig verbreitet. Klimaforscher warnen davor, dass Chinas Wirtschaftswachstum mit einer rigorosen Zerstörung der Umwelt einhergeht und das Land eine globale Umweltkatastrophe auslöst.

Umso wichtiger ist daher eine zukunftsorientierte Umweltpolitik, auf die sich alle Länder dieser Erde verständigen können. Den ersten Ansatz gab es bereits auf dem so genannten „Erdgipfel" der Vereinten Nationen im Jahr 1992. Auf diesem Gipfel unterzeichneten die 178 teilnehmenden Staaten mit der Agenda 21 ein umfangreiches Aktionsprogramm zum Schutz der natürlichen Lebensgrundlagen. Die Agenda 21 orientiert sich streng am Leitbild einer nachhaltigen Entwicklung („Sustainable development"): Die heutige Generation dürfe nicht auf Kosten zukünftiger Generationen leben und müsse daher schonend mit den natürlichen Ressourcen und der Umwelt umgehen.

Von der Agenda 21 zum Kyoto-Protokoll

Die Verabschiedung der Agenda 21 war ein wichtiger Schritt auf dem Weg zu einer globalen Umweltpolitik. Dennoch dauerte es mehrere Jahre, bis die Staatengemeinschaft erneut über Maßnahmen gegen die Erderwärmung beriet. Im Jahr 1997 verhandelten 160 Nationen über das so genannte Kyoto-Protokoll. In dem Protokoll verpflichten sich die Industriestaaten, ihre Emissionen von Treibhausgasen bis zum Jahr 2012 um mindestens 5 Prozent gegenüber 1990 zu verringern. Dabei sind die einzelnen Länder unterschiedliche Verpflichtungen zur Emissionsreduktion eingegangen: Während Deutschland sich bereit erklärte, die Emissionen um 21 Prozent zu senken, sah etwa Großbritannien bereits bei 12,5 Prozent das Maximum erreicht.
Das Kyoto-Protokoll gilt als Meilenstein in der internationalen Klimapolitik, da es erstmals verbindliche Klimaschutzziele festlegt und einen zeitlichen Rahmen vorgibt. Genau hierin liegt jedoch ein Schwachpunkt des Protokolls: Da das Inkrafttreten der Vereinbarung die Zustimmung der beteiligten Staaten erforderte (vorgegeben war, dass das Protokoll von mindestens 55 Staaten ratifiziert werden muss, die mindestens 55 Prozent der CO_2-Emissionen der Industrieländern von 1990 auf sich vereinigen), konnte es erst nach der Unterzeichnung durch Russland am 16. Februar 2005 in Kraft treten. So gingen weitere Jahre verloren. Ein weiteres Problem ist, dass sich die USA als größter Emittent von Treibhausgasen aus Angst vor wirtschaftlichen Folgen beharrlich weigert, dass Protokoll zu ratifizieren.

M2 **Sommer 2002**
Überflutete Straßen in Dresden

Klimaschutz durch Emissionshandel

Alle Länder der Europäischen Union (EU), mit Ausnahme der 2004 und 2007 beigetretenen Neumitglieder, haben das Kyoto-Protokoll unterzeichnet und sich damit zur Reduktion der Treibhausgase verpflichtet. Im Zuge dieser Selbstverpflichtung wurde als politisches Instrument zum Schutz des Klimas in der EU Anfang 2005 der so genannte Emissionshandel eingeführt. Ziel dieses Handels mit Emissionen ist es, einen finanziellen Anreiz zur CO_2-Reduktion und zur Investition in umweltfreundliche Technologien zu schaffen. Firmen können dabei durch den Kauf von Zertifikaten Emissionsrechte erwerben, erhalten also die Erlaubnis, eine gewisse Menge von Emissionen auszustoßen. Übersteigt der tatsächliche Ausstoß diese Menge, so muss die Firma weitere Zertifika-

Treibhauseffekt	Als Treibhauseffekt wird die Klimaveränderung infolge der Zunahme von Kohlendioxid und anderer so genannter Treibhausgase in der untersten Schicht der Atmosphäre bezeichnet. Diese Gase lassen zwar die Sonnenstrahlen passieren, verhindern aber, dass die reflektierte Strahlung ins All zurückentweicht. Da durch Verbrennung von Kohle, Gas und Erdöl sowie durch die Brandrodung von Regenwäldern immer mehr Treibhausgase freigesetzt werden, verstärkt sich der Treibhauseffekt. Die Folge ist das weltweite Ansteigen der Temperatur.
Nachhaltige Entwicklung („Sustainable development")	Der Begriff bezeichnet eine Entwicklung, welche „die Bedürfnisse der Gegenwart befriedigt, ohne zu riskieren, dass zukünftige Generationen ihre eigenen Bedürfnisse nicht befriedigen können", zielt also auf eine Gerechtigkeit unter den Generationen ab. Mit anderen Worten: Die jetzige Generation soll nicht auf Kosten zukünftiger Generationen leben – natürliche Ressourcen müssen deshalb geschont werden.

te dazukaufen. Liegt die tatsächliche Menge darunter, kann die Firma ihre überflüssigen Zertifikate an andere Betriebe veräußern. Firmen, die, ohne die entsprechenden Zertifikate erworben zu haben, Emissionen ausstoßen, müssen Strafe zahlen.

Weltklimakonferenz von Nairobi

Trotz aller bisherigen Anstrengungen bleibt die Frage offen, ob die bisherigen Maßnahmen ausreichen werden, um die Erderwärmung zu stoppen. Hinzu kommt, dass bislang noch unklar ist, wie es nach 2012 – wenn das jetzige Kyoto-Abkommen ausläuft – weitergeht. Werden sich auch die USA bereit erklären, an einer globalen Klimaschutzpolitik mitzuarbeiten, und wie steht es mit den asiatischen Schwellenländern, die bereits heute zu den größten Emittenten zählen?
Um diese Fragen zu klären, trafen sich im November 2006 in Nairobi mehr als 100 Umweltminister auf einer Weltklimakonferenz. Dass die Konferenz gerade in Afrika stattfand, hatte symbolische Bedeutung, denn die Länder Afrikas zählen zu denjenigen, die wohl am stärksten vom Klimawandel betroffen sein werden. Schon heute leidet Afrika unter Dürren und einer Ausweitung der Wüsten mit verheerenden Folgen für die Menschen. Dennoch: Die Weltklimakonferenz von Nairobi brachte keine wesentlichen Fortschritte. Zwar wurde den afrikanischen Ländern seitens der EU eine finanzielle Unterstützung in Höhe von 100 Millionen Euro zur Investition in erneuerbare Energien zugesagt, eine Einigung bei der Frage der Fortsetzung des Kyoto-Protokolls gab es aber nicht. Die Entwicklungsländer lehnen jegliche Verpflichtung, ihren Kohlendioxid-Ausstoß zu begrenzen, mit dem Verweis ab, dass sie nicht für den derzeitigen Klimawandel verantwortlich seien.

M3 Der Handel mit Emissionen

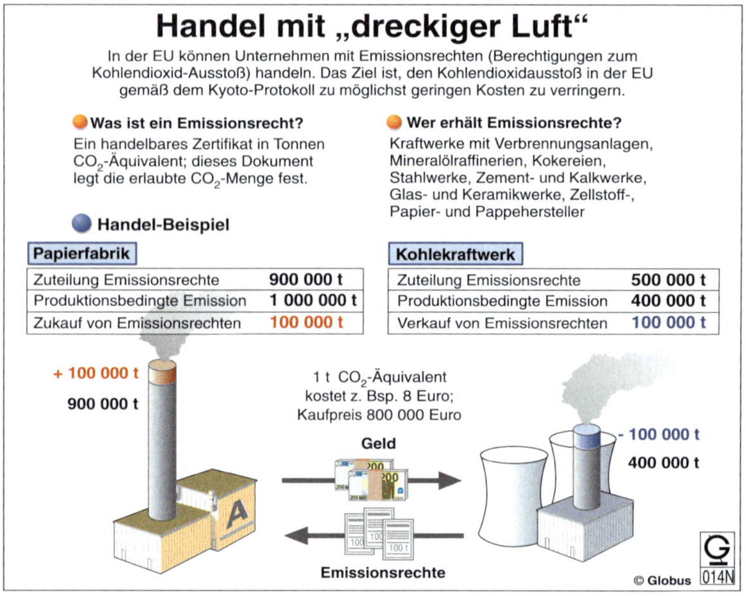

Was kann der Einzelne tun?

Auch wenn der Hauptverursacher des Klimawandels die Industrie ist, spielt auch der private Verbrauch eine Rolle. Der Autoverkehr sowie Heizungen und Elektrogeräte mit Stand-By-Funktionen verbrauchen viel Energie, die manchmal mit einfachen Mitteln eingespart werden kann.
So ist beim Autofahren bei Tempo 160 der Kraftstoffverbrauch um 50 Prozent höher als bei 120 km/h. Benzinsparen lässt sich auch durch die Benutzung öffentlicher Verkehrsmittel oder das Verwenden des Fahrrads. Auch in den eigenen vier Wänden kann man leicht Energie sparen: Zimmer sollte man niemals überheizen und die Heizung sollte bei offenem Fenster runtergedreht werden.
Auch wenn dies nur kleine Beiträge zum Umweltschutz sind, in der Summe helfen sie doch, den Klimawandel zu bremsen.

Emissionshandel Unter dem Begriff versteht man ein seit Anfang 2005 innerhalb der Europäischen Union (EU) etabliertes System des Handels mit Kohlendioxidausstoß. Unternehmen erwerben durch Zertifikate Emissionsrechte, mit denen sie handeln können. Dadurch soll gewährleistet werden, dass insgesamt eine bestimmte Menge an Emissionen innerhalb der EU nicht überschritten wird. Gleichzeitig werden umweltfreundliche Betriebe finanziell belohnt, da sie die ihnen zugeteilten Zertifikate an andere Betriebe veräußern können.

M4 Stürmische Zeiten

Über die Ergebnisse einer Klimakonferenz in München im Jahr 2005 berichtet der Journalist Christoph Schneider:

„Malaria ja, Gelbfieber nein." Schon zu Beginn seines Vortrages beantwortet Peter Höppe die provokante Frage, die er auf der ersten Folie gestellt hat: „Malaria und Gelbfieber in Deutschland?"

Durch die Erwärmung der Erde könnten durchaus Tropenkrankheiten nach Deutschland kommen, die es hier lange nicht oder sogar noch nie gegeben habe, sagt der Leiter der Abteilung Georisikoforschung bei der Münchner Rückversicherung: „Die Überträger von Denguefieber und Leishmaniose, die Tiger- und Sandmücke, hat man Ende der Neunzigerjahre erstmals in Deutschland nachgewiesen." Und auch Malaria könnte zurückkehren, für das Gelbfieber seien aber auch bei einer drastischen Erwärmung Deutschlands die Hürden zu hoch.

Höppner war einer der Redner auf der Konferenz über die Folgen des Klimawandels für Deutschland [...] in München im Februar 2005.

Es war ein symbolträchtiger Tag, schließlich trat das so genannte Kyoto-Protokoll an diesem Tag in Kraft. In diesem Vertrag haben sich große Teile der Staatengemeinschaft erstmals verpflichtet, den Ausstoß von Treibhausgasen zu begrenzen, um die Erwärmung der Atmosphäre in Schranken zu halten. Die mittlere Temperatur könnte zwischen 1,4 und 5,8 Grad Celsius bis zum Jahr 2100 ansteigen – je nach Verhalten der Menschheit. Das hatte zuletzt der UN-Klimabeirat IPCC errechnet. Die Europäische Union formulierte daraufhin das politische Ziel, die Temperatur dürfe bis zum Jahr 2100 um maximal zwei Grad steigen. [...] „Die Erwärmung auf zwei Grad zu begrenzen, setzt eine drastische Reduktion der Treibhaus-Gase voraus", sagt Claudia Kemfert, eine Umwelt-Ökonomin vom Deutschen Institut für Wirtschaftsforschung in Berlin. Das ist schon deshalb schwierig, weil niemand Entwicklungs- und Schwellenländern das wirtschaftliche Wachstum verbieten kann. [...] Selbst durch eine Reduktion der Treibhausgase wären nicht alle Schäden zu verhindern, sie würden weltweit zwei Prozent des Bruttosozialproduktes ausmachen. [...] Bei den Schäden, die auch in Deutschland auftreten dürften, sind mögliche Infektionen mit Tropenkrankheiten nur die bizarre Spitze. Es käme zu Hitzewellen wie im Jahr 2003. [...] Solche extremen Hitzewellen, die es früher alle paar Jahrhunderte gab, könnten [...] ab 2070 alle drei Jahre auftreten. [...] Auch die Wetterextreme könnten stark zunehmen: Jedes Grad Erwärmung führe etwa dazu, dass die Zahl der Blitze um 50 Prozent ansteigt. Im Jahr 2004 gab es [...] so viele Stürme wie noch nie, seit Statistiken geführt werden – mit beträchtlichen Schäden für die Versicherungen.

Christoph Schneider: Stürmische Zeiten. In: Süddeutsche Zeitung, 5.2.2005, S. 3.

M5 Asien in der Umweltkrise

Der Journalist und Autor Gabor Steingart über die Ausbeutung der Natur in den asiatischen Schwellenländern:

Die (asiatischen Schwellenländer) befeuern ihre Wirtschaftsmaschinerie nicht nur mit menschlicher Arbeitskraft, sondern auch mit einer zweiten, für sie billig zu erstehenden Ressource: der natürlichen Umwelt. Sie wird nach Herzenslust ausgebeutet. [...] Als Klärbecken dient unverändert Mutter Erde, die Wüste wird als Mülldeponie genutzt, die Industrieabgase durchlaufen als ersten Filter die Lungen der Anwohner. Die Pestizide aus der intensiven Bewirtschaftung der Ackerböden landen in der Nahrung und im Trinkwasser, so dass der menschliche Körper selbst als eine Art Sondermülldeponie funktioniert. In Shanghai hat sich zwischen Himmel und Erde nahezu ganzjährig eine gräuliche Dunstwolke geschoben, die alles an Partikeln und Schadstoffen enthält, was die Industrie hergibt.

Würden in den Metropolen Asiens die europäischen Grenzwerte für Feinstaub, Trinkwasserqualität und die Belastung von Lebensmitteln gelten, müssten die Fabriken vielerorts schließen. Der Autoverkehr würde ganzjährig ruhen.

Chinas Diktatur und Indiens Demokratie überbieten einander in der Skrupellosigkeit, mit der sie die Natur als kostenloses Rohstoff- und Abfalllager benutzen. Seit der Unabhängigkeit Indiens wurden 85 Millionen Hektar fruchtbaren Bodens verwüstet, durch Überweidung, Überdüngung und Versalzung. [...] Das asiatische Wirtschaftswachstum beruht eben nicht nur auf einer Leistungssteigerung von Mensch und Maschine, sondern auch auf einem gesteigerten Ressourcenverbrauch. Wenn die Chinesen einen Warenwert von 10000 Dollar produzieren, dann haben sie dafür das Vierfache an Ressourcen eingesetzt wie die amerikanischen Hersteller. „China bekommt seine Umweltprobleme nicht in den Griff", sagte erst kürzlich Zhu Guangyao, Vizeminister der staatlichen Umweltbehörde Sepa. [...] Die jährlichen Umweltschäden betragen zehn Prozent des Bruttoinlandsprodukts – und sind damit so hoch wie das Wirtschaftswachstum selbst.

Der Spiegel, Nr. 37/2006, S. 69.

M6 Internationale Klimaschutzpolitik nach Kyoto

Die Schwächen des Kyoto-Protokolls aus der Sicht des Bundes für Umwelt und Naturschutz in Deutschland (BUND):

Noch bevor Kyoto in Kraft trat, begann bereits die Diskussion, wie es danach weitergehen soll. Denn ein wesentlicher Geburtsfehler des Kyoto-Protokolls ist die zeitliche Beschränkung. Die derzeitige Verpflichtungsperiode läuft im Jahr 2012 aus. Was dann folgt, blieb unklar. Nachdem Wissenschaftler, Politiker und Lobbyverbände sich lange um die besten – oder schlechtesten – Ideen gestritten hatten, leitete die UNFCCC (= United Nations Framework Convention on Climate Change, Klimarahmenkonvention der UN) im Dezember 2005 einen Prozess ein, der auf eine Weiterentwicklung des Kyoto-Protokolls abzielt. Es wird aber noch einige Jahre dauern, bis dieses Folgeabkommen an Kontur gewinnt, und sich beurteilen lässt, ob es genügend Substanz hat, um das Klima effektiv zu schützen.

Reicht das, um das Klima zu retten?

Nein, das reicht definitiv nicht. Das Kyoto-Protokoll ist zwar ein wichtiger Schritt im Kampf gegen den Klimawandel, aber eben nur ein allererster. Einige der größten Emittenten der Welt – darunter auch die USA, die für 25 Prozent der globalen Treibhausgase verantwortlich sind – haben sich zu gar nichts verpflichtet und lehnen das Kyoto-Protokoll ab. […] Die großen Schwellenländer wie China und Indien sind bisher nicht in das Kyoto-Protokoll einbezogen, obwohl sie mittlerweile zu den größten Emittenten gehören. Und selbst die sehr geringen Ziele aus dem Kyoto-Protokoll werden die meisten Staaten verfehlen. […]

Der internationalen Klimapolitik stellen sich zwei große Herausforderungen: Einmal muss das Folgeabkommen des Kyoto-Protokolls die wissenschaftlichen Erkenntnisse ernst nehmen und die Industrieländer zu wirklich ambitionierten Reduktionszielen […] verpflichten. Und zweitens müssen Maßnahmen zur Anpassung an den Klimawandel beschlossen und finanziert werden.

Von Rio nach Kyoto und darüber hinaus. In: http://www.vorort.bund.net/Klimaschutz (Zugriff: 5.3.2006)

M7 Die USA und der Klimaschutz

Wie einzelne US-Bundesstaaten trotz der Washingtoner Ablehnung des Kyoto-Protokolls neuerdings gegen den Klimawandel kämpfen:

Der kalifornische Gouverneur Arnold Schwarzenegger […] einigte sich jüngst auf ein Gesetz, das zwischen 2012 und 2020 die Senkung der industriellen CO_2-Emissionen um ein Viertel vorschreibt, den Global Warming Solutions Act. Kalifornien ist die sechstgrößte Volkswirtschaft der Welt mit zwei Prozent der weltweiten Schadstoffemissionen.

Das Klimaschutzgesetz […] ist ein wesentlicher Baustein in dem landesweiten Mosaik von Einzelaktionen. Die Gouverneure von New York, New Jersey, Delaware und vier Neuengland-Staaten wollen gemeinsam den Schadstoffausstoß von Kraftwerken auf ihrem Territorium bis 2019 um ein Zehntel verringern. Auch auf lokaler Ebene haben sich 220 Städte der Initiative „Cool Cities" […] angeschlossen. Dazu gehören symbolische Aktionen, wie die des Stadtrats von Winston-Salem, der statt benzinschluckender Pickup-Trucks den Kauf von Honda-Hybridautos beschloss.

Jens Eckhardt: Klimaschutz in den USA verzettelt sich. In: Handelsblattsblatt-Serie: Die Folgen des Klimawandels, 14.9.2006, S. 16.

M8 Globale Kohlendioxid-Emissionen

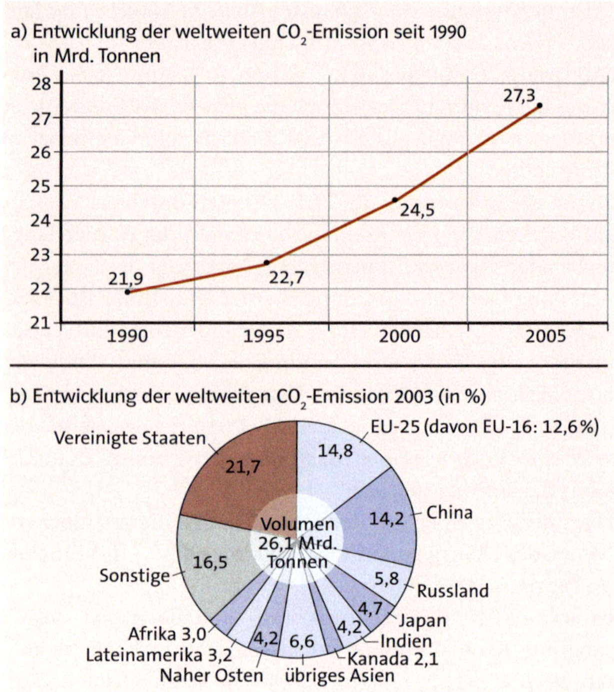

M9 Emissionshandel auch für Privatleute?

Über neue Ideen zur Rettung des Klimas schreiben die Wissenschaftler Stefan Rahmsdorf und Hans Joachim Schellnhuber:

Ein anderer interessanter Ansatz für den individuellen Klimaschutz stammt […] aus Großbritannien und wurde sogar schon mit Blick auf eine künftige entsprechende Gesetzgebung im Unterhaus debattiert. Es handelt sich dabei um den Vorstoß von Wissenschaftlern und Politikern, persönliche Verschmutzungskontingente […] einzuführen.

Die Grundidee ist einfach: Bestimmten Staaten werden bestimmte CO_2-Emissionskontingente zugewiesen. Ein großer Teil eines solchen nationalen Kontingents wird nun in gleiche jährliche Guthaben für jedes Landeskind heruntergebrochen (den Rest versteigert die Regierung an meistbietende Unternehmen und andere Organisationen). Bürger X hat also zu Beginn des Jahres Y einen Betrag von Z Einheiten auf seinem „Kohlenstoff-Konto". Mit Hilfe einer entsprechenden „Kohlenstoff-Kreditkarte" und fortgeschrittener Informationstechnologie (siehe LKW-Maut) können bei allen wirtschaftlichen Handlungen von Herrn X (etwa beim Kauf von Heizöl oder Benzin) die damit ursächlich verknüpften CO_2-Emissionen festgestellt und postwendend vom Kohlenstoff-Konto abgebucht werden. Alles läuft analog zum elektronischen Zahlungsverkehr ab, nur dass die Währung nicht aus Euro, sondern aus Kohlenstoff-Einheiten besteht. Kontoreste können gegen Jahresende weiterverkauft, Kontodefizite ins nächste Jahr übertragen oder durch

Handel mit anderen, kohlenstoffsparsameren Bürgern ausgeglichen werden. Ein schwungvoller Individualmarkt [...] schafft ökonomische Anreize für klimabewusstes Verhalten. Der Ansatz ist natürlich noch nicht praxisreif, eröffnet aber neue und bedenkenswerte Perspektiven.

Stefan Rahmstorf/Hans Joachim Schellnhuber: Der Klimawandel. München 2006, S. 127/128.

M10 UNO-Klimabericht 2007

Darüber, dass sich der Klimawandel kaum noch aufhalten lässt, berichtet ein Nachrichtenmagazin:

Ein Hitzeschub von bis zu 6,4 Grad, die Meere überfluten weite Teile der Küsten, Inseln verschwinden, Dürren raffen Tausende Menschen dahin: Der neue Weltklimareport der UNO zeichnet düstere Zukunftsszenarien. Nur eine CO_2-Vollbremsung kann das Schlimmste noch verhindern. [...]

Der Report präsentiert sechs Szenarien. Im besten Fall sei bis 2100 mit einer Erwärmung von 1,1 bis 2,9 Grad Celsius zu rechnen, im schlimmsten Fall mit 2,4 bis 6,4 Grad. Am wahrscheinlichsten sei ein Anstieg um 1,7 bis 4 Grad. Der Meeresspiegel werde bis 2100 im besten Szenario um 19 bis 37 Zentimeter, im schlimmsten Fall um 26 bis 59 Zentimeter steigen.

Der Bericht fast den Klimawandel in Zahlen:

1 Der Kohlendioxid-Gehalt der Luft ist seit 1750 um 35 Prozent gestiegen. [...] 78 Prozent der Erhöhung gehen auf die Nutzung fossiler Brennstoffe zurück, 22 Prozent auf die Nutzung von Landflächen, etwa durch Rodungen. [...]

2 Die Temperaturzunahme der letzten 50 Jahre ist doppelt so hoch wie die der letzten 100 Jahre.

3 Die Arktis hat sich doppelt so stark erwärmt wie im globalen Mittel.

4 Die Häufigkeit heftiger Niederschläge hat zugenommen.

5 Die Gletscher schmelzen weltweit. [...]

6 Die Ozeane sind im globalen Mittel wärmer geworden. [...]

Selbst wenn alle CO_2-Emissionen sofort gestoppt würden, stiege die Temperatur noch um weitere 0,6 Grad, da das Klimasystem nur sehr träge reagiert, heißt es im Bericht. [...]

„Mit dem nun vorliegenden Bericht sollten letzte Zweifel ausgeräumt sein, dass wir Menschen es sind, die die Klimaschraube überdrehen“, sagte Hans-Joachim Schellnhuber, Direktor des Potsdamer Instituts für Klimafolgenforschung. „Folglich liegt es auch in unserer Hand, diese gefährliche Fehlentwicklung entschlossen durch Reduktion der Treibhausgasemissionen zu korrigieren.“

www.spiegel.de/wissenschaft/natur/0,1518,463865,00.html (Zugriff: 3.2.2007)

M11 Gute Nachricht

Karikatur von Klaus Stuttmann, 2007

Arbeitsaufträge

1. Beschreiben Sie die Ursachen des Treibhauseffektes (VT, M 8).
2. Erläutern Sie sowohl die ökologischen als auch die ökonomischen Folgen der Erderwärmung. Visualisieren Sie diese in einem Schaubild (VT, M 4, M 10).
3. Recherchieren Sie im Internet (z. B. bei einem Institut für Klimafolgenforschung), wie sich das Klima in Deutschland in den nächsten 50 Jahren verändern wird und welche Konsequenzen dies z. B. für Landwirtschaft und Tourismus haben wird.
4. Erklären Sie die Zielsetzung des Kyoto-Protokolls und des Handels mit Emissionen und beurteilen Sie diese (VT, M 3, M 6).
5. Erstellen Sie einen Pressespiegel zum gegenwärtigen Stand der Weltklimapolitik. Fassen Sie die aktuelle Diskussion in einem kurzen Aufsatz zusammen.
6. Diskutieren Sie in Kleingruppen, wie eine globale Klima- und Umweltschutzpolitik im 21. Jahrhundert Ihrer Ansicht nach aussehen müsste. Stellen Sie Ihre Ideen danach der Klasse vor.
7. Überlegen Sie gemeinsam in der Klasse, was der Einzelne tun kann, um Energie zu sparen. Diskutieren Sie dabei auch, ob ein privater Emissionshandel sinnvoll wäre (M 3, M 9).

2 Die Industrialisierung – Veränderungen in Wirtschaft und Gesellschaft

2.1 Warum an diesem Ort – warum zu dieser Zeit?

Warum begann die industrielle Revolution eigentlich in Europa und nicht in den islamischen Ländern, in China oder Afrika? Und warum kam sie ausgerechnet im letzten Drittel des 18. Jahrhunderts in Gang?
Um diese Fragen zu beantworten, blicken Historiker heute viele Jahrhunderte zurück. In einem niemals wirklich unterbrochenen Prozess sammelte sich in Europa theoretisches Wissen und technisches Know-how an. Aber Kraftquellen – wie Wasser- oder Windmühlen – und neue Produktionsweisen reichten nicht aus, um eine industrielle Revolution in Gang zu setzen. Das galt auch für wissenschaftliche und technische Leistungen in anderen Kulturkreisen. Es mussten weitere Faktoren hinzukommen, die es so nur in Europa gab.

1733	J. Kay erfindet den Schnellschützen für Webstühle. 10 Spinner sind nun nötig, um einen Weber einen Tag lang zu beschäftigen.
1764–1767	Der Weber James Hargreaves entwickelt die „Spinning Jenny".
1766	Das Puddelverfahren zur Gewinnung von Schmiedeeisen wird patentiert.
1769	James Watt meldet sein erstes Dampfmaschinenpatent an. 1782–1784 entwickelt er die Niederdruckdampfmaschine, die die Kolbenbewegung in eine drehende Bewegung umsetzt.
1786	Edmund Cartwright entwickelt den mechanischen Webstuhl.

Selbstbewusste Forscher

Spätestens seit dem ausgehenden Mittelalter drängten die weltlichen Obrigkeiten und die allmählich wachsenden religiösen Oppositionsbewegungen von unten den Einfluss der Kirche in Europa zurück. Wann immer ein weltlicher Herrscher sich von einer neuen Idee Nutzen und Vorteil gegenüber einem Rivalen versprach, förderte er diese neuen Gedanken nach Kräften, auch wenn sie den traditionellen Lehren der Kirche widersprachen. Das Ergebnis war die zunehmende Autonomie der Wissenschaftler, deren Forschungen auf unvoreingenommenem Denken und Beobachten basierten. Was einmal gedacht war, wurde in Europa nicht mehr zurückgenommen. Alle Versuche, dogmatisch begründete Denkverbote durchzusetzen, scheiterten.

Verbreitung des Wissens

Im vorakademischen Europa des 16. Jahrhunderts arbeiteten Forscher allein und hielten ihre Ergebnisse möglichst lange geheim. Erst in der Folgezeit gingen sie dazu über, ihre Experimente und Erkenntnisse öffentlich zu machen. Die über ganz Europa zerstreut lebenden Forscher traten untereinander in Verbindung. Dabei half ihnen das Latein als gemeinsame europäische Sprache der Wissenschaft sowie ein funktionierendes Post- und Kurierwesen. Es wurden wissenschaftliche Akademien wie 1660 die Londoner Royal Society oder 1666 die Académie des Sciences in Paris gegründet, die regelmäßige Sitzungen abhielten und eigene Zeitschriften herausgaben. Darüber hinaus gingen die Forscher auch dazu über, ihre Ergebnisse einem breiten Publikum bekannt zu

machen. Überall erschienen in der Landessprache neue Zeitschriften.
Es dauerte jedoch bis ins letzte Drittel des 18. Jahrhunderts, bevor sich die vielen verschiedenen, sich gegenseitig stützenden und fördernden Faktoren zu dem einheitlichen Strom des Fortschritts vereinigten, der in die Industrialisierung mündete und dann das gesamte System des Feudalismus zum Einsturz brachte.

Agrarische Revolution in England

Wenn es auch über den Kontinent versprengte kleine Inseln früher Industrialisierung gab, wie eine mechanische Baumwollspinnerei 1784 in Ratingen bei Düsseldorf oder seit 1792 in Oberschlesien einen Kokshochofen, so fiel doch bereits früh im 18. Jahrhundert ausländischen Reisenden der wirtschaftliche Vorsprung Englands auf. Und dieser hatte seinen Ursprung zunächst in der Entwicklung der britischen Landwirtschaft. Sie hatte sich anders entwickeln können als die Landwirtschaft auf dem Kontinent und zu einer hohen Effizienz geführt.
Bereits im späten Mittelalter war in England die feudale Ständeordnung in einem weitreichenden Auflösungsprozess begriffen. An die Stelle der Abhängigkeitsverhältnisse unfreier Höriger traten geregelte Pachtverhältnisse zwischen Grundherren und Pächtern. So kam es früh zu einer Kommerzialisierung von Anbau und Warenvertrieb. Im 18. Jahrhundert praktizierten die Engländer im Ackerbau und in der Viehzucht moderne Methoden der Bewässerung, der Düngung, des Fruchtwechsels und der gemischten Landwirtschaft. Dies führte zu einer beträchtlichen Steigerung der landwirtschaftlichen Erträge.
Einen kaum zu überschätzenden Anteil an der Effizienzsteigerung der Landwirtschaft hatte die Enclosure-Bewegung (Einhegungen) im 18. und 19. Jahrhundert: Der Zwang, offene Felder zu haben, wurde zugunsten der Möglichkeit aufgehoben, eigene Ländereien zusammenzulegen und einzuzäunen. Diese Flurbereinigung beseitigte die Gemengelage von Grundstücken und überführte Gemeindeland in Privateigentum. Es entstanden agrarische Großbetriebe, die rationelles Wirtschaften ermöglichten. Allerdings verloren Mittel- und Kleinbauern dabei oft ihre Existenzgrundlage. Die Landwirtschaft, wie sie in Großbritannien üblich wurde, lohnte sich für Besitzer und Pächter und wurde vom Adel mit Leidenschaft betrieben. Sie war eine Triebfeder des wirtschaftlichen Wandels. Auch war die Landwirtschaft in der Lage, die – wie überall in Westeuropa – sprunghaft angewachsene einheimische Bevölkerung zu ernähren. Bis weit ins 19. Jahrhundert hinein war England nicht auf Nahrungsmittelimporte angewiesen. Das Bevölkerungswachstum erhöhte zudem das Arbeitskräfte- und Nachfragepotenzial.

M1 Ein englisches Dorf vor und nach der Einhegung

Die zusammengelegten Flächen wurden durch Hecken und Zäune „eingehegt“, damit sie als Privateigentum erkennbar und geschützt waren. Gemeindeland wurde Eigentum von Grundbesitzern.

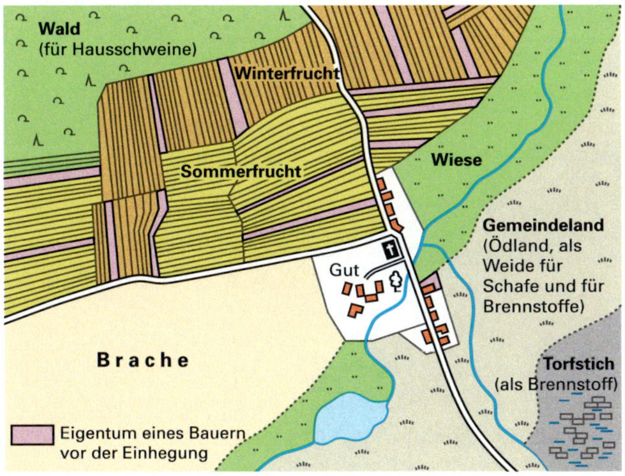

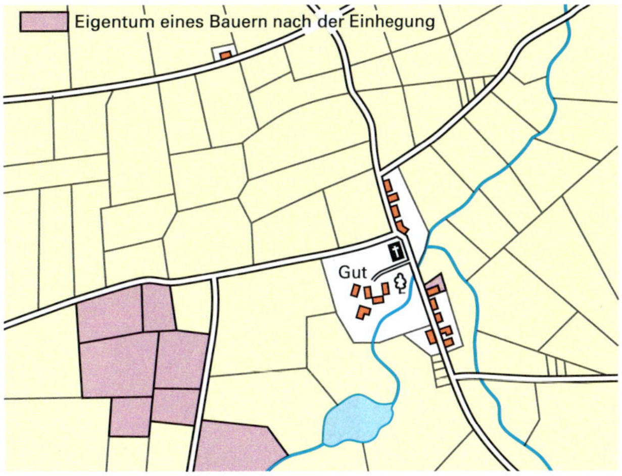

Neue Technologien in England

In keinem Land Europas wurden in der 2. Hälfte des 18. Jahrhunderts so viele Erfindungen gemacht wie in England. In der Textil- und Eisenindustrie sowie bei der Energiegewinnung und Mechanisierung erwarben sich die Briten einen Technologievorsprung, den die übrigen Länder erst Jahrzehnte später aufholten. Der Beginn war unspektakulär: 1698 meldete Thomas Savery unbeachtet von der Öffentlichkeit ein Patent für eine Vorrichtung an, die mit Hilfe von Dampf eine Pumpe antrieb. Nur ein paar Tüftler durchschauten die Möglichkeiten dieser atmosphärischen Dampfmaschine und entwickelten die Vorrichtung in den nächsten Jahrzehnten weiter. Ein großer Schritt nach vorne gelang 1782 James Watt, als er die Kolbenbewegung der Dampfmaschine in eine Drehbewegung umsetzte, so die Energie viel besser ausnutzte und gleichzeitig das Tempo der Maschine erhöhte. Aber auch sie war noch längst nicht perfekt. Es brauchte noch 100 Jahre und viele Ingenieure und Mechaniker, die mit Geduld, Sorgfalt und Fantasie die kleinen und großen Fertigungs- und Wartungsprobleme lösten. Alles in allem dauerte es 200 Jahre, bis endlich aus der Idee eine wirklich wirtschaftlich und universell einsetzbare Kraftmaschine wurde.

Die Industrialisierung bricht sich Bahn

Die industrielle Revolution verlief ungleichmäßig und wirkte sich erst nach und nach aus, sie begann in manchen Industriezweigen früher, in anderen später, der Durchbruch („take off") beschränkte sich zunächst immer nur auf wenige Sektoren und Regionen. Der breite Übergang zur neuen mechanisierten Massenproduktion erfolgte zunächst in der Baumwollspinnerei, dem ersten industriellen Führungssektor. Langfristig von noch größerer Bedeutung war Englands Vorsprung bei dem Einsatz von Kohle und Koks und die damit verbundenen Fortschritte im Bereich der Eisen- und Stahlerzeugung.

Politische Rahmenbedingungen

All diese Punkte beschreiben die Situation in Großbritannien, aber sie erklären noch nicht hinreichend, warum die industrielle Revolution nun ausgerechnet dort ihren Anfang nahm. Großbritannien war sehr früh eine politische und wirtschaftliche Einheit mit einem einheitlichen Währungs-, Steuer- und Zollsystem. Es war ferner geprägt durch Loyalität, gemeinsame Identität und Gleichheit der Bürger. Politische Freiheiten galten zwar anfangs nur für den Adel, entscheidend war aber, dass sie

M2 Einsatz einer frühen Dampfmaschine zur Förderung und zum Antrieb von Pumpen in einem englischen Kohlebergwerk

Gemälde eines unbekannten englischen Künstlers, 1792

nach und nach durch Gesetzgebung, Alltagspraxis und Bürgerkriege auf das ganze Volk ausgedehnt wurden. Dennoch war England alles andere als vollkommen. So stellte sich die englische Gesellschaft der Frühen Neuzeit zwar als hierarchisch gegliederte Statusgesellschaft dar, die jedoch nicht durch feste Standesschranken unterteilt war. Die Zeitgenossen verstanden die englische Gesellschaft als eine Gesellschaft mit großer sozialer Mobilität. Große Vermögen bzw. politische Verdienste waren oftmals die wichtigste Voraussetzung für die Erhebung in den Adelsstand. Es gab ein starkes Bürgertum, das die Wirtschafts- und Finanzpolitik entscheidend mitbestimmte. So vermittelte England seinen Untertanen das Gefühl der Bewegungsfreiheit.

Startkapital als Voraussetzung

Handel, Seemacht und Kolonien waren die drei sich gegenseitig bedingenden Faktoren des englischen Nationalreichtums. Überseeische Rohstoffquellen und Absatzmärkte ließen Großbritannien zur Handelsnation Nummer eins werden. Für die damalige Zeit war der breite englische Mittelstand, die Kaufleute, Fabrikanten, Geschäftsinhaber und Bankiers, die Rechtsanwälte und andere Angehörige freier Berufe außerordentlich wohlhabend. So war genügend Kapital im Lande vorhanden, um in die neu aufkommenden Industrien zu investieren, und es gab genügend Menschen, die unternehmerisch tätig wurden.

Wirtschaftliche Freiheiten und Calvinismus

Schließlich waren die Engländer frei von allen den Markteintritt behindernden Zwängen und sie profitierten vom Wissen und von Fertigkeiten, die Einwanderer mitbrachten. Weil unter den frühen Erfindern und Unternehmern überproportional viele auf die Prädestinationslehre vertrauende Calvinisten waren, werden auch die religiösen Verhältnisse in England als ein Grund für den Aufstieg genannt (vgl. S. 74).

Naturräumliche Bedingungen

Auch die günstigen naturräumlichen Bedingungen Englands leisteten ihren Beitrag zur Industrialisierung. Energiequellen und Rohstoffe waren leicht verfügbar und meistens verkehrsgünstig gelegen. Nahezu alle Straßen und Kanäle waren von privaten Investoren errichtet worden. Um profitabel zu sein, achteten die Erbauer auf wirtschaftlich sinnvolle Streckenführung und angemessene Bequemlichkeit, denn nur wenn ihre Verkehrswege von möglichst vielen Menschen benutzt wurden, flossen reichlich Mautgelder in die Kassen der Investoren.

M3 **Mechanische Webstühle in einer englischen Baumwollmanufaktur**
Stahlstich, 1835

Wirtschaftslehre des Adam Smith

Vor diesem Hintergrund entwarf Adam Smith in seinem grundlegenden Werk „An Inquiry into the Nature and the Causes of the Wealth of Nations", das 1776 in London erschien, die Lehre vom Wirtschaftsliberalismus, die die Grundlage für die freie Marktwirtschaft werden sollte. Smith verkündete eine optimistische Botschaft: Die Versorgung eines Volkes mit Bedarfs- und Luxusgütern hänge bei einer liberalen Wirtschaftsordnung vor allem von der Geschicklichkeit und Findigkeit ab, mit der die Menschen ihre Arbeit verrichteten. Wenn der Produktionsprozess geschickt gegliedert würde, könne sich die Arbeitsproduktivität verdoppeln, ja prinzipiell vertausendfachen. Die Politik müsse nur Bedingungen für einen freien Markt und für Wettbewerb schaffen und alle Investitionshemmnisse beseitigen. Im Übrigen solle sie sich auf die Bereiche konzentrieren, die ein Privatmann nicht erledigen könne, wie Landesverteidigung, innere Sicherheit, Rechtspflege, Ausbildung sowie Umwelt- und Brandschutz.

M4 Auszug aus der Navigationsakte

Bis zur Mitte des 17. Jahrhunderts lag der Handel mit europäischen und überseeischen Waren fast ganz in Händen der Niederländer, die über mehr als die Hälfte des gesamten Schiffsraums der europäischen Handelsschifffahrt verfügten. Die Navigationsakte, die das englische Parlament 1651 verabschiedete, löste den englisch-niederländischen Seekrieg von 1652 bis 1654 aus, durch den die Vormachtstellung der Niederlande auf den Meeren gebrochen wurde:

Zur Vergrößerung des Schiffsbestandes und zur Förderung der Schifffahrt Englands, die durch Gottes gütige Vorsehung von so großem Nutzen für Wohlfahrt und Sicherheit dieser unserer Republik sind, wird von dem gegenwärtigen Parlament beschlossen, dass vom 1. Dezember 1651 an Güter oder Erzeugnisse jeder Art aus Asien, Afrika oder Amerika nach England, Irland oder irgendwelchen dazugehörigen Ländern, Inseln oder Kolonien nur noch auf Schiffen eingeführt werden dürfen, die einwandfrei Leuten unseres Volkes gehören und deren Kapitäne und Matrosen zum größten Teil Leute unseres Landes sind, bei Strafe des Verlustes sowohl der Ware als auch des Schiffes.

Und es ist ferner durch Beschluss des gegenwärtigen Parlamentes verboten, nach dem 1. Dezember 1651 Güter oder Erzeugnisse irgendwelcher Art, die in Europa gewachsen sind oder dort erzeugt oder auf gewerbliche Weise hergestellt wurden, in England oder Irland oder den dazugehörigen Gebieten auf anderen Schiffen einzuführen als auf solchen, die entweder einwandfrei Leuten unseres Volkes oder dann Angehörigen derjenigen Länder und Orte zu eigen sind, in denen die besagten Güter gewachsen sind, erzeugt oder hergestellt wurden, oder die aus Häfen stammen, in denen die erwähnten Güter ausschließlich oder üblicherweise verschifft werden.

Es ist ferner untersagt, von nun an nach England, Irland oder den dazugehörigen Gebieten einzuführen jegliche Art von Kabeljau, Leng [eine Art Schellfisch], Hering oder Sardinen sowie jegliche Art eingepökelter Fische, wie sie gewöhnlich von den Bewohnern unseres Landes gefangen werden, […] außer Ware, die auf Schiffen gefangen wird, die einwandfrei Leuten unseres Volkes gehören. […] Und es ist ferner untersagt, irgendwelche Art von […] Fischen, die von Leuten unseres Landes gefangen und eingesalzen werden, nach dem 1. Februar 1653 von irgendwelchen Orten dieser unserer Republik in anderen Schiffen auszuführen als in solchen, die Leuten unseres Landes gehören.

Zit. nach: W. Lautemann/M. Schlenke (Hg.): Geschichte in Quellen. Bd. III. München 1966, S. 417 f. (Übers. und Bearb.: Fritz Dickmann)

M5 Das einsichtige System der natürlichen Freiheit

Adam Smith über die Prinzipien einer freiheitlichen Wirtschaftsordnung, 1776:

Der Einzelne ist stets darauf bedacht, herauszufinden, wo er sein Kapital, über das er verfügen kann, so vorteilhaft wie nur irgendmöglich einsetzen kann. Und tatsächlich hat er dabei den eigenen Vorteil im Auge und nicht etwa den der Volkswirtschaft. Aber gerade das Streben nach seinem eigenen Vorteil ist es, das ihn ganz von selbst oder vielmehr notwendigerweise dazu führt, sein Kapital dort einzusetzen, wo es auch dem ganzen Land den größten Nutzen bringt. […]

Tatsächlich fördert er in der Regel nicht bewusst das Allgemeinwohl, noch weiß er, wie hoch der eigene Beitrag ist. Wenn er es vorzieht, die nationale Wirtschaft anstatt die ausländische zu unterstützen, denkt er eigentlich nur an die eigene Sicherheit und wenn er dadurch die Erwerbstätigkeit so fördert, dass ihr Ertrag den höchsten Wert erzielen kann, strebt er lediglich nach eigenem Gewinn. Und er wird in diesem wie auch in vielen anderen Fällen von einer unsichtbaren Hand geleitet, um einen Zweck zu fördern, den zu erfüllen er in keiner Weise beabsichtigt hat. […] Alle, die jemals vorgaben, ihre Geschäfte dienten dem Wohl der Allgemeinheit, haben meines Wissens niemals etwas Gutes getan. […]

Ein Familienvater, der weitsichtig handelt, folgt dem Grundsatz, niemals selbst etwas herzustellen versuchen, was er sonstwo billiger kaufen kann. So sucht der Schneider, seine Schuhe nicht selbst zu machen, er kauft sie vielmehr vom Schuhmacher. Dieser wiederum wird nicht eigenhändig seine Kleider nähen, sondern lässt sie vom Schneider anfertigen. […] Was aber vernünftig im Verhalten einer einzelnen Familie ist, kann für ein mächtiges Königreich kaum töricht sein. Kann uns also ein anderes Land eine Ware liefern, die wir selbst nicht billiger herzustellen imstande sind, dann ist es für uns einfach vorteilhafter, sie mit einem Teil unserer Erzeugnisse zu kaufen, die wir wiederum günstiger als das Ausland herstellen können. Die Erwerbstätigkeit im ganzen Lande wird mithin genauso wenig zurückgehen wie in unserem Beispiel mit den Handwerkern, denn sie steht ja in einem festen Verhältnis zum eingesetzten Kapital und nur seine vorteilhafteste Anlage unterliegt einer freien Wahl. […]

Die Vorteile, die ein Land von Natur aus gegenüber einem anderen in der Produktion einzelner Waren besitzt, sind mitunter so groß, dass es, wie alle Welt weiß, vergeblich wäre, ihm hierin Konkurrenz machen zu wollen. In Treibhäusern, Mistbeeten und mit erwärmtem Mauerwerk lassen sich auch in Schottland recht gute Trauben ziehen und daraus auch sehr gute Weine keltern, nur würden sie etwa dreißigmal so viel kosten wie ein zumindest gleich guter aus dem Ausland. Wäre es also sinnvoll, jegliche Einfuhr von ausländischem Wein durch Gesetz zu verbieten, nur um den Anbau von Klarett und Burgunder in Schottland anzuregen? […] Es spielt in dieser Hinsicht keine Rolle, ob es sich um natürliche oder

erworbene Vorteile handelt, die ein Land gegenüber einem anderen besitzt. Solange es dem anderen überlegen ist, ist es für Letzteres immer vorteilhafter, Waren, die es braucht, zu kaufen, anstatt sie selbst herzustellen. […]
Gibt man daher alle Systeme der Begünstigung und Beschränkung auf, so stellt sich ganz von selbst das einsichtige und einfache System der natürlichen Freiheit her. Solange der Einzelne nicht die Gesetze verletzt, lässt man ihm völlige Freiheit, damit er das eigene Interesse auf seine Weise verfolgen kann und seinen Erwerbsfleiß und sein Kapital im Wettbewerb mit jedem anderen oder einem anderen Stand entwickeln oder einsetzen kann. Im System der natürlichen Freiheit hat der Souverän lediglich drei Aufgaben zu erfüllen, die sicherlich von höchster Wichtigkeit sind, aber einfach und dem normalen Verstand zugänglich: Erstens die Pflicht, das Land gegen Gewalttätigkeit und Angriff anderer unabhängiger Staaten zu schützen, zweitens die Aufgabe, jedes Mitglied der Gesellschaft so weit wie möglich vor Ungerechtigkeit oder Unterdrückung durch einen Mitbürger in Schutz zu nehmen oder ein zuverlässiges Justizwesen einzurichten, und drittens die Pflicht, bestimmte öffentliche Anstalten und Einrichtungen zu gründen und zu unterhalten, die ein Einzelner oder eine kleine Gruppe aus eigenem Interesse nicht betreiben kann, weil der Gewinn ihre Kosten niemals decken könnte, obwohl er häufig höher sein mag als die Kosten für das ganze Gemeinwesen.

Adam Smith: Der Wohlstand der Nationen. Eine Untersuchung seiner Natur und seiner Ursachen. München 1990, S. 369 ff. u. S. 582. Aus dem Englischen übertragen und herausgegeben von H. C. Recktenwald.

M6 Penny of Scotland, 1797

Die Medaille zeigt Symbole des „Reichtums der Nation“.

M7 Der Eden-Vertrag aus dem Jahr 1786

Fallende Preise bei Wein und Getreide hatten seit 1783 in Frankreich die Kaufkraft der Landbevölkerung dramatisch verringert. Die Engländer hatten gerade den nachfragekräftigen Absatzmarkt der 13 nordamerikanischen Kolonien verloren. Der englische Premierminister William Pitt d. J. erläuterte am 12. Februar 1787 im Unterhaus den Eden-Vertrag mit Frankreich:

Das Parlament sollte die tatsächlichen wirtschaftlichen Verhältnisse in beiden Königreichen berücksichtigen. […] Frankreichs ertragreiche Böden und sein freundliches Klima begünstigen die Qualität seiner landwirtschaftlichen Produkte. Großbritannien andererseits ist unbestritten in der gewerblichen Produktion überlegen. Es besteht kein Zweifel, dass im Hinblick auf die landwirtschaftlichen Produkte Frankreich in diesem Vertrag große Vorteile eingeräumt werden. Seine Weine und Cognacs, die verschiedenen Sorten Speiseöl und Kräuteressig […] sind von so großer Qualität, dass jeder Gedanke an Wettbewerbsfähigkeit in Bezug auf unsere landwirtschaftlichen Produkte abwegig ist. Aber ist es im Gegensatz dazu nicht genauso klar und unabweislich, dass eine Reihe von gewerblichen Produkten ausschließlich in Großbritannien hergestellt werden und dass unser Land bei anderen gewerblichen Produkten einen so großen Wettbewerbsvorteil gegenüber den Nachbarn hat, dass wir jeden Gedanken an Konkurrenz nur belächeln können?
Das ist die Grundlage, auf der unsere Vorstellung, zwischen beiden Ländern eine tragfähige Verbindung zu begründen, fußt. Jeder hat seine eigene Produktpalette, jeder hat das, was der andere braucht; es gibt keine Konkurrenz in den maßgeblichen Handelsgütern, die den jeweiligen Reichtum unserer Länder ausmachen. […]
Ein Markt mit so vielen Millionen Menschen, ein Markt, der nah und verfügbar ist, ein Markt des schnellen Austauschs und mit hohem Verbrauch, der für unsere Erzeugnisse und unseren Handel offen steht, das ist eine Sache, von der wir meinen, dass wir sie mit Eifer und Ehrgeiz betreiben sollten. Um das zu erreichen, sollten wir keine Skrupel haben, freihändlerische Bedingungen einzuräumen. Wir sollten nicht zögern, weil das, was für uns so außerordentlich vorteilhaft ist, auch ihnen Vergünstigungen gewähren muss. Es ist ein großer Segen für unsere Wirtschaft, den wir zu leichten Bedingungen erreicht haben, und so sollten wir es auch ansehen. […]
Wenn wir die politische Seite des Vertrages ins Auge fassen, so sollten wir gegen die viel zu oft geäußerte Behauptung, dass Frankreich schon immer der Feind Großbritanniens war und es auch bleiben wird, angehen. […] Dieser Vertrag hat von seinem Geist her die Tendenz, dass beide Nationen in eine engere Verbindung zueinander treten und […] durch die Ergebnisse des gemeinsamen Gewinns […] wächst auch die Chance, dass die Harmonie zwischen ihnen bewahrt werden kann.

Zit. nach: A. Aspinall/E. A. Smith (Hg.): English Historical Documents. Bd. 11. London 1959. Übersetzung: M. Thunich.

M8 Bevölkerungsentwicklung in England und Wales

John Rickman (1771–1840), der Initiator der ersten englischen Volkszählung des Jahres 1801, lieferte folgende Schätzungen für die Bevölkerungsentwicklung im 18. Jahrhundert:

Jahr	Bevölkerungszahl
1700	5475000
1710	5240000
1720	5565000
1730	5796000
1740	6064000
1750	6467000
1760	6736000
1770	7428000
1780	7953000
1790	8675000
1801	9168000

John Rickman: Eighteenth Century Population Calculations. In: P. Lane (Hg.): Documents on British Economic and Social History. Bd. 1, London 1968.

M9 Einhegungen (Enclosures)

Jedes Einhegungsverfahren bedurfte, weil es in Eigentumsrechte eingriff, eines Parlamentsgesetzes, in dem die Veränderungen der Besitzverhältnisse, die Entschädigungszahlungen usw. festgelegt wurden. Daher liegen Daten über die eingehegten Flächen vor (Umrechnung: 1 Acre = 4047 m²):

Zeitraum	Gesetze	Eingehegte Fläche in Acres
1727–1760	56	74518
1761–1792	339	478259
1793–1801	182	273891
1801–1815	564	739743
1816–1845	244	199300

Zusammengestellt nach: G. Slater: The English Peasantry and the Enclosure of Common Fields. London 1907, S. 267.

M10 Fortschritte in Viehzucht und Ackerbau

Arthur Young (1741–1820) war einer der bedeutendsten Agrarökonomen seiner Zeit. In zahlreichen Schriften sorgte er für eine weite Verbreitung zeitgenössischer landwirtschaftlicher Erfindungen und Verbesserungen:

Mister Bakewell aus Dishley, einer der bedeutendsten Bauern dieses Landes, hat […] im Vergleich zu seinem Nachbarn seine Landwirtschaft in vielfacher Hinsicht verbessert, […] seine Rinderzucht ist im ganzen Königreich berühmt. […] Das Prinzip besteht darin, ein Tier – gleich, ob Rind oder Schaf – zu züchten, das das meiste Gewicht an den wertvollsten Stellen erreicht: Es besteht ein großer Unterschied zwischen einem Ochsen, der 50 „Stone" [317,5 kg] wiegt und 30 „Stone" [190 kg] Bratenstücke und 20 gewöhnliches Kochfleisch trägt, und einem andern mit 30 Stone von der letzten und 20 von der ersten Sorte. Und gleichzeitig, wie diese Züchtung nach dem Motto: größter Wert auf geringstem Raum, Gestalt annimmt, züchtet er, wie er aufgrund langjähriger Erfahrung versichert, eine Rasse, die widerstandsfähiger und leichter zu füttern ist als andere. Dies gilt gleichermaßen für Schafe und Ochsen.

Bei der Zucht Letzterer galt bislang, dass viele und große Knochen Platz für den Ansatz von Fleisch lieferten, und dementsprechend waren Viehzüchter darauf bedacht, nach Möglichkeit grobknochiges Vieh zu kaufen. Mister Bakewell hat nachgewiesen, dass dieses System völlig falsch war. Er macht demgegenüber geltend, dass, je zierlicher der Knochenbau, umso besser der Körperbau des Tieres sei – umso schneller wird es Fett ansetzen –, und der Anteil des wertvollen Fleisches am Gesamtgewicht wird, wie leicht einzusehen ist, größer sein. Fleisch – nicht Knochen – ist es, was der Fleischer verlangt. […]

Lassen Sie mich einen kurzen Überblick über die Landwirtschaft geben, welche den Namen dieser Grafschaft [Norfolk] so berühmt gemacht hat. […] Große Fortschritte hat man durch folgende Maßnahmen erreicht:

1. Durch Einhegungen
2. Durch entschiedene Bodenverbesserung mit Hilfe von Mergel und Lehm
3. Durch die Einführung eines hervorragenden Fruchtwechsels
4. Durch den Rübenhackbau
5. Durch den Anbau von Klee
6. Durch langfristige Pachtverträge
7. Durch die Aufteilung der Grafschaft in große Höfe

Wäre nur eine der sieben Maßnahmen nicht erfolgt, hätten diese Fortschritte in Norfolk nicht erzielt werden können. […] Schließlich hängt der Erfolg des gesamten Unternehmens […] von einem vernünftigen Fruchtwechsel ab. […] Die Bauern in Norfolk praktizieren vor allem die Reihenfolge: 1. Rüben, 2. Gerste, 3. Klee […], 4. Weizen. […] Bei dieser Reihenfolge werden die Rüben nach Möglichkeit gedüngt und desgleichen der Weizen. Es ist dies ein hervorragendes System, das den Boden fruchtbar erhält; auf einen [den Boden] erschöpfenden Anbau folgt einer, der ihn reinigt und verbessert […]. Angesichts der vorangegangenen Aufzählung wird deutlich, dass kein kleiner Bauer so Großes bewirkt haben würde, wie es in Norfolk der Fall war. Ausschließlich 40 Großbauern verfügen über die Voraussetzung, Einhegungen und Bodenverbesserungen vorzunehmen, zu düngen, indem sie eine Herde Schafe in einem Pferch halten. […] Große Farmen sind von jeher das Herzstück der Landwirtschaft in Norfolk gewesen. Teilt sie in Pachtlandzellen mit einem Jahresertrag von jeweils 100 Pfund auf, und Ihr werdet im ganzen Land nur Bettler und Unkraut finden. Der reiche Mann erhält den Reichtum dieser Kulturlandschaft.

Zit. nach: P. Wende: England als Vorbild Europas. Stuttgart 1988, S. 60 f.

M11 **Vorbildliche Entwässerungsanlage, aus dem „Handbuch der Landwirtschaft" des Botanikers Richard Bradley, 1727**
Zu sehen sind Drainagegräben, Schöpfräder, Zisterne, Teich und ein kunstvolles Rohrsystem, das Wasser aus einem Teich über einen Hügel in die nächstgelegene Ortschaft fließen lässt.

M12 Vorindustrielles Wirtschaften

Daniel Defoe, der uns heute in erster Linie als Autor des Romans „Robinson Crusoe" bekannt ist, war auch ein einflussreicher Journalist und politischer Publizist. In seiner Reportage „A Tour through the whole Island of Great Britain" schrieb er 1724 über die Textilproduktion in Yorkshire:

Nachdem wir den dritten Hügel erstiegen hatten, stießen wir auf ein lang gestrecktes Dorf. […] Wir konnten vor jedem Haus einen Spannrahmen sehen und auf fast jedem Spannrahmen ein Stück Tuch. […] Wohin wir auch immer unseren Blick richteten, nach oben auf den Hügel guckten, nach unten in die Niederungen, überall das gleiche Bild: zahllose Häuser mit Spannrahmen und ein weißes Stück Tuch auf jedem Rahmen. […] Wo immer wir an einem Haus vorbeikamen, stießen wir auf eine Rinne mit fließendem Wasser. […] In jedem großen Haus war eine Manufaktur oder eine Werkstatt […] und die kleinen Bäche […] wurden mit Hilfe von Rohren und Rinnen derart kanalisiert […], dass keines dieser Häuser ohne einen Bach war […], der in und durch ihre Werkstätten lief. […]

Zwischen den Manufakturen sind endlose Hütten und kleine Wohnstätten verstreut, in denen die dort beschäftigten Arbeiter wohnen, die Frauen und Kinder fortwährend mit Wolle krempeln und spinnen beschäftigt sind, so dass keine Hand unbeschäftigt ruht und alle, vom Jüngsten bis zum Ältesten, stets ihr Brot verdienen. […] Solltet ihr fragen, wohin alle diese Waren verkauft und versandt werden […], so will ich, in drei kurzen Abschnitten, den Verbrauch und Versand der Waren, der über drei Handelswege läuft, beschreiben:

1. Für den inländischen Verbrauch […] für die Bekleidung des einfachen Volkes: […] Zu diesem Zweck reist eine Gruppe von Kaufleuten aus Leeds mit ihren Packpferden auf alle Märkte und Marktflecken in ganz England. Hier […] beliefern sie die Läden […] als Großhändler, gewähren darüber hinaus große Kredite, so dass sie wahrhaft reisende Kaufleute sind […].

2. Eine andere Käufergruppe sind diejenigen, die für den Versand nach London kaufen, indem sie entweder aus London ihre Aufträge erhalten oder die Besitzer von Warenlagern in London mit dem Weiterverkauf beauftragen. […] Diese […] beliefern nicht nur Ladenbesitzer und Großhändler in London, sondern verkaufen große Mengen […] sowohl für den Export nach den englischen Kolonien in Amerika […] als auch an Russlandhändler, die in wachsendem Maß nach Petersburg, Riga, Danzig, Narwa und nach Schweden und Pommern exportieren.

3. Die dritte Käufergruppe [...] sind diejenigen Händler [...], die im Auftrage von Hamburger und holländischen Kaufleuten [...] Tuch kaufen. Diese sind nicht nur zahlreich, sondern manche machen große Geschäfte bis hin nach Nürnberg, Frankfurt, Leipzig und selbst nach Wien und Augsburg und in die entlegensten deutschen Provinzen.

Zit. nach: Ebenda, S. 63 f.

M13 John Chamberlayne über Großbritannien, 1729

Das bekannte zeitgenössische Werk, erstmals 1669 von Edward Chamberlayne unter dem Titel „Angliae Notitia" veröffentlicht, später von seinem Sohn John fortgesetzt, erlebte bis 1755 dreißig Auflagen:

Der erstaunliche Umfang unseres Welthandels ist es, der uns im Urteil der übrigen Welt so bedeutend macht; denn auf den drei Bereichen des Exports, des Transports oder Reexports und des Imports kann uns kein Königreich oder sonst ein Staat Konkurrenz machen. [...]

In einem Wort, zu Recht kann Großbritannien als die führende Handelsnation der ganzen Welt bezeichnet werden, und es besitzt in der Tat dafür die besten Voraussetzungen: Es ist eine Insel, die über zahlreiche bequeme und natürliche Häfen verfügt, eine blühende Landwirtschaft sowie bedeutsame Manufakturen besitzt, der Staat fördert die Wirtschaft durch Zölle und Abgaben, die Schifffahrt wächst, zahlreiche Seeleute werden ausgebildet; hier herrscht Religionsfreiheit, das Klima ist angenehm und gesund, die Regierung sorgt für Ruhe und Ordnung: All dies wirkt sich positiv auf unseren Seehandel aus. Und für den Binnenhandel besitzen wir ähnlich günstige Voraussetzungen. Das Bürgerrecht der meisten Gemeinden ist leicht zu erwerben; außer den Sonntagen haben wir nur wenige Feiertage, an denen die Armen nicht arbeiten, d. h. außer gelegentlichem Fasten und dem Erntedankfest nur zwölf im Jahr. [...] Der Zinsfuß beträgt hier höchstens fünf Prozent, und wenn Sicherheiten geboten werden, ist er noch geringer.

Zit. nach: Ebenda, S. 42 f.

M14 Entfaltung von Handel und Industrie

In seinem Buch „A Plan of the English Commerce, Being a Compleat Prospect of the Trade of this Nation, as well the Home Trade as the Foreign" schrieb Daniel Defoe 1728 über den Zusammenhang von Binnennachfrage und Wirtschaftsentwicklung:

Auf diese beiden Gruppen, die Fabrikanten [hier: die, die in der Fabrik arbeiten] und die Geschäftsinhaber, stütze ich die Hypothese, die ich dem Publikum vortragen möchte: Sowohl das Einkommen, das sie entweder aus ihrer Arbeit oder ihrem Gewerbe beziehen, als auch ihre unvorstellbar große Zahl sind der Grund dafür, dass der einheimische Verbrauch unserer eigenen und der aus anderen Ländern importierten Produkte so extrem groß ist und bei uns Handel und Industrie sich so prachtvoll entfalten, wie ich noch zeigen werde. [...]

Diese Menschen nehmen euch den Löwenanteil eurer Waren ab; für sie sind eure Märkte Samstagabend noch lange geöffnet; denn ihren Wochenlohn bekommen sie zumeist erst spät. [...] Sie sind zahlreich: nicht Hunderte oder Tausende oder Hunderttausende, sondern Millionen; dank ihrer großen Masse laufen die Räderwerke des Gewerbes, und Industriegüter ebenso wie Erzeugnisse der Bauern und Fischer werden verarbeitet, konserviert und für ausländische Märkte zurechtgemacht; dank ihrer hohen Einkommen können sie ihren Unterhalt sichern, und dank ihrer großen Zahl kann das gesamte Land ernährt werden; mit ihren Löhnen leben sie im Überfluss, und weil sie so aufwändig, groß- und freizügig leben, nimmt der inländische Verbrauch sowohl unserer eigenen als auch der ausländischen Produkte einen solchen Umfang an.

Zit. nach: D. Landes: Wohlstand und Armut der Nationen. Warum die einen reich und die anderen arm sind. Berlin 1999, S. 237. (Übers.: Ulrich Enderwitz)

M15 Soziale Mobilität

Daniel Defoe über das englische Handelsbürgertum, 1726:

Zweifellos ist der Reichtum der Nation bei dem Handel treibenden Teil der Bevölkerung konzentriert. [...] Wie viele Herrensitze glanzvoller als die Paläste souveräner Fürsten mancher Länder, sehen wir in der näheren Umgebung der Hauptstadt von Kaufleuten bzw. deren Söhnen erbaut, während die Stammsitze und Burgen des alten Adels baufällig ausschauen und wie deren Familien verfallen. [...]

Angesichts dieser besonderen englischen Situation und auf Grund der Tatsache, dass unser Handel so außerordentlich umfangreich ist, verwundert es nicht, dass Kaufleute die Listen unseres hohen und niederen Adels auffüllen; kein Wunder, dass Gentlemen aus den besten Familien die Töchter von Kaufleuten heiraten und ihre jüngeren Söhne die Güter des Ältesten aufkaufen und die materielle Grundlage der Familie wieder sicherstellen, nachdem der Älteste, das Oberhaupt der Familie, ausschweifend und liederlich das väterliche Erbteil verschleudert hat. [...]

Weit davon entfernt, unvereinbar mit dem Status eines Gentleman zu sein, ist es in England vielmehr gerade der Handel, der Gentlemen macht und diese Nation mit Gentlemen bevölkert hat. Denn nach ein oder zwei Generationen sind die Kinder oder zumindest die Enkel der Kaufleute genau so gute Gentlemen, Staatsmänner, Parlamentsabgeordnete, königliche Räte, Richter, Bischöfe und adelige Würdenträger wie diejenigen aus den altadeligen Familien – ihrem Aufstieg sind keine Grenzen gesetzt.

Zit. nach: P. Wende, a. a. O., S. 50 f.

M 17 Der Ostindienkai in London
Gemälde von S. Scott, um 1750

M 16 Frankreich würde an Kraft verlieren

Der erste Sekretär im französischen Außenministerium warnte im Jahr 1713 seine Vorgesetzten, England im Pazifik keinesfalls Fuß fassen zu lassen. Er führte aus, was passieren würde, überließe man England beispielsweise eine kleine Insel in der vor der chilenischen Küste gelegenen Juan-Fernandez-Gruppe:

[Es] kann als sicher gelten, dass sie [die Insel] – so verlassen sie heute noch sein mag – in den Händen der Engländer nach wenigen Jahren ganz anders aussähe: Sie hätte zahlreiche Einwohner, neu gebaute Häfen und das weltweit größte Zwischenlager für europäische und asiatische Industriewaren, die die Engländer dann an die Königreiche Peru und Mexiko verkaufen würden. […] Sechzig Millionen in Gold und Silber aus den Bergwerken dieser Länder wären Ziel und Lohn ihres gewerblichen Fleißes. Was für Anstrengungen würde diese so geschickt Handel treibende und mit so vielen Schiffen ausgestattete Nation nicht bereitwillig auf sich nehmen, um diesen gigantischen Ertrag aus Amerika zu bekommen! […] Und was für ein Verlust für Frankreich, wenn es diesen Markt für seine vergoldeten Stücke (dorures), seine Seiden- und Leinenwaren einbüßte; denn da die Engländer diese Dinge nicht selber herstellen, würden sie sie in China und dem Orient kaufen, und während diese Inselbewohner reich, ja zur stärksten Nation Europas würden, würde Frankreich an Kraft verlieren.

Zit. nach: D. Landes, a. a. O., S. 249.

Arbeitsaufträge

1. Stellen Sie die Grundprinzipien und Maßnahmen zusammen, die zur Effizienzsteigerung der englischen Landwirtschaft im 18. Jahrhundert führten (VT, M 9 bis M 12).
2. Skizzieren Sie die Voraussetzungen, die die vorindustrielle englische Gesellschaft und die Wirtschaft mitbrachten, um den Sprung in die Industrialisierung erfolgreich zu schaffen (VT, M 13–M 16).
3. Vergleichen Sie die Bestimmungen der Navigationsakte (M 4) und des Eden-Vertrags (M 7) und arbeiten Sie die jeweils zu Grunde liegenden wirschaftspolitischen Motive und Grundsätze heraus.
4. Fassen Sie M 5 thesenartig zusammen. Kennzeichnen Sie das Menschenbild, auf dem die wirtschaftspolitische Lehre von Adam Smith beruht. Setzen Sie sich mit der Behauptung auseinander, wer den eigenen Vorteil im Auge habe, fördere stets auch das Wohl der Allgemeinheit.
5. „England gab den Menschen Bewegungsfreiheit." Erläutern Sie diese These des amerikanischen Historikers Landes aus dem Jahr 1998.
6. Kennzeichnen Sie die Traditionen, die dazu beitrugen, Europa zu dem Kontinent zu machen, von dem lange Zeit entscheidende Innovationen ausgingen.

Werkstatt Geschichte und Gesellschaft

Die britische Industrie um 1800 – eine Karte gibt Auskunft

Um 1800 war in Großbritannien die Industrialisierung so weit fortgeschritten, dass bereits weite Teile des Landes davon geprägt waren. Ein Blick auf die Karte verdeutlicht diesen Prozess, denn Karten können schnell und unkompliziert Informationen vermitteln. Grundkenntnisse über das Kartenlesen helfen bei der Erschließung der Inhalte.

M1 Die britische Industrie um 1800

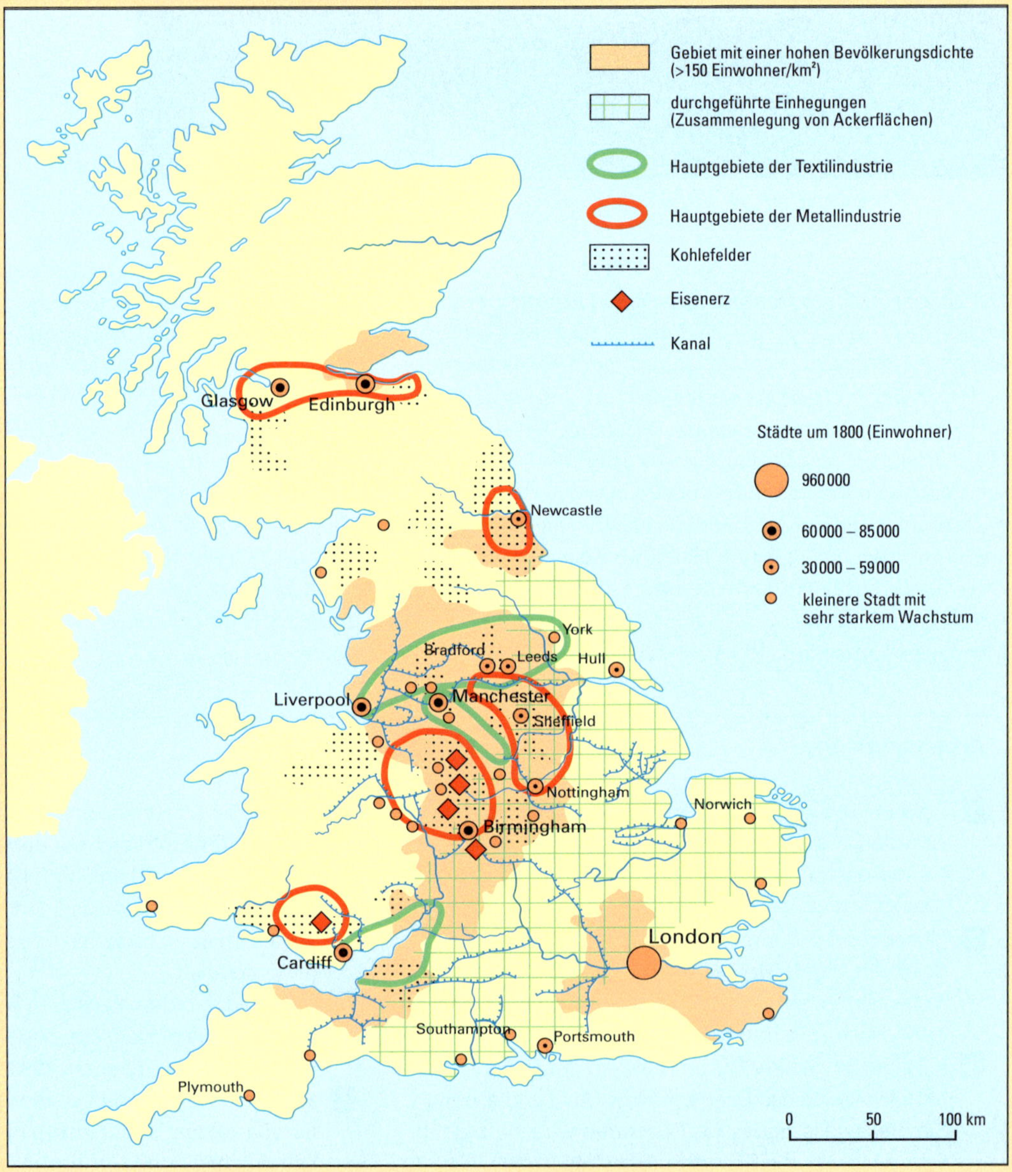

Historiker unterscheiden zwischen zwei verschiedenen Kartengattungen: den historischen Karten einerseits und den Geschichtskarten andererseits. Der Begriff „historisch“ bezieht sich dabei auf den Entstehungszeitpunkt der Karte, sagt aber noch nichts über Inhalt oder Zielsetzung der Karte. Auch eine topographische Karte Deutschlands aus dem letzten Jahrhundert ist heute eine „historische“ Karte. Historische Karten haben den Rang und Erkenntniswert einer historischen Quelle. Sie geben Aufschluss über den geographischen Kenntnisstand vergangener Zeiten, erlauben aber auch Erkenntnisse über die zeitgenössischen technischen Möglichkeiten der Vermessung und Kartendarstellung. Im Unterschied dazu verfolgen so genannte „Geschichtskarten“ das Ziel, Zustände, Entwicklungen und Zusammenhänge der Vergangenheit darzustellen. Dabei orientieren sie sich am jeweiligen Stand der wissenschaftlichen Forschung. Im Schulunterricht wird in der Regel mit Geschichtskarten gearbeitet.

Karten nutzen nur demjenigen, der historisches Basiswissen über die dargestellte Zeit mitbringt. Dabei ist zu bedenken, dass Geschichtskarten immer auf die wichtigsten Aussagen reduziert sind und historische Sachverhalte nur vereinfacht dargestellt werden können. Um die wesentlichen Inhalte einer Karte zu erschließen, bieten sich folgende Schritte an:

Methodische Arbeitsschritte

1 Thema der Karte erfassen
- Über welches Thema gibt die Karte Auskunft (z. B. Politik, Wirtschaft, Soziales, Kultur, Umwelt)?
- Beachten Sie dazu die Überschrift und die Legende.

2 Karte geographisch einordnen
- Welcher Raum wird gezeigt?
- Welche Orte werden hervorgehoben?
- Vergleichen Sie im Geographie-Atlas, um welche heutigen Gebiete es sich handelt.

3 Karte chronologisch einordnen
- Über welche geschichtliche Epoche informiert die Karte?
- Bezieht sie sich auf ein bestimmtes Jahr, einen kurzen oder einen langen Zeitabschnitt?

4 Legende einbeziehen
- Vergleichen Sie Einzelheiten der Karte mit der Legende.
- Was bedeuten die Zeichen, Farben, Linien und Pfeile in der Karte?

5 Kritische Analyse der Karte
- Beurteilen Sie die Aussagekraft der Karte.
- Erscheint die Sichtweise der Karte objektiv?
- Sind manche Einzelheiten übergewichtet?
- Fehlen Aspekte?

Arbeitsaufträge

1 Stellen Sie anhand der Karte M1 Merkmale der Industrialisierung in England zusammen.
Beachten Sie bei der Auswertung die methodischen Arbeitsschritte.

2 Projektvorschlag: Erkundigen Sie sich in Bibliotheken und Stadtarchiven nach historischen Karten und Ansichten Ihrer Stadt. Untersuchen Sie diese und verfassen Sie eine kleine Geschichte der Stadtentwicklung.

2.2 Die Durchsetzung des Industriesystems in Deutschland

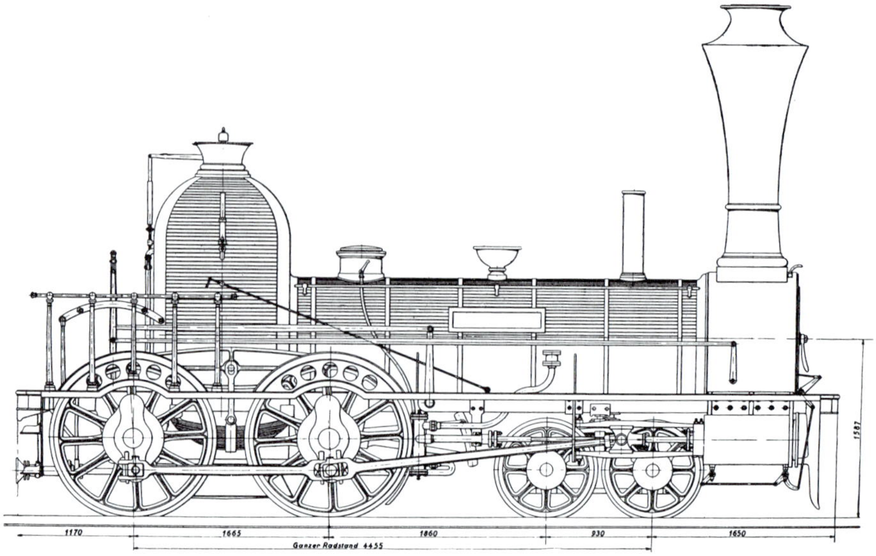

M1 Erste in Esslingen gebaute Lokomotive, 1846
(Zwei Laufachsen in einem Drehgestell, zwei gekuppelte Antriebsachsen, Gewicht 13 t). Gegenüber den nachgebauten amerikanischen Norris-Lokomotiven wurden nur geringfügige Abweichungen vorgenommen.

Heute wird oft darüber geklagt, dass Unternehmer aus dem fernen Asien Erzeugnisse aus Industriestaaten unerlaubt kopieren. Vor rund 150 Jahren war solch ein Vorgehen auch in den deutschen Staaten durchaus üblich. Der Nachbau von Konkurrenzprodukten bot Unternehmern in rückständigen Gebieten die Möglichkeit, rasch technologischen Anschluss zu finden. Besonders für Maschinenbauunternehmen war der Nachbau ausländischer Musterstücke häufig der Beginn eigener Weiterentwicklungen. Selbst die badische und württembergische Regierung unterstützte diese Art der Entwicklungshilfe. Bei der Auftragsvergabe für ihre Staatseisenbahn bestellte sie Lokomotiven, die dem amerikanischen Original haargenau nachgebaut werden sollten.
Wie kam es, dass Deutschland zu Beginn der Industrialisierung ein technologisches Entwicklungsland war, und mit welchen Mitteln konnte die Rückständigkeit überwunden werden?

1815	Friedrich Krupp entwickelt in Essen die Herstellung von Gussstahl.
1835	Erste deutsche Eisenbahnlinie zwischen Nürnberg und Fürth
1861	Philipp Reis entwickelt einen Fernsprecher.
1882	Thomas A. Edison baut in den USA das erste Elektrokraftwerk der Welt.
1883	Gottlieb Daimler und Wilhelm Maybach bauen bei Stuttgart ihren Benzinmotor.
1913	Henry Ford setzt das Fließband zur Massenproduktion von Autos ein.

Rahmenbedingungen in Deutschland ...

Zwar gab es in Deutschland vor 1800 bereits langfristig günstige Entwicklungsfaktoren wie ein vergleichsweise fortschrittliches Schul- und Universitätswesen, einen gut ausgebildeten Verwaltungsapparat, ein hohes Maß an Rechtssicherheit, aber die hemmenden Faktoren überwogen bei weitem. Das Reichsgebiet war in der Vergangenheit immer wieder Schauplatz von Kriegen gewesen, die große Teile des Inlandprodukts verbraucht hatten. Die mehr als 300 Territorien des alten Reiches

sowie die Vielzahl unterschiedlicher Maß-, Münz- und Gewichtssysteme und Handelsmonopole verhinderten eine Intensivierung binnenwirtschaftlicher Verflechtungen. Überkommene Rechts- und Zunftnormen, festgefügte Statusregeln und traditionelle Grundeinstellungen der Menschen ließen individuelles Erfolgsstreben, freie Konkurrenz und unternehmerische Expansion vielfach als sozial unerwünscht erscheinen.
Dies alles änderte sich im Gefolge der napoleonischen Expansionspolitik. Nach der Gründung des Rheinbundes 1806 waren von der buntscheckigen Territorialkarte Südwestdeutschlands neben den beiden kleinen Fürstentümern der Hohenzollern nur noch das Großherzogtum Baden und das Königreich Württemberg übrig geblieben. Preußens katastrophale Niederlage gegen Napoleon 1806 schuf innerhalb des auf weniger als die Hälfte seines Territoriums geschrumpften preußischen Staates ein Klima für radikale Reformen. Zwei Komplexe waren dabei für die Industrialisierung besonders bedeutend: die so genannte Bauernbefreiung und die Neuordnung der Gewerbegesetzgebung. Die Aufhebung der alten Agrarverfassung zog sich allerdings in weiten Teilen Deutschlands über mehrere Jahrzehnte hin und fand erst in der Revolution von 1848 ihren Abschluss. Während Preußen mit den Gewerbeedikten von 1810/11 konsequent den Kurs verfolgte, die wirtschaftshemmenden Zunftgesetze außer Kraft zu setzen, zögerten die meisten Staaten des Rheinbundes aus sozialpolitischen Erwägungen noch bis tief ins 19. Jahrhundert, die überkommene Zunftverfassung vollständig aufzuheben. Württemberg gewährte erst 1861 die volle Gewerbefreiheit, Baden folgte 1862. Die publizistische Tätigkeit des in Reutlingen geborenen Friedrich List schärfte das Bewusstsein der Öffentlichkeit für die Problematik der deutschen Binnenzölle. Als Preußen seinen Nachbarn 1834 günstige Konditionen hinsichtlich der Verteilung der Zolleinnahmen anbot, traten diese dem preußisch dominierten Deutschen Zollverein bei.

... und in den USA

Keine 100 Jahre nach der Lösung vom englischen Mutterland waren die USA zur weltweit größten Volkswirtschaft geworden und haben diese Spitzenposition bis heute nicht abgegeben. Die Gründe dafür liegen nur zu einem Teil in der Geographie des Landes und in seinem natürlichen Reichtum. Da der Grund und Boden für jedermann nahezu kostenlos verfügbar war und notorischer Arbeitskräftemangel herrschte, zahlten die Arbeitgeber hohe Löhne, damit die Arbeitnehmer nicht abwanderten. Diese Mischung aus grundbesitzenden Farmern und relativ gut bezahlten Arbeitern erwies sich als der geeignete Nährboden für Demokratie und Unternehmertum. Das Nachfragepotenzial für Industriewaren war in den USA erheblich. Der riesige Binnenmarkt, auf dem es keine regionalen Besonderheiten und keine Standesunterschiede gab, und der Mangel an Arbeitskräften zwang beim Produktionsprozess zu Standardisierung und Präzisionsfertigung, aber auch zu vereinfachten Produktionsmethoden, die auch von lediglich angelernten Arbeitskräften ausgeführt werden konnten. Das begann beim

M2 Ursachen der deutschen Rückständigkeit

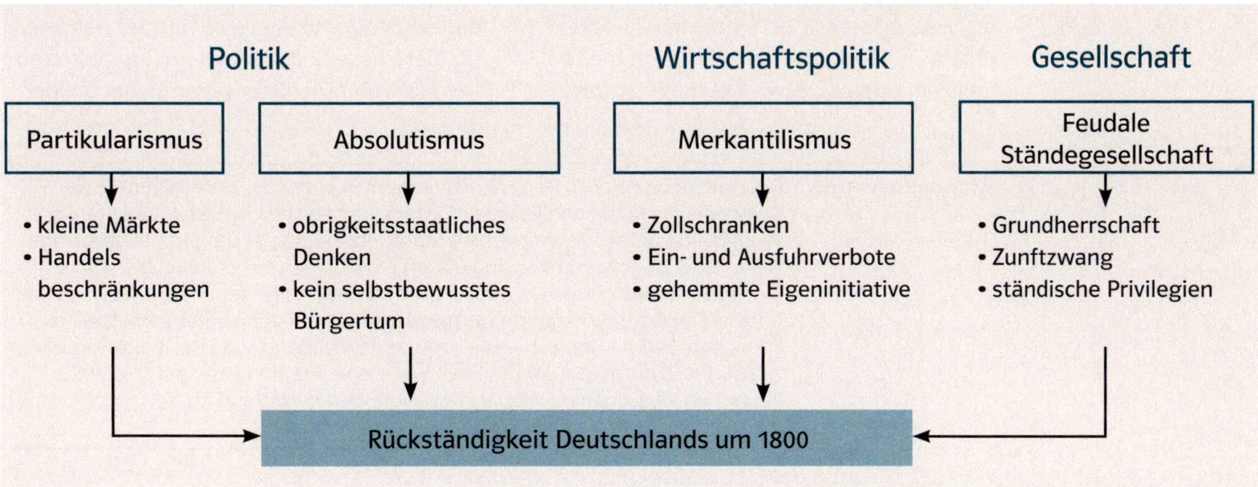

Hausbau mit standardisierten Fenstern und Türen und erstreckte sich bald auf nahezu alle Bereiche der Industrie. Dieses amerikanische Fabrikwarensystem war die eigentliche und entscheidende Innovation.

Neue Methoden in der Landwirtschaft

Auch in Deutschland fanden seit der zweiten Hälfte des 19. Jahrhunderts in der Landwirtschaft immer mehr Maschinen Verwendung. Wenn sich der monströse Dampfpflug auch nicht durchsetzte, so wurden doch häufiger Dresch- und Erntemaschinen eingesetzt, vor allem aber Drillmaschinen, die eine gleichmäßige Verteilung von Saat und Kunstdünger auf dem Acker ermöglichten. Nachdem der Chemiker Justus Liebig erkannt hatte, dass die Pflanzen nicht nur Licht, Wasser und Luft zum Wachstum brauchen, sondern auch Phosphor, Kali, Kalk sowie Stickstoff, und nachdem Kunstdünger industriell hergestellt werden konnte, war es auch kleinen Betrieben möglich, preiswert dem Boden künstliche Nährstoffe zuzuführen. Demzufolge stiegen die Hektarerträge. Obwohl der Anteil der Weidefläche zurückging, stieg auch das Ergebnis bei der tierischen Produktion. Import von Zuchttieren und eigene Weiterzüchtungen ließen bei schnelleren Aufzuchtzeiten das Schlachtgewicht steigen, ebenso erhöhte sich die Milchleistung der Kühe. Die Betriebe begannen marktorientiert und kommerziell zu produzieren. Anfangs noch privat organisiert, dann bald staatlich gefördert, trugen landwirtschaftliche Vereine und Forschungsinstitute zur Verwissenschaftlichung der Landwirtschaft bei. Regelmäßige Landwirtschaftsausstellungen wie das Münchner Oktoberfest seit 1811 machten die Fortschritte in der Landwirtschaft einem breiten Publikum bekannt. So war es möglich, dass immer weniger in der Landwirtschaft Tätige immer mehr Menschen versorgten.

Montanindustrie

Eine ähnlich strategische Bedeutung für den Industrialisierungsprozess wie die Baumwollindustrie in England ein halbes Jahrhundert zuvor kam in Deutschland der Montanindustrie und dem Eisenbahnbau zu. Die vielfältigen Begleiteffekte des Eisenbahnbaus seit den 1840er-Jahren für die deutsche Volkswirtschaft schlugen sich zunächst in den Bereichen Schwerindustrie, Steinkohleförderung und Maschinenbau nieder. Auch in den USA waren die Rückkopplungseffekte des Eisenbahnbaus maßgeblich für die Entwicklung der Schwerindustrie, die zudem noch über den Vorteil nahe zusammenliegender Eisen- und Kohlevorkommen verfügte. Bald war der Maschinenbau der führende Sektor der amerikanischen Wirtschaft.

Neue Industrien: Elektrotechnik ...

Anfang des 19. Jahrhunderts fasste man Elektrizität noch als eine wissenschaftliche Kuriosität auf. Erst mit der Übermittlung von Nachrichten erlangte sie auch allmählich wirtschaftliche Bedeutung. Das Telefon, das im letzten Viertel des 19. Jahrhunderts aufkam, wurde aber bis zum Ausbruch des Ersten Weltkrieges wegen der hohen Kosten ausschließlich geschäftlich genutzt. Parallel zu diesem Schwachstromsegment entwickelte sich der Bereich der Starkstromtechnik. Aber erst mit der Entwicklung gebrauchsfähiger Drehstrommotoren begann sich in den 1890er-Jahren dank günstiger Tarife in Deutschland die Industrie und wenig später das Handwerk für diese neue Energiequelle zu interessieren. Der Elektromotor löste wegen seiner unüber-

Montanindustrie (von lat. mons = Berg): Darunter versteht man entweder Unternehmen, die Rohstoffe wie Kohle und Eisenerz fördern oder solche, die Eisen- und Stahl erzeugen. Erst durch leistungsfähige Stahlwerke wurde es möglich, hochwertige Werkstoffe für Lokomotiven und Eisenbahnschienen zu erschmelzen und zu Blechen und Halbzeugen zu walzen. Die Stahlwerke siedelten bevorzugt in der Nähe von Rohstoffvorkommen, entweder im Ruhr- oder im Saargebiet, wo es Kohle gab, oder in Oberschlesien bzw. dem Siegerland, wo Eisenerz gefördert wurde. Bis in die 1960er-Jahre hinein war die Montanindustrie ein Motor der deutschen Wirtschaftskraft. Dann ging ihre Bedeutung zurück. Kunststoffe verdrängten in vielen Bereichen Eisen- und Stahlerzeugnisse.

M3 Die wirtschaftliche Einigung Deutschlands bis 1871

sehbaren Vorteile Dampfmaschine und Wasserkraft ab. Bereits 1906 wurde mehr Strom für Motoren als für Beleuchtungsanlagen erzeugt.

... chemische Industrie

Die Entwicklung der chemischen Industrie vollzog sich anfangs als Folgeerscheinung der klassischen Industrien, vor allem der Textilindustrie mit ihrem Bedarf an Farben und Bleichstoffen sowie der Landwirtschaft mit dem Wunsch nach preiswertem Kunstdünger, aber auch als Folge der Urbanisierung und der dadurch erforderlichen besseren Hygiene. Der in Deutschland vor dem Ersten Weltkrieg wichtigste Anwendungsbereich der Chemie war die Farbenherstellung, deren wissenschaftliche Prinzipien Voraussetzung für andere Anwendungsbereiche wie die Pharmazie sind. Nicht selten bilden die Abfallstoffe des einen Produktionszweiges zugleich den Grundstoff für einen anderen.

Bereits zu Beginn der 1880er-Jahre hatten die Badische Anilin- und Soda-Fabrik (BASF), Hoechst, Bayer, die Berliner Aktiengesellschaft für Anilinfabrikation (AGFA) und andere deutsche Chemieproduzenten einen Weltmarktanteil von 50 %, den sie um 1900 auf 90 % steigern konnten. Auf den Gebieten der Elektro- und chemischen Industrie wurde Deutschland zu einem Pionierland.

... optische Industrie

Ein dritter Schlüsselsektor war die optische Industrie, deren gesamtwirtschaftliches Gewicht hinter den beiden anderen zurückblieb, in dem aber die deutsche Industrie quasi eine Monopolstellung auf dem Weltmarkt erreichte. Ähnlich wie die Chemie durchlief sie im letzten Drittel des Jahrhunderts einen „Verwissenschaftlichungsprozess", in dessen Verlauf die Glasqualität entscheidend verbessert werden konnte. Namen wie Zeiss und Leitz stehen für diesen Sektor.

... Automobilbau

Ein potenzieller Führungssektor, der in Deutschland bis 1914 vergleichsweise unterentwickelt blieb, war die Automobilindustrie. Viele für die Entwicklung der Branche wichtige Erfindungen wurden zwar in Deutschland

M4 **Das Gesetz vom Minimum**

M5 **Plakat der AEG Berlin,** Louis Schmidt, 1888

gemacht, aber der deutsche Markt war zu klein. Die Branche blieb zersplittert und drohte den Anschluss an den Weltmarkt zu verlieren. Ganz anders in Amerika, wo Henry Ford mit seinem am Fließband gefertigten legendären „Modell T" (Tin Lizzy) die Massenmotorisierung auslöste. Der Autoboom förderte auch andere Industrien wie die Stahl-, Elektro-, Öl- und Glasbranche und beflügelte den Straßenbau.

Banken- und Aktienwesen

Der Aufbau und die Anlaufphase eines Unternehmens verschlingen auch heute noch enorme Summen an Startkapital. In der Frühphase der Industrialisierung konnten sich viele Unternehmen noch selbst finanzieren, zunächst mit Eigenkapital der Unternehmer, ihrer Familien und Freunde, dann über einzelne Privatbankiers, von denen viele allerdings das Risiko eines Industrieengagements scheuten. Im Laufe des 19. Jahrhunderts wurden nun die Maschinen und Fabrikhallen immer größer und teurer, so dass sie die finanziellen Möglichkeiten auch der risikofreudigsten Privatbankhäuser sprengten. Unternehmen wurden jetzt unmittelbar als Aktiengesellschaften gegründet, bei denen der Kapitaleigner nur noch mit seiner Kapitaleinlage, aber nicht mit seinem gesamten Privatvermögen haftete. Die Unternehmensaktien konnten jederzeit an der Börse zum Tageskurs wieder verkauft werden. Beim Aufbau des Eisenbahnnetzes bescherte diese Unternehmensform den Aktionären glänzende Gewinne. Seit den 1850er-Jahren entstand der neue Typ der Aktienkreditbank, die auch bei Anlegern mit geringem Vermögen Kapital sammelte, das sie dann dem Geldmarkt zur Verfügung stellte. Die Gründer waren in der Regel erfolgreiche Privatbankiers. Die Gründung der Großbanken fiel in die Aufschwungphasen der fünfziger und frühen siebziger Jahre. Dem Schaffhausenschen Bankverein folgte 1851 die Diskontogesellschaft, 1853 die Darmstädter Bank, 1871 die Deutsche Bank und 1872 die Dresdner Bank. Am Ende des Jahrhunderts gehörten schon vier Fünftel der Großunternehmen und Großbanken diesem Typ an. Banken gaben den Unternehmen einerseits langfristige Kredite und brachten Aktien bei Kunden unter, andererseits hielten sie aber auch Aktien, wenn der Markt einmal nicht aufnahmefähig war. Die Banken übernahmen eine starke Stellung in den Aufsichtsräten der Großindustrie und ihnen kam ein im internationalen Vergleich außerordentlich starker Einfluss auf die Industrieentwicklung des Kaiserreichs zu. Eine wichtige Voraussetzung für ein funktionierendes Bankwesen war eine staatliche Zentralbank, die im Notfall bereit war, die Liquidität derjenigen Bankhäuser zu sichern, die über grundsätzlich solide, aber vorübergehend schwer zu realisierende Guthaben verfügten. Diese Funktion erfüllte für Preußen die 1846 gegründete Preußische Bank, nach der Reichsgründung übernahm die Reichsbank die Aufgabe als „Bank der Banken".

Unternehmer und Manager

Anfangs wurde die Mehrzahl der Unternehmen von ihren Eigentümern selbst geführt. Sie entstammten zumeist der Mittelklasse, ein Aufstieg aus unteren oder gar bäuerlichen Schichten blieb die Ausnahme. Eine höhere Schulbildung, verbunden mit einer Allround-Lehre im familiären Unternehmen sowie Auslandsaufenthalte waren üblich. Zahlreiche Großbetriebe befanden sich in Familienbesitz: Krupp, Borsig, Siemens, die Gutehoffnungshütte der Familie Haniel, C. F. Stumms Stahlunternehmen. Der Eigentümer-Unternehmer war anfangs technischer und kaufmännischer Direktor in einer Person und beanspruchte die unbedingte Organisationshoheit. Diesen Unternehmertyp kennzeichnete aus der deutschen Tradition heraus ein Zug zum Patriarchalismus, der sich sowohl in einer positiven Sozialpolitik wie in der schroffen Ablehnung des Klassenkampfes zeigte.
Im weiteren Verlauf der Industrialisierung wurde es für die Unternehmer zunehmend schwieriger, alle Führungs- und Kontrollaufgaben auszufüllen. Mit der Zeit wurde es üblich, gut ausgebildete Führungskräfte einzustellen. Diese Manager mussten als Leiter von Konzernen neue Fähigkeiten entwickeln, nämlich die Verhandlungskunst mit Aufsichtsräten, Banken usw., die Führung großer Belegschaften und die langfristige Planung von Unternehmensstrategien. Der Typ des modernen Managers war zunächst bei den Eisenbahngesellschaften, dann bei Banken und bei Unternehmen der Montan- und Elektroindustrie zu finden. Solche Manager waren auch in ihren Entscheidungen freier, denn sie mussten keine Familienrücksichten nehmen, sie waren auf Kontinuität bedacht und verwendeten den größten Teil der Gewinne für Neuinvestitionen. Sie übernahmen voll und ganz die Unternehmerfunktion und unterschieden sich auch sozialpolitisch nicht von den Eigentümern.

Kartelle, Trusts und „big business"

Erfolgreiche Unternehmer strebten danach, möglichst alle Produktions- und Vertriebsformen in einer Hand zu vereinen, von der Rohstofferzeugung bis zum Verkauf des Fertigproduktes (vertikale Expansion). Daneben beschritten sie den Weg der horizontalen Expansion mit der Übernahme ähnlicher oder konkurrierender Betriebe, so dass sie am Ende eine Monopolstellung innehatten. Häufiger wurde aber in Deutschland versucht, den ruinösen Wettbewerb durch die Bildung von Kartellen zwischen Anbietern gleicher oder ähnlicher Produkte zu erreichen. Anders verlief die Entwicklung in den USA, wo es zum Zusammenschluss mehrerer zuvor selbstständiger Unternehmen unter dem zentralen Management eines Trusts kam, wie die 1882 von John D. Rockefeller gegründete Standard Oil Company. Die amerikanische Regierung versuchte mehrfach, die Monopolstellung solcher Unternehmen durch eine Anti-Trust-Gesetzgebung einzuschränken, allerdings ohne Erfolg.

Kartell	Absprachen zwischen Unternehmen gleicher oder ähnlicher Produktionsbereiche zur Einschränkung des Wettbewerbs mit dem Ziel höherer Gewinne. Am bekanntesten sind Preiskartelle, bei denen zwei oder mehrere Unternehmen einheitliche Preise für ähnliche Produkte vereinbaren oder Gebietskartelle, bei denen sie ihre Absatzmärkte untereinander aufteilen. Innerhalb der Europäischen Union sind solche Absprachen verboten.
Trust	Zusammenschluss mehrerer zuvor selbstständiger Unternehmen unter dem zentralen Management einer Dachgesellschaft. In Deutschland sind Zusammenschlüsse verboten, wenn dadurch marktbeherrschende Unternehmen entstehen, die den Wettbewerb beeinträchtigen.

M6 Die vollkommenste Landwirtschaft

Albrecht Thaer, Wegbereiter einer wissenschaftlichen Landwirtschaft, schrieb 1809:

§1 Die Landwirtschaft ist ein Gewerbe, welches zum Zweck hat, durch Produktion Gewinn zu erzeugen oder Geld zu erwerben.

§2 Je höher dieser Gewinn nachhaltig ist, desto vollständiger wird dieser Zweck erfüllt. Die vollkommenste Landwirtschaft ist also die, welche den möglich höchsten, nachhaltigen Gewinn, nach Verhältnis des Vermögens, der Kräfte und der Umstände, aus ihrem Betriebe zieht.

Zit. nach: G. Franz (Hg.): Quellen zur Geschichte des deutschen Bauernstandes in der Neuzeit. Darmstadt 1976, S. 348.

M7 Die mannigfaltigsten Maschinen

Der preußische Statistiker von Viebahn über die beginnende Mechanisierung der Landwirtschaft, 1859:

Während Männer vom Fach noch vor wenigen Jahrzehnten einen ernstlichen Streit darüber führen konnten, ob der Gebrauch der Maschine in der deutschen Landwirtschaft eine Zukunft habe, hat derselbe in den letzten Jahren bedeutende und erfreuliche Fortschritte gemacht, und gegenwärtig sind die mannigfachsten landwirtschaftlichen Maschinen in den meisten Ländern [des Deutschen Bundes] in Anwendung. [...] Die am meisten üblichen Arbeitsmaschinen sind zunächst die Dreschmaschinen. [...] Sodann kommen Sämaschinen [...]; Häcksel- und Rübenschneider, Getreide-Reinigungsmaschinen, Schrotmühlen, Drainröhrenpressen und Buttermaschinen häufig vor. [...]

Durch den Gebrauch besserer Pflüge kann ein Drittel der Zugkraft entbehrt, durch die Sämaschine ein Drittel des Samens, durch die Dreschmaschine ein Drittel der Dreschkosten erspart, durch zweckmäßige Futterschneider die Wirksamkeit des Futters bedeutend erhöht werden. Keineswegs aber darf bei diesen vollkommneren Werkzeugen das Verständnis des Landwirts abnehmen: Die Maschinen erfordern nicht bloß besseres und mannigfaltigeres Material in ihrem Bau und bei ihrer Unterhaltung: Auch Sorgfalt, Sachkenntnis und Direktionstalent mussten in gleichem Maße steigen. [...]

Auf der Münchener Ausstellung traten 103, auf der Londoner 440, auf der Pariser etwa 500 Aussteller landwirtschaftlicher Geräte und Maschinen auf, und jeder stellte durchschnittlich etwa vier Gegenstände aus. Diese Zusammenstellungen der Ackerwerkzeuge der ganzen Welt zeigten dem aufmerksamen Beobachter den Übergang des früheren landwirtschaftlichen Betriebes zu einem solchen, der neben der Erzeugungskraft des Bodens auch die Macht des Kapitals und der Wissenschaft zur Produktion benutzt [...].

Zit. nach: W. Pöls (Hg.): Deutsche Sozialgeschichte. Dokumente und Skizzen. Bd. 1: 1815–1870. München 1973, S. 316 ff.

M8 Entwicklung der Pro-Kopf-Erzeugung in Deutschland

	1860	1883	1900	1913
Pflanzliche Produkte				
Getreide insges. dz	3,8	4,0	4,3	4,5
Kartoffeln insges. dz	0,9	6,2	7,5	7,1
Zuckerrüben insges. dz	0,0	2,3	2,5	2,6
Futter dz	4,2	3,5	3,6	3,4
Tierische Produkte				
Fleisch insges. kg	15,9	29,5	44,4	53,9
davon Schweinefleisch	5,3	14,2	25,3	34,1
Rind- und Kalbfleisch	8,5	12,6	17,2	16,9
Milch insges. kg	184	272	345	361
Wolle in g	506	1039	602	330
Eier in Stück	40	61	69	81

M9 Index der landwirtschaftlichen Entwicklung

(Index 100 = jährliche Nettoproduktion von 10 Mill. Kalorien auf pflanzlicher Grundlage pro männlichen Erwerbstätigen in der Landwirtschaft)

Land	1810	1840	1860	1880	1900
Belgien	–	100	110	130	150
Deutschland	–	75	105	145	220
Frankreich	70	115	145	140	155
Italien	–	40	50	60	60
Österreich	–	75	85	100	110
Russland	–	70	75	70	90
Schweden	65	75	105	115	130
Schweiz	–	80	90	120	150
Spanien	–	–	110	70	75
Vereinigtes Königreich	140	175	200	235	225
Vereinigte Staaten	–	215	225	290	310

Beide Tabellen aus: W. Steitz (Hg.): Quellen zur deutschen Wirtschafts- und Sozialgeschichte im 19. Jahrhundert bis zur Reichsgründung. Bd. 36. Darmstadt 1980 (Ausgewählte Quellen zur deutschen Geschichte der Neuzeit. Freiherr vom Stein-Gedächtnisausgabe), S. 338 ff.

M10 Wer darf ein Gewerbe treiben?

Aus dem preußischen Gewerbegesetz vom 7. September 1811:

1. Die Lösung des Gewerbescheins ändert nichts in der Verpflichtung, Bürger zu werden oder der Gemein[d]e als Mitglied beizutreten und Kommunallasten zu übernehmen. [...]
2. Wem wegen Bescholtenheit das Recht, Bürger oder Gemeindemitglied zu sein, gesetzlich versagt wird, der darf auch auf den Grund eines Gewerbescheins kein Gewerbe selbstständig betreiben, dessen Betrieb das Bürgerrecht oder den Beitritt zur Gemeinde erfordert. [...]
6. Wer bisher nicht zünftig war, kann [...] auf den Grund seines Gewerbescheins jedes Gewerbe treiben, ohne deshalb genötigt zu sein, irgendeiner Zunft beizutreten.

7. Er ist demohnerachtet auch berechtigt, Lehrlinge und Gehilfen anzunehmen. [...]
14. Wer bisher zünftig war, darf dem Zunftverbande zu jeder Zeit entsagen.[...]
59. Der Gewerbeschein gibt [...] jedem Inhaber auch das Recht, mit den auf den Grund desselben verfertigten Erzeugnissen zu handeln.

Zit. nach: Ebenda, S. 25 ff.

M11 Klagen über die Gewerbe- und Zunftfreiheit

Aus der anonymen Schrift „Gedanken, Ansichten und Bemerkungen über die Unbill, und Not, und die Klagen unsrer Zeit", 1826:

Allein man klagt auch bei allen Zweigen der Fabrikation und bei den eigentlichen Handwerkern und Zunftarbeitern ganz vorzüglich die neue Gewerbe- und Zunftfreiheit als die Ursache an, dass dieselben ihren Mann nicht mehr gehörig nähren könnten, da sie fast alle überall enorm mit Leuten, die sie betreiben, und Letztere besonders auch mit solchen, die auf eigne Hand arbeiten, übersetzt seien, die ohne Vermögen ihr Gewerbe anfangen, ihre schlechte Arbeit um sehr geringe Preise verschleudern, und dadurch, und insbesondere bei den Handwerkern durch den Mangel an Gesellen, den sie bewirken, den guten Arbeitern unendlichen Schaden tun, aber auch das Publikum nur betrügen, und ihm am Ende als Bettler zur Last fallen. Man verlangt daher Aufhebung oder Beschränkung der neuen Gewerbe- und Zunftfreiheit. – Und in der Tat sind jene Klagen zwar nicht ganz unbegründet; aber sie sind auch nicht ganz wahr. – Aber die Gewerbefreiheit selbst soll man wegen möglichen Missbrauchs doch nicht aufheben; um ihren unleugbaren, hohen, großen Segen nicht zu verlieren, und selbst zu verscherzen; und da die Zünfte nicht ganz verboten sind und sein mögen, so mag man ihre Erhaltung, oder neue Begründung von ihrem inneren Wert, oder ihrer inneren Notwendigkeit von selbst erwarten, wenn diese [...] wirklich so stattfinden, wie man behauptet. – Außerdem soll man aber auch durch Sorge für eine zweckmäßige bessere Bildung der Handwerker, sorgfältige Einrichtung des Reisens und Wanderns derselben und das Handwerk selbst zu veredeln bedacht sein.

Zit. nach: Ebenda, S. 95 ff.

M12 Süddeutsche Interessen?

Der Abgeordnete Wilhelm Zais von Cannstadt führte am 6. Februar 1833 im württembergischen Landtag zur Frage der beabsichtigten Zollunion Württembergs und Bayerns mit Preußen aus:

Unser Aktivhandel besteht in der Ausfuhr von Getreide, Sämereien, Zug- und Schlachtvieh, Holz, Salz, Pottasche, Wolle, Leim, Leder, Leinwand usw. Die Ausfuhr unserer übrigen Industrieerzeugnisse kommt hier wenig in Betracht, und kann nicht als Aktivhandel aufgeführt werden, denn sie wird durch die bei weitem größere Einfuhr fremder Erzeugnisse aufgewogen. Der nicht unbedeutende Zwischenhandel dagegen ist mit dem Aktivhandel aufs Engste verbunden, er steigt und fällt mit demselben. [...] Eine Zollvereinigung mit Preußen macht aber eine [...] Störung [unseres Aktivhandels] nicht nur möglich, sondern sogar höchst wahrscheinlich. Jede politische Spannung, noch mehr aber der Ausbruch von Feindseligkeiten zwischen Preußen und Frankreich, würde das im Zollverband mit Preußen stehende Süddeutschland in eine nachteilige Stellung in Betreff seines Aktivhandels mit Frankreich bringen. [...]
Man sagt [...], unsere Fabrikanten werden durch vermehrte Konkurrenz zu größerer Betriebsamkeit, Fleiß und Sparsamkeit angespornt, und ihre Gewerbe werden sich daher, wenn auch mit etwas weniger Vorteil, dennoch behaupten können. Das werden sie aber nicht können, wenn man ihnen nicht, wie z.B. in Rheinpreußen, einen Napoleon'schen Handels-Codex, wohlfeile Steinkohlen und arme Leute im Überfluss zu Arbeitern verschafft, die sich zu ihrer täglichen Nahrung mit Kartoffeln und Zichorien-Kaffee begnügen, wenn man ihnen nicht ein an Kapitalien und Seehandel reiches Holland durch den Zauberstab einer wohltätigen Fee zum Nachbarstaate gibt, wenn man nicht die klimatischen Verhältnisse und den daraus hervorgehenden Volkscharakter ändert, und endlich, wenn man nicht der Regierung das Recht einräumt, über die Staatsgelder unbeschränkt zum Vorteil des Handels und der Gewerbe zu verfügen; denn es ist bekannt, dass die preußische Regierung dem gewerblichen Unternehmungsgeist die größten Geldunterstützungen zufließen lässt, was eine an ständische Zustimmung gebundene Regierung nie auf eine so großartige Weise zu tun im Stande ist.
[...] Ganz anders stellt sich aber die Frage, wenn von einer allgemeinen Zoll- und Handelsvereinigung sämtlicher deutschen Bundesstaaten im Ernste die Rede ist; [...] dann wird Württemberg freudig dem deutschen Handelsbunde beitreten und in dem Wohl des Ganzen auch die Begründung seiner eigenen Wohlfahrt finden. Wenn sich aber dem durch die Not gebotenen natürlichen Verein zweier Bundesstaaten mittleren Rangs ein unsere Grenzen nicht berührender dritter Bundesstaat ersten Rangs, mit dem wir keinen Aktivhandel [t]reiben und dessen Überlegenheit in allen Zweigen der Industrie unsere Erwerbsquellen bedroht, wenn ein solcher Staat sich anzuschließen sucht und es vorzieht, auf dem Wege von Separatverträgen ein preußisches Zollsystem nach und nach über ganz Deutschland zu verbreiten, statt seinen mächtigen Einfluss an dem durchlauchtigsten Bundestag dahin zu verwenden, dass die sämtlichen Bundesstaaten zu einem deutschen Handelsstaat verbunden werden, und somit unsere Hoffnungen auf ein Bundeshandelssystem vernichtet, so muss ich pflichtgemäß die Überzeugung ausspre-

chen, dass, da schon der vorläufige Vertrag mit Preußen für Württemberg so nachteilig ist, ein definitiver Verein von den traurigsten Folgen für unser Vaterland sein würde.

Zit. nach: Ebenda, S. 121 ff.

M13 Über den Staatsbahnbau in Preußen

David Hansemann, liberaler Politiker und Förderer des Eisenbahnbaus, schrieb im Jahr 1837:

Die Eisenbahnen können, […] den kühnsten Ansprüchen an Wohlfeilheit und Schnelligkeit der Transport-Mittel entsprechen. Sie können die Boden-Kultur, die Gewerbetätigkeit, den allgemeinen Wohlstand und die politische Kraft des Staates in einem früher nie geahnten Grade steigern und die Ungunst der weiten Entfernungen innerhalb des eigenen Landes aus dem Wege räumen. Sie sind mehr als schiffbare Flüsse, sie können einem weiten Kontinent ein ebenso gutes Transport-Mittel gewähren, als das Schiff auf dem Meere ist. Gerade Preußen hat von allen Staaten das höchste Interesse, dieses großartige Transport-Mittel sich eigen zu machen. […]

Große Entfernungen; Länderstriche, in welchen die vorhandenen Produkte fast wertlos sind, weil wegen zu teuren Transports der Absatz nicht auf den vorteilhaftesten Punkten gesucht werden kann; zwischen den östlichen und westlichen Provinzen gar keine Strom- oder Kanal-Verbindung; eine solche in den östlichen Provinzen nur mangelhaft, teils wegen Seichtigkeit der Ströme, teils wegen der langen Dauer des Winters; die Kunststraßen häufig, trotz der sorgfältigsten und einsichtsvollsten Bemühungen der Behörden, in schlechtem Zustande, weil das Material dazu nicht so gut wie in England vorhanden ist; keinen eigenen Hafen an der Nordsee; die Schifffahrt auf der Ostsee schwierig und außerdem durch den Sundzoll erschwert. Welche Aufforderung, so große Nachtheile zu beseitigen! […]

Es besteht die politische Notwendigkeit, die neuerworbenen westlichen und östlichen Teile der Monarchie, sowohl in der Gemeinsamkeit der Interessen als der Gesinnung, mit dem Zentral-Punkte zu verschmelzen. Es bedarf keiner weiteren Ausführung dieser Behauptung, die gewiss von jedem Staatsmanne verstanden wird und unbestritten bleibt.

Zit. nach: Ebenda, S. 133 f.

M14 Ein Geschäft wie ein Spiel

David Hansemann, der sich zur Finanzierung seines Unternehmens der Rechtsform der Aktiengesellschaften bediente, schrieb 1846 an den preußischen Staats- und Finanzminister Franz von Duesberg über den Aktienhandel in Preußen:

Nicht nur in Preußen, sondern auch in andern Staaten, z. B. Österreich, Frankreich, Belgien und England, tritt die Erscheinung von Zeit zu Zeit fast in regelmäßig wiederkehrenden Perioden ein, dass das handeltreibende Publikum die Spekulationen übertreibt; insbesondere geschieht dies in Unternehmungen, die auf Aktien gegründet wurden. Das Eigentümliche dieser Übertreibung besteht darin: dass die Hoffnung auf Gewinn zu hoch veranschlagt wird; dass also die ersten Zeichner solcher Aktien, sodann diejenigen Käufer derselben [finden], welche zu nicht gar zu exorbitanten Kursen kauften […]; dass dieses Geschäft durch den Umstand, dass nur ein kleiner Teil des Nominalwertes der Aktien einbezahlt ist, und folglich die Gewinn bringende Kursdifferenz einen hohen Prozentsatz auf das wirklich verausgabte Kapital beträgt, eine schnelle Bereicherung ohne Aufwand von erheblichem Kapital in Aussicht stellt; dass endlich, als Folge der vorstehenden Verhältnisse nicht nur viele Handeltreibende, sondern auch somit manche Personen aus andern Ständen einem Geschäfte sich hingeben, welches mit Spiel eine gewisse Ähnlichkeit hat, und den Nachteil mit sich führt, dass ein Teil der Nation von nützlichen, wahrhaft produktiven Beschäftigungen sich mehr oder weniger abwendet. Auf jede Übertreibung folgt notwendig eine andere im entgegengesetzten Sinne. Und so dauert der vorstehend geschilderte Geschäftsstrudel regelmäßig nur eine gewisse Zeit, und es folgt dann ebenso regelmäßig die Erschlaffung oder Entmutigung, so dass das nämliche Publikum, welches früher die Geschäfte im rosenfarbensten Lichte betrachtete, bald nachher nirgends mehr eine gegründete Hoffnung auf Erfolg der Unternehmungen erblickt, und ohne Unterscheidung über den inneren Wert derselben, aus den eingegangenen Verpflichtungen herauszukommen sucht. Die Benutzung der so verschiedenen Stimmung des Publikums ist eines der Hauptgeschäfte großer Handlungshäuser, insbesondere solcher, die eine europäische Bedeutung haben; sie ziehen auf diese Weise manchmal einen enormen Gewinn, den das Publikum bezahlt, können aber dennoch auch beträchtliche Verluste nicht immer bei diesen Geschäften vermeiden.

Zit. nach: Ebenda, S. 214 f.

M15 Siegeszug der Elektrizität

In seinem 1893 in Leipzig veröffentlichten Buch „Die Elektrizität" erklärte Arthur Wilke die Zeit der Dampfmaschine als endgültig beendet:

Es ist noch nicht lange her, da nannte man unsre Zeit „das Jahrhundert des Dampfes", und mit Recht, denn in erster Reihe hat ja die Dampfmaschine die modernen Erwerbs- und Verkehrsverhältnisse gestaltet. Kaum ist aber Sklave „Dampf" zu voller Kraft herangewachsen, da tritt eine junge Riesin in den Dienst der Menschheit, die dem Anschein nach mit Bruder Dampf einträchtig zusammen für ihre Herren arbeiten will, in Wirklichkeit aber darauf ausgeht, ihn ganz zu verdrängen. Das ist die Elektrizität. Jahrzehntelang im Wachstum zurückgeblieben, begann sie sich plötzlich vor etwa 25 Jahren zu entwickeln, und in dieser kurzen Zeit ist sie

M16 Die Entwicklung von Bergbau, Industrie und Verkehr in Deutschland von 1850 bis 1910

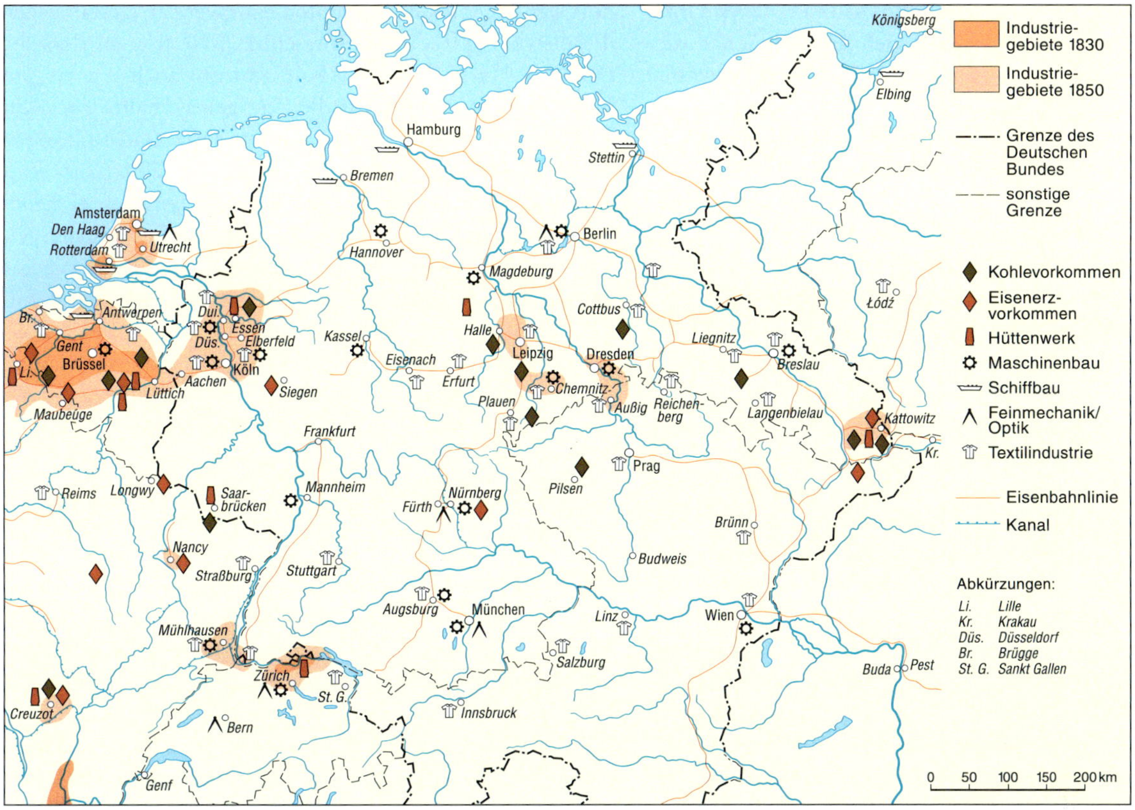

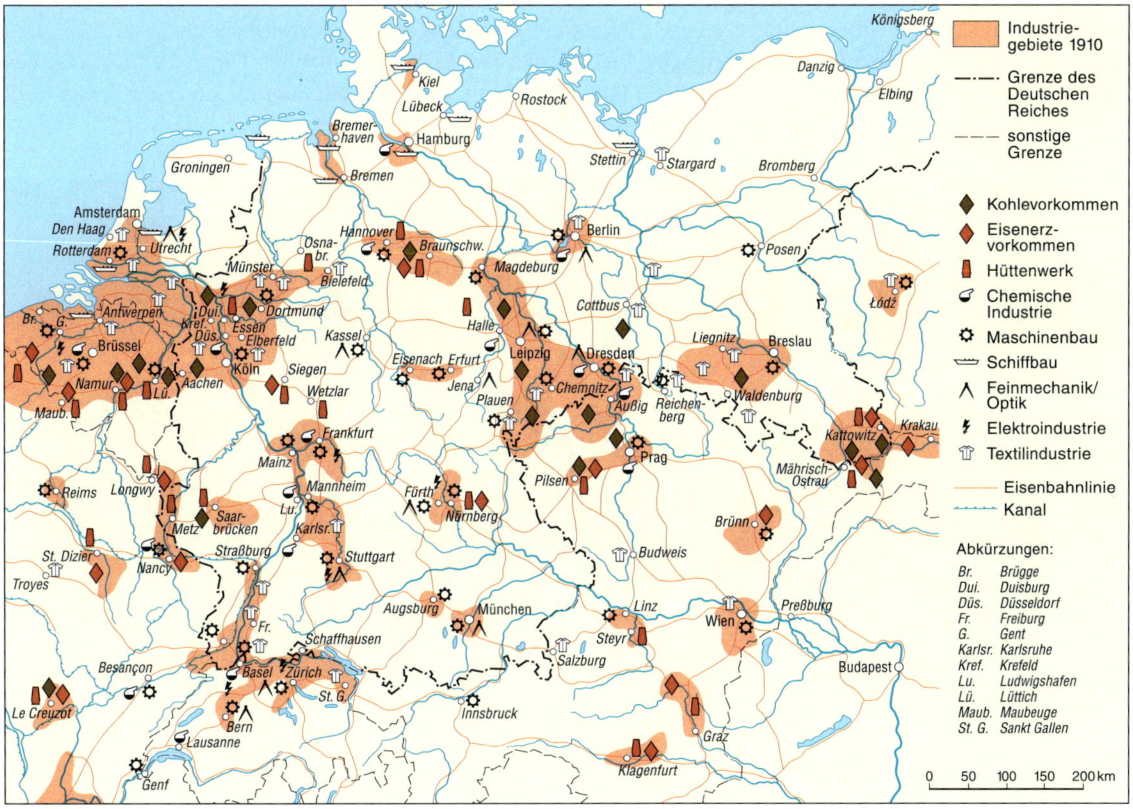

schon so weit herangewachsen, dass sie die Technik umzugestalten beginnt. Man sieht es ihr nicht mehr an, dass sie ihre langen Kinderjahre in den Laboratorien zugebracht hat und stille Gelehrte ihre ersten Schritte geleitet haben. Aber gerade diese einstige Verborgenheit und die jetzigen Erfolge fesseln das Interesse aller Gebildeten, weil der beispiellos rasche Siegeslauf auch den Unkundigen von ihr noch größere Taten in der Zukunft erwarten lässt.
Und so ist es gekommen, dass der arme Dampf schon heute in der Meinung der Menge entthront und ihm die Würde aberkannt worden ist, dass das Jahrhundert nach ihm benannt werde. Nicht mehr das „Jahrhundert des Dampfes“, nein, das „Zeitalter der Elektrizität“ will die Jetztzeit genannt sein. Das ist nicht dankbar, aber erklärlich. Wir werden nämlich sehen, dass die Elektrizität eine Anzahl glänzender Eigenschaften in sich vereinigt, gegen welche diejenigen des Dampfes, der im Grunde genommen nur kräftig schieben kann, weit zurücktreten. In erster Reihe ist es die sehr viel größere Unabhängigkeit der Elektrizität von ihrer Erzeugungsstätte, vermöge der sie, weit von der Letzteren entfernt, ihre Arbeit zu verrichten vermag, während der Dampf sich nur wenig weit von seinem Kessel fortwagen kann und selbst für diesen beschränkten Fall einen mühsam hergestellten Weg verlangt, die Elektrizität aber blitzschnell durch den dünnen Draht über Höhen und Tiefen und Krümmungen läuft und, sich mit Leichtigkeit verteilend, an vielen Stellen zugleich ihres Amtes waltet. Doch dies ist der kleinere Vorzug; vor allem ist es die Universalität der Leistungen, welche die Elektrizität auszeichnet. Brauchen wir Licht? Die Elektrizität spendet es uns und besser als jedes andre Agens [Mittel]. Verlangen wir bewegende Kraft, nun, dort steht der elektrische Motor, ein Zwerg an Gestalt gegen die gleich kräftige Dampfmaschine. Wir frieren; derselbe Draht, der uns schon eben half, gibt uns auch Wärme, ein bisschen zu teuer zwar für die heutigen Verhältnisse, allein mit der Zeit wird sich dies schon ändern. Und so können wir fortfahren und aufzählen, was alles die Elektrizität jetzt oder dereinst zu leisten vermag, aber wir fassen es lieber kurz zusammen und sagen: In der Elektrizität besitzen wir jede benötigte Energieform: bewegende Kraft, Licht, Wärme usw. in der bequemsten und intensivsten Form, und damit haben wir ihren Wert bestimmt, welcher mit dem Augenblicke allerseits anerkannt werden wird, sobald die noch entgegenstehenden Schwierigkeiten einer billigen Erzeugung des Stromes beseitigt sein werden.

Zit. nach: W. Treue u. a. (Hg.): Quellen zur Geschichte der Industriellen Revolution. Göttingen 1966, S. 222 f.

M18 Neue Arbeitsmethoden

Frederick Winslow Taylor schrieb 1897 in seinem Werk „Die Grundsätze wissenschaftlicher Betriebsführung“ über Rationalisierungsmaßnahmen bei der Bethlehem Steel Compagny in den USA:

Wir stellten fest, dass in dieser Kolonne jeder Einzelne durchschnittlich ungefähr 12,5 t pro Tag verlud; zu unserer Überraschung fanden wir aber bei eingehender Untersuchung, dass ein erstklassiger Roheisenverlader nicht 12,5 sondern 47 bis 48 t pro Tag verladen sollte. Dieses Pensum erschien uns so außerordentlich groß, dass wir uns verpflichtet fühl-

M17 Bosses of the Senate
Lithografie von Joseph Keppler, um 1890

ten, unsere Berechnung wiederholt zu kontrollieren, bevor wir unserer Sache vollkommen sicher waren. Einmal jedoch davon überzeugt, dass 47 t eine angemessene Tagesleistung für einen erstklassigen Roheisenverlader bedeuteten, stand uns klar vor Augen, was wir als Arbeitsleiter aufgrund der neuen Ideen zu tun hatten. Wir mussten darauf sehen, dass jeder Mann pro Tag 47 t verlud, anstatt 12,5 wie bisher. Wir mussten ferner darauf sehen, dass diese Arbeit ohne einen Ausstand, ohne Streitigkeiten mit den Arbeitern getan würde, und dass die Leute beim Verladen von täglich 47 t freudiger und zufriedener wären als bei den 12,5 t von früher. [...]
Unser erster Schritt war also, den rechten Mann zu finden, mit dem man anfangen konnte. Wir beobachteten deshalb die fraglichen 75 Mann sorgfältig etwa drei oder vier Tage lang. [...]
Schließlich suchten wir einen aus als denjenigen, mit dem man am besten beginnen konnte. Er war ein untersetzter Pennsylvanier deutscher Abstammung, ein sog. „Pennsylvania Dutchman". Unserer Beobachtung nach legte er nach Feierabend einen ungefähr halbstündigen Heimweg ebenso frisch zurück wie morgens seinen Weg zur Arbeit. Bei einem Lohn von 1,15 Doll. pro Tag war es ihm gelungen, ein kleines Stück Grund und Boden zu erwerben. Morgens, bevor er zur Arbeit ging, und abends nach seiner Heimkehr arbeitete er daran, die Mauern für sein Wohnhäuschen darauf aufzubauen. Er galt für außerordentlich sparsam. [...] Schmidt begann zu arbeiten und in regelmäßigen Abständen wurde ihm von dem Mann, der bei ihm als Lehrer stand, gesagt: „Jetzt heben Sie einen Barren auf und gehen Sie damit! Jetzt setzen Sie ihn hin und ruhen sich aus!", etc. Er arbeitete, wenn ihm befohlen wurde, zu arbeiten, und ruhte sich aus, wenn ihm befohlen wurde, sich auszuruhen, und um halb sechs Uhr nachmittags hatte er 47,5 t auf den Waggon verladen. Die drei Jahre hindurch, die ich in Bethlehem war, arbeitete er stets in diesem Tempo und leistete das verlangte Pensum tadellos. Er verdiente diese ganze Zeit hindurch etwas mehr als 1,85 Doll. durchschnittlich, während er vorher nie mehr als 1,15 Doll. täglich verdient hatte, was damals in Bethlehem der normale Taglohn war. Er erhielt also 60 % mehr Lohn als die anderen Arbeiter, die nicht unter dem Pensumsystem arbeiteten. Ein Mann nach dem anderen wurde ausgelesen und angelernt, 47,5 t Roheisen pro Tag zu verladen, bis alles Roheisen auf diese Weise verladen war. Natürlich erhielten sämtliche Beteiligte 60 % mehr Lohn als die anderen.

Zit. nach: W. Ruppert: Die Fabrik. Geschichte von Arbeit und Industrialisierung in Deutschland. München 1983, S. 43 f.

M 19 Bevölkerungsentwicklung in Millionen

	1800	1850	1900	1910
Großbritannien	10,5	20,8	37,0	40,9
England u. Wales	8,9	17,9	32,5	36,1
Schottland	1,6	2,9	4,5	4,8
Irland	5,2	6,6	4,5	4,4
Frankreich	27,3	35,8	38,4	39,2
Belgien	3,0	4,4	6,7	7,4
Deutschland	24,5	35,1	56,4	64,9
Österreich-Ungarn	23,3	31,3	47,0	51,3
Italien	17,2	24,3	32,5	34,7
Schweden	2,3	3,5	5,1	5,5
Russland	?	67,0	129,0	142,0
USA	5,3	23,2	76,0	92,0

J. Sandweg/M. Stürmer: Industrialisierung und Soziale Frage (Arbeitsmaterialien für den Geschichtsunterricht in der Kollegstufe).

Arbeitsaufträge

1 Zeigen Sie auf, inwiefern die preußischen Reformen der Industrialisierung in Deutschland den Weg ebneten (VT, M 6–M 11).

2 In welchen verschiedenen Stufen vollzog sich die Agrarwende des 19. Jahrhunderts (VT)? In welchem Sinn wird der Begriff „Agrarwende" heute gebraucht?

3 Nehmen Sie Stellung, ob die Bestrebungen, ein gemeinsames Europa zu schaffen, in eine historische Tradition zum Deutschen Zollverein des 19. Jahrhunderts gestellt werden können (M 12, eigene Recherche).

4 Diskutieren Sie Chancen und Risiken der Tendenz, seit der zweiten Hälfte des 19. Jahrhunderts immer mehr Unternehmen als Aktiengesellschaften zu gründen (VT, M 14).

5 Erarbeiten Sie anhand der Karten (M 16) die industriellen Profile der verschiedenen Entwicklungszentren und -regionen zwischen 1830 und 1910. Untersuchen Sie, welche Standortfaktoren dabei jeweils eine Rolle spielten. Vergleichen Sie das für Ihre Heimatregion festgestellte industrielle Profil mit der gegenwärtigen Situation.

6 Nennen Sie Merkmale der Industrialisierung in den USA (VT, M 17, M 18). Beschreiben Sie Taylors Arbeitsweise (M 18) und erklären Sie den Begriff „Taylorismus" aus heutiger Sicht.

Werkstatt Geschichte und Gesellschaft

Technikgeschichte

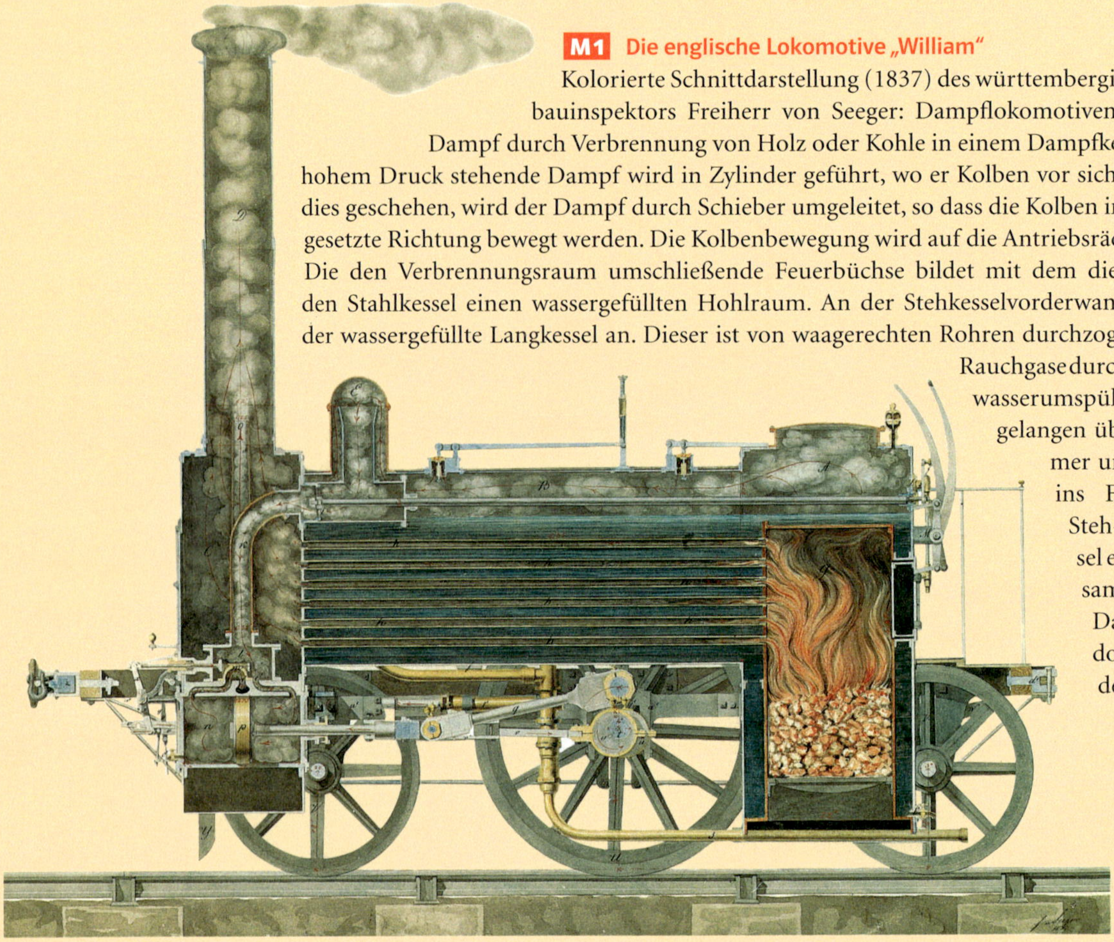

M1 Die englische Lokomotive „William"
Kolorierte Schnittdarstellung (1837) des württembergischen Straßenbauinspektors Freiherr von Seeger: Dampflokomotiven erzeugen den Dampf durch Verbrennung von Holz oder Kohle in einem Dampfkessel. Der unter hohem Druck stehende Dampf wird in Zylinder geführt, wo er Kolben vor sich herschiebt. Ist dies geschehen, wird der Dampf durch Schieber umgeleitet, so dass die Kolben in die entgegengesetzte Richtung bewegt werden. Die Kolbenbewegung wird auf die Antriebsräder übertragen. Die den Verbrennungsraum umschließende Feuerbüchse bildet mit dem diesen umgebenden Stahlkessel einen wassergefüllten Hohlraum. An der Stehkesselvorderwand schließt sich der wassergefüllte Langkessel an. Dieser ist von waagerechten Rohren durchzogen. Die heißen Rauchgase durchströmen diese wasserumspülten Rohre und gelangen über Rauchkammer und Schornstein ins Freie. Der im Steh- und Langkessel erzeugte Dampf sammelt sich im Dampfdom. Von dort strömt er zu den Zylindern.

Im 19. Jahrhundert war es üblich, dass junge Ingenieure nach England reisten, um dort ihre Kenntnisse zu erweitern. Die Zeichnung der Lokomotive „William" der Firma Stephenson in Newcastle war das Ergebnis einer solchen Studienreise. Die ersten Lokomotiven auf deutschen Eisenbahnstrecken stammten aus der Fabrik von Stephenson, so auch der „Adler", die erste deutsche Eisenbahn, die von Nürnberg nach Fürth fuhr. Sie war mit der hier dargestellten Lokomotive „William" nahezu identisch. Die 1A1-Lokomotive (zwei Laufachsen, in der Mitte eine Antriebsachse) hatte eine Reisegeschwindigkeit von 30 km/h und kostete 850 englische Pfund, was heute einem Wert von etwa 40 000 Euro entspricht. Sie verbrauchte bei einer Leistung von 40 PS 5 kg Kohle je PS und Stunde. Seit 1839 bauten deutsche Maschinenfabrikanten die englischen Lokomotiven fast originalgetreu nach, um sie dann durch eigene Erfindungen schrittweise zu verändern.

Moderne Lokomotiven, wie sie noch nach dem Zweiten Weltkrieg gebaut wurden, mit Leistungen bis zu 3000 PS, verbrauchten nur 0,7 kg Kohlen je PS und Stunde. Zu Beginn der 1960er-Jahre ging die Zeit der Dampflokomotiven zu Ende. 1962 wurden in der Bundesrepublik neben 902 Diesel- und 366 Elektroloks nur noch acht Dampflokomotiven gebaut.

M2 **Aus einer Werbeschrift von 1870**
des größten württembergischen Dampfmaschinenherstellers. Die Maschinen mit Kondensation verbrauchten 20 Prozent weniger Brennmaterial, dafür aber sehr viel Kühlwasser.

Technikgeschichte wurde lange Zeit nicht von Historikern erforscht, sondern von Ingenieuren. Diese beschränkten sich zumeist auf die Beschreibung bahnbrechender Erfindungen und auf die Erforschung des beruflichen Werdegangs der Erfinder. Auf diese Weise entstanden Darstellungen technikgeschichtlicher Höhepunkte, nicht aber des Alltags der von der Technik beherrschten Arbeitswelt.
Solchen sozialen Aspekten gilt heute das Hauptinteresse der neueren Technikgeschichte. Die gemeinsam von Natur- und Geisteswissenschaftlern herausgegebene Zeitschrift „Technikgeschichte" formulierte: „Die Zeitschrift veröffentlicht Beiträge über die geschichtliche Entwicklung der Technik in ihren wissenschaftlichen, gesellschaftlichen, wirtschaftlichen und politischen Zusammenhängen." Eine ähnliche Zielsetzung verfolgt das Landesmuseum für Technik und Arbeit in Mannheim. Es präsentiert Technik nicht isoliert, sondern im jeweiligen Zusammenhang von Wirtschafts- und Sozialgeschichte.

Arbeitsaufträge

1 Erklären Sie mit eigenen Worten die Funktionsweise von Dampfmaschinen mit und ohne Kondensation. Recherchieren Sie dafür im Internet.

2 Die „Historische Zeitschrift" bewertete die traditionelle Technikgeschichte als „zweifelhaftes Vergnügen an musealer Vergegenwärtigung vergangener Technik". Diskutieren Sie diese Wertung.

2.3 Soziale Frage – die Anfänge der Arbeiterbewegung

Wie die Dampfmaschine, die Eisenbahn und die Fabrik wurde die Großstadt zum Inbegriff der neuen Zeit. In der Stadt bündelten sich die großen gesellschaftlichen Probleme des 19. Jahrhunderts: Massenarmut, teils unwürdige Lebens- und Arbeitsbedingungen. Derartige soziale Missstände gab es auch in der vorindustriellen Zeit, nur traten sie dort nicht so konzentriert auf wie in den modernen Städten. Zudem wurden sie anders wahrgenommen: In einer festgefügten, „gottgewollten" Weltordnung galt Armut als Schicksal, in das man sich einzufinden hatte. Die Welt nach der Aufklärung und der Französischen Revolution musste dagegen das Elend von Menschen, die doch von Natur aus gleich waren, als ein Problem betrachten, das einer Lösung bedurfte. Aus diesem neuen Geist entstanden erste soziale Reformen, schlossen sich Arbeiter zusammen, um gemeinsam für bessere Lebens- und Arbeitsbedingungen einzutreten. Ließ sich dieser soziale Fortschritt in friedlicher Kooperation mit den bislang Herrschenden erreichen?

1839	Gesetz zur Einschränkung der Kinderarbeit in Fabriken in Preußen
1848	Karl Marx und Friedrich Engels verfassen das „Manifest der Kommunistischen Partei".
1863	Der Politiker und Publizist Ferdinand Lassalle ruft den „Allgemeinen Deutschen Arbeiterverein" (ADAV) ins Leben.
1869	Wilhelm Liebknecht und August Bebel gründen die Sozialdemokratische Arbeiterpartei (SDAP) in Eisenach.
1875	Der Allgemeine Deutsche Arbeiterverein vereinigt sich in Gotha mit der Sozialdemokratischen Arbeiterpartei zur Sozialistischen Arbeiterpartei Deutschlands.
1878–1890	Mit dem „Sozialistengesetz" will Bismarck die Sozialdemokratie zerschlagen.
1883–1889	Die gesetzliche Kranken-, Unfall-, Alters- und Invalidenversicherung wird im Deutschen Reich eingeführt.

Pauperismus – ein Phänomen des Übergangs

Der „Pauperismus", die Verelendung breiter Bevölkerungsschichten in der ersten Hälfte des 19. Jahrhunderts, war keine Folge der Industrialisierung. Er entstand, weil die alten Erwerbszweige Landwirtschaft, Handel und Handwerk die rasch anwachsende Bevölkerung nicht mehr ernähren konnten – und die junge Industrie noch nicht dazu in der Lage war. Man schätzt, dass in Preußen das Arbeitskräftepotenzial in den 1840er-Jahren um ein Prozent pro Jahr wuchs, die Zahl der Arbeitsplätze jedoch nur um die Hälfte. Scharen von Menschen suchten der Not durch Auswanderung in die Neue Welt zu entgehen. Das Elend in Deutschland verschärfte sich und erreichte dann als Folge eines Konjunktureinbruchs und der Missernten 1846/47 seinen Höhepunkt. Im Frühjahr 1847 kam es in Berlin, Stuttgart, Ulm und in Wien zu Hungerrevolten, die militärisch niedergeschlagen wurden. In Oberschlesien starben im gleichen Jahr 16 000 Menschen an Hungertyphus. Die Ausweitung der industriellen Wirtschaftstätigkeit seit der Jahrhundertmitte führte zwar zu einer allmählichen Überwindung des Pauperismus, schon bald aber machten die scharfen Gegensätze zwischen „Arbeit und Kapital" die „soziale Frage" zum vorrangigen gesellschaftspolitischen Problem des Jahrhunderts.

M1 Dampfhammer „Fritz" bei Krupp
Foto, um 1900, Seit 1861 wurden damit Schiffswellen, Geschützteile und Kurbelachsen geschmiedet. Den Dampfhammer von 50 Tonnen Gewicht hatte Alfred Krupp selbst entworfen, er galt als technisches Wunderwerk. Mit ihm konnten Stahlteile bis zu 35000 kg Gewicht geschmiedet werden. Hier wird ein Rohr ausgeschmiedet. Links in erhöhter Position steht der Hammerführer.

Soziale Not als Folge der Industrialisierung

Anders als in der traditionellen durch die Grundherrschaft oder die Handwerksordnung der Zünfte geprägten Gesellschaft bestand in der kapitalistischen Gesellschaft zwischen Unternehmern und Arbeitern ein rein privatrechtliches Arbeitsverhältnis, dessen Bedingungen die Arbeitgeber allerdings weitgehend diktieren konnten. Die Arbeiter waren wegen des Überangebots von Arbeitskräften, die in der Landwirtschaft nicht mehr gebraucht wurden, gezwungen, die von den Unternehmern bestimmten Lohn- und Arbeitsbedingungen zu akzeptieren, auch wenn sie damit ihre Gesundheit aufs Spiel setzten. Versicherungsschutz der Arbeiter gegen Krankheit, Unfall und Invalidität gab es vor dem letzten Drittel des 19. Jahrhunderts noch nicht, Kündigungsschutz und Streikrecht waren unbekannt. Revoltierten die Arbeiter gegen geringe Löhne, lange Arbeitszeiten, fehlende Schutzmaßnahmen oder gegen die Eintönigkeit der Arbeit, wurden sie entlassen. Sofortige Kündigungen waren auch bei Auftragsmangel üblich. Die Löhne für ungelernte Arbeiter waren so gering, dass eine Familie, die in der Stadt lebte, damit nicht auskommen konnte. Frauen und oft auch Kinder mussten mitverdienen. Dennoch reichte das Einkommen meist nur für eine sehr bescheidene Lebensführung und für die Miete in einer winzigen Hinterhof- oder Kellerwohnung. Häufige Alkoholprobleme der überarbeiteten unzufriedenen Väter, Verzweiflung der mit der Doppelbelastung von Haushalt und schwerer Fabrikarbeit überforderten Mütter, Verwahrlosung sowie mangelnde Schulbildung der Kinder und die Zerrüttung vieler Familien waren die Folgen. Es gab aber auch Arbeiter, vor allem wenn sie aus dem Handwerk kamen und über Fachkenntnisse verfügten, die in der betrieblichen Hierarchie rasch aufstiegen und als Vorarbeiter oder Werkmeister wesentlich höhere Löhne bezogen als die ungelernten Arbeitskräfte.

Staatlich verordneter Kinderschutz

Die verheerenden sozialen Folgen der Industrialisierung wurden von den gesellschaftlich und politisch Verantwortlichen erst spät erkannt. Staatliche Stellen wollten zunächst nicht in den Arbeitsmarkt eingreifen. Doch allmählich sahen auch sie sich veranlasst, zumindest Maßnahmen zum Schutz von Kindern zu ergreifen: Kultusverwaltungen hatten über mangelnden Schulbesuch und die offensichtliche Verwahrlosung von „Fabrikkindern" geklagt; vor allem aber fürchteten die Armeeführungen, nicht mehr genügend taugliche Rekruten einziehen zu können. Bei Musterungen in Preußen war festgestellt worden, dass sich viele junge Fabrikarbeiter bereits derartige körperliche Schäden zugezogen hatten, dass sie für den Militärdienst nicht mehr einsatzfähig waren. Preußen erließ 1839 das „Regulativ über die Beschäftigung jugendlicher Arbeiter in Fabriken". Kinder sollten hier und in Bergwerken erst ab neun Jahren regelmäßig arbeiten dürfen. Vor Aufnahme der Fabrikarbeit mussten sie einen mindestens dreijährigen Schulbesuch nachweisen. Die Arbeitszeit wurde für Jugendliche unter 16 Jahren auf täglich 10 Stunden begrenzt. Nacht-, Sonntags- und Feiertagsarbeit wurden untersagt. Andere Staaten (Bayern 1840, Baden 1862) folgten dem preußischen Beispiel. Württembergische Unternehmer konnten die Kinderarbeit bis zur Reichsgründung (1871) fast uneingeschränkt beibehalten, die Gestaltung der Arbeitsbedingungen und der Einsatz von Kindern in den Fabriken wurde von den Behörden kaum kontrolliert. Nur wenn sie niedrig bezahlte Kinder beschäftigten, argumentierten württembergische Textilfabrikanten gegenüber den Behörden, könnten sie sich gegenüber der ausländischen Konkurrenz behaupten.

Frauen zwischen Fabrik und Familie

In seiner Eingabe an die württembergische Regierung wies 1840 ein Textilfabrikant darauf hin, dass ihm auch durch den Einsatz von Frauen und Mädchen „der hierdurch erzielte wohlfeile Arbeitslohn der Fabrikation" einen bedeutenden Vorsprung verschaffe. Dies sahen auch staatliche Stellen so, nicht nur in Württemberg. Mit Ausnahme des Verbots von Arbeit unter Tage kümmerten sich die Regierungen in Deutschland kaum um den Schutz von Frauen, die einen hohen Anteil – in der Textilindustrie bis zu 50 % – der Fabrikarbeiterschaft stellten. Obwohl es an Kritikern nicht fehlte, wurde erst mit einer Änderung der Gewerbeordnung des Deutschen Reiches im Jahr 1878 ein wichtiger Schritt zum Schutz der Frauen getan. Die dortige Bestimmung, wonach Wöchnerinnen während der ersten drei Wochen nach der Geburt nicht beschäftigt werden durften, war der Anfang auf dem Weg zum sozialen Arbeitsschutz für Frauen.

Die Lebens- und Arbeitssituation von Frauen hing wesentlich davon ab, welcher gesellschaftlichen Schicht sie angehörten. Frauen, die in Fabriken arbeiteten, galten als soziale Unterschicht. Kaum besser angesehen waren Dienstmädchen. Diese Frauen stammten vor allem aus einfachen bäuerlichen und handwerklichen Schichten. Für geringen Lohn und fast ohne Rechte hatten die Dienstmädchen ihrer Herrschaft zeitlich nahezu unbegrenzt zur Verfügung zu stehen.

Die Frauen aus den oberen Schichten waren von körperlicher Arbeit weitgehend verschont. Sie hatten das Dienstpersonal zu beaufsichtigen und das Haus zu „repräsentieren". Berufstätigkeit kam grundsätzlich nicht in Frage. So beschränkte sich die Ausbildung der Töchter „aus gutem Hause" vor allem auf die Beschäftigung mit den schönen Künsten. Insofern waren auch ihnen, so privilegiert sie waren, Grenzen gesetzt: Eine Selbstverwirklichung in beruflicher Tätigkeit war ihnen in den seltensten Fällen möglich. Erst als Ende des Jahrhunderts zahlreiche Arbeitsplätze für weibliche Angestellte entstanden, boten sich ihnen neue Perspektiven.

Hungerrevolten und Koalitionsverbot

Immer häufiger berichteten Polizeiprotokolle seit der Mitte des 19. Jahrhunderts über „Zusammenrottungen" von Arbeitern, die gegen ihre elenden Lebensbedingungen aufbegehrten. Der Aufstand der schlesischen Leinenweber 1844 war eine dieser Revolten. Die wirtschaftliche Situation der Heimweber hatte sich vor allem durch den Druck der maschinell produzierten englischen Importware und durch das Überangebot an Arbeitskräften dramatisch verschlechtert. In ihrer Verzweiflung stürmten und plünderten die Aufständischen die Häuser ihrer Verleger und Fabrikanten. Preußische Soldaten schlugen den Aufstand schon nach wenigen Tagen mit äußerster Brutalität nieder. Die deutschen Staaten verhinderten mit dem strikten Verbot, Arbeitervereine oder Gewerkschaften zu bilden (Koalitionsverbot), dass es zu größeren Aktivitäten der Arbeiter kommen konnte – für Streiks wurde sogar Entlassung oder Gefängnisstrafe angedroht.

In England dagegen hatten sich die lokalen „trade unions" seit 1824 das Koalitions- und Streikrecht erkämpft. Hier entwickelte sich in der Folgezeit eine starke und klassenbewusste Gewerkschaftsbewegung, in der 1871 schon eine Million Arbeiter, Arbeiterinnen und Angestellte organisiert waren.

Paternalismus der Unternehmer

Die Regierungen verhielten sich zurückhaltend, wenn es darum ging, Kinder, Frauen oder Männer vor den negativen Auswirkungen der Industrialisierung zu schützen. Von wem also konnten die Schwachen der Gesellschaft Hilfe erwarten? Von den Unternehmern selbst? Die „Industriellen", wie sie sich seit den 1840er-Jahren selbstbewusst zu nennen begannen, stammten überwiegend aus Familien, die schon in Handwerk und Handel tätig waren. Harte Arbeit, Sparsamkeit, Risikobereitschaft und das Streben nach Erfolg formten ihr Berufsethos. Viele schonten sich selbst nicht und verlangten auch von ihren Arbeitern Disziplin und größten Einsatz. Soweit sie die Belange ihrer Belegschaft im Auge hatten, verfolgten sie vor allem eigene Interessen. Um Arbeitsfrieden, Arbeitsdisziplin und Betriebstreue zu sichern, gewährten sie freiwillige Sozialleistungen. So waren auch die sozialen Maßnahmen (z. B. Gründung einer Betriebskranken- und einer Pensionskasse, Bau von Werkswohnungen, Bau eines Krankenhauses) des Eisen- und Stahlerzeugers Alfred Krupp vornehmlich von paternalistischen Autoritätsvorstellungen geprägt. Indem Krupp für seine Arbeiter und deren Familien sorgte, band er sie eng an sich und sein Unternehmen. Zielsetzung war es zum einen, einen festen qualifizierten Arbeiterstamm heranzubilden, zum anderen aber auch, die Arbeiter von etwaigen sozialrevolutionären Aktivitäten fernzuhalten.

Christliche Sozialpolitik

Die beiden christlichen Kirchen standen der modernen Welt lange skeptisch und ablehnend gegenüber. Die evangelischen Landeskirchen sahen ihre Aufgaben in jener Zeit vor allem in der Seelsorge und im karitativem Wirken. Die katholische Kirche agierte in der zweiten Hälfte des 19. Jahrhunderts entschieden politischer: Sie förderte genossenschaftliche Bestrebungen der Arbeiterschaft, gründete christliche Gewerkschaften und schuf mit der Zentrumspartei sogar einen eigenen politischen Arm. Innerhalb beider Kirchen gab es eine große Zahl von Einzelaktionen gegen soziale Missstände. Ein herausragender Vertreter der evangelischen Sozialfürsorge war Johann Hinrich Wichern, der 1833 in Hamburg das „Rauhe Haus" zur Erziehung und Ausbildung verwahrloster Jungen errichtete und einer der Mitbegründer der „Inneren Mission" wurde, einer Wohlfahrseinrichtung für sozial benachteiligte Menschen. Auf katholischer Seite gründete der Priester und ehemalige Schustergeselle Adolf Kolping 1846 Gesellenvereine, die sich um religiöse Belehrung und berufliche Weiterbildung bemühten.

M2 Goldene Ketten?

„Kapitalistische Wohltaten" heißt die Karikatur von A. Staehle aus „Der wahre Jakob", 1905. Die Unterschrift lautet: „Der Kapitalist: So! Der läuft mir nicht mehr davon!"

Paternalismus (von lat. pater = Vater): Viele Unternehmer fühlten sich für das Wohl ihrer Arbeiter verantwortlich, ähnlich wie sie sich auch für die eigene Familie verantwortlich fühlten. Allerdings war dieses Verantwortungsgefühl verbunden mit dem Bewusstsein, dass die Arbeiter als ihre Untertanen auch von ihrem Wohlwollen abhingen. Es handelte sich dabei also nicht um ein gleichberechtigtes oder partnerschaftliches Verhältnis. Dieses Selbstverständnis stammte aus der traditionellen Welt der Stände, in der etwa der Grundherr dem hörigen Bauern oder der Meister dem Gesellen übergeordnet war.

M3 Karl Marx (1818–1883), deutscher Philosoph und Wirtschaftswissenschaftler

M4 Friedrich Engels (1820–1895), Philosoph, Sohn eines deutschen Industriellen

Die erste päpstliche Sozialenzyklika „Rerum Novarum" (1891) bejahte grundsätzlich die kapitalistische Wirtschaftsweise, forderte aber den Abbau von Klassengegensätzen. Dabei machte sie auch Front gegen die „weltliche Erlösungslehre" eines Karl Marx.

Marx und Engels: Kapitalisten und Proletarier

Karl Marx und Friedrich Engels gaben die wohl radikalste Antwort auf die Soziale Frage. Nach ihren Vorstellungen standen sich in der Gesellschaft die Eigentümer von Produktionsmitteln (Fabrikanlagen, Maschinen, Werkzeuge) – die Kapitalisten – und diejenigen, die nichts außer ihrer Arbeitskraft besitzen – die Arbeiter – unversöhnlich gegenüber. Marx und Engels teilten die Arbeitswelt demzufolge in zwei Klassen ein: Die Fabrikanten gehörten zur Klasse der „Bourgeoisie", die Arbeiter bildeten das „Proletariat". Der Reichtum der Kapitalisten, so glaubten Marx und Engels, entspringe nicht deren Fleiß oder Geschick. Vielmehr seien es allein die Arbeiter, die für sie mehr Wert produzierten, als sie ihnen an Lohn ausbezahlten. Aus diesem Mehrwert ergebe sich der Gewinn der Kapitalisten.
Wenn die Proletarier ihre Lage verbessern wollten, so müssten sie gemeinsam als Arbeiterklasse den Kampf gegen die Bourgeoisie führen und diese im Zuge einer Revolution enteignen, das Lohnsystem abschaffen und die Produktion gesellschaftlich („sozialistisch" oder „kommunistisch") organisieren. Ihre Ideen verbreiteten Marx und Engels unter anderem in zwei ihrer bekanntesten Schriften, dem „Kommunistischen Manifest" von 1848 und dem „Kapital" von 1867.
Die Theorien von Marx und Engels fanden lange Zeit bei den Arbeitern Beifall. Vielen von ihnen gab der Marxismus Hoffnung und Zuversicht. Der Grund ihrer Armut schien sich auf eine einzige Ursache reduzieren zu lassen: den Privatbesitz von Produktionsmitteln. Mit der Möglichkeit einer sozialen Revolution schien es auch einen Ausweg zu geben. Aber mit der Zeit wurde deutlich, dass eine Polarisierung der Gesellschaft in Großkapitalisten und unterdrückte Proletarier, wie sie Marx und Engels vorausgesagt hatten, nicht eintrat. Der Mittelstand verschwand nicht, sondern nahm immer mehr zu. Auch die Verelendung des Proletariats hatte keinen Bestand. Die Löhne für Industriearbeiter differenzierten sich immer mehr nach dem Grad der Qualifikation. Sozialpolitische Maßnahmen des Staates schützten zum Ende des 19. Jahrhunderts vor der ärgsten Armut und Not.
Eine „proletarische Revolution", wie sie Marx und Engels vorhergesagt hatten, fand später in Agrarländern wie Russland oder China statt, nicht aber in den Industriestaaten. Die „gesellschaftlich organisierte", also in Staatsbetrieben gelenkte, Produktion in diesen Ländern erwies sich jedoch als nicht konkurrenzfähig gegenüber marktwirtschaftlichen Systemen.

Arbeitervereine und Gewerkschaften

Die Hauptanstöße zur Verbesserung ihrer sozialen Lage gingen im 19. Jahrhundert von den Arbeitern selbst aus. Im Revolutionsjahr 1848 begann sich die deutsche Arbeiterbewegung zu formieren: Unter der Führung des Buchdruckergesellen Stefan Born wurde die „Arbeiterverbrüderung" gegründet, ein überregionaler Verband von Arbeitervereinen, der bis 1849 bereits 15 000 Mitglieder, überwiegend Handwerker und qualifizierte Facharbeiter, vertrat. Sein Ziel war die Umgestaltung von Staat und

Kapitalismus Wirtschaftsordnung, in der vorwiegend private Eigentümer ihr Kapital vermehren wollen, indem sie Gewinne wirtschaftlich nutzen, also investieren. Die Produktionsstätten, die sie schaffen, sind ihr Eigentum, über das sie frei verfügen können. Da sie steigende Gewinne erzielen wollen, halten sie ihre Kosten, also auch die Löhne so niedrig wie möglich. Ihr einziger Maßstab ist der Erfolg im Wettbewerb am Markt. Da Kapital und Produktion mit fortschreitender Industrialisierung, Globalisierung und wachsendem Wohlstand eine immer wichtigere Rolle in der Gesellschaft spielen, gewinnen die Eigentümer von Produktionsstätten auch Einfluss auf politische Entscheidungen. Da der Kapitalismusbegriff auch einen abwertend gemeinten Schlüsselbegriff des Marxismus darstellt, werden für das freie Spiel ökonomischer Kräfte heute eher Begriffe wie Wirtschaftsliberalismus oder Marktwirtschaft verwendet.

M5 Vereinigte Arbeiter
Dieser Holzschnitt mit dem Zitat aus dem „Kommunistischen Manifest“ erschien zum 1. Mai 1889, der in diesem Jahr zum Feiertag der Arbeiter erklärt wurde.

Gesellschaft zu einer „sozialen Demokratie“ mit Hilfe von Reformen; gefordert wurden ein gerechtes Steuer- und Bildungssystem und staatliche Sozialmaßnahmen. Der Sieg der gegenrevolutionären Kräfte in Deutschland bereitete der „Arbeiterverbrüderung“ jedoch bald ein Ende: 1854 wurde das Koalitionsverbot erneuert. Erst mit dessen endgültigem Fall in den 1860er-Jahren war der Weg frei für die Organisationen der Arbeiterschaft. Der Zusammenschluss der Arbeiter zu Gewerkschaften ermöglichte nun die Durchsetzung besserer Arbeitsbedingungen, höherer Löhne und kürzerer Arbeitszeiten – notfalls mit den Mitteln des Arbeitskampfes. Darüber hinaus waren die Gewerkschaften bestrebt, den Bildungsstand ihrer Mitglieder zu heben, etwa durch betriebswirtschaftliche Vorträge oder die Einrichtung von Bibliotheken.

Erste Arbeiterparteien

Aus der Erkenntnis, dass politische und gesellschaftliche Veränderungen im Interesse der Arbeiter vor allem durch das Einwirken auf die Gesetzgebung möglich waren, ergab sich die Notwendigkeit, die Arbeiterschaft politisch – also in Form von Parteien – zu vertreten. Den Anfang machte Ferdinand Lassalle: 1863 gründete er in Leipzig den „Allgemeinen Deutschen Arbeiterverein“ (ADAV). Lassalles zentrales Anliegen war die Überwindung einer angeblichen Gesetzmäßigkeit: Lohnerhöhungen aufgrund von Arbeitsknappheit führten seiner Ansicht nach zur Vermehrung der Bevölkerung, damit zur Erhöhung des Angebots an Arbeitskräften, was wiederum die Löhne drücke. Auf diese Weise bewege sich der Lohn für abhängige Arbeit immer um das bloße Existenzminimum, wovon die Unternehmer profitierten, die den von den Arbeitern geschaffenen „Mehrwert“ abschöpften. Dieses „eherne Lohngesetz“, wie Lassalle es nannte, sei unter den Bedingungen des Kapitalismus nicht zu ändern. Einen Ausweg sah Lassalle in der Gründung so genannter „Produktiv-Assoziationen“, in der die Arbeiter gleichzeitig Unternehmer sein sollten. Doch der ADAV kam über einige tausend Mitglieder nicht hinaus. 1869 gründeten August Bebel und Wilhelm Liebknecht in Eisenach die Sozialdemokratische Arbeiterpartei (SDAP) und forderten die Beseitigung der kapitalistischen Klassengesellschaft. Die Nahziele waren gemäßigter: allgemeines Männerwahlrecht, Diäten für Abgeordnete, Trennung von Staat und Kirche und Verbesserungen im Bildungsbereich. 1875 vereinigten sich die „Lassalleaner“ und die Sozialdemokratische Arbeiterpartei in Gotha zur „Sozialistischen Arbeiterpartei Deutschlands“.

Sozialdemokraten als „Reichsfeinde“

Die konservativen und bürgerlichen Vertreter des Staates waren alarmiert über das stetige Anwachsen der Arbeiterbewegung. Reichskanzler Otto von Bismarck fürchtete, der internationale Charakter der Sozialdemokratie und deren Zielsetzungen könnten das monarchische System zerstören. Zwei Attentate auf Kaiser Wilhelm I. im Jahr 1878, die Bismarck und die konservative Presse fälschlicherweise den Sozialdemokraten anlasteten, weckten in ganz Deutschland Sozialistenfurcht.
Im Reichstag wurde daraufhin mit den Stimmen der Konservativen und der den Unternehmern nahestehenden Nationalliberalen ein „Gesetz gegen die gemeingefährlichen Bestrebungen der Sozialdemokratie“ verabschiedet. Das so genannte Sozialistengesetz verbot Versammlungen und Druckschriften der SDAP, „welche durch sozialdemokratische, sozialistische oder kommunistische Bestrebungen den Umsturz der bestehenden Staats- oder

Gesellschaftsordnung bezwecken". Gleichwohl nahm das Interesse an sozialdemokratischen Schriften zu: Die Auflage der in der Schweiz hergestellten Parteizeitung „Der Sozialdemokrat" stieg zwischen 1879 und 1890 von 2700 auf 10 000 Exemplare, die jede Woche nach Deutschland geschmuggelt wurden.
Die Sozialdemokratische Arbeiterpartei selbst wurde nicht verboten und konnte in den zwölf Jahren, in denen das Sozialistengesetz in Kraft war, mit wachsendem Erfolg an den Reichstagswahlen teilnehmen. Doch durften Arbeiter nicht in den Verdacht geraten, den Sozialdemokraten anzugehören, sonst wurden sie aus privaten und öffentlichen Unternehmen entlassen.
Die Entwicklung der Partei, die sich 1890 den Namen „Sozialdemokratische Arbeiterpartei Deutschlands" (SPD) gab, sowie der Gewerkschaften macht deutlich, dass die Arbeiterbewegung eine dauerhafte und starke Kraft geworden war: 1912 zählte die SPD 970 000 Mitglieder. 110 SPD-Abgeordnete saßen im Reichstag. Gleichzeitig waren rund drei Millionen Arbeiterinnen und Arbeiter in Gewerkschaften organisiert.

Soziale Gesetzgebung

Die Reichsregierung leitete während der Verfolgung der Sozialdemokraten mit den Gesetzen zur Krankenversicherung (1883), der Unfallversicherung (1884) und der Alters- und Invalidenversicherung (1889) eine „Sozialreform von oben" in die Wege. Sie beabsichtigte damit vor allem, den Arbeitern deutlich zu machen, dass sie für die Durchsetzung sozialer Reformen keine Sozialdemokratische Partei benötigten. Mit diesen neu eingeführten staatlichen Sicherungssystemen wurde in Deutschland der erste Schritt hin zum Sozialstaat getan. Notleidende hatten erstmals einen gesetzlichen Anspruch auf soziale Leistungen. Durch diese damals in Europa beispielhaften Maßnahmen leistete der Staat einen entscheidenden Beitrag zur Verbesserung der Lage der Arbeiter – auch wenn die damaligen Leistungen weit geringer ausfielen als heute.

Anfänge der Frauenbewegung

Parallel zum Zusammenschluss der Arbeiter in Gewerkschaften und Parteien begannen auch die Frauen, sich zu organisieren. Egal welcher Schicht die Frauen zur Zeit der Industrialisierung angehörten, ihnen allen war gemein, dass sie gegenüber ihren Männern weitgehend den Status unmündiger Kinder besaßen. Ob in Eigentums- oder Erziehungsfragen, immer hatte der Mann das entscheidende letzte Wort. Gegen diese Bevormundung und gegen ihre politische Rechtlosigkeit begehrten die Frauen in Deutschland nun auf.
Erstmals geschah dies in den Jahren 1848/49, als sich eine bürgerliche Frauenbewegung unter der Führung von Louise Otto-Peters zusammenfand. Sie setzte sich vor allem für bessere Bildungs- und Berufschancen ein. Der radikale Flügel der Bewegung kämpfte für die vollständige politische Gleichstellung mit den Männern. Im Jahr 1865 wurde schließlich der erste „Allgemeine deutsche Frauenverein" unter dem Vorsitz von Louise Otto-Peters gegründet.
Auch innerhalb der Arbeiterschaft organisierten sich die Frauen. Diese proletarische Frauenbewegung legte den Schwerpunkt ihrer Forderungen auf die Verbesserung der Arbeitsbedingungen und war eng mit der Sozialdemokratischen Partei verbunden. Doch erst 1891 übernahm die SPD die Forderung der Frauen nach politischer Gleichberechtigung – auch die sozialdemokratisch orientierten Männer waren durch traditionelle Rollenbilder geprägt und glaubten, das „natürliche" Wirkungsfeld der Frau seien Haushalt und Familie.
Clara Zetkin, die sich bereits als 21-Jährige der Sozialdemokratie angeschlossen hatte, galt rund drei Jahrzehnte lang als Leitfigur der proletarischen Frauenbewegung. Sie gab die sozialdemokratische Frauenzeitschrift „Die Gleichheit" heraus und formulierte 1889 den Zusammenhang zwischen der Frauenfrage und der sozialen Frage folgendermaßen: „Wie der Arbeiter vom Kapitalismus unterjocht wird, so die Frau vom Manne; und sie wird unterjocht bleiben, solange sie nicht wirtschaftlich selbstständig dasteht."
Nur in kleinen Schritten ging es anfangs vorwärts auf dem Weg zur Gleichberechtigung. Das Vereinsgesetz von 1908 gestattete Frauen erstmals, sich zu versammeln und in politischen Parteien oder Vereinen tätig zu werden. Im selben Jahr wurde den Frauen in Preußen der Zugang zu Universitäten gestattet. Das Wahlrecht allerdings blieb den Frauen bis zum Ende des Kaiserreichs vorenthalten.

M6 Sozialversicherung im Deutschen Reich

Versicherungsart	Beiträge	Leistungen
Kankenversicherung 1883 für gewerbliche Arbeiter und (freiwillig ab 1892) Angehörige	2–3 % des Lohns, 2/3 vom Versicherten, 1/3 vom Arbeitgeber	ärztliche Behandlung und Medizin, Krankenhaushauskosten; nach zweitägiger Wartezeit Krankengeld (50 % des Durchschnittlohns, max. 2 Mark/Tag)
Unfallversicherung für gewerbliche Arbeiter	als Haftpflicht vom Arbeitgeber zu zahlen	Heilungskosten; bei Erwerbsunfähigkeit 2/3 des Einkommes, 1/5 für Witwen
Invaliden- und Altersversorgung für gewerbliche und Landarbeiter (ab 1911 auch Familienangehörige)	1 % (ab 1900 1,5–3 %) des Lohns, je zur Hälfte von Arbeitnehmer und Arbeitgeber	Invalidenrente bei Erwerbsunfähigkeit (1911): 1,1 Mill. Rentenbezieher von durchschnittlich 187 Mark/Jahr; Altersrente ab 70. Lebensjahr und nach 30 Beitragsjahren (ab 1900: 24 Jahre)

Nach: R. Bölling/J. Henseler: Das deutsche Kaiserreich 1871–1986. Freiburg, S. 47 f.

M7 Industriearbeiter im frühen 19. Jahrhundert

Der Tübinger Professor Robert von Mohl (1799–1875), der 1848 auch Abgeordneter der Frankfurter Nationalversammlung und später des badischen Parlaments war, schrieb 1835:

Bekannt ist, dass die Arbeiter in allen Fabriken täglich eine lange Anzahl von Stunden, bis zu 14, 16 und mehr, zu arbeiten haben; bekannt ist, dass die nie rastende Tätigkeit der Maschinen, welcher der Arbeiter ebenso ununterbrochen zu folgen hat und welche ihn außer zu bestimmten, weit voneinander entfernten Abschnitten nicht einen Augenblick Unterbrechung seiner Aufmerksamkeit und Tätigkeit erlaubt, selbst bei unmittelbar nicht sehr harter Arbeit bis in den Tod ermüdet; bekannt ist ferner, dass in manchen Fällen die Hitze, die Ausdünstung des Materials und der vielen Menschen für die Gesundheit nicht anders als höchst nachteilig sein kann. Dazu nehme man dann noch, dass allzu häufig die Arbeiter schon als Kinder dieser Anstrengung ausgesetzt sind, so dass sie aus Ermüdung zusammensinken und oft nur mit harten Schlägen wieder aufgeweckt und zur Arbeit getrieben werden können und dass jedenfalls ihr Körper in seiner Entwicklung gehemmt, ihm die zu seiner Ausübung notwendige Erholung und Spielzeit ganz entzogen wird. Man übergehe nicht mit Stillschweigen die zahlreichen Verwundungen und Verstümmelungen, welche den Müden oder Unerfahrenen von den Maschinen zugefügt werden. Wie kann man diesen Tatsachen gegenüber in Zweifel ziehen wollen, dass gar manche Fabrikarbeiten die Gesundheit der bei ihnen Beschäftigten schnell und tief verletzen? […]

Von selber klar sind die Einwirkungen der bisher geschilderten Verhältnisse auf die politische Stimmung der Fabrikarbeiter. Arme und oft mit Verzweiflung ringende, körperlich und sittlich heruntergekommene Menschen, welchen das eigene Leben nur eine endlose Reihe Mühseligkeiten darbietet, der Zustand der höheren Klassen aber, namentlich derjenigen, mit welcher sie in Berührung kommen, nämlich der Fabrikherrn, als das Ergebnis des an ihnen begangenen Raubes oder wenigstens als der Gegenstand bitteren Neides entscheiden muss, können nicht anders als höchst missvergnügt und zu jeder Änderung bereit sein. […] Selbst in den freiesten und bestregierten Staaten kann und muss dies der Fall sein, denn die bürgerliche Gesellschaft als solche ist ihnen verhasst.

Zit. nach: Geschichte in Quellen. Band 4. Bürgerliches Zeitalter. Ohne Ort, 1980, S. 754. (Bearb.: Günter Schönbrunn)

M8 Arbeiteralltag

Auch um die Jahrhundertwende, als es schon Gewerkschaften, Streikrecht und soziale Sicherungssysteme gab, unterschied sich das Leben der Arbeiter grundlegend von dem des Bürgertums. Der Soziologe und Volkswirt Werner Sombart beschrieb 1906 den Arbeiteralltag:

Wir, die wir in satter Selbstgefälligkeit auf der Sonnenseite des Lebens dahinwandeln, […] wann sehen wir einmal etwas von dem Proletariat des eigenen Landes? Wann sehen wir, wie es den Tag anfängt, wie es ihn verbringt, ihn endigt? Wie es den Tag anfängt, davon erfahren wir höchstens einmal, wenn wir nach einer durchzechten Nacht oder einer ausgedehnten Pokerpartie früh um fünf oder sechs übernächtigt nach Hause kommen oder wenn wir zum Frühzug zum Bahnhof gehen. Dann staunen wir wohl, mit einem Male einen Blick in eine uns ganz fremde Welt zu tun. Wir wussten ja gar nicht, dass diese Hunderte, diese Tausende, die da raschen Schritts, zu zwei, zu drei, meist wortlos nebeneinander, das Arbeitsgerät oder die blaue Kaffeekanne in der Hand, in langen Zügen „an die Arbeit" gehen, auch da sind. […]

Vater ist weg von zu Hause, längst ehe die Kinder erwachen. Vater kommt auch zu Mittag nicht heim. Dazu ist die Pause zu kurz, der Weg zu lang. So muss er in der benachbarten Kneipe sein Stück Wurst und Brot verzehren und sein Glas Bier, auch zwei und drei, dazu trinken. Oder die Mutter bringt ihm 's Essen im Körbel selber. Die sehen wir oft um die Mittagszeit, die blitzblanken Frauen im blauen Kattunkleid, den Esskorb am Arm, kein Lächeln, keine Freudigkeit im Blick, armselig, von der Last der Arbeit niedergedrückte Geschöpfe mit müdem Gesicht, schon um die dreißig, wenn unsere Frauen am schönsten sind, verfallen, verblüht, verwelkt. Sie haben vielleicht den Vier- und den Fünfjährigen mitgenommen, die dann an Vaters Mittagsmahl teilnehmen. Das wird auf der Bank im Park (wenn's so weit reicht), sonst auf dem Balken vor dem Neubau, an der Mauer der Fabrik eingenommen: die obligate dicke Suppe im Blechtopf, ein Fetzchen Wurst, ein Stück Brot, eine Flasche Kaffee oder Bier. Ist das Essen hinuntergeschlungen, legt sich der Vater zum Schlafen hin. Er ist todmüde, ist er doch um fünf oder noch früher aufgestanden, hat er doch sechs anstrengende Arbeitsstunden hinter sich. Mutter mit den Kindern sitzt daneben. Und nach einer kurzen Weile ruft die Dampfpfeife wieder zur Arbeit zurück. […] Auch der Abend bringt ihm nicht viel Gelegenheit mehr, sich Frau und Kindern zu widmen. Um sechs oder sieben wird er frei, hat er Feierabend. Er ist zu Tode erschöpft. Man sieht es den müden Gesichtern an, wenn man den Heimkehrenden begegnet. Wieder schreiten sie stumm nebeneinander her. Die Zigarre ist ein willkommenen Beleber. Und es sind schon die innerlich Festen, die in dieser Erschöpfung nicht in die nächste Kneipe abbiegen, um hier sich das Leben, den Frohmut für wenige Pfennige zu erkaufen. […] Und dann kommt die Frau, die zu Hause vergeblich auf die Heimkehr des Mannes gewartet hat, und holt ihn in ihrer Todesangst aus der immer lauter werdenden Zechschar nach Hause. […] Aber auch der Brave, der der Versuchung widersteht und aus der Arbeit nach Hause geht, ist daheim kaum noch imstande, ein fröhlicher und anregender Gatte und Vater zu sein. Da geht er vielleicht noch lieber in die Versammlung seiner Gewerkschaft oder seines politischen Vereins oder hört sich volkstümliche Hochschulkurse an – ein Wunder der Spannkraft! – oder er fällt müde um acht oder neun ins Bett, um am nächsten Morgen um vier oder fünf sich zu dem nämlichen Tagwerk zu erheben.

Zit. nach: Werner Sombart: Das Proletariat. Bilder und Studien. Frankfurt a. M. 1906, S. 36 ff.

M9 Unternehmer und Arbeiter

Alfred Krupp (1812–1887) leitete nach dem Tod seines Vaters von seinem 14. Lebensjahr an die Gussstahlfabrik der Familie. Vor allem aufgrund der Erfindung nahtloser Radreifen für Eisenbahnräder und der Produktion von Geschützrohren aus Stahlguss führte er das Unternehmen zu wirtschaftlicher Blüte. In einer Rede vor seinen Arbeitern erklärte er 1877:

Ich habe Kräfte gebraucht und solche engagiert, ich habe ihnen den geforderten Lohn gezahlt, meistens ihre Stellung verbessert und, nach gesetzlichen Bestimmungen, den Kontrakt verlängert oder sie entlassen. Mancher hat die Fabrik verlassen, um anderswo sich zu verbessern, der eine ist gegangen, und ein anderer hat die Stelle wieder besetzt. […] Jeder hat sich nach seiner Kraft und nach seiner Fähigkeit seinen Lohn verdient, und anstatt eines jeden konnte in den meisten Fällen auch ein anderer hingestellt werden, denn die Arbeiter haben nicht das Verdienst der Erfindung, und überall finden sich geschickte Arbeiter zum Ersatz.

Es kann also keine Rede davon sein, dass irgendjemand einen besonderen Anspruch behalte außer solchem, der selbstverständlich ist, der in Steigerung des Lohnes und des Gehaltes besteht und immer Folge einer höheren Leistung ist. Die Apostel der Sozialdemokraten suchen aber den bescheidensten Leuten durch ihre verführerischen Reden den Kopf zu verdrehen, und sie werden das Unglück von manchem Arbeiter verschulden, der ihnen Gehör schenkt und deshalb entlassen wird. […]

Ich habe den Mut gehabt, für die Verbesserung der Lage der Arbeiter Wohnungen zu bauen, worin bereits 20000 Seelen untergebracht sind, ihnen Schulen zu gründen und Einrichtungen zu schaffen zur billigeren Beschaffung von allem Bedarf. Ich habe mich dadurch in eine Schuldenlast gesetzt, die abgetragen werden muss. Damit es geschehen kann, muss jeder seine Schuldigkeit tun in Friede und Eintracht und in Übereinstimmung mit unseren Vorschriften. […]

Genießet, was Euch beschieden ist. Nach getaner Arbeit verbleibt im Kreise der Eurigen, bei den Eltern, bei der Frau und den Kindern und sinnt über Haushalt und Erziehung. Das sei Eure Politik, dabei werdet Ihr frohe Stunden erleben.

Aber für die große Landespolitik erspart Euch die Aufregung. Höhere Politik treiben erfordert mehr freie Zeit und Einblick in die Verhältnisse, als dem Arbeiter verliehen ist. Ihr tut Eure Schuldigkeit, wenn Ihr durch Vertrauenspersonen empfohlene Leute erwählt. Ihr erreicht aber sicher nichts als Schaden, wenn Ihr eingreifen wollt in das Ruder der gesetzlichen Ordnung.

W. Berdrow (Hg.): Alfred Krupp. Briefe 1826–1887. Berlin 1928, S. 343 ff.

M10 Die politischen Vorstellungen Lassalles

1863 wandten sich mehrere Arbeitervereine an den Gründer des „Allgemeinen Deutschen Arbeitervereins", Ferdinand Lassalle, um „seine Ansichten über die Arbeiterbewegung und über die Mittel, deren sie sich zu bedienen hat", zu erfahren. Aus seiner Antwort:

Wenn der Arbeiterstand sein eigener Unternehmer ist, so fällt jene Scheidung zwischen Arbeitslohn und Unternehmergewinn und mit ihr der bloße Arbeitslohn überhaupt fort, und an seine Stelle tritt als Vergeltung der Arbeit: der Arbeitsertrag!

Die Aufhebung des Unternehmergewinns in der friedlichsten, legalsten und einfachsten Weise, indem sich der Arbeiterstand durch freiwillige Assoziationen als sein eigener Unternehmer organisiert, […] das ist die einzige wahrhafte, die einzige seinen gerechten Ansprüchen entsprechende, die

einzige nicht illusionäre Verbesserung der Lage des Arbeiterstandes [...].
Eben deshalb ist es Sache und Aufgabe des Staates, Ihnen dies zu ermöglichen, die große Sache der freien individuellen Assoziation des Arbeiterstandes fördernd und entwickelnd in seine Hand zu nehmen [...]. Und hier lassen Sie sich nicht durch das Geschrei derer täuschen und irreführen, die Ihnen sagen werden, dass jede solche Intervention des Staates die soziale Selbsthilfe aufhebe. [...] Und ebenso wenig lassen Sie sich durch das Geschrei derer irreführen und täuschen, die hier etwa gar von Sozialismus oder Kommunismus sprechen und mit derlei billigen Redensarten dieser Ihrer Forderung entgegentreten wollen. [...] Nichts ist weiter entfernt von dem so genannten Sozialismus und Kommunismus als diese Forderung, bei welcher die arbeitenden Klassen ganz wie heute ihre individuelle Freiheit, individuelle Lebensweise und individuelle Arbeitsvergütung beibehalten und zu dem Staat in keiner anderen Beziehung stehen, als dass ihnen durch ihn das erforderliche Kapital resp. der erforderliche Kredit zu ihrer Assoziation vermittelt wird. Das aber ist gerade die Aufgabe und Bestimmung des Staates, die großen Kulturfortschritte der Menschheit zu erleichtern und zu vermitteln.

Friedrich Jenaczek (Hg.): Ferdinand Lassalle: Reden und Schriften. München 1970, S. 174 ff.

M11 Krupp-Arbeiterwohnsiedlung „Altenhof“ in Essen

Foto, um 1885. Solche Arbeitersiedlungen gaben den Arbeitern nicht nur Wohnraum, in den kleinen Gärten konnte auch Gemüse zur Selbstversorgung angebaut werden. Der „Altenhof“ wurde speziell für Invaliden und Alte gebaut.

M12 Marxistische Grundpositionen

Karl Marx und Friedrich Engels über die Klassenstruktur aller bisherigen Gesellschaften, 1848:

Die Geschichte aller bisherigen Gesellschaft ist die Geschichte von Klassenkämpfen.
Freier und Sklave, Patrizier und Plebejer, Baron und Leibeigener, Zunftbürger und Gesell, kurz, Unterdrücker und Unterdrückte standen in stetem Gegensatz zueinander, führten einen ununterbrochenen, bald versteckten, bald offenen Kampf, einen Kampf, der jedes Mal mit einer revolutionären Umgestaltung der ganzen Gesellschaft endete oder im gemeinsamen Untergang der kämpfenden Klassen.
In den früheren Epochen der Geschichte finden wir fast überall eine vollständige Gliederung der Gesellschaft in verschiedene Stände, eine mannigfaltige Abstufung der gesellschaftlichen Stellungen. Im alten Rom haben wir Patrizier, Ritter, Plebejer, Sklaven; im Mittelalter Feudalherren, Vasallen, Zunftbürger, Gesellen, Leibeigene, und noch dazu in fast jeder dieser Klassen Abstufungen.
Die aus dem Untergange der feudalen Gesellschaft hervorgegangene moderne bürgerliche Gesellschaft hat die Klassengegensätze nicht aufgehoben. Sie hat nur neue Klassen, neue Bedingungen der Unterdrückung, neue Gestaltungen des Kampfes an die Stelle der alten gesetzt.
Unsere Epoche, die Epoche der Bourgeoisie, zeichnet sich jedoch dadurch aus, dass sie die Klassengegensätze vereinfacht hat. Die ganze Gesellschaft spaltet sich mehr und mehr in zwei große feindliche Lager, in zwei große, einander direkt gegenüberstehende Klassen: Bourgeoisie und Proletariat.

K. Marx/F. Engels: Manifest der Kommunistischen Partei. Zit. nach: R. Thomas: Marxismus und Sowjetkommunismus I. Stuttgart 1984, S. 49 f.

M13 Beratung des Sozialistengesetzes im Reichstag

a) Der Abgeordnete August Bebel, Führer der Sozialdemokraten, September 1878:

Wenn es nicht mehr gestattet wird, unsere eigene gesamte Literatur zu verbreiten, so werden wir selbstverständlich wissen, uns die einschlägige, nicht verbotene in- und ausländische Literatur in passender Weise zugänglich zu machen. Sie mögen da machen, was Sie wollen [...] Meine Herren [...] Sie könnten uns gar nicht besser nützen als durch Annahme des Gesetzes, denn Tausende und Abertausende, die heute noch keine Sozialdemokraten sind, werden es dann sicher werden. Wir sind in wenigen Jahren stärker als je zuvor.

Zit. nach: Axel Kuhn (Hg.): Deutsche Parlamentsdebatten. Bd. 1. Frankfurt a. M. 1970, S. 100 f.

b) Otto von Bismarck entgegnete August Bebel im Reichstag:

Ich komme zu der Frage [...] zurück, wann [...] meine Stellung zu der sozialen Frage eine andere geworden ist – sozialdemokratisch mochte sie sich damals nennen. Es stammt dies von dem Augenblick her, wo in versammeltem Reichstag […] ich weiß nicht, war es der Abgeordnete Bebel oder Liebknecht, aber einer von beiden, in pathetischem Appell die französische Kommune[1] als Vorbild politischer Einrichtungen hinstellte und sich selbst offen vor dem Volke zu dem Evangelium dieser Mörder und Mordbrenner bekannte. […] Jener Anruf der Kommune war ein Lichtstrahl, der in die Sache fiel, und von diesem Augenblick an habe ich in den sozialdemokratischen Elementen einen Feind erkannt, gegen den der Staat, die Gesellschaft, sich im Stande der Notwehr befindet […].

Zit. nach: Ebenda, S. 129.

[1] Im Mai 1871 hatten in Paris Handwerker und Arbeiter in blutigen Straßenschlachten gegen Regierungstruppen gekämpft.

M14 Wettbewerb

Der amerikanische Stahl- und Bergbauunternehmer Andrew Carnegie schrieb 1889:

Das Gesetz des Wettbewerbs […] selbst wenn es für den Einzelnen manchmal hart sein mag, ist für die Menschen insgesamt optimal, denn es garantiert das Überleben des Fähigsten in jedem Wirtschaftsbereich. Deshalb akzeptieren wir als Bedingungen, denen wir uns anpassen müssen, große Ungleichheit in unserem Umfeld und die Konzentration von Unternehmen in Industrie und Handel in den Händen weniger. Dabei erweist sich das Gesetz des Wettbewerbs nicht nur als Segen, sondern sogar als Voraussetzung für den künftigen Fortschritt der Menschheit. […]
Der Sozialist oder Anarchist, der versucht, die derzeitigen Verhältnisse umzustürzen, greift damit das Fundament an, auf dem die Zivilisation ruht. Diese nahm ihren Anfang an dem Tag, als der fähige, fleißige Arbeiter zu seinem unfähigen und faulen Arbeitskameraden sagte: „Wenn du nicht säst, sollst du nicht ernten.“ Und der frühe Kommunismus endete damit, dass die Drohnen von den Bienen getrennt wurden. […] Die Zivilisation überhaupt beruht auf der Heiligkeit des Eigentums – das Recht des Arbeiters auf seine hundert Dollar auf der Sparkasse und dem legitimen Recht des Millionärs auf seine Millionen. […] Jene, die vorschlagen, diesen ausgeprägten Individualismus durch den Kommunismus zu ersetzen, erhalten zur Antwort: Die Menschen haben es bereits versucht. Jeglicher Fortschritt seit jener unkultivierten Zeit bis heute entstand durch Veränderung. Die Anhäufung von Reichtum durch jene, die die Fähigkeit und Energie besaßen, ihn zu schaffen, hat den Menschen nur Vorteile gebracht.

A. Carnegie: Die Wahrheit über Reichtum und Geld. Zürich 2000, S. 29 ff. Nach den Übersetzungen von A. Gittinger u. a.

M15 Staatssozialismus?

Aus zwei Reden Otto von Bismarcks, die er am 15. und 20. März 1884 im Reichstag hielt:

Die Frage von Arbeitszeit und Lohnhöhe ist durch staatliche Einwirkung, überhaupt durch Gesetze außerordentlich schwierig zu lösen, durch irgendeine Gesetzgebung, die man macht, läuft man Gefahr, in die persönliche Freiheit, seine Dienste zu verwerten, sehr erheblich und unnütz einzugreifen. Denn wenn man die milchgebende Kuh oder die eierlegende Henne mit einem Male schlachtet, so geht damit die Industrie ein, um die es sich handelt, weil sie die ihr aufzulegende Last der kurzen Arbeit für hohe Löhne nicht tragen kann. Dann leidet darunter der Arbeiter ebenso wie der Unternehmer. Das ist also die Grenze, die geboten ist und vor der jede gesetzliche Einwirkung haltmachen muss. […]
Für den Arbeiter ist da immer eine Tatsache, dass der Armut und der Armenpflege in einer großen Stadt zu verfallen gleichbedeutend ist mit Elend, und diese Unsicherheit macht ihn feindlich und misstrauisch gegen die Gesellschaft. Das ist menschlich nicht unnatürlich, und solange der Staat ihm da nicht entgegenkommt oder solange er zu dem Entgegenkommen des Staats kein Vertrauen hat, da wird er, wo er es finden mag, immer wieder zu dem sozialistischen Wunderdoktor laufen und ohne großes Nachdenken sich von ihm Dinge versprechen lassen, die nicht gehalten werden. Deshalb glaube ich, dass die Unfallversicherung, mit der wir vorgehen, sobald sie namentlich ihre volle Ausdehnung bekommt auf die gesamte Landwirtschaft, auf die Baugewerbe vor allem, auf alle Gewerke, wie wir das erstreben, doch mildernd auf die Besorgnis und auf die Verstimmung der arbeitenden Klasse wirken wird. […]
Wenn man mir dagegen sagt, das ist Sozialismus, so scheue ich das gar nicht. Es fragt sich nur, wo liegt die erlaubte Grenze des Staatssozialismus? Ohne eine solche können wir überhaupt nicht wirtschaften. Jedes Armenpflegegesetz ist Sozialismus.

Zit. nach: H. Meyer/W. Langenbeck (Bearb.): Grundzüge der Geschichte. Historisch-politisches Quellenbuch. Band II. Frankfurt/Main u. a. 1966, S. 47 f.

M16 Die bürgerliche Frauenbewegung

Louise Otto-Peters gilt als die Begründerin der deutschen Frauenbewegung. Seit 1849 gab sie die „Deutsche Frauen-Zeitung“ heraus, die ab 1852 nicht mehr erscheinen durfte. Louise Otto-Peters schrieb 1847:

Es wird in unseren Schulen vielleicht alles gelehrt, was der weibliche Verstand bis in sein 14. Jahr fassen kann – aber dann, in einem Alter, in dem alle Geisteskräfte sich erst recht zu entfalten beginnen […] – in einem solchen Alter wird die weibliche Bildung für vollendet betrachtet […]. Für die Töchter der Bemittelten gibt es auch jetzt […] eine Menge

von Anstalten, welche namentlich für Mädchen von 13 bis 18 Jahren bestimmt sind. Aber wie sind sie beschaffen! Die Mädchen lernen darin nichts wie Französisch und Englisch sprechen, Tanzen, Musizieren, Zeichnen und Sticken. […]
Es tut Not, dringend Not, dem Weibe Gelegenheit zu verschaffen, sich, wenn es sein muss, den Lebensunterhalt selbst verdienen zu können. Schon bei den untersten Schichten steht der Verdienst der Frauen […] im auffallenden Missverhältnis zu dem der Männer! […] Aber in höheren Ständen ist dem weiblichen Geschlecht fast jede Gelegenheit genommen, sich selbstständig durchs Leben zu helfen. Eine Stickerin und Näherin kann bei den jetzigen Zeiten den Tag über kaum fünf Neugroschen verdienen! Anderes lernen aber eben jetzt die Mädchen selten, denn um in fremden Sprachen unterrichten zu können, gehört schon eine große Fertigkeit in denselben dazu, zu welcher es auch selten gebracht wird. Allerdings ist aber dieses Unterrichten im Französischen, namentlich sei es nun im Privatunterricht oder in der Stellung als Erzieherin, fast das einzige Mittel der Frauen, sich allein durchs Leben zu helfen […]. Wie schmachvoll […] für Deutschland selbst, das zu seinen Töchtern sagt: Seht zu, dass ihr euch bald an einen Mann verkauft, der euch anständig ernähren kann und ihr dafür sein Hauswesen führt.

Louise Otto-Peters: Die Teilnahme der Frauen an den Interessen des Staates. In: Robert Blum (Hg.): Vorwärts! Volks-Taschenbuch für das Jahr 1847. 5. Jg., Leipzig 1847, S. 51 ff.

M17 Die proletarische Frauenbewegung

Clara Zetkin leitete von 1891–1916 die sozialdemokratische Frauenzeitschrift „Die Gleichheit". 1919 schloss sie sich der Kommunistischen Partei an, die sie von 1920–1933 im Reichstag vertrat. Aus dem Protokoll ihrer Rede vor dem Internationalen Arbeiterkongress in Paris, 1889:

In höchstem Grade überraschend aber ist es, dass man auch im sozialistischen Lager einer irrtümlichen Auffassung begegnet, indem man die Abschaffung der Frauenarbeit verlangt. Die Frage der Frauenemanzipation […] ist eine wirtschaftliche […]. Die Sozialisten müssen wissen, dass bei der gegenwärtigen wirtschaftlichen Entwicklung die Frauenarbeit eine Notwendigkeit ist […], dass es nicht die Frauenarbeit an sich ist, welche durch Konkurrenz mit den männlichen Arbeitskräften die Löhne herabdrückt, sondern die Ausbeutung der Frauenarbeit durch den Kapitalisten, der sich dieselbe aneignet.

Zit. nach: Annette Kuhn (Hg.): Die Chronik der Frauen. Dortmund 1992, S. 369.

M18 Zur Frauenbewegung

Karikaturistische Ansichtskarte zu den Forderungen der Frauenbewegung, um 1900

Arbeitsaufträge

1 Listen Sie die Beschwernisse des Arbeiterlebens auf (VT, M 7, M 8). Erörtern Sie die Ansicht von Mohls (M 7) zur politischen Einstellung der Arbeiter.

2 Erarbeiten Sie in Gruppen die verschiedenen Lösungskonzepte zur sozialen Frage (VT, M 5, M 6, M 9, M 11, M 12).

3 Zeigen Sie auf, wie Krupp (M 9) den Unterschied zwischen Unternehmern und Arbeitern erklärt. Wie versucht Lassalle (M 10), diesen Interessenkonflikt aufzulösen?

4 Erläutern Sie den Solidarisierungseffekt, den das Sozialistengesetz bewirkte (VT). Warum wohl behielt Bebel (M 13a) mit seiner Vorhersage Recht?

5 Kennzeichnen Sie Gemeinsamkeiten und Unterschiede zwischen der bürgerlichen und der proletarischen Frauenbewegung (VT, M 16, M 17).

Werkstatt Geschichte und Gesellschaft

Wanderungsbewegungen im Industriezeitalter mit Hilfe eines Gruppenpuzzles erschließen

Migrationsprozesse haben manche historische Epoche des 19. und 20. Jahrhunderts wesentlich mitgeprägt. Waren die Motive der Aus- und Zuwanderer auch unterschiedlich, so lassen sich zwei grundlegende Ursachen doch festhalten: Elende Lebensverhältnisse in der Heimat und die Hoffnung auf ein besseres Leben in der Fremde.
Im Vergleich unterschiedlicher Wanderungsbewegungen lassen sich viele Fragen klären: Welche konkreten Motive haben Migranten, ihre Heimat zu verlassen? Welche Probleme ergeben sich aus der Zuwanderung im neuen Heimatland?
Machen Sie sich mit Hilfe der vorliegenden Darstellungen und Materialien ein Bild. Beim Gruppenpuzzle fungieren Sie in einer Doppelrolle: Zum einen sind Sie Lernende in den Expertengruppen, die sich einzelne Aspekte des Themas erarbeiten. Zum anderen sind Sie in den abschließenden Stammgruppen Lehrende, die ihr Expertenwissen an die Mitschüler vermitteln.

Methodische Arbeitsschritte

Phase 1:
Arbeit in **Stammgruppen** – Bilden Sie Arbeitsgruppen und machen Sie sich mit der Aufgabenstellung vertraut. Jedes Mitglied der Stammgruppe wählt einen Ausschnitt des Gesamtthemas. Diesen Aspekt soll es sich erarbeiten und später der Stammgruppe vermitteln.

Phase 2:
Arbeit in **Expertengruppen** – Alle Teilnehmer mit gleichen Themen treffen sich in Expertengruppen und erarbeiten sich dort gemeinsam den jeweiligen Inhalt. Sie lesen die Verfassertexte im Schulbuch, werten Materialien aus, nutzen eventuell bereitgestellte Nachschlagewerke oder das Internet. Dabei klären die Experten aufkommende Fragen und verständigen sich auf Kernaussagen, die den Stammgruppen vermittelt werden sollen. Dazu wird eine übersichtliche Darstellung der Ergebnisse erarbeitet, die für alle Experten kopiert werden muss.

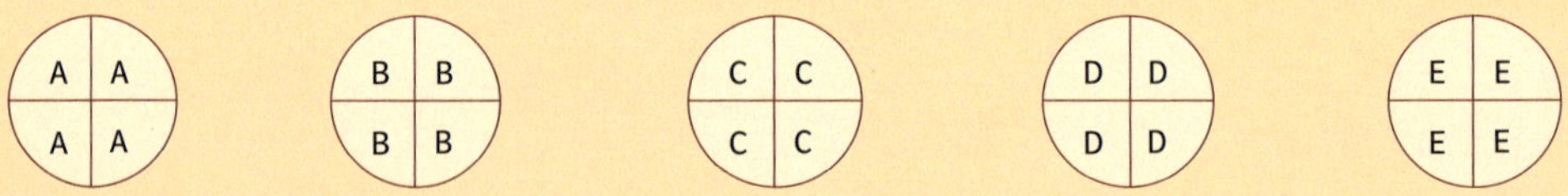

Phase 3:
Arbeit in **Stammgruppen** – Die Experten kehren in ihre Stammgruppen zurück und vermitteln sich gegenseitig das erarbeitete Wissen. Die Lernenden hören zu, fragen nach und diskutieren die einzelnen Beiträge.

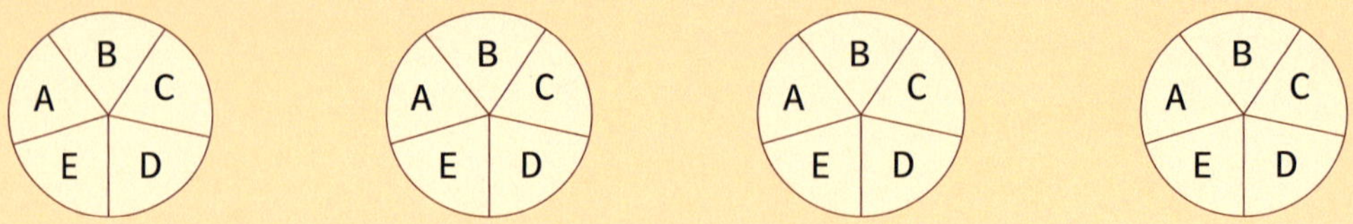

M1 Schulabschlüsse von Frauen und Männern im Alter zwischen 20 und 40 Jahren in Baden-Württemberg 2004

	Deutsche		Ausländer	
	Frauen	Männer	Frauen	Männer
Hauptschulabschluss	23	33	43	50
Realschulabschluss	41	28	19	17
(Fach-) Hochschulreife	35	38	28	24
ohne allgemeinen Schulabschluss	1	1	10	8
Gesamt	100	100	100	100

Nach Angaben des Statistischen Bundesamtes vom Verfasser zusammengestellt

M2 Entwicklung der Zahl deutscher Auswanderer

Zahl der deutschen Auswanderer							
1992	1994	1996	1998	2000	2002	2004	2006
105 000	138 000	118 000	115 000	111 000	118 000	151 000	155 000

Nach Angaben des Statistischen Bundesamtes vom Verfasser zusammengestellt

Arbeitsaufträge

1 Aufgabe für die Stammgruppe
Diskutieren Sie die Ergebnisse von M 1 und M 2. Machen Sie Vorschläge, wie die Integration von Einwanderern nach Deutschland verbessert werden kann.

2 Aufgaben für die Expertengruppen:
Gruppe A: Lesen Sie den VT zu Kap. 3.1 „Auswanderung nach Amerika" und bearbeiten Sie die Fragen 1 und 3. Fassen Sie wichtige Ergebnisse übersichtlich zusammen. Skizzieren Sie zur Verdeutlichung der Antwort zu Frage 3 an der Tafel oder einer Pinnwand wesentliche Elemente des Verfassungsschaubildes der USA (S. 93).
Gruppe B: Lesen Sie den VT zu Kap. 3.2 „Polen im Ruhrgebiet" und bearbeiten Sie die Fragen 1–3. Fassen Sie wesentliche Inhalte übersichtlich zusammen. Skizzieren Sie zur Beantwortung von Frage 2 an der Tafel oder Pinnwand eine Karte des Deutschen Reiches, in der Sie die preußischen Gebiete aus den polnischen Teilungen und das Ruhrgebiet einzeichnen.
Gruppe C: Lesen Sie den VT zu Kap. 3.3 „Migration nach Deutschland" zu den Themen „Anwerbung von Arbeitskräften" und „Asylsuchende" . Beantworten Sie Frage 1. Fassen Sie wesentliche Inhalte übersichtlich zusammen. Besorgen Sie sich einen Gesetzestext des Grundgesetzes. Erstellen Sie mit Hilfe von Art. 16 a eine Übersicht, wann in Deutschland Asyl gewährt werden muss und wann dies ausgeschlossen ist.
Gruppe D: Lesen Sie den VT zu Kap. 3.3 „Zuwanderung nach Deutschland" zum Thema „Integration der Zugewanderten". Bearbeiten Sie die Fragen 3 und 4. Formulieren Sie an der Tafel oder einer Pinnwand wesentliche politische und gesellschaftliche Maßnahmen, die in den nächsten Jahren erfüllt werden müssen, um eine schnellere Integration der Migranten zu ermöglichen.
Gruppe E: Lesen Sie den VT zu Kap. 3.4. „Auch heute wandern Deutsche aus". Beantworten Sie die Fragen 1–3. Fassen Sie wesentliche Inhalte übersichtlich zusammen. Erstellen Sie an der Tafel oder einer Pinnwand einen Katalog von Gründen, die deutsche Staatsbürger zur Auswanderung veranlassen könnten, und einen zweiten, warum Länder wie die Schweiz oder Dänemark Arbeitskräfte aus Deutschland anwerben.

3 Aufgabe für die Stammgruppe
Die Experten tragen mit Hilfe ihrer Notizen unter Einbeziehung der von ihnen angefertigten Anschriebe an der Tafel oder auf Pinnwänden ihre Ergebnisse vor. Die Stammgruppe fasst in einer Übersicht die unterschiedlichen Gründe für die Migrationsströme seit dem beginnenden 19. Jahrhundert zusammen.

3 Fremde und Einheimische – Wanderungsbewegungen im Industriezeitalter

Für viele junge Menschen ist es heute selbstverständlich, einige Jahre im Ausland zu studieren oder dort zu arbeiten. Von Migration spricht man aber erst, wenn ein Wohnungswechsel dauerhaft wird. Die Entscheidung zur Wohnsitzverlegung kann selbstbestimmt sein oder durch Zwang ausgelöst werden. Politisch oder wirtschaftlich unbefriedigende, aber auch Existenz bedrohende Lebensbedingungen in der Heimat zählen ebenso zu den Migrationsmotiven wie die Aussicht auf ein verheißungsvolleres Leben anderswo. Wanderungsbewegungen haben in Europa eine lange Tradition. Im Folgenden werden einige wichtige Wanderungsströme aus Geschichte und Gegenwart dargestellt und hinterfragt.

1815–1930	5,5 Millionen Deutsche wandern in die USA aus.
1860–1914	Hunderttausende polnischstämmige Menschen ziehen ins Ruhrgebiet.
1955–1973	Zeit der Anwerbung von „Gastarbeitern" in Deutschland
seit 2000	Stetiges Anwachsen der Zahl der Auswanderer aus Deutschland

3.1 Auswanderung nach Amerika – Hoffnung auf ein besseres Leben

Mit Segelboot und Dampfschiff

Zwischen 1815 und 1930 emigrierten mehr als 50 Millionen Europäer nach Übersee. Von ihnen fanden etwa 38 Millionen eine neue Heimat in den USA, darunter 5,5 Millionen Deutsche. Die Motive der Auswanderer waren vielfältig, hatten religiöse Ursachen, umfassten die Suche nach Land oder Arbeit oder waren eine Flucht vor widrigen sozialen und ökonomischen Zuständen in der Heimat. Oft waren sie vom Traum nach Reichtum und dem Wunsch nach einem Leben in einer freien, offenen Gesellschaft geprägt.
Den Auswanderungswilligen wurde es in der alten Heimat nicht leicht gemacht. Lebten sie auf dem Land, brauchten sie die Genehmigung der Grundherren. Wohnten sie in der Stadt, mussten sie nachweisen, dass sie keine Schulden hatten, und die Männer mussten ihren Militärdienst geleistet haben. Nicht alle Emigranten fügten sich den Vorschriften, viele verschwanden bei Nacht und Nebel. Den Auswanderern stand eine lange Reise bevor. Schon die Anfahrt in eine der Hafenstädte war anstrengend, da es Mitte des 19. Jahrhunderts noch keine durchgängigen Eisenbahnlinien gab. Noch strapaziöser war die Seereise. Erst in den 1860er-Jahren setzte sich das Dampfschiff durch. Die Überfahrt auf der Atlantikroute dauerte dann drei Wochen, mit dem Segelschiff waren es acht Wochen, wenn Flaute herrschte auch länger.
Zu Beginn des 19. Jahrhunderts konnten die Auswanderer die Passage häufig kostenlos nutzen. Sie wurden dann von den Schifffahrtsgesellschaften an amerikanische Farmer vermittelt, bei denen sie eine zeitlang kostenlos arbeiten mussten. Später verbot die amerikanische Regierung diese Möglichkeit, weil raffgierige Kapitäne immer längere Arbeitsverträge aushandelten. Nun musste die Reise im Voraus bezahlt werden, die Auswanderer mussten deshalb in der alten Heimat meist ihr gesamtes Hab und Gut verkaufen.
Die meisten der in der Neuen Welt Angekommenen integrierten sich schnell in die amerikanische Gesellschaft, die sich anfangs offen und tolerant zeigte. Doch seit dem ausgehenden 19. Jahrhundert ließ sich auch Amerika nicht mehr als der „melting pot" bezeichnen. Freies Ackerland stand längst nicht mehr zur Verfügung, und in den großen amerikanischen Städten entstanden ethnische Gettos, in denen viele der mittellosen Einwanderer in Not und Elend lebten.

M1 Abschied eines Schuhmachermeisters

In den damaligen Zeitungen fanden sich viele Berichte über die Auswanderung. In einer Anzeige in der Esslinger Schnellpost von 1848 heißt es:

Teils aus Mangel an Zeit, teils, weil es mir zu schwer gefallen wäre, von meinen Freunden und Gönnern persönlich Abschied zu nehmen, so sage ich hiermit auf diesem Wege allen, die mich kannten, ein herzliches Lebewohl. Es wurde mir zwar öfters vorgehalten, dass ich gerade jetzt in gegenwärtiger für Württemberg so hoffnungsvoll scheinender Zukunft auswandere, allein ich konnte mich dennoch nicht entschließen, in dem Land länger zu verweilen, worin mein Name in der verhängnisvollen Merkurs-Donnerstagsliste [der Zahlungsunfähigen] gebrandmarkt wurde, welches Los leider nach mir noch viele treffen wird. Diejenigen, die mich näher kennen, wissen, dass ich unschuldig bin an diesem Malheur und dass ich den langen Druck der unheilvollen Zeit unterlag. Noch viele werden unterliegen trotz den verheißenen besser eintreten sollenden Zeiten; denn der Geldaristokratismus findet kein Ende mehr. Das Vertrauen zum arbeitsamen Mann ist gesunken, die Kapitalisten und Reichen haben wenig oder gar kein Herz mehr für die Unbemittelten, um ihnen an die Hand zu gehen, sondern das höchste Glück der meisten dieser Leute besteht im Geldwucher; nur für den Mammon schlägt ihr Herz. Deswegen zog ich es vor, in ein Land zu ziehen, wo ich jedenfalls das schon treffe, was die Württemberger künftig zu erlangen gedenken. Dort ist auch der Arbeiter seines Lohnes wert.

Esslinger Schnellpost, Nr. 27/1848, S. 106.

M3 Auswanderer gehen an Bord

Kolorierter Holzstich. Von Bremerhaven aus verließen im 19. Jahrhundert ganze Ströme von Auswanderern Deutschland.

M2 Amerika – das gelobte Land?

a) Bericht eines Auswanderers, der 1848 mit dem Segelschiff von Le Havre nach New Orleans fuhr und dann nach St. Louis weiterreiste:

Hierherzukommen rat ich niemanden. Arbeitslose Leute sind hier sehr viele, in New York bei 30 000. Die heutige Zeitung enthält die ersten Cholerafälle in St. Louis. Alle bis jetzt gemachten Erfahrungen und alles, was ich Gelegenheit hatte zu hören von solchen, die länger im Lande sind, gehen dahin, [...] dass jeder zu Hause bleiben möchte. Denn obgleich viel Land auf Menschenhände wartet, so muss ein Farmer, wenn er bestehen will, ein wahres Einsiedlerleben führen, wenn er nicht ordentlich Geld mitbringt, um Land aus zweiter oder dritter Hand zu kaufen. Was dann mit diesen Landverkäufen für schändlicher Betrug getrieben wird und wie mancher Auswanderer, der wegen seinem Mangel an Sprachkenntnissen an die Geschäftsleute und Unterhändler gebunden ist, um sein Hab und Gut geprellt wird, ist nicht auszusprechen. Denn da kaufen sie oft Land von Leuten, die nicht den geringsten Anspruch auf das verkaufte Land haben. Hier herrscht neben der Cholera jetzt auch das Goldfieber, veranlasst durch die Schilderungen von Kaliforniens Schätzen, und es wandern viele dorthin aus.

L. Schelbert/H. Rappold: Alles ist ganz anders. Olten 1977, S. 232 f.

b) Aus dem Brief eines Auswanderers aus Waldmössingen an seine Verwandten im Schwarzwald über sein Leben in St. Louis, 1883:

Wir haben uns um eine eigene Wohnung umgesehen und alle nötigen Möbel gekauft, einen schönen eisernen Kochherd und einen Heizofen und wohnen jetzt so nobel als je einer in Deutschland. Ich arbeite wirklich in einem Pferdestall und habe neun Pferde zu besorgen. Diese Pferde habe ich bloß morgens zu putzen und einzuspannen, zu füttern brauche ich sie nicht und bin dann bis 9 Uhr fertig. Ich verdiene in diesem Stall monatlich 25 Dollars nebst Kost, die morgens besteht aus zwei- bis dreierlei Fleisch, Butter, Weißbrot und nie ohne Honig, danach Kaffee. Von Mittag und Abend will ich nicht reden. Kurz: In Amerika hat ein armer Mann bessere Kost als in Deutschland mancher Herr. Mein Sohn Adelbert hat gleich Arbeit bekommen in einer Brauerei. Er wurde krank, nachdem ihm die Arbeit zu hart war. Jetzt arbeitet er in einer anderen Brauerei, vielleicht bloß 200 Schritt von unserer Wohnung. Er verdient 50 Dollar, später bekommt er noch mehr.

Große Kreisstadt Schramberg (Hg.): 1000 Jahre Waldmössingen 994–1994. Schramberg 1994, S. 125.

M4 Seuchen an Bord

Amtliche Bekanntmachung in der Esslinger Schnellpost:

Nach den öffentlichen Blättern sind am 21. vorigen Monats zehn Emigrantenschiffe in New York angekommen, welche 3779 Einwanderer und davon 3269 aus Liverpool brachten. Mit tiefem Bedauern wurde zugleich berichtet, dass auf diesem und überhaupt auf sämtlichen in der letzten Zeit von Europa herübergekommenen Auswandererschiffen die Sterblichkeit erschreckend groß sei, sowie, dass die Todesursache in den Sterbelisten zwar nicht angegeben, aber nicht zu zweifeln sei, dass Cholera auf den Schiffen sich eingenistet habe. Nach anderen Berichten ist die Cholera auch in Bremerhaven ausgebrochen. Hiernach sollten sich alle von der Reise nach Amerika abhalten lassen, welche ohne großen Nachteil dieselbe noch aufschieben können, und hierdurch werden die Ortsvorsteher sich dringend aufgefordert finden, ihren Gemeindeangehörigen vor einer Reise nach Amerika solange abzuraten, bis wieder eine bessere Gesundheit eintritt, zumal viele durch die herabgesetzten Überfahrtpreise sich verleiten lassen, in der unter Umständen ungünstigen Winterzeit die Reise nach Amerika zu unternehmen.

Esslinger Schnellpost, 12.11.1854

M5 Neue Geschlechterrollen in der neuen Heimat

Die für Europäer damals ungewohnten Geschlechterrollen jenseits des Atlantiks wurden mit Erstaunen registriert, so auch in einem Reisebericht, den der Arbeiter Kummer 1913 veröffentlichte:

Jeder Fortschrittsmann wird die starke Beteiligung der amerikanischen Weiblichkeit an den öffentlichen Angelegenheiten begrüßen. Sie kommt sehr zahlreich in die Parteiversammlungen. Dies ist allerdings bis zu einem hohen Grade der besseren häuslichen Erziehung des starken Geschlechts zu verdanken. Dieses ist durch Sitte und Gesetz allmählich dahin gebracht worden, von der Last, die das schwache Geschlecht drückt, so viel wie möglich selbst zu tragen [...] Wenn ich dort [in Pittsburgh] meine Werkstattkollegen besuchte, fand ich sie mit Zimmerreinigen, Ofenputzen, Stiefelwichsen, Einkäufen und Kinderwarten beschäftigt. Während der Hausvater seine vielgestaltige Pflicht erfüllte, habe ich mich mit seiner Ehedame oder seinen Töchtern im Salon unterhalten. [...]

Recht unterhaltend ist es, die deutschen Arbeiter über ihre Erfahrungen in Amerika erzählen zu hören. Die mit Amerikanerinnen verheirateten können den Junggesellen nicht genug vor der Änderung seines Zivilstandes warnen. Bei ihnen ist das erhoffte Eheglück in einen Ehekrieg mit seltenem Waffenstillstand ausgeartet. Mit der Ehe mit den schönen Töchtern des Onkel Sam hatten mir schon Landsleute in New York steinerweichende Geschichten erzählt, deren Regelung von den lieben, sehr gesetzeskundigen Weibchen kurzerhand dem Richter übergeben worden war. Hierbei setzte es Einsperrung oder Geldstrafe ab für den noch mit „veralteten" deutschen Ansichten über die Pflichten der Hausfrau und dergleichen ausgestatteten Landsmann.

Stellt sich bei den eingeborenen Amerikanern der „Segen des Himmels" trotz aller Vorsichtsmaßregeln ein, so erfüllt das besonders [den Mann] mit Betrübnis. Weiß er doch, dass er neben den Sorgen um die Unterhaltung des Sprösslings einen Teil der Wartung zu übernehmen hat. Jedenfalls hat er die „Gottesgabe" bei Ausgängen pflichtschuldig hinter oder neben seiner Lady herzutragen. Das ist kein Flitterwochenspaß, sondern stete Pflicht des freien amerikanischen Bürgers; es ist „gentlemanlike". Darüber wundert sich schließlich nur ein Eingewanderter, dem Amerikaner ist es selbstverständlich. Den Müttern kann so etwas nicht zugemutet werden; sie sind Ladies, freie Amerikanerinnen.

Fritz Kummer: Eines Arbeiters Weltreise. Stuttgart 1913, S. 84 ff.

Arbeitsaufträge

?

1. Nennen Sie Gründe, warum im 19. Jahrhundert viele Menschen in die USA auswanderten (VT, M 1). Welche Beschwernisse mussten sie dabei auf sich nehmen (M 4)?
2. Listen Sie die Argumente auf, die in den Schilderungen (M 2a, M2b) für bzw. gegen eine Auswanderung genannt werden.
3. Beschreiben Sie die politischen und gesellschaftlichen Verhältnisse, die die Aussiedler in der Neuen Welt erwarteten (VT, M 5, M 9 auf S. 93).

3.2 Polen im Ruhrgebiet – aus Landarbeitern werden Bergleute

Im Westen lockt die Arbeit

In den 1870er-Jahren hatte die Geschwindigkeit der Industrialisierung in Deutschland ihren Höhepunkt erreicht. Der Arbeitskräftebedarf in den Bergwerken des Ruhr- und Saargebiets konnte bald nicht mehr mit heimischen Bergleuten gedeckt werden. Die Betriebe warben deshalb vor allem in den östlichen Provinzen Preußens Arbeitskräfte an. Die Armut vieler dort lebender Menschen, die in der Landwirtschaft kein Auskommen mehr fanden, förderte deren Entschluss, in die westlichen Provinzen Preußens überzusiedeln. Zwischen 1860 und dem Ersten Weltkrieg wanderten aus Ost- und Westpreußen, Posen, Schlesien und Pommern etwa zwei Millionen Migranten Richtung Westen aus, darunter zahlreiche Polen.
Viele Bewohner der östlichen Provinzen Preußens waren polnischer Nationalität. Polen war Ende des 18. Jahrhunderts zwischen Russland, Österreich und Preußen aufgeteilt worden. Die in den von Preußen annektierten Gebieten lebenden Polen waren so zwangsweise zu preußischen Staatsbürgern geworden. Es gab aber auch schon vor der Teilung in den preußischen Provinzen Schlesien, Pommern und Ostpreußen polnische Minderheiten, von denen nun viele ins Ruhrgebiet zogen. 1908 war dort etwa jeder dritte Bergmann polnischer Herkunft.

Misstrauen gegen die Zuwanderer

Die Zechen brachten die neuen Arbeiter zunächst in Sammelunterkünften unter. Zuerst wanderten vorwiegend Männer zu, doch schon bald stieg auch die Zahl der polnischen Familien sowie die der in der neuen Heimat geborenen Kinder. Viele der zugezogenen Familien wohnten in den von ihren Arbeitgebern zur Verfügung gestellten Werkssiedlungen. Dort waren die Wohnungen billig und sie hatten einen kleinen Garten, in dem Kleinvieh gehalten und Gemüse angebaut werden konnte. Ganze Straßenzüge waren bald in der Hand der polnischen Zuwanderer, Geschäfte und Läden mit Produkten aus ihrer Heimat wurden eröffnet. Die abgesonderten Siedlungen und fremde Sitten ließen Vorurteile der Einheimischen gegen die Neuankömmlinge entstehen. Nicht selten verbarg sich dahinter Angst vor der Konkurrenz der Zugezogenen, bescheinigten doch die Zechenleitungen vielen polnischen Zugewanderten, fleißige und lenksame Kumpel zu sein. Das Misstrauen gegen die Zugewanderten teilten damals viele konservative Politiker, die in den Polen Gegner des Deutschen Reiches sahen, deren vorrangiges politisches Ziel darin bestünde, wieder einen polnischen Nationalstaat gründen zu wollen. Reichskanzler Bismarck verweigerte sich aus diesem Grund dem Wunsch der Polen nach Bewahrung ihrer nationalen Identität. Er wollte die vollständige Assimilierung des polnischen Bevölkerungsteils. Die deutschen Behörden im Ruhrgebiet betrachteten die polnischen Vereine und die 1902 gegründete polnische Gewerkschaft folglich mit Misstrauen und ließen sie ab 1909 durch die so genannte „Polenüberwachungsstelle" in Bochum kontrollieren. Dennoch wurde das Ruhrgebiet für nicht wenige polnischstämmige Familien zur neuen Heimat. Während nach der Gründung des neuen polnischen Staates 1918 einige Familien in ihre alte Heimat zurückkehrten, blieb ein Teil der Zugewanderten im Ruhrgebiet wohnen.

M1 Polnische Vereine im Ruhrgebiet
1912 gab es 875 polnische Vereine mit 81 532 Mitgliedern, (links: Fahne der „Bruderschaft des lebenden Rosenkranzes der Jugend" aus Duisburg-Marxloh von 1908). Die Turnvereine (rechts) wurden von den deutschen Behörden verdächtigt, heimliche Schulungszentren des Kampfes für ein freies Polen zu sein.

M2 Deutschland in den Grenzen von 1871

M3 Von Schlesien ins Ruhrgebiet

Der Schriftsteller Hans Marchwitza schildert in einem Roman seinen Umzug ins Ruhrgebiet:

In Beuthen stellte sich alle paar Wochen ein Agent von der Ruhr ein, der nicht viel zu locken brauchte. Hunderte Unzufriedene wie wir umlagerten das schmutzige Hotel. Der Agent betrog die Angeworbenen, das wusste man; er betrog erst recht jene, die sich ihm mit Gewalt aufdrängten, mit dem kleinen Zehrgeld, mit den lumpigen Fahrtkosten und mit dem Kontrakt, den jeder unterzeichnen musste. […] Der Zug rollte. Unser armes Land flog vorbei. Staubige, Feuer speiende, schweißtriefende Städte, traurige Straßen, barfüßige Kinderscharen, bleiche Frauen und ausgemergelte, uns nachstarrende Männer. Die alte Heimat entblößte noch einmal ihr ganzes trostloses Gramgesicht. […] Der Zug rollte durch das flammende Westfalen – Dortmund, Bochum, Essen – die Kanonenstadt Krupps. Rauch, Donnerschlag, verrußte Kasernen, das Ruhrgebiet, das „Kap der guten Hoffnung“, der Goldwesten des Reiches. Lange Reihen Bergleute, lange Reihen hastender Fabrikarbeiter, die emporragenden Schächte. […] Und dieser brodelnde schwarze Pott sollte die Rettung sein? Mancher der träumenden Jungen kritzelte rasch eine Karte: „Wir sind da. Bald hoffen wir, euch was zu schicken!“

Zit. nach: Hans Marchwitza: Meine Jugend. Berlin 1976, S. 152 f.

M4 Anwerbung von Masuren für das Ruhrgebiet

Aus einer Werbeschrift, 1908:

Masuren! In rheinländischer Gegend, umgeben von Feldern, Wiesen und Wäldern, den Vorbedingungen guter Luft, liegt, ganz wie ein masurisches Dorf, abseits vom großen Getriebe des westfälischen Industriebezirkes, eine reizende, ganz neue erbaute Kolonie der Zeche „Viktor“ bei Rauxel. Diese Kolonie besteht vorläufig aus über 40 Häusern und wird später auf etwa 65 Häuser erweitert werden. In jedem Hause sind nur vier Wohnungen, zwei oben, zwei unten. In jede Wohnung gehören etwa drei bis vier Zimmer. Die Decken sind 3 m hoch, die Länge bzw. die Breite des Fußbodens beträgt über 3 m. Jedes Zimmer, sowohl oben als auch unten, ist also schön groß, hoch und luftig, wie man sie in den Städten des Industriebezirkes kaum findet. Zu jeder Wohnung gehört ein sehr guter und trockener Keller, so dass sich die eingelagerten Früchte, Kartoffeln usw. dort sehr gut erhalten werden. Ferner gehört dazu ein geräumiger Stall, wo sich jeder sein Schwein, seine Ziege oder seine Hühner halten kann. So braucht der Arbeiter nicht das Pfund Fleisch oder seinen Liter Milch zu kaufen. Endlich gehört zu jeder Wohnung auch ein Garten von etwa 23–24 Quadratruten [1 preußische Quadratrute = 14,18 cm^2]. So kann sich jeder sein Gemüse, seinen Kohl und seine Kartoffeln, die er für den Sommer braucht, selbst ziehen. Wer noch mehr Land braucht, kann es in der Nähe von Bauern billig pachten. Außerdem liefert die Zeche für den Winter Kartoffeln zu billigen Preisen. Dabei beträgt die Miete für ein Zimmer (mit Stall und Garten) nur 4 Mark monatlich, für die westfälischen Verhältnisse jedenfalls ein sehr billiger Preis. […]

In der Kolonie wird sich in nächster Zeit auch ein Konsum befinden, wo allerlei Kaufmannsware wie Salz, Kaffee, Heringe usw. zu einem sehr billigen Preise von der Zeche geliefert werden, auch wird dort ein Fleischkonsum eingerichtet werden. Für größere Einkäufe liegen Castrop, Herne und Dortmund ganz in der Nähe.

Ledige Leute, die nicht in Privatkost gehen wollen, können in einer Menage zu sehr billigen Preisen wohnen und essen. Den Ankommenden wird in der ersten Zeit ein Barvorschuss, je nach Bedarf bis zu 50 Mark gegeben. Für die Kinder sind dort Schulen erbaut worden, so dass sie nicht zu weit zu laufen brauchen, auch die Arbeiter haben bis zur Arbeitsstelle höchstens 10 Minuten zu gehen. Bis zur nächsten Bahnstation braucht man etwa 1/2 Stunde. […]

Masuren, es kommt der Zeche vor allem darauf an, ordentliche Familien in diese ganz neue Kolonie hineinzubekommen. Ja, wenn es möglich ist, soll diese Kolonie nur mit masurischen Familien besetzt werden. So bleiben die Masuren ganz unter sich und haben mit Polen, Westpreußen usw. nichts zu tun. Jeder kann denken, dass er in seiner östlichen Heimat wäre. Es gibt Masuren, die bei der Zeche schon lange tätig sind und sich bei der anständigen Behandlung wohlfühlen. Als Beweis wird in Masuren bald ein solcher Arbeiter als Zeuge erscheinen.

Jede Familie erhält vollständig freien Umzug, ebenso jeder Ledige freie Fahrt. Sobald eine genügende Zahl vorhanden ist, wird ein Beamter der Zeche sie abholen. Die Zeche verlangt für den freien Umzug keine Bindung, eine bestimmte Zeit dort zu bleiben, wie andere Zechen. Sie vertraut ganz und gar der Ehrlichkeit der Masuren. Wem es nicht gefällt, kann von dort aus weiterziehen. Die Verwaltung der Zeche hofft aber, dass es den masurischen Familien so gut gefallen wird, dass sie ans Weiterziehen gar nicht denken werden.

Zit. nach: Stanislaus Wachowiak: Die Polen in Rheinland-Westfalen. München 1916, S. 11 ff.

M5 Zahl der aus den Ostprovinzen des preußischen Staates stammenden Einwohner des Ruhrgebiets

Provinz	1880	1885	1890	1900	1905	1910
Ostpreußen	16522	30105	65175	166733	185070	218269
Westpreußen	9855	14779	24285	56080	70161	94714
Posen	7469	11551	21437	85616	114176	153187
Oberschlesien	ca. 4500	ca. 5200	ca. 9200	24617	25880	31301
Insgesamt	38346	61635	120097	333046	395287	497471

Nach: Krystyna Murzynowska: Die polnischen Erwerbsauswanderer im Ruhrgebiet während der Jahre 1880–1914. Dortmund 1979, S. 25. (Übers.: Clara Bedürftig).

Arbeitsaufträge

1 Nennen Sie Gründe, warum junge Männer aus Oberschlesien ihre Heimat verließen (VT, M 3).

2 Tragen Sie in eine Kartenskizze des Deutschen Reiches in den Grenzen von 1871, die Sie von M 2 übernehmen, die Herkunftsprovinzen (M 5) der Einwanderer ein.

3 Listen Sie die Argumente auf (M 4), mit denen Arbeiter in das Ruhrgebiet gelockt wurden. Welche der Versprechungen erscheinen aus heutiger Sicht wenig verlockend?

3.3 Migration nach Deutschland – Ist die Bundesrepublik ein Einwanderungsland?

Anwerbung von Arbeitskräften

Mitte der 1950er-Jahre setzte in der Bundesrepublik ein wirtschaftlicher Aufschwung ein, das so genannte „Wirtschaftswunder". Die Gesamtzahl der Beschäftigten stieg von 19 Millionen im Jahr 1945/46 auf 27 Millionen in den Jahren 1970/72. Zunächst waren es heimkehrende Kriegsgefangene und Vertriebene, die die wachsende Nachfrage nach Arbeitskräften deckten, danach hauptsächlich Flüchtlinge aus der DDR. Dieser Zustrom versiegte jedoch ab dem Jahr 1961 mit dem Bau der Berliner Mauer. Als zunehmender Arbeitskräftemangel deutlich wurde, schloss die Bundesregierung mit südeuropäischen und nordafrikanischen Ländern Anwerbeabkommen ab: Italien (1955), Spanien und Griechenland (1960), Türkei (1961), Marokko (1963), Portugal (1964), Tunesien (1965), Jugoslawien (1968). In erster Linie wurden männliche Arbeitskräfte für körperlich anstrengende Tätigkeiten gesucht, z. B. im Baugewerbe und in Gießereien oder in der Produktion am Fließband.
Auch die DDR, die innerhalb Osteuropas eine wirtschaftliche Spitzenstellung einnahm, hatte ausländische Arbeitskräfte angeworben, allerdings in vergleichsweise geringer Zahl. Als so genannte Vertragsarbeiter kamen sie überwiegend aus den sozialistischen Ländern Angola, Kuba, Mosambik und Vietnam. Nach dem Zusammenbruch der DDR wurden diese Arbeitsverträge nicht verlängert. Die Bundesrepublik schloss mit den Herkunftsländern Rückführungsabkommen.
Als sich Anfang der 1970er-Jahre in der Bundesrepublik eine Wirtschaftskrise abzeichnete, kam es 1973 zum Anwerbestopp. Der Nachzug von Familienangehörigen der so genannten „Gastarbeiter" führte jedoch zu einem weiteren Anstieg der in Deutschland lebenden ausländischen Bevölkerung. Von 1955–1973 waren rund 14 Millionen Menschen ins Bundesgebiet gekommen, rund 11 Millionen davon kehrten wieder zurück. An die Integration derjenigen, die mit ihren Familien blieben, dachte damals noch kaum jemand. Oft lebten die Zugewanderten in der Gemeinschaft mit ihren Landsleuten isoliert von der deutschen Bevölkerung. Erst seit wenigen Jahren wird das Thema Integration bewusster wahrgenommen und von der Öffentlichkeit diskutiert. Wie können die Einwanderer ihre Sprachkenntnisse und damit ihre Schulabschlüsse und Berufsaussichten verbessern? Wie ist es mit der Religionsausübung, mit muslimischem Religionsunterricht? Das Zuwanderungsrecht sieht mittlerweile vor, dass arbeitssuchende in Deutschland lebende Ausländer, falls dies notwenig erscheint, an Sprachkursen teilnehmen müssen. In Zukunft dürfen ausländische Ehepartner nur noch dann nach Deutschland einreisen, wenn sie über Grundkenntnisse der deutschen Sprache verfügen.

Asylsuchende

In der politischen Diskussion gerieten Ende der 1980er-Jahre die „Gastarbeiter" fast in Vergessenheit. Im Fokus der Debatte standen andere Immigranten: Die Zahl der Asylbewerber erreichte 1992 mit fast 440 000 Antragstellern ihren Höhepunkt. Den Großteil davon stellten die Bürgerkriegsflüchtlinge aus Jugoslawien. Im Grundgesetz wird das Recht auf Asyl garantiert. Danach sind Asylbewerber solche Ausländer, die Schutz vor politischer Verfolgung in ihrem Herkunftsland oder Schutz vor Abschiebung in einen Staat suchen, in dem ihr Leben oder ihre Freiheit wegen ihrer Rasse, Religion, Staatsangehörigkeit, ihrer Zugehörigkeit zu einer bestimmten sozialen Gruppe oder wegen ihrer politischen Überzeugung bedroht ist. Allgemeine Notsituationen wie Armut, Naturkatastrophen oder schlechte wirtschaftliche Zukunftsaussichten werden als Asylgrund nicht anerkannt.
Viele Einheimische reagierten Anfang der 1990er-Jahre verunsichert auf die gestiegene Zahl der Asylanträge, manche beklagten vermeintlich zu hohe Sozialleistungen für die Neuankömmlinge, andere fürchteten Konkurrenz auf dem Arbeitsmarkt. Rechtsextreme Parteien, die gegen die Zuwanderung agierten, gewannen mit rassistischen und ausländerfeindlichen Parolen Anhänger. Die meisten Asylanträge wurden damals als unbegründet abgelehnt, die Asylbewerber mussten Deutschland dann meist wieder verlassen.
Nach kontroversen innenpolitischen Diskussionen beschloss der Gesetzgeber eine Neufassung des Asylrechts. 1993 verabschiedeten

M1 Zugewanderte übernehmen häufig schlecht bezahlte Arbeit

Bundestag und Bundesrat mit der erforderlichen Zweidrittelmehrheit eine Änderung des Asylrechts in Artikel 16 a des Grundgesetzes. Ausländer, die über einen EU-Staat oder aus einem „sichern Drittstaat" einreisen, können sich seitdem nicht mehr auf das Asylrecht berufen. Auch Menschen aus Staaten, in denen nach Ansicht der Bundesregierung keine politische Verfolgung stattfindet, dürfen nicht als Asylsuchende einreisen. Die Asylbewerberzahlen gehen seit der Gesetzesänderung kontinuierlich zurück. Im Jahr 2005 baten noch rund 43 000 Personen um Asyl. Nur rund ein Prozent der Anträge wurde anerkannt, weitere drei Prozent der Antragsteller erhielten Abschiebeschutz. Sie können später eine Daueraufenthaltserlaubnis bekommen, wenn sie für ihren Lebensunterhalt selbst aufkommen können.

Integration der Zugewanderten

Lange Zeit wurde davon ausgegangen, dass die bis in die 1970er-Jahre angeworbenen „Gastarbeiter" Deutschland nach ihrem Arbeitsaufenthalt wieder verlassen würden. Doch viele der ausländischen Arbeitskräfte holten ihre Familien nach Deutschland und fanden hier eine neue Heimat. Sie leben heute bereits in der zweiten oder dritten Generation hier.

Die Einbürgerungsbestimmungen, die im Januar 2000 in Kraft traten, leiteten eine Wende in der Ausländerpolitik ein. Erstmals wurde von Seiten einer Regierung anerkannt, dass Deutschland zum Einwanderungsland geworden war. In Deutschland geborene Ausländerkinder erhalten seitdem neben dem Pass ihrer Eltern automatisch einen deutschen Pass. Bis zu ihrem 23. Geburtstag müssen sie sich dann für eine Staatsangehörigkeit entschieden haben. In Deutschland lebende Ausländer können zudem schon nach acht statt zuvor nach 15 Jahren eingebürgert werden.

Der demographische Wandel macht auch in Zukunft eine geregelte Zuwanderung notwendig. Nur so lässt sich bei sinkenden Geburtenraten und zunehmender Alterung der Bevölkerung sicherstellen, dass eine ausreichende Zahl Erwerbstätiger den Lebensstandard erhalten und die Sozialversicherungen wirtschaftlich absichern kann.

Mit dem Zuwanderungsgesetz, das 2005 in Kraft trat, erhielt Deutschland ein neues, vereinfachtes Ausländerrecht. Wer in Deutschland studieren oder einer Erwerbstätigkeit nachgehen will, muss im Besitz einer Aufenthaltserlaubnis sein. Die Zulassung zur Arbeitsaufnahme richtet sich nach der Lage auf dem Arbeitsmarkt; sie wird nur mit Zustimmung der Bundesagentur für Arbeit erteilt und setzt ein konkretes Stellenangebot voraus. Nicht- oder Geringqualifizierte erhalten keine Arbeitserlaubnis. Eine zeitlich unbeschränkte Niederlassungserlaubnis erhält, wer seit fünf Jahren eine Aufenthaltserlaubnis besitzt, über ein gesichertes Einkommen, eine Altersversorgung und ausreichenden Wohnraum verfügt, vorstrafenfrei ist, sich in deutscher Sprache verständigen kann und Grundkenntnisse der deutschen Rechts- und Gesellschaftsordnung besitzt. Die geforderten Kenntnisse sind gegebenenfalls durch erfolgreiche Teilnahme an Integrationskursen nachzuweisen. Hoch qualifizierten Zuwanderern kann eine sofortige Niederlassungserlaubnis erteilt werden.

Für Unionsbürger der Europäischen Union gelten besondere Vorschriften. Als Arbeitnehmer genießen sie Freizügigkeit und können ungehindert in Deutschland leben und arbeiten. Sie müssen nur ihrer Meldepflicht nachkommen.

M2 Wirtschaftliche Effekte der Migration

Wie Zuwanderung den demographischen Wandel beeinflusst:

Geringe Geburtenraten und eine steigende Lebenserwartung führen in den nächsten Jahrzehnten zu einem deutlichen Anstieg des Alters der Bevölkerung in Deutschland. Ohne Zuwanderung dürfte die Bevölkerung in Deutschland von 83 Millionen Personen im Jahr 2005 auf 59 Millionen Personen im Jahr 2050 sinken. Im selben Zeitraum wird das Verhältnis der über 60-Jährigen zu den 20- bis 60-Jährigen von 0,4 auf 1,05 steigen (Altersquotient). […]

Die große Unbekannte in den meisten demographischen Szenarien ist die Migration. Migration beeinflusst die Altersstruktur der Bevölkerung im Wesentlichen auf vier Wegen:

- Erstens steigt mit der Zuwanderung der Umfang der jungen Altersjahrgänge, da das durchschnittliche Alter der Zuwanderer deutlich geringer ist als das der deutschen Bevölkerung.
- Zweitens bewirkt die Rückwanderung älterer Jahrgänge, dass die ausländische Bevölkerung nicht im gleichen Maße altert wie die einheimische Bevölkerung in Deutschland.
- Drittens sind die Geburtenraten ausländischer Frauen höher als die deutscher Frauen, wodurch ebenfalls das durchschnittliche Alter der Bevölkerung in Deutschland sinkt.
- Viertens schließlich beeinflussen die unterschiedlichen Sterberaten der ausländischen und der einheimischen Bevölkerung in Deutschland die Altersstruktur zusätzlich. […]

Die Alterung der deutschen Bevölkerung wird auch bei einem Politikwechsel in der Einwanderungspolitik nicht aufgehalten werden können. Unter realistischen Annahmen wird sich der Anteil der älteren Bevölkerungsgruppen, die nicht mehr im erwerbsfähigen Alter sind, bis zum Jahr 2050 gegenüber dem Beginn dieses Jahrtausends mindestens verdoppeln.

Alles in allem kann Deutschland die Folgen des demographischen Wandels nicht durch Zuwanderung bewältigen. Migration kann aber dazu beitragen, die wirtschaftlichen Kosten zu mildern. Der Beitrag der Migration zur Bewältigung des demographischen Wandels wird umso höher ausfallen, je besser es gelingt, eine große Zahl von qualifizierten Migranten zu gewinnen und diese in Arbeitsmarkt und Gesellschaft zu integrieren. Dies setzt einen grundlegenden Wechsel in der deutschen Einwanderungs- und Integrationspolitik voraus.

Herbert Brücker: Kann Zuwanderung den demographischen Wandel aufhalten? In: Der Bürger im Staat, 4/2006, S. 240 ff. (Fachbegriffe der Soziologie wurden durch umgangssprachliche Begriffe ersetzt.)

M3 Integration in Baden-Württemberg

In Baden-Württemberg lebten 2006 600 000 Menschen islamischen Glaubens, dies entspricht einem Bevölkerungsanteil von 5,7 Prozent. Jeder dritte Muslim hat mittlerweile einen deutschen Pass. Vor kurzem wurde in Baden-Württemberg islamischer Religionsunterricht eingeführt:

Ein halbes Jahr nach seinem Start läuft der islamische Religionsunterricht in Baden-Württemberg aus Sicht des Kultusministeriums reibungslos. Trotz langjähriger kontroverser Diskussionen der islamischen Verbände untereinander und mit dem Ministerium sei die Resonanz bei Eltern und Kindern jetzt ausschließlich positiv, sagte Kultusminister Rau (CDU). „Nach allem, was uns berichtet wird, sind die Schüler mit Begeisterung bei der Sache. Der islamische Religionsunterricht wird von den muslimischen Kindern offensichtlich auch als Geste des Respekts und der Gleichberechtigung erfahren.“ Baden-Württemberg ist nach Raus Angaben das erste Bundesland, das einen Religionsunterricht mit Bekenntnischarakter für muslimische Kinder anbietet. 270 Kindern werden an zehn Grundschulen die Grundlagen des sunnitischen, an zwei Grundschulen des alevitischen Glaubens nahe gebracht. Nach einer vierjährigen Erprobungsphase und einer wissenschaftlichen Bewertung des Modellversuchs wird über eine Erweiterung auf andere Schulen entschieden. Das Angebot sei ein Mittel der Integration, betonte Rau: „Muslimische Mädchen und Jungen erleben durch das Unterrichtsangebot, dass ihr Glaube sie mit unserer Gesellschaft verbindet und nicht trennt.“ Die Unterrichtssprache Deutsch fördere überdies die integrative Wirkung.

Stuttgarter Zeitung, 20. 3. 2007

Arbeitsaufträge

1 Arbeiten Sie mit Hilfe des Verfassertextes und der Materialien unterschiedliche Gründe für die Zuwanderung nach Deutschland seit 1955 heraus.

2 Beschreiben Sie anhand aktueller Daten, die Sie im Internet u. a. beim Statistischen Bundesamt und dem Statistischen Landesamt Baden-Württemberg abrufen können, gegenwärtige Migrationsströme. Unterscheiden Sie dabei die Migrationsursachen (Krieg, ethnische Vertreibungen, wirtschaftliche Gründe).

3 Geben Sie die wichtigsten Inhalte von M 2 wieder. Wie wird der Beitrag der Migration zur Bewältigung des demographischen Wandels beschrieben?

4 Diskutieren Sie, ob muslimischer Religionsunterricht einen wirkungsvollen Beitrag zur Integration der Migranten leisten kann (M 3). Welche weiteren Maßnahmen sind notwendig?

3.4 Auch heute wandern Deutsche aus – die Suche nach Arbeit und Wohlstand

Im Ausland locken Arbeitsplätze

Hauptsache Arbeit, egal wo – so denken immer mehr Deutsche. Ein Gefühl der Perspektivlosigkeit treibt viele ins Ausland. Sie suchen einen Job, ein besseres Leben. Seit 1954 sind nicht mehr so viele Deutsche aus Deutschland ausgewandert wie in der jüngsten Gegenwart. Deutsche Wirtschaftsverbände registrieren die Auswanderungszahlen mit Sorge, denn mehr als die Hälfte aller Emigranten ist jünger als 35 Jahre. Sie sind meist hoch qualifiziert und ebenso hoch motiviert. Am stärksten abwanderungsbereit sind in unruhigen Zeiten nicht diejenigen, die am lautesten klagen, sondern diejenigen, die die besten Alternativen haben: Arbeitskräfte mit breiten Fachkenntnissen, hohem Selbstvertrauen, großer Veränderungsbereitschaft – also Leistungsträger, die der heimische Arbeitsmarkt bei wieder besser werdender Konjunktur dringend benötigen würde. Beschäftigte in Bauberufen oder der Gastronomie verlassen häufig die Heimat, nicht nur weil sie im Ausland Arbeit finden, sondern dort oft auch wesentlich besser bezahlt werden. Aber auch Menschen, die hier gut verdienen, verlassen Deutschland. Geringere Steuern (vor allem in der Schweiz), weniger Sozialabgaben und bessere Möglichkeiten der Kinderbetreuung gehören zu ihren Motiven. Viele Bundesbürger wollen sich im Ausland auch selbstständig machen. Der in Deutschland stark reglementierte Arbeitsmarkt (z. B. Meisterzwang für viele Handwerksberufe, Schwierigkeiten bei der Kassenzulassung für niedergelassene Ärzte) lässt ihnen keine andere Wahl.
Seit der Wiedervereinigung haben etwa 1,9 Millionen Deutsche ihrem Land den Rücken gekehrt. 155 000 Deutsche wanderten 2006 aus – und das sind nur die, die sich ordnungsgemäß abgemeldet haben. Wahrscheinlich liegt die Zahl der Auswanderer höher, da viele pendeln oder ihren deutschen Wohnsitz formal behalten.
Ein Großteil der Emigranten bleibt in Europa. Ganz oben auf der Liste der Zielländer stehen die Schweiz und Österreich, gefolgt von Frankreich und Spanien. Aber auch Nordamerika ist ein beliebtes Ziel. Unter dem Strich wanderten seit 2005 mehr Deutsche aus als ein. Den 155 000 Fortzüglern standen im Jahr 2006 nur noch 103 000 deutsche Zuzügler gegenüber. Noch in den 1990er-Jahren kamen jährlich mehr als 200 000 Spätaussiedler vorwiegend aus der früheren Sowjetunion nach Deutschland; 2006 waren es nur noch 7 000.

Sind die Auswanderer willkommen?

In der nicht zur EU gehörenden Schweiz können EU-Bürger aufgrund bilateraler Abkommen eine unbegrenzte Arbeitserlaubnis erhalten. Insgesamt hatte die Schweiz im Jahr 2006 eine Nettozuwanderung von 15 000 Deutschen, der größten Immigrantengruppe. In deren Folge gab es eine öffentliche Diskussion um die Zuwanderung der oft als arrogant und kühl beschriebenen deutschen Nachbarn. Allerdings wurde auch anerkannt, dass die deutschen Zuwanderer, darunter viele Ärzte und Pfleger, vor allem zum Arbeiten kamen, und nicht um Sozialleistungen zu empfangen.
Wie viele derjenigen, die heute das Land verlassen, später wieder zurückkehren, können die Statistiker nicht vorhersagen. Demnach ist es auch nicht sicher, ob die Auswanderung den demographischen Wandel deutlich verschärft oder ob die Abwanderung deutscher Staatsbürger nur eine zeitlich befristete Folge von mehr Mobilität im Globalisierungszeitalter darstellt.

M1 Krankenhausärzte drohen mit Auswanderung, 2006

M2 Raus aus dem Schlamassel

Ein deutscher Auswanderer erzählt in einem Zeitungsbericht von seinem neuen Leben in Kanada:

Wir sind mit dem Flugzeug nach Kanada umgezogen, mit nur vier Koffern kamen meine Frau und ich am Flughafen in Toronto an. Nachdem wir durch den Zoll gegangen waren, öffnete sich eine große Schiebetür. Da begann mein neues Leben. […]

Natürlich haben wir sofort eine Wohnung gesucht. Aber das ist ein Teufelskreis. Man muss nachweisen, dass man arbeitet. Doch wer arbeiten will, muss eine Wohnung haben. Wir fragten bei den Haumeistern nach und stießen überall auf Ablehnung. Weil eben keiner von uns Arbeit hatte. Ich kam mir vor wie ein blutiger Anfänger. […]

In Deutschland hatte ich zuletzt als Speditionskaufmann gearbeitet, bin aber entlassen worden. Damit geht man in Deutschland ja großzügig um. In Kanada findet man leichter Arbeit, auch wenn man älter als vierzig Jahre ist. Meine Frau und ich hatten Glück. Wir konnten gleich bei einem Supermarkt anfangen: Waren auspacken, Regale einräumen. Nach einigen Wochen wechselte ich in eine deutsche Spedition, da konnte ich in meinem Beruf arbeiten. Doch die haben plötzlich umstrukturiert. Weil ich in der Probezeit war, musste ich meine Koffer packen. Ich war niedergeschlagen, dachte aber auch: „Es wird schon weitergehen."

Dann bin ich Papierarbeiter geworden. Da musste ich richtig körperlich ran. Die Papierrollen wiegen bis zu 500 Kilo. Meine Schicht dauerte zwölf Stunden. Ich hatte nur zwanzig Minuten Zeit, um mal schnell was zu essen. Erst dachte ich: „Oh Mann, nur schnell wieder weg!", doch dann bin ich zwei Jahre geblieben. Ich wollte Ruhe in mein Leben bringen. Ich habe mich bald besser gefühlt. Es kam ja auch Geld rein. Doch dann kam Kurzarbeit. Ich wechselte zu einem anderen Unternehmen, doch die haben mich nicht wirklich gebraucht. Ich konnte bald wieder zurück zu meinem Papierunternehmen. Auf ein Paar Turbulenzen hatte ich mich ja eingestellt – aber das war nicht so einfach.

Heute habe ich einen Job, der mir gefällt. Ich bin Security-Guard, also ein Wachmann bei einem großen Sicherheitsunternehmen. Ich bewache Kaufhäuser und Wohnungsanlagen. Das ist nicht so stressig. Ich fühle mich wohl. […] Ich bin froh, dass ich ausgewandert bin. Das hätte ich sonst mein Leben lang bereut. Es war ja nicht nur wegen des Arbeitsmarkts. Ich wollte Abwechslung in mein Leben bringen. Da ist auch Abenteuergeist dabei. Doch mit Freundschaften ist es hier nicht so einfach, weil alle so viel arbeiten. Wichtig ist für mich die deutsche lutherische Kirchengemeinde. Das sind gute Leute, die uns geholfen haben. Das ist Gold wert, wenn man ein neues Leben anfängt. […] Mein größter Wunsch ist auch in Erfüllung gegangen: Ich halte endlich den kanadischen Pass in den Händen. Ab jetzt bin ich offiziell kein Deutscher mehr. Am schönsten wäre es gewesen, beide Staatsbürgerschaften zu haben. Doch die Deutschen wollen das ja nicht.

Stuttgarter Zeitung, 3.2.2007

M3 Deutsche sind in Dänemark gesucht

Akademiker, Handwerker und Facharbeiter finden Arbeit im Nachbarland Dänemark:

Der rote Rock des Briefträgers war durch die Jahrhunderte das Erkennungszeichen des beamteten Boten der königlich-dänischen Post. Doch die Zeiten ändern sich. […] Weil man die offenen Stellen mit einheimischem Personal nicht mehr besetzen kann, heuert die Post zunächst einmal ein Dutzend Briefträger in Deutschland an, die nach einem kurzen Sprachtraining im Kopenhagener Vorort Brandby ausgeschickt werden. Fällt der Versuch zufriedenstellend aus, werden landesweit rund hundert Stellen angeboten.

Damit folgt nun auch Post Danmark dem Beispiel anderer Branchen, die den akuten Arbeitskräftemangel durch Anheuern von Arbeitskräften südlich der Grenze zu decken versuchen. Nordeuropas größter Medizinkonzern Novo Nordisk lockt dieser Tage deutsche Ärzte in seine Forschungslabors. „Wir legen Wert auf ein internationales Team", sagt Chefberater Anders Dyht Toft, „aber wir können all unsere Stellen auch gar nicht mit dänischen Ärzten besetzen." Auch in dänischen Krankenhäusern ist deutsches Personal seit langem gefragt und beliebt. Das Dienstleistungsgewerbe sucht händeringend Chauffeure, Köche, Bäcker, die in der Ölsuche beschäftigten Unternehmer brauchen dringend Ingenieure. „Überall, wo dänische Sprachkenntnisse nicht die große Rolle spielen, sucht man Arbeitskräfte im Ausland", sagt Gerhard Glaser, der Chef der deutsch-dänischen Handelskammer: „In Dänemark gibt es wohl 100 000 offene Arbeitsplätze, die mit Deutschen besetzt werden können." Denn die dänische Wirtschaft boomt, und der Arbeitsmarkt ist eng, so dass die Stellen gar nicht so schnell besetzt werden können, wie sie entstehen. […]

Die Handelskammer hat, als der Bauboom in Dänemark einsetzte und die Arbeitslosigkeit in Norddeutschland zweistellig war, die Kontakte zwischen der Arbeitsvermittlung in Hamburg und den dänischen Firmen geknüpft. Es begann ein Zug von Dachdeckern und Fliesenlegern, Betongießern und Klempnern über die Grenze.

Stuttgarter Zeitung, 14.11.2006

M4 Deutsche wandern in die Schweiz aus

In einem Zeitungsartikel heißt es über das Zielland Schweiz:

Auch Schweizer verdrängen gern, dass sie ein Einwanderungsland sind. Man klagt über die allzu vielen Ausländer, ereifert sich über kriminelle Asylanten, redet aber nur ungern über den ökonomischen Nutzen der Migranten. Dabei ist die

Schweiz noch stärker als Deutschland auf Ausländer angewiesen. Das heimische Potential an Arbeitskräften reichte nie aus, um all die Stellen zu besetzen. [...]

Die Ausländerquote, gemessen an der Bevölkerung, ist mit 20,4 Prozent im internationalen Maßstab sehr hoch. [...]

Bei der Steuerung des Zuzugs von Ausländern haben die Schweizer schon immer viel unbefangener als die Deutschen auf ihren ökonomischen Vorteil geachtet. Früher holte man vor allem Arbeitnehmer als Saisonkräfte für Bauwirtschaft und Gastronomie – erst aus Italien und Portugal, dann vom Balkan. Für solche temporären Stellen und auch für längere Aufenthalte gab es Kontingente der Kantone, um eine „Überfremdung" zu verhindern.

Diese Form der Ausländerpolitik erwies sich als ökonomisch kurzsichtig, als man die Gastarbeiter wegen der erworbenen Sozialansprüche nicht mehr so einfach in die Heimat zurückschicken konnte. Ihre Qualifikation war gering; vor allem Serben, Kroaten und Kosovaren integrierten sich schlecht; und daher ist ihre Arbeitslosenquote jetzt hoch.

Vor einigen Jahren wurde die Einwanderungspolitik geändert. Es gibt jetzt ein duales System, das Unqualifizierte abwehren und gut ausgebildete Ausländer anlocken soll. Dazu hat sich der Außenseiter Schweiz gewissermaßen europäisiert und mit der EU ein bilaterales Abkommen geschlossen, das 2002 stufenweise die gegenseitige Freizügigkeit für Personen einführte, die inzwischen für alle 25 EU-Staaten gilt.

Wer aus einem dieser Länder kommt oder aus einem der drei Partnerländer in der Europäischen Freihandelsassoziation (Efta), der kann eine Stelle in der Schweiz antreten. Ausländer aus Drittstaaten, zum Beispiel aus dem ehemaligen Jugoslawien, haben es dagegen viel schwerer, eine Aufenthaltsgenehmigung für eine Arbeit zu bekommen, weil die Kontingente dafür klein und die Qualitätsanforderungen hoch sind.

Die Folgen der neuen Ausländerpolitik sieht und hört man in jeder Zürcher Tram: Es wird viel mehr Hochdeutsch geredet. Seit der Liberalisierung sind ungefähr 40 000 Deutsche gekommen – nicht nur Ärzte, sondern auch Banker, Informatiker und andere gut ausgebildete Arbeitskräfte. Auf die Deutschen entfielen in den vergangenen Jahren 56 Prozent der Nettozuwanderung. In Zürich stellen sie schon die größte Ausländergruppe. In der gesamten Schweiz rangieren sie mit 161 564 Personen auf dem vierten Rang hinter Italienern, Serben/Montenegrinern und Portugiesen.

Waren es zunächst vor allem Kliniken, in denen die Schweizer – im wahrsten Sinn des Wortes – immer häufiger in deutsche Hände gerieten, so findet man die Deutschen inzwischen in fast allen Branchen. In der Gastronomie war der Wandel für die Eidgenossen besonders gut sichtbar: Die Deutschen ersetzten sehr schnell die Kellner aus dem ehemaligen Jugoslawien, denn diese waren nicht allein wegen ihrer mageren Sprachkenntnisse höchst unbeliebt. Auffällig oft wird man nun selbst in der Schweizer Provinz von jungen Ostdeutschen bedient, die die gute Bezahlung und die bessere Arbeitszeitregelung loben.

Es kommt nicht von ungefähr, dass Schweizer Wirte vor allem Mecklenburger und Brandenburger holen: „Ossis" sind den Schweizern lieber, weil man sie als nicht so arrogant empfindet wie die „Wessis". Diese sind, zumal wenn sie vorlaut sind und ihre sprachliche Virtuosität im Hochdeutschen ausspielen, nicht sonderlich beliebt bei den Eidgenossen, was so mancher junge Einwanderer jetzt verwundert feststellt.

Frankfurter Allgemeine Zeitung, 07.08.2006

Arbeitsaufträge

1 Fassen Sie die wichtigsten Motive deutscher Auswanderer, das Land zu verlassen, zusammen (VT).

2 Beurteilen Sie anhand von M 2 und M 3 die Chancen und Risiken einer Auswanderung aus Deutschland.

3 Wie stellt sich die Einwanderung der Deutschen aus der Sicht der Schweiz dar (VT, M 4)?

Auf einen Blick

Jugend und Alter

Der familiäre Zusammenhalt war im 19. Jahrhundert groß. Großeltern, Eltern und Kinder wohnten und arbeiteten oft im selben Haushalt zusammen. Sie unterstützten sich bei Krankheit und im Alter. Je mehr sich aber die Güterproduktion von der Heimarbeit auf die Fabriken verlagerte, umso häufiger kam es zu einer Trennung von Wohn- und Arbeitsplatz. Immer mehr jüngere Arbeitskräfte zogen in die Städte und lebten nun getrennt von Eltern und Verwandten. Sie konnten nun auch nicht mehr für ihre älteren Familienmitglieder sorgen. An ihre Stelle traten staatliche Sicherungssysteme, die bei Krankheit und Alter Unterstützung leisteten. Der Zwang, Kinder zu bekommen und großzuziehen, um im Alter persönlich gesichert zu sein, war nun nicht mehr gegeben. Die Geburtenraten gingen deshalb seit Ende des 19. Jahrhunderts fast kontinuierlich zurück und haben mittlerweile einen Tiefstand erreicht.

Mittelalter

Das moderne Verständnis eines souveränen Bürgers, der selbst entscheidet, wie er sein Dasein gestaltet, war den Menschen des Mittelalters fremd. Die vermeintlich gottgegebene unveränderbare Herrschafts- und Ständeordnung wurde nicht in Frage gestellt. Dem mittelalterlichen Denken fremd war jeder Gedanke an Fortschritt, dass sich also die Menschen zu einem höheren Stand der Naturbeherrschung oder der Zivilisation entwickeln könnten.
Die überwiegende Mehrheit der Menschen lebte auf dem Land. Die meisten Bauern waren von ihrem Grundherrn abhängig. Der Grundherr bot den Bauern Schutz und lieh ihnen Land. Die Bauern mussten dafür Frondienste leisten und Abgaben liefern. Die Stadtbewohner waren zwar frei aber nicht gleich. In den seit dem 11. Jahrhundert entstehenden Städten setzten die Stadtherrn – der König, ein Fürst oder ein Bischof – einen Vertreter (Ministerialen) ein, der Recht sprach und Gesetze erließ. Seit dem 13. Jahrhundert bestimmten immer häufiger die Patrizier, die durch den Fernhandel reich gewordenen Kaufleute, selbst die Geschicke ihrer Stadt. Sie bildeten einen Stadtrat, der Gesetze erließ, die Politik bestimmte und einen Bürgermeister einsetzte.

Aufbruch in die Neuzeit

In diesem Zeitabschnitt veränderte sich das Denken vieler Menschen. Gelehrte begannen, wieder antike Autoren zu lesen und antike Kunstwerke zu bewundern, die im Mittelalter als heidnisch abgelehnt worden waren. Dabei lernten sie ein neues Bild des Menschen kennen: Der Mensch erschien als freies und selbstbewusstes Wesen, das von seinen Fähigkeiten unbeschränkt Gebrauch machen und mit Hilfe seines Verstandes die Welt und die Natur erforschen sollte. Künstler stellten den Menschen in ihren Werken nun wirklichkeitsgetreu dar, Forscher studierten die Natur, Gelehrte übersetzten und deuteten antike Texte. Die Voraussetzung dafür, dass sich diese „Humanisten" untereinander austauschen konnten, war die Erfindung des Buchdrucks um 1450.
Mit Martin Luther begann die Reformation. Seine scharfe Kritik am Ablasswesen und am Papsttum stand am Anfang seines Kampfes gegen die mittelalterliche Kirche. Für ihn führte allein der auf das Bibelwort gestützte Glaube zur göttlichen Gnade. Damit war die mittelalterliche Kirche als Mittlerin zwischen Gott und den Gläubigen in Frage gestellt. Die Lehre Luthers von der Freiheit eines Christenmenschen wurde von den Bauern auf dem Lande wörtlich genommen. Sie versuchten, ohne Erfolg, in den Bauernkriegen sich ihrer Abhängigkeit und Unterdrückung durch die adligen Grundherrn zu entledigen.

Vom Absolutismus zur Aufklärung

Die Gesellschaft Frankreichs war, ähnlich wie in vielen anderen Staaten Europas, in drei Stände gegliedert. Der Erste Stand (Klerus) und der Zweite Stand (Adel) besaßen im Gegensatz zum Dritten Stand Privilegien. Die Menschen wurden in einen Stand hineingeboren und konnten ihn nicht verlassen. In den meisten europäischen Staaten hielten zur Zeit des Absolutismus Alleinherrscher alle drei Gewalten (Legislative, Exekutive, Judikative) in ihrer Hand. Die Untertanen hatten keinerlei Einfluss auf deren politische Entscheidungen.

Die Gewaltenteilung, die wir dagegen heute in allen demokratischen Staaten kennen, ist ein wichtiges Ergebnis von Denkprozessen der Staatsrechtler und Philosophen zur Zeit der Aufklärung. Die Aufklärer wandten sich in ihren Überlegungen aber nicht nur gegen die absolutistisch regierenden weltlichen Herrscher, sondern auch gegen Kirche und Religion. Seit der Renaissance und dem Humanismus entfernte sich somit das Denken der Menschen nach und nach von den Lehren der kirchlichen Autoritäten.

Die Französische Revolution

Revolutionen führen zu einem Wandel, der alle Lebensbereiche durchdringt. Die amerikanische Revolution wurde ausgelöst durch wirtschaftliche und steuerliche Maßnahmen, mit denen das englische Mutterland die eigene wirtschaftliche Situation zu verbessern suchte. Die Bewohner der Kolonien empfanden das englische Vorgehen als einen zentralen Angriff auf ihr Eigentum und ihre Freiheit.
Die Akteure der Französischen Revolution lernten aus den amerikanischen Erfahrungen. Unter dem revolutionären Druck zerfiel in Frankreich die feudale Ordnung. Die Abläufe waren vielschichtig. Schon 1789 schoben sich drei Revolutionen ineinander: die Revolution der Abgeordneten, die städtische Revolution der Kleinbürger und die Revolution der Bauern. Bauern und kleine Leute gaben der Revolution Schwungkraft. Sie kämpften für mehr Rechte und Gleichheit. Bestimmt wurde die erste Phase aber von den bürgerlichen Abgeordneten, die in Versailles die Vereinigung aller drei Stände erzwangen. Ihnen gelang es auch, die Feudalrechte abzuschaffen. Am Ende der Revolution stand die Herrschaft Napoleons. Unter ihm vermehrte das Besitzbürgertum seine Bedeutung.

Zeitenwandel – die Moderne

Die historische Phase der „Moderne" bezeichnet einen Zeitabschnitt, der durch entschiedene Veränderungen in Politik und Gesellschaft gekennzeichnet ist. Häufig wird der Begriff im Zusammenhang mit den historischen Umbrüchen der Aufklärung, der Französischen Revolution und der Industrialisierung gebraucht. Mit diesen Ereignissen begann eine Zeit des Aufbruchs, die durch zuvor nie gekannte persönliche Freiheiten und Entfaltungsmöglichkeiten gekennzeichnet war. Man blickte vorwärts und erwartete einen steten Fortschritt zum Besseren.
Zu den zentralen wissenschaftlichen Erkenntnissen der Moderne gehört die Lehre von Charles Darwin. Dessen Naturbeobachtungen machten deutlich, dass der Mensch nicht von Gott in seiner heutigen Form geschaffen sein konnte, sondern dass sich das menschliche Erscheinungsbild im Laufe der Evolution grundlegend verändert hatte.

?

Arbeitsaufträge

1 Beschreiben Sie die gesellschaftliche Ordnung des Mittelalters in den Städten und auf dem Land.
2 Wodurch wurde der Alltag von Adligen, Rittern, Bauern und den Stadtbewohnern jeweils bestimmt?
3 Unterscheiden Sie das vorherrschende Menschenbild des Mittelalters von dem der Frühen Neuzeit.
4 Zeigen Sie wesentliche neuen Ideen der Epoche der Frühen Neuzeit auf.
5 Erläutern Sie Luthers Kritik an der Kirche. Zählen Sie Veränderungen auf, die er herbeiführen wollte.
6 Charakterisieren Sie die Begriffe „Absolutismus" und „Aufklärung".
7 Beschreiben Sie die Wirtschaftsform des Absolutismus.
8 Fassen Sie wesentliche Aussagen von Philosophen der Aufklärung zusammen.
9 Charakterisieren Sie jeweils die erste (1789–1791) und die zweite (1792–1794) Phase der Französischen Revolution.
10 Nennen Sie Auswirkungen der Herrschaft Napoleons auf die territorialen Besitzverhältnisse und die Rechtsordnungen in Deutschland.
11 Wodurch ist das Zeitalter der Moderne vor allem gekennzeichnet?
12 Wie veränderten die Erkenntnisse von Darwin das christliche Menschenbild?

Auf einen Blick

Postindustrielle Gesellschaft

Der Begriff Globalisierung steht für die zunehmende weltweite Verflechtung und Vernetzung aller Bereiche des heutigen Lebens und die Konsequenzen, die sich aus dieser kleiner werdenden Welt ergeben. Er hat neben einer wirtschaftlichen auch eine soziale, kulturelle und ökologische Dimension.
Historisch lässt sich dieser Prozess der Vernetzung der Welt mindestens bis ins frühe 16. Jahrhundert zurückverfolgen. Die heutige Phase der Globalisierung wurde aber insbesondere durch den Zusammenbruch der Sowjetunion, das Ende des Kalten Krieges und die Erfindung des Internets in den 1990er-Jahren eingeleitet.
Der Wegfall von Grenzen hat dazu geführt, dass es heute einen globalen Arbeitsmarkt und eine immer stärkere Konkurrenz der Unternehmen gibt. Viele einheimische Unternehmen verlagern ihre Produktion ins Ausland, um so vor allem Personalkosten zu sparen. Aber nicht nur die Produktion, sondern auch viele klassische Dienstleistungen werden mittlerweile in Billiglohnländern erledigt. Dies führte in den westlichen Industrienationen zu massivem Arbeitsplatzabbau. Die hohe Arbeitslosigkeit führte den deutschen Sozialstaat in Bedrängnis. Immer mehr Menschen waren auf staatliche Transferleistungen (z.B. Arbeitslosengeld) angewiesen. Gleichzeitig sanken die Einnahmen des öffentlichen Haushaltes und der Sozialkassen, da Unternehmen weniger Steuern in Deutschland zahlten und es immer weniger Beitragszahler gab.
Verschärft wurde das Problem durch den demographischen Wandel, der das Ungleichgewicht zwischen der jungen und älteren Generation in den nächsten Jahrzehnten noch verstärken wird. Da der heutige Sozialstaat in Zukunft nicht mehr in seiner jetzigen Form finanzierbar sein wird, müssen die Bürgerinnen und Bürger wohl auch in den kommenden Jahren mit weiteren Einschnitten rechnen.
In den letzten Jahrzehnten ging die Globalisierung einher mit einer Verbreitung des amerikanischen Lebensstils und einer Verwestlichung von Werten und Normen. Am Beginn des 21. Jahrhunderts lässt sich jedoch beobachten, dass die amerikanische Wirtschaft und Kultur an Einfluss verliert. China hingegen spielt weltweit eine immer größere Rolle, so dass Experten bereits das „Chinesische Jahrhundert" gekommen sehen. Die chinesische Wirtschaft boomt seit Jahren. Das Land scheint von der Globalisierung zu profitieren. Zu den internationalen Verlierern der Globalisierung zählen die meisten Länder Afrikas, denen es bis heute nicht gelungen ist, Anschluss an die Weltwirtschaft zu bekommen.
Eines der größten weltweiten Umweltprobleme ist die globale Erderwärmung. Bereits die heutige Generation kann am eigenen Leib erfahren, was der Klimawandel bedeutet: Anhaltende Hitzeperioden, Dürren, dann Unwetter mit intensivem Regenfall, der zu Überflutungen führt. Der durch den Ausstoß von CO_2-Emissionen verursachte Klimawandel hat nicht nur ökologische, sondern auch wirtschaftliche Folgen: Die Schäden durch Ernteausfälle und Unwetter haben in den letzten Jahren deutlich zugenommen. Mit dem 2005 in Kraft getretenen Kyoto-Protokoll hat die Staatengemeinschaft erstmals versucht, dem Klimawandel Einhalt zu gebieten. Problematisch ist jedoch, dass die Schwellenländer sich noch nicht beteiligen. Diese werden aufgrund ihres hohen wirtschaftlichen Wachstums in den nächsten Jahren aber verstärkt Emissionen ausstoßen.

Veränderungen in Wirtschaft und Gesellschaft durch die Industrialisierung

Die Industrialisierung setzte im 18. Jahrhundert in England ein und breitete sich im folgenden Jahrhundert über fast ganz Europa und Nordamerika aus. Sie veränderte die Gesellschaft grundlegend und schuf ein neues Fundament für deren politische Ordnung. Der beschleunigte Prozess wirtschaftlichen Wachstums machte die Menschen auch für politische Veränderungen aufgeschlossener.
In Deutschland entfaltete sich in der ersten Hälfte des 19. Jahrhunderts vor allem die Textilindustrie. Aus dem ländlichen Heimgewerbe erwuchsen in dieser Phase der Frühindustrialisierung Fabrikbetriebe, deren Produktion durch Maschinen angetrieben wurde. Als industrielle Revolution wird der darauf folgende

Zeitabschnitt des beschleunigten Wachstums bezeichnet, der in den Jahren 1867 bis 1873 seinen Höhepunkt erreichte. Diese Phase wurde begünstigt durch das Zusammenwachsen des in zahlreiche Kleinstaaten zersplitterten deutschen Handelsraums zu einem Gesamtstaat. Die tief greifenden Veränderungen, die in alle Lebensbereiche einwirkten, begannen für die große Mehrheit der Europäer mit einer unvorstellbaren Massenarmut (Pauperismus). Dies war die Folge eines Prozesses, in dem die Bevölkerung schneller wuchs als die Nahrungsmittelproduktion. Preissteigerungen waren die Folge. Die Agrarrevolution, die der industriellen vorausging, schuf erst seit der Mitte des 19. Jahrhunderts entscheidende Abhilfe. Die beschleunigte Industrialisierung seit der Mitte des 19. Jahrhunderts stellte zwar genügend neue Arbeitsplätze bereit, aber die Armut der Handwerker und Arbeiter bestand weiter. Die Arbeits- und vielfach auch die Wohnverhältnisse waren vor allem in den Städten unerträglich. Fabrikarbeit war körperlich belastend, gefährlich und schmutzig. Arbeitsschutzgesetze und eine soziale Absicherung ließen lange Zeit auf sich warten. Die Einkommen, und damit die Lebensverhältnisse zwischen Arm und Reich, klafften immer weiter auseinander. Die Arbeiter reagierten auf ihre unbefriedigende soziale Situation indem sie begannen, sich zu organisieren. In Arbeiterbewegungen und -parteien kämpften sie gemeinsam für die Verbesserung ihrer sozialen Lage.

Wanderungsbewegungen im Industriezeitalter
Wanderungsbewegungen haben im Verlauf der Geschichte eine lange Tradition. Insbesondere seit dem 19. Jahrhundert prägten sie manche historische und politische Entwicklung wesentlich mit. Die Ursachen für die Entscheidung von Menschen, ihre Heimat zu verlassen, sind vielfältig: Menschenrechtsverletzungen, Bedrohung von Minderheiten, Bürgerkriege, Naturkatastrophen, wirtschaftliches Elend oder schlicht der Wunsch nach einem besseren Leben in einer neuen Heimat gehören zu den Auslösern von Migration. Im 19. Jahrhundert wanderten Deutsche in großer Zahl in die USA aus. Grund waren vor allem wirtschaftliche Motive. Während der Zeit der Industrialisierung verlegten dann viele in der Landwirtschaft Beschäftigte, oft waren sie polnischer Nationalität, ihren Wohnsitz aus den Ostprovinzen des Deutschen Reiches ins Ruhrgebiet, um dort im Bergbau zu arbeiten.

Nur selten wurden in der Vergangenheit die Zugewanderten von den Einheimischen mit offenen Armen empfangen. Angesichts eines enger werdenden Arbeitsmarktes wurde auch von vielen Deutschen die Zuwanderung von Arbeitskräften häufig als Wohlstandsbedrohung angesehen. Mittlerweile setzt sich allerdings immer mehr die Erkenntnis durch, dass eine geregelte Zuwanderung aufgrund des demographischen Wandels viel eher eine notwendige Wohlstandsgarantie darstellt.

Arbeitsaufträge

1 Erläutern Sie die Funktionsweise des globalen Arbeitsmarktes und nennen Sie die Vorteile aus der Sicht der Unternehmen.

2 Diskutieren Sie, ob und durch welche politischen Maßnahmen der Wirtschaftsstandort Deutschland im globalen Wettbewerb wieder attraktiver gemacht werden könnte. Sammeln Sie die Vor- und Nachteile dieser Maßnahmen.

3 Fassen Sie in eigenen Worten zusammen, vor welchen Herausforderungen der deutsche Sozialstaat derzeit steht.

4 Erläutern Sie, durch welche aktuellen politischen Reformen der Sozialstaat fit für das 21. Jahrhundert gemacht werden soll.

5 Erörtern Sie, warum der Prozess der Industrialisierung gerade in England begann, und warum im 18. Jahrhundert.

5 Beschreiben Sie, wie die industrielle Revolution das Leben der Menschen verändert hat.

6 Zeigen Sie auf, welche Probleme die Neuerungen der Industrialisierung gebracht haben.

7 Stellen Sie dar, wer sich der Lösung der sozialen Probleme angenommen hat.

8 Nennen Sie Gründe für die Wanderungsbewegungen im 19. Jahrhundert und für die Zuwanderung nach Deutschland.

Methodenglossar

Statistiken darstellen und interpretieren

1 Fragen zum Verfasser
- Wer hat die statistischen Zahlen für das Schaubild ermittelt (z. B. Statistisches Bundesamt)?
- Wer hat aus den Zahlen Kurven oder ein Schaubild gezeichnet (z. B. Nachrichtenagentur, neutraler Bilderdienst, Partei, Verband, Interessengruppe)?
- Wann wurden die Daten erhoben?

2 Fragen zu Inhalt und Darstellungsform
- Wie werden die statistischen Daten dargestellt: als Tabelle oder Schaubild, in absoluten Zahlen oder Prozentangaben?
- Ist die Darstellung übersichtlich, sind die Achsen sorgfältig mit korrekten Maßeinheiten beschriftet?

3 Fragen zu den Erkenntnissen
- Was sagen die Daten genau? Lassen sich Entwicklungen ablesen?
- Gibt es Zusammenhänge zu anderen Entwicklungen und Materialien?
- Ist der Maßstab so gewählt, dass die Daten den Intentionen des Auftraggebers der Kurve oder des Schaubildes entgegenkommen?
- Für welchen Adressatenkreis ist das Schaubild/die Kurve gedacht (Wähler, Zeitungsleser, Wissenschaftler, ...)? Ist es für diesen Personenkreis verständlich?

Bildquellen interpretieren

1 Einzelheiten beschreiben
- Welches Thema, welches Ereignis, welche Szene ist dargestellt?
- Welche Personen sind zu erkennen?

2 Zusammenhänge untersuchen
- Wie sind die Figuren im Bild angeordnet? Ist eine Handlung erkennbar?
- Wie wurden bei der Bildgestaltung die Bildmittel (Farben, Größenverhältnisse, Perspektive) eingesetzt?
- Wie wurden die Bildelemente ausgearbeitet (Genauigkeit der Darstellung)? Was lässt sich über die Bedeutung der Bildelemente sagen?
- Welche der Bildelemente könnten symbolisch zu verstehen sein?

3 Bild deuten (mit Hilfe der Bildlegende)
Folgende Fragen klären:
- Wann ist das Bild gemalt worden?
- Wer hat es in Auftrag gegeben? Warum?
- Was sollte mit dem Bild erreicht werden?
- Welche Gesamtdeutung ergibt sich?

Textquellen auswerten

1 Fragen zum Verfasser
- Wer hat den Text verfasst? Was wissen Sie über den Autor?

2 Fragen zum Text
- Worum geht es in dem Text, welche Personen und Orte werden genannt, welche Ereignisse beschrieben?
- Gibt es Begriffe, die Sie nicht verstehen? Schlagen Sie in einem Lexikon nach oder benutzen Sie die „Suchmaschine" im Internet.
- Unterteilen sie den Text in einzelne Abschnitte und versehen sie jeden mit einer Überschrift.
- Welche Form hatte die Quelle ursprünglich? (Rede, Vertrag, Verordnung, ...)

3 Fragen zum Adressaten
- Wann wurde die Quelle veröffentlicht?
- Wer sollte den Text lesen oder hören? (Wähler, Zeitungsleser, Stadtbürger, ...)
- Welchen Zweck hatte der Text? (Anordnung, Information, Propaganda, ...)

Schwierige Sachtexte verstehen – das Exzerpt

1 Wichtige Textstellen markieren
- fachwissenschaftlichen Text „bearbeiten", also wichtige Stellen im Text unterstreichen
- Text mit Randnotizen versehen (Einleitung, These, Argumente, Schlussfolgerung, Resultate, ...)
- abhängig vom jeweiligen Text kann es auch hilfreich sein, zu den einzelnen Abschnitten Überschriften zu finden

2 Notizen machen
- während des Lesens Notizen machen und zentrale Aspekte des Textes herausschreiben

- bei längeren Texten Notizen mit einem Hinweis auf die jeweilige Zeilennummer oder Seitenzahl versehen – das erleichtert das spätere Wiederfinden der jeweiligen Textstelle

3 Leitfragen beantworten
- Mit welchem Thema beschäftigt sich der Verfasser des Textes?
- In welchem Kontext ist der Text entstanden (Datum, Bezugnahme auf bestimmte Ereignisse, andere wissenschaftliche Texte, …)?
- Was versucht der Verfasser zu erklären? Welche Kernaussagen bzw. Thesen vertritt er?
- Zu welchen Ergebnissen kommt er? Welche Schlussfolgerungen zieht er aus seiner Argumentation?

4 Textinhalt schriftlich wiedergeben
- Text in eigenen Worten zusammenfassen
- wichtige Aspekte als Zitat notieren

5 Text bewerten
- Stimmen Sie der Aussage des Textes zu?
- Ist die Argumentation des Autors in sich schlüssig oder eher widersprüchlich?
- Welche Gegenargumente bzw. Gegenthesen könnten angeführt werden?

Quellen und Texte im Original erschließen

1 Text durchlesen
- versuchen, die groben Zusammenhänge zu verstehen

2 Text in Abschnitte untergliedern
- unbekannte Vokabeln, die zur Texterfassung notwendig sind, im Wörterbuch nachschlagen

3 Wichtigste Punkte der Abschnitte herausarbeiten
- wesentliche Aussagen in Stichworten festhalten

4 Text zusammenfassen und dabei folgende Fragen beantworten
- Von wann und woher stammt der Text (Erscheinungsdatum, -ort)?
- Worum geht es in dem Text?
- Was ist wichtig? Gibt es zentrale Aussagen, Fragestellungen oder Thesen?

Eine Karte gibt Auskunft

1 Thema der Karte erfassen
- Über welches Thema gibt die Karte Auskunft (z. B. Politik, Wirtschaft, Soziales, Kultur, Umwelt)?
- Beachten Sie dazu die Überschrift und die Legende.

2 Karte geographisch einordnen
- Welcher Raum wird gezeigt?
- Welche Orte werden hervorgehoben?
- Vergleichen Sie im Geographie-Atlas, um welche heutigen Gebiete es sich handelt.

3 Karte chronologisch einordnen
- Über welche geschichtliche Epoche informiert die Karte?
- Bezieht sie sich auf ein bestimmtes Jahr, einen kurzen oder einen langen Zeitabschnitt?

4 Legende einbeziehen
- Vergleichen Sie Einzelheiten der Karte mit der Legende.
- Was bedeuten die Zeichen, Farben, Linien und Pfeile in der Karte?

5 Kritische Analyse der Karte
- Beurteilen Sie die Aussagekraft der Karte.
- Erscheint die Sichtweise der Karte objektiv?
- Sind manche Einzelheiten übergewichtet?
- Fehlen Aspekte?

Personenregister

Sachregister

T

U

V

W

Z

Bildnachweis

Umschlag: Bridgeman Art Library (Victoria & Albert Museum) Berlin;
6 unten: ullstein bild (Keystone), Berlin;
8: Artothek, Weilheim;
9: Picture-Alliance, dpa (Kay Nietfeld), Frankfurt/M;
12 M1a: iStockphoto (RF), Calgary, Alberta;
12 M1b: aus: R. Pörtner (Hrsg.), Kindheit im Kaiserreich, Düsseldorf;
15 M2: Haitzinger/CCC,www.c5.net, Pfaffenhofen a.d. Ilm;
16: AKG, Berlin;
18: Statistisches Bundesamt, Wiesbaden;
24 M1: AKG, Berlin;
24 M2: Staatliche Antikensammlung und Glyptothek (Koppermann), München;
25 M3: Corbis, Düsseldorf;
25 M4: BPK, Berlin;
26 M6: Artothek, Weilheim;
27 M6: BPK, Berlin, CNAC-MNAM/ Jean-Claude Planchet, VG Bild-Kunst, Bonn 2007, Otto Dix;
27 M7: Museum der Bildenden Künste, Leipzig;
30 M1: Picture-Alliance (dpa/dpa-web/epa/ansa/Osservatore Romano), Frankfurt;
31 M2: AKG (Erich Lessing), Berlin;
31 M3: Picture-Alliance (KNA Import), Frankfurt;
32: Scala, Antella (Firenze);
35: BPK, Berlin;
37: Unibibliothek, Heidelberg;
38: Cambridge University Library, Cambridge;
39 M5a: BPK, Berlin;
39 M5b: Rheinisches Landesmuseum (H. Lilienthal), Bonn;
42 M13: Biblioteca Apostolica Vaticana, Città del Vaticano;
42 M16: Dr. Ludwig Reichert Verlag, Wiesbaden;
44: AKG, Berlin;
46: BPK, Berlin;
47 links: BPK, Berlin;
47 rechts: aus: Schwäbische Heimat, Heft 2001/1, Schwabenverlag, Ostfildern;
51: AKG, Berlin;
54: Picture-Alliance (dpa/Friedel Gierth), Frankfurt;
55: Erhard Hehl, Tiefenbronn;
56 links: AKG, Berlin;
56 oben: AKG, Berlin;
57 M5: Scala, Antella (Firenze);
57 M6: AKG, Berlin;
58: FOCUS, Hamburg;
61: AKG, Berlin;
63: BPK, Berlin;
66: Artothek, Weilheim;
68 links: Interfoto, München;
68 rechts: Bildarchiv Monheim (Roman von Goetz), Krefeld;
69: Scala, Antella (Firenze);
70: Bridgeman Art Library (Hamburger Kunsthalle), Berlin;
72: Landesbildstelle Baden;
73 M6: AKG, Berlin;
73 M7: altro Fotoagentur, Moosburger, Regensburg; Quelle: Historisches Museum Regensburg;
78: AKG, Berlin;
80: AKG, Berlin;
80 M2: Bridgeman Art Library, Berlin;
81 M3: Photo Hubert Josse, Paris;
81 M4: AKG, Berlin;
82 M6: AKG, Berlin;
85: Bridgeman Art Library, Berlin;
86: Picture-Alliance (dpa/epa/ Patrice Dupre), Frankfurt;
89: AKG, Berlin;
90 oben: AKG, Berlin;
90 links: AKG, Berlin;
91: AKG, Berlin;
92: AKG, Berlin;
96: AKG, Berlin;
99: Ets J. E. Bulloz, Paris;
100: BPK, Berlin;
101: Bridgeman Art Library, Berlin; (Musee Carnavalet), London;
104 links: Bridgeman Giraudon, Paris;
104 rechts: Bridgeman Art Library, Berlin;
107: Bridgeman Art Library, Berlin;
110 oben: Bridgeman Art Library (Nelson-Atkins Museum of Art), Berlin;
111 M2: Picture-Alliance (dpa), Frankfurt;
111 M3: AKG, Berlin;
112 oben: Bridgeman Art Library (Freud Museum, London), Berlin;
113: BPK, Berlin;
116: BPK, Berlin;
117: Corbis (Paul Souders), Düsseldorf;
119 M2: ullstein bild (Keystone), Berlin;
122 M1: GLOBUS Infografik, Hamburg;
123 M2: Erich Schmidt Verlag, Berlin;
124 M3: Haitzinger/CCC,www.c5.net, Pfaffenhofen a.d. Ilm;
133: AP (Kamran Jebreili), Frankfurt am Main;
137: Corbis (Amit Bhargava), Düsseldorf;
138: Greenpeace (Jatahy), Hamburg;
139: Klett-Archiv (Egbert Brodengeier), Stuttgart;
140: GLOBUS Infografik, Hamburg;
143: Stuttmann, Klaus, Berlin;
146: Bridgeman Art Library, Berlin;
147: BPK, Berlin;
149: National Museums of Scotland, Edinburgh;
153: AKG, Berlin;
156: aus: Max Meyer, Esslinger Lokomotiven, Wagen und Bergbahnen, Berlin, 1924;
160 M4: Justus Liebig-Gesellschaft, Gießen;
160 M5: DHM, Berlin;
166: Corbis, Düsseldorf;
168: Deutsches Museum, München;
171: AKG, Berlin;
173: BPK, Berlin;
174 M3: AKG, Berlin;
174 M4: AKG, Berlin;
175: BPK, Berlin;
179: Archiv Strube;
181: Wilhelm Stöckle, Filderstadt;
185: BPK, Berlin;
187 links: Bund der Polen in Deutschland e.V., Bochum;
191: Picture-Alliance (dpa/Felix Heyder), Frankfurt;
193: Picture-Alliance (dpa/ Frank Leonhardt), Frankfurt;

Nicht in allen Fällen war es uns möglich, den Rechteinhaber der Abbildungen ausfindig zu machen. Berechtigte Ansprüche werden selbstverständlich im Rahmen der üblichen Vereinbarungen abgegolten.